Euro in der Unternehmenspraxis

SCHÄFFER
POESCHEL

Karl-Heinz Lemnitzer / Lothar Stein (Hrsg.)

Euro
in der Unternehmenspraxis

1998
Schäffer-Poeschel Verlag Stuttgart

Herausgeber:
Wirtschaftsprüfer/Steuerberater Dr. Karl-Heinz Lemnitzer, KPMG Deutsche Treuhand-Gesellschaft AG Wirtschaftsprüfungsgesellschaft, Frankfurt am Main
Wirtschaftsprüfer/Steuerberater Lothar Stein, KPMG Deutsche Treuhand-Gesellschaft AG Wirtschaftsprüfungsgesellschaft, Frankfurt am Main

Die Deutsche Bibliothek – CIP-Einheitsaufnahme

Euro in der Unternehmenspraxis :
Karl-Heinz Lemnitzer/Lothar Stein (Hrsg.).
– Stuttgart : Schäffer-Poeschel, 1998
ISBN 3–7910–1222–3

Gedruckt auf chlorfrei gebleichtem, säurefreiem und alterungsbeständigem Papier

ISBN 3–7910–1222–3

Satz: Johanna Boy, Brennberg
Druck und Bindung: Franz Spiegel Buch GmbH, Ulm
Printed in Germany

Schäffer-Poeschel Verlag Stuttgart
Ein Tochterunternehmen der Verlagsgruppe Handelsblatt

Vorwort

Die Beschäftigung mit dem Euro bzw. der Europäischen Währungsunion (EWU) in Deutschland ist durch einen auffallenden Widerspruch gekennzeichnet:

Zwar nimmt dieses Thema einen zunehmenden Raum in der Tagespresse sowie der aktuellen politischen Diskussion ein, staatliche Stellen, Verbände sowie eine Vielzahl von Unternehmen – insbesondere Banken – bemühen sich um Sachinformationen, die Ergebnisse verschiedener Umfragen zum Vorbereitungsstand der Unternehmen zeichnen jedoch ein eher düsteres Bild. Nach wie vor ist die Mehrheit der Unternehmen noch nicht mit Vorbereitungen zur Umstellung auf den Euro befaßt. Ursache dieses offensichtlichen Paradoxons ist u.a., daß die gegenwärtige Diskussion stark politisch und emotional betont ist, relevante Sachinformationen bleiben dabei häufig auf der Strecke. Zudem trägt die nach wie vor bestehende Unsicherheit über die Frage, ob die EWU denn nun tatsächlich wie vorgesehen beginnen wird sowie das Fehlen von definitiven Lösungsansätzen zu zahlreichen praktischen Umstellungsfragen nicht zu einer Forcierung der Vorbereitungsaktivitäten bei. Eine Ausnahme stellen die großen Banken und Versicherungen sowie eine Reihe großer Industrieunternehmen dar; weite Bereiche des Mittelstandes sowie kleinerer Unternehmen sind diesen Vorbildern jedoch noch nicht gefolgt.

Vor diesem Hintergrund möchte das vorliegende Buch dazu beitragen, die nach wie vor unzureichende Verbreitung von Information über die praktischen Umstellungsauswirkungen auf Unternehmen abzubauen.

Es stellt den Versuch dar, das durch die umfangreiche Beratungs- und Vortragstätigkeit der Herausgeber und Autoren gewonnene Wissen komprimiert geordnet weiterzugeben.

Wir sind uns darüber im klaren, daß naturgemäß heute noch nicht alle Aspekte abschließend dargestellt werden können und Lösungsansätze auch weiterhin Veränderungen unterliegen werden. Insofern kann zum gegenwärtigen Zeitpunkt keine abschließende Darstellung gegeben werden.

Andererseits möchten wir zur Versachlichung der Diskussion und zum Abbau der bestehenden Informationsdefizite beitragen, in der Hoffnung, daß hierdurch den Unternehmen die Vorbereitungsarbeiten erleichtert werden. Dabei soll deutlich werden, daß die Umstellung auf den Euro zwar eine komplexe Aufgabe darstellt, die jedoch bei sorgfältiger Organisation ohne weiteres beherrschbar ist.

Andererseits erübrigt auch die nicht definitiv ausschließbare Möglichkeit einer Verschiebung des Beginns der EWU keineswegs die Beschäftigung mit Umstellungserfordernissen. Es muß vielmehr Bestandteil einer verantwortungsvollen Unternehmensführung sein, den anstehenden Herausforderungen sach- und zeitgerecht zu begegnen. Dabei soll dieses Buch eine Hilfestellung bieten.

Unser Dank gilt der KPMG Deutsche Treuhand-Gruppe, die die konzentrierte Beschäftigung mit den relevanten Themenstellungen ermöglicht hat.

Im einzelnen ist insbesondere die Unterstützung durch Herrn Björn-Uwe Mercker hervorzuheben, ohne dessen unermüdliche Einsatzbereitschaft eine zeitnahe Fertigstellung nicht möglich gewesen wäre.

Frankfurt am Main, im September 1997 *Die Herausgeber*

Inhalt

*Karl-Heinz Lemnitzer / Lothar Stein**

A. Grundlagen der Europäischen Währungsunion

Ein Überblick

---

* Wirtschaftsprüfer/Steuerberater Dr. Karl-Heinz Lemnitzer, KPMG Deutsche Treuhand-Gesellschaft AG Wirtschaftsprüfungsgesellschaft, Frankfurt am Main
Wirtschaftsprüfer/Steuerberater Lothar Stein, KPMG Deutsche Treuhand-Gesellschaft AG Wirtschaftsprüfungsgesellschaft, Frankfurt am Main

1 Einführung

Verschiedene Umfragen verdeutlichen, daß der Vorbereitungsstand der Unternehmen auf die Einführung des Euro noch erheblich zu wünschen übrig läßt. Zwar sind die großen Geschäftsbanken, Versicherungen sowie Industrieunternehmen bereits seit längerer Zeit intensiv mit Umstellungsvorbereitungen befaßt, die Mehrzahl der kleineren und mittleren Unternehmen stehen jedoch erst am Anfang bzw. haben noch gar nicht begonnen.

Wesentliche Ursachen dieses Zustandes sind neben emotionaler Ablehnung der Währungsunion durch Inhaber bzw. Unternehmensleiter, die erhebliche Verunsicherung über das tatsächliche Zustandekommen der Europäischen Währungsunion (EWU) – nicht zuletzt genährt durch die politisch geprägten aktuellen Diskussionen – sowie unzureichendes Verständnis bzw. mangelnde Kenntnis der Zusammenhänge und Auswirkungen der EWU.

Dies mag verblüffend erscheinen, als doch selbst der bereits in 1991 geschlossene Vertrag von Maastricht als Grundlage der EWU nur den Schlußpunkt einer Entwicklung der europäischen Integration darstellt, die z.B. durch den »Werner-Plan« aus 1970 und den »Delors-Bericht« aus 1989 eine über einen langen Zeitraum zielgerichtete Orientierung erkennen läßt.

Die Tatsache, daß nach dem Abschluß des Vertrages von Maastricht etwa bis zum Erscheinen des EU-Grünbuches[1] in 1995 das Thema Währungsunion nur sehr begrenzt zur Kenntnis genommen wurde und dieser Zeitraum nicht in ausreichendem Maße zur Information der Bevölkerung und der Unternehmen sowie zur Planung der Umstellungsvorbereitungen genutzt wurde, läßt den beschriebenen Zustand jedoch verständlicher werden.

Eine Beschäftigung mit den Auswirkungen der Währungsunion auf Unternehmen setzt also zunächst eine Auseinandersetzung mit ihren Grundlagen voraus. Dies soll nachfolgend bezogen auf die im vorliegenden Rahmen erforderlichen Aspekte erfolgen. Eine umfassende Darstellung der volkswirtschaftlichen und währungspolitischen Sachverhalte ist nicht beabsichtigt.[2]

2 Ablauf der Währungsumstellung

Die nachfolgende Übersicht (Abbildung A-1) skizziert den nunmehr vorgesehenen Ablauf der Einführung des Euro, wobei zu berücksichtigen ist, daß der Vertrag von Maastricht zwar die EWU grundsätzlich regelt, der Ablauf der Umstellung oder gar die Umstellungserfordernisse in Unternehmen jedoch in keiner Weise abschließend vorgegeben werden. Der derzeit diskutierte Ablauf wurde vielmehr erst durch den EU-Gipfel in Madrid (Ende 1995) festgelegt.

Voraussichtlich erfolgt Ende April/Anfang Mai 1998 die Festlegung der Teilnehmerländer und damit letztlich auch die Entscheidung über den tatsächlichen planmäßigen Beginn der Währungsunion.

---

1 Europäische Kommission (1995).

2 Vgl. dazu z.B. Hanke/Walter (1997), Deutsche Bank Research (1997a) sowie Läufer (1997).

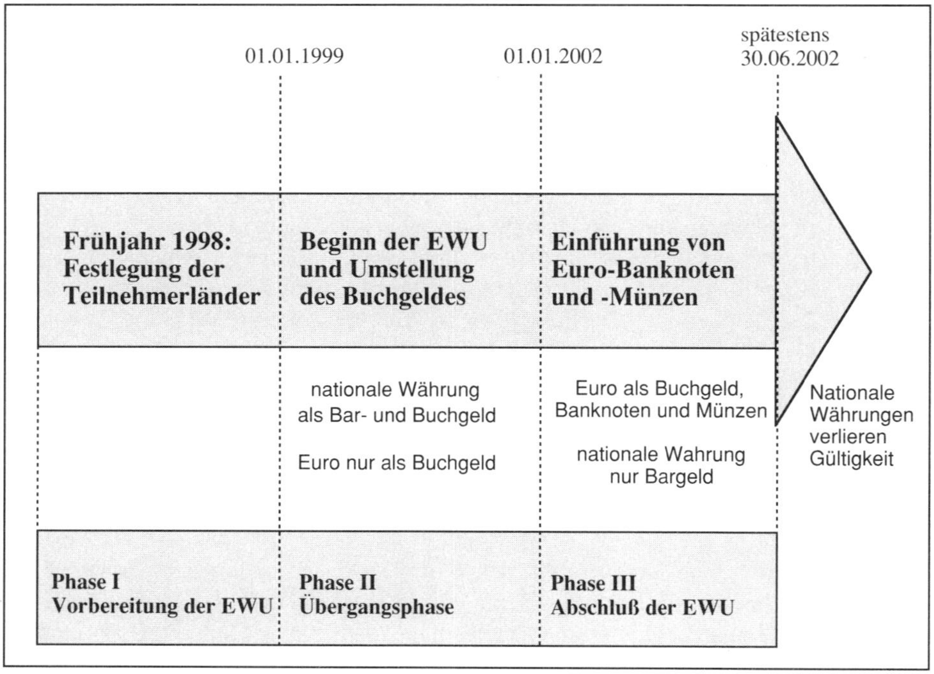

Abb. A-1: Wahrscheinlichstes Übergangsszenario

Diese Entscheidung erfolgt auf Basis einer Untersuchung der Einhaltung der im Vertrag von Maastricht als qualifizierende Voraussetzung definierten Konvergenzkriterien. Hierzu werden Konvergenzberichte der Europäischen Kommission sowie des Europäischen Währungsinstitutes (EWI) vorgelegt. Auf dieser Grundlage gibt der Rat der Wirtschafts- und Finanzminister (ECOFIN-Rat) eine Empfehlung ab. Die letztendliche Entscheidung trifft dann der Rat der Staats- und Regierungschefs mit qualifizierter Mehrheit.

Insofern wird auch deutlich, daß diese Entscheidung eine politische sein wird, die nicht allein durch volkswirtschaftliche Daten bestimmt wird.

Im nächsten Schritt folgt der Eintrittsentscheidung dann die Errichtung der Europäischen Zentralbank (EZB) mit Sitz in Frankfurt am Main. Diese wird in der Währungsunion für die künftige Geldpolitik zuständig sein mit dem Kernziel, die Preisniveaustabilität des Euro sicherzustellen. Zusammen mit den nationalen Notenbanken bildet die EZB das Europäische System der Zentralbanken (ESZB).

Die EZB wurde als unabhängige Institution stark am Modell der Deutschen Bundesbank orientiert.

Weiterhin werden in 1998 – sofern nicht bereits geschehen – die zur Umstellung erforderlichen rechtlichen Strukturen (EU-Rechtsverordnungen, nationale Regelungen etc.) zu verabschieden sein, zumindest soweit sie für den reibungslosen Beginn der Währungsunion erforderlich sind.

Mit dem 1. Januar 1999 beginnt als dritte Stufe der Europäischen Wirtschafts- und Währungsunion (WWU), die eigentliche EWU. Zu diesem Termin verlieren die bisherigen nationalen Währungen ihren währungsrechtlichen Status. Als alleinige Währung der Teilnehmerländer gilt ab dann der Euro; die nationalen Währungen bestehen zunächst noch weiter, stellen aber lediglich Untereinheiten des Euro dar. Durch die Festlegung von unwiderruflichen Umrechnungskursen wird eine feste Beziehung der nationalen Währungen zum Euro hergestellt, die keinerlei Veränderungen mehr unterliegt.

Die Frage, nach welchem Verfahren die Umstellungskurse festgelegt werden, ist derzeit noch offen. Grundsätzlich bieten sich die Übernahme der letzten Marktkurse, Durchschnittskurse oder auch eine Orientierung an EWS-Leitkursen als mögliche Grundlage an.[3] Es wird derzeit diskutiert, die anzuwendende Methode im Zusammenhang mit der Feststellung der Teilnehmerländer (April/Mai 1998) offenzulegen, um so spekulativen Entwicklungen entgegenzuwirken. Aktuell ist sogar in der Diskussion, zu diesem Zeitpunkt nicht nur die Methode sondern auch die Kurse selbst bereits festzulegen.

Durch den Beginn der Währungsunion wird eine dreijährige Übergangsphase bis zum 31. Dezember 2001 begründet. Diese Übergangsphase ist gedacht, einen gleitenden Übergang auf den Euro zu ermöglichen. Eine generelle Umstellung zu einem festen Zeitpunkt (Big Bang) ist nicht vorgesehen.

Wesentliches Kennzeichen dieser Phase ist, daß der Euro lediglich als Buchgeld verfügbar ist, während die nationalen Währungen als Buch- und Bargeld weiterlaufen. Der Ablauf der Umstellung folgt dem Grundsatz »Kein Zwang – Keine Behinderung«[4] und stellt die individuelle Entscheidung über die Umstellung in das Ermessen der Wirtschaftssubjekte.

Es darf jedoch nicht verkannt werden, daß nach dem gegenwärtigen Stand bereits erhebliche Teilbereiche von Beginn der Übergangsphase an in Euro abgewickelt werden.

Das ESZB wird ausschließlich in Euro operieren. Entsprechend wird faktisch der Geld- und Devisenmarkt gleichfalls in Euro ausgerichtet werden. Alle neuen marktgängigen Staatsschuldtitel werden durch die Teilnehmerstaaten nur noch in Euro begeben. Die Bundesregierung hat zwischenzeitlich beschlossen, auch umlaufende Staatstitel zu Beginn der Übergangsphase auf Euro umzustellen. Der Börsenhandel wird gleichfalls frühzeitig in Euro geführt werden.

Insofern wird bereits mit Eintritt in die Übergangsphase eine »kritische Masse« an Eurotransaktionen bestehen.

Über den Zahlungsverkehr, der zwischen den Banken gleichfalls ausschließlich in Euro geführt wird, kommt den Banken eine erhebliche Mittlerfunktion zwischen den Euro- und nationalen Währungssegmenten zu. Nachdem auch zahlreiche Großunternehmen eine frühe Umstellung auf den Euro angekündigt haben, ist durchaus mit einer dynamischen Umstellungstendenz zu rechnen.

Als »negative« Abweichung hat jedoch die öffentliche Hand angekündigt, daß sie in den unterschiedlichen Bereichen der Verwaltung eine Umstellung erst zum spätestmöglichen Zeitpunkt durchführen kann.[5]

Für übrige Unternehmen und Privatpersonen besteht die Möglichkeit, bereits von Beginn der Übergangsphase an, Konten in Euro zu führen (unabhängig vom Zeitpunkt der jeweiligen Durchführung der Umstellung insgesamt). Über die Konversionsdienstleistung der Banken

3 Vgl. z.B. Hanke/Walter (1997), S. 108 f.
4 Vgl. Europäischer Rat (1995), Tz. 9.
5 Vgl. ASWWU (1997), S. 7.

bzw. des ESZB kann jede Zahlung in Euro oder nationaler Währung geleistet werden bzw. erhält jeder Empfänger die Denomination, die er wünscht.

Klar ist, daß spätestens nach dem Ende der Übergangsphase, d.h. ab dem 1. Januar 2002 die Umstellung auf den Euro abgeschlossen sein muß. Insofern sollte jedoch der relativ lange Zeitraum von drei Jahren ausreichend sein, eine ordnungsgemäße Umstellung zu ermöglichen.

An die Übergangsphase schließt sich dann die Phase des Bargeldaustausches an, die spätestens bis zum 30. Juni 2002 abgeschlossen sein muß. Mit ihrem Ende ist die Währungsumstellung endgültig vollzogen, die nationalen Währungen verlieren auch ihre Eigenschaft als gesetzliches Zahlungsmittel.[6]

Über die Frage der genauen Ausgestaltung dieser Phase gibt es jedoch noch keine abschließende Klarheit. Insbesondere veranlaßt durch den Einzelhandel, der in der maximal sechsmonatigen Umtauschphase aufgrund der kassentechnischen Probleme sowie dem möglichen Erfordernis zur doppelten Preisauszeichnung[7] eine massive zusätzliche Kostenbelastung sieht, hat der EU-Gipfel in Dublin (Dezember 1996) die konkrete Ausgestaltung dieser Phase in das Ermessen der nationalen Regierungen gestellt. Infolgedessen werden derzeit Varianten zu einer frühzeitigen Bargeldumstellung diskutiert. In Deutschland könnte danach der Bargeldumtausch bereits bis zum 15. Februar 2002 – oder sogar noch früher – abgeschlossen sein, die genauen Modalitäten werden zur Zeit noch erarbeitet.

3 Konvergenzstand sowie Szenarien zur Ausgestaltung der EWU

3.1 Konvergenzkriterien

Nach dem aufgrund des Vertrages von Maastricht geänderten Vertrag zur Gründung der Europäischen Gemeinschaft (EGV) können nur Länder an der Währungsunion teilnehmen, die über solide und ausreichend stabile wirtschaftliche Verhältnisse verfügen.

Als Parameter hierfür sind gem. Art. 109j EGV vier Konvergenzkriterien festgelegt, die einen möglichst homogenen Teilnehmerkreis sicherstellen sollen (Abbildung A-2).
Ergänzend können weitere Sachverhalte Berücksichtigung finden (Art. 109j Abs. 1 EGV).

Zum Verständnis wesentlich ist dabei, daß die quantitativen Festlegungen der Referenzwerte und die jeweils erforderliche Dauer ihrer Einhaltung im Vertrag von Maastricht direkt gar nicht geregelt sind, sondern in einem ergänzenden Protokoll als Richtwert zur Vertragsinterpretation aufgenommen wurden.

---

6 Ein Umtausch in Euro wird jedoch auch nach diesem Zeitpunkt noch weiter möglich sein (bei den nationalen Notenbanken).

7 Vgl. hierzu Schneider (1997).

Preisstabilität

- Die durchschnittliche Inflationsrate darf maximal 1,5 % über dem Durchschnittswert der drei preisstabilsten Länder liegen.

Öffentliche Finanzen

- Das jährliche Budgetdefizit der öffentlichen Haushalte darf 3 % des Bruttoinlandsproduktes nicht überschreiten, es sei denn, es ist trotz einer Zielverfehlung eine ausreichend schnelle Annäherung an den Referenzwert erkennbar bzw. es liegt nur ausnahmsweise und vorübergehend eine Überschreitung vor.
- Der gesamte Schuldenstand der öffentlichen Hand darf maximal 60 % des Bruttoinlandsproduktes betragen oder er muß wenigstens hinreichend rückläufig, bei rascher Annäherung an den Referenzwert, sein.

Wechselkursstabilität

- Die Währung des jeweiligen Landes war für mindestens die letzten zwei Jahre im EWS-Verbund innerhalb der normalen Bandbreiten, ohne daß eine Abwertung - insbesondere auf Initiative des Beitrittskandidaten - vorgenommen wurde.

Langfristige Zinssätze

- Die durchschnittliche Rendite langfristiger Staatsanleihen darf maximal 2 % über der der drei preisstabilsten Länder liegen.

Abb. A-2: Die vier Konvergenzkriterien des Vertrages von Maastricht

Der Vertrag selbst ermöglicht durchaus einen gewissen Interpretationsspielraum bzw. regelt Verfahren, nach denen auch bei Nichteinhaltung des Referenzwertes ein Konvergenzkriterium als erfüllt angesehen werden kann.[8]

Insoweit ist die in Deutschland aufgrund der politischen Diskussion zu diesem Thema verbreitete Auffassung, daß lediglich eine »punktgenaue« Einhaltung der Konvergenzkriterien eine Teilnahme ermögliche, nicht zutreffend und irreführend.

Entscheidend ist jedoch, daß für die Frage der Festlegung der Teilnehmerländer die tatsächlichen Daten des Jahres 1997 zugrundezulegen sind.

---

8 So ermöglicht z.B. Art. 104 c Abs. 2 a und b EGV eine Einhaltung des Konvergenzkriteriums in Hinblick auf das Budgetdefizit im Verhältnis zum Bruttoinlandsprodukt auch, wenn der Referenzwert nur ausnahmsweise und vorübergehend überschritten wird bzw. es erheblich und laufend zurückgegangen ist und jeweils einen Wert in der Nähe des Referenzwertes erreicht. Bezüglich des Schuldenstandes gilt als ausreichend, daß das Verhältnis zum Bruttoinlandsprodukt hinreichend rückläufig ist und sich rasch genug dem Referenzwert nähert.

3.2 Konvergenzstand

Den aktuellen Stand der Einhaltung der Konvergenzkriterien gibt Abbildung A-3 wieder:

Kriterium (Referenzwert) / Land	Inflationsrate (≤ 2,7 Prozent)[1]	Budgetdefizit (≤ 3 Prozent BIP)[2]	Gesamt-Staatsschuld (≤ 60 Prozent BIP)	Langfr. Zins (≤ 8,2 %)[3]	Wechselkurskriterium eingehalten	Veränderung der Konvergenz
Deutschland	1,2	3,2	62,2	6,0	ja	→
Frankreich	1,3	3,3	58,5	6,0	ja	→
Luxemburg	1,4	+1,1[4]	6,5	6,2	ja	→
Niederlande	1,9	2,2	74,1	5,9	ja	→
Österreich	1,4	3,2	67,3	6,1	ja	↗
Belgien	1,4	2,8	127,0	6,2	ja	↗
Finnland	1,0	1,5	58,6	6,5	unsicher	↗
Irland	2,0	1,2	71,8	6,9	ja	→
Portugal	2,1	3,0	64,4	7,5	ja	↗
Spanien	2,0	3,0	68,2	7,6	ja	↗
Italien	2,2	3,2	122,6	8,2	unsicher	↗
Dänemark	2,1	+0,2	67,0	6,8	ja	→
Griechenland	5,7	5,2	109,1	11,8	nein	→
Großbritannien	1,8	2,6	54,2	7,7	nein	→
Schweden	1,7	2,4	76,7	7,5	nein	→

[1]max. 1,5 Prozent über ∅ der 3 stabilsten Länder; erwartet 1997 [2]Einstufung unter Berücksichtigung des Ermessensspielraums; erwartet 1997 [3]max. 2 Prozent über ∅ der 3 stabilsten Länder; 12 Monate bis Mai 1997 [4]Budgetüberschuß

Abb. A-3:Konvergenzkriterien 1997 (Quelle: Deutsche Bank Research 1997b)

Diese Übersicht zeigt, daß mit Ausnahme von Luxemburg kein Land alle Kriterien zweifelsfrei erfüllt. Andererseits erscheint unter Würdigung der genannten Auslegungsmöglichkeiten sowie der weiterhin massiven Bemühungen der jeweiligen Regierungen eine hohe Wahrscheinlichkeit für das planmäßige Zustandekommen der EWU gegeben. Dabei lassen sich verschiedene Szenarien ableiten:

Szenario 1: Kernlandstruktur
Die EWU besteht aus Frankreich, Deutschland, den Benelux-Staaten, Österreich, Irland und Finnland. Eine ausreichende Konvergenzlage erscheint hierzu gegeben.

Szenario 2: Kernländer + Spanien und Portugal
Aufgrund der massiven Bemühungen (und Erfolge) von Spanien und Portugal wächst zunehmend die Wahrscheinlichkeit der Teilnahme von Anbeginn an auch für diese Länder.

Szenario 3: Szenario 2 + Italien
Unverkennbar sind die starken Bemühungen Italiens, von Anfang an bei der EWU dabei zu sein. Zwar ist aus derzeitiger Sicht der Konvergenzstand noch nicht voll zufriedenstellend, es ist jedoch nicht zu übersehen, welche Leistungen Italien in Richtung auf die Einhaltung der Konvergenzkriterien bereits realisieren konnte. Bei weiterhin anhaltenden Bemühungen wächst somit auch die Wahrscheinlichkeit dieses Szenarios.

Szenario 4: Verschiebung der EWU
Die Festlegungen im Vertrag von Maastricht erlauben im Grunde keine Verschiebung, es sei denn, daß überhaupt kein ausreichender Konvergenzstand für einen planmäßigen Beginn der EWU erreicht ist. Damit würde zugleich die Gefahr einhergehen, daß die Währungsunion gänzlich scheitert. Im Falle der Verschiebung wäre jedoch eine entsprechende Änderung des EGV erforderlich.

Nach gegenwärtiger Einschätzung ist Szenario 1 mit der höchsten Wahrscheinlichkeit zu versehen. Für die Szenarien 2 und 3 steigt jedoch momentan aufgrund der vorhandenen Konvergenzfortschritte der jeweiligen Länder die Wahrscheinlichkeit, wohingegen Szenario 4 für vergleichsweise unwahrscheinlich angesehen wird.

Zu berücksichtigen ist, daß für Großbritannien und Dänemark Sonderregelungen bestehen. Diese Länder verfügen über eine sog. »opt-in Klausel«, d.h. sie nehmen bei Erfüllung der Konvergenzkriterien nicht automatisch an der Währungsunion teil, sondern haben sich die Möglichkeit ausbedungen, eine eigene Entscheidung über die Teilnahme zu treffen. Nach der bisher von beiden Ländern jeweils abgegebenen Erklärung wollen diese sich jedoch noch nicht an der EWU beteiligen[9]

Zur Interpretation des Konvergenzstandes ist gleichfalls von Bedeutung, zu sehen, wie die bisherige Entwicklung des Konvergenzstandes verlaufen ist. Für ausgewählte Länder zeigen dies die Abbildungen A-4 bis A-7:

Hieraus wird deutlich, daß in zahlreichen Ländern bereits erhebliche Erfolge im Vorfeld der Währungsunion erzielt werden konnten, was gleichfalls die Wahrscheinlichkeit des generellen Zustandekommens der EWU erhöht.

Interessant ist auch zu sehen, wie die Entwicklung weiterer volkswirtschaftlicher Parameter verlaufen ist (Abbildungen A-8 und A-9).

Auch hierdurch wird die positive Konvergenzentwicklung unterstrichen, Aspekte, die in den aktuellen Stabilitätsdiskussionen viel zu wenig Berücksichtigung finden.

9 Vgl. EU-VO 109-E, Erwägungsgründe Nr. 21 und Nr. 22, Amtsblatt der Europäischen Gemeinschaften Nr. C 236/8 vom 2. 8. 1997.

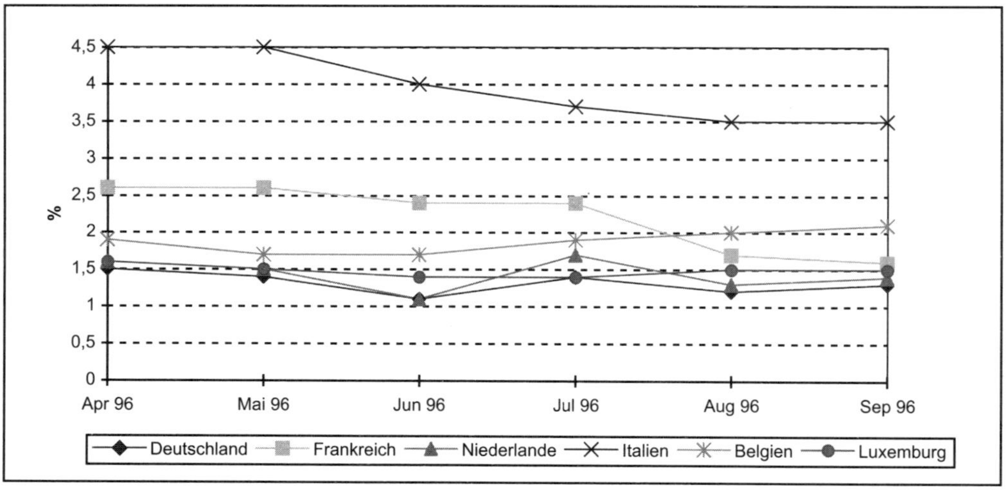

Abb. A-4: Inflationsraten (Quelle: EWI 1996)

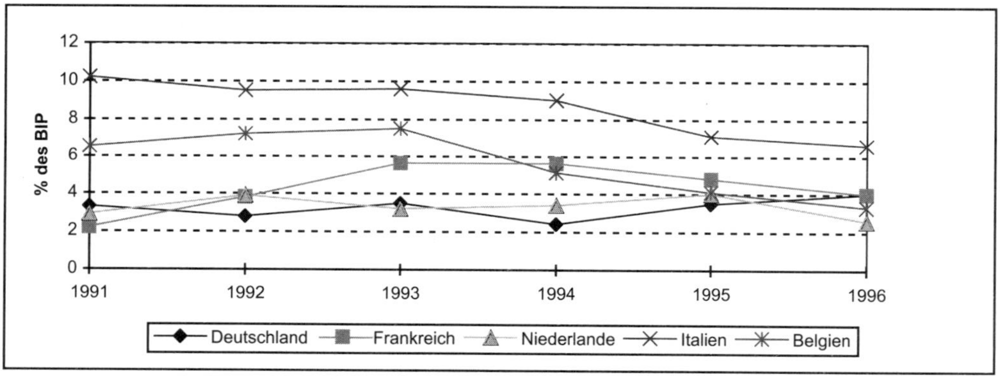

Abb. A-5: Budgetdefizit (Quelle: EWI 1997)

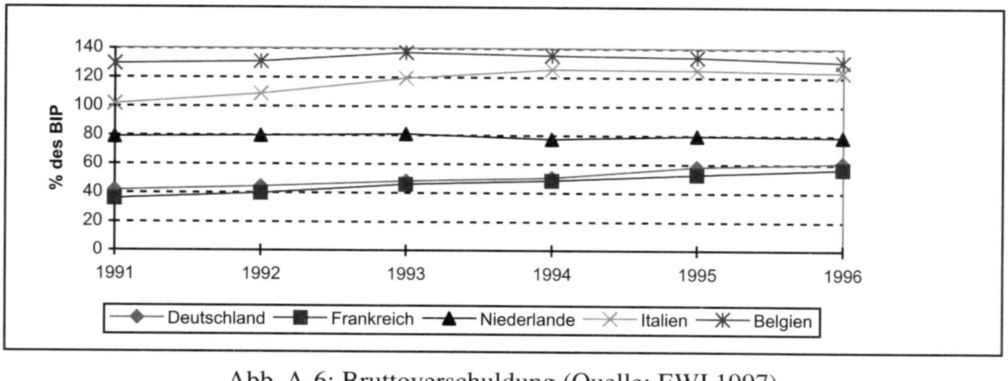

Abb. A-6: Bruttoverschuldung (Quelle: EWI 1997)

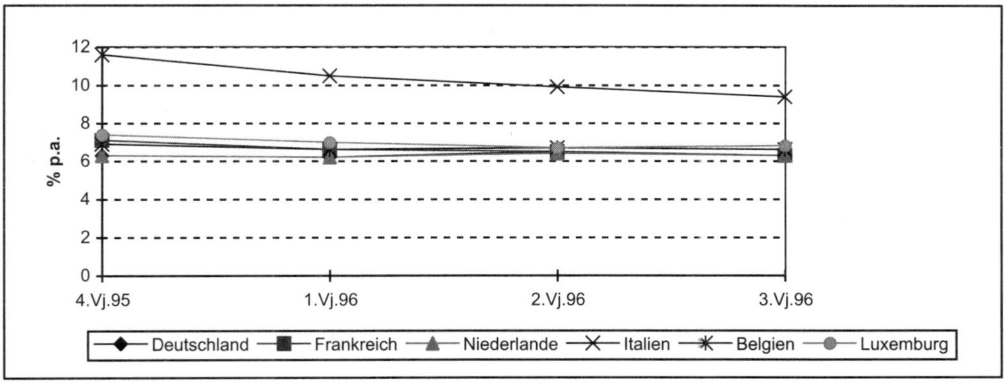

Abb. A-7: Langfristige Zinssätze (Quelle: EWI 1996)

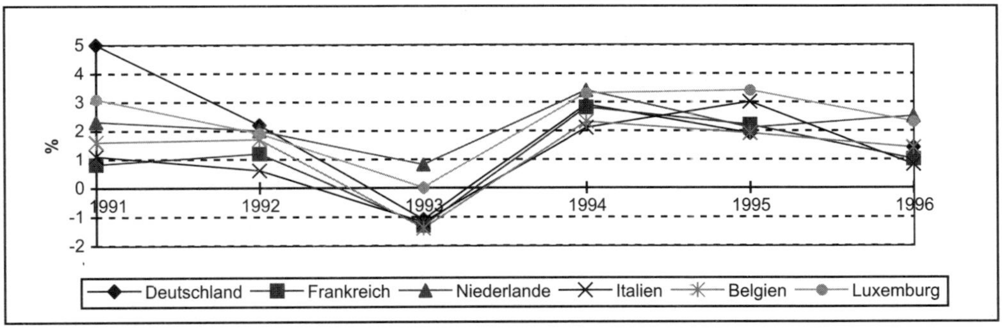

Abb. A-8: Reales Bruttoinlandsprodukt, Veränderungsrate in % (Quelle: EWI 1996)

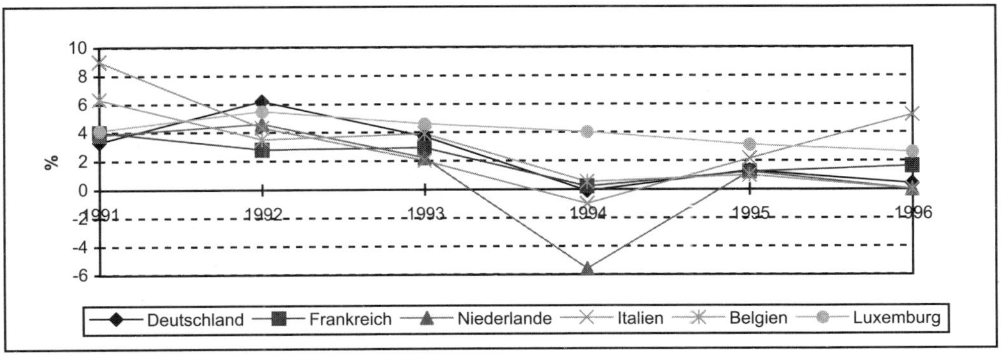

Abb. A-9: Lohnstückkosten, Veränderungsrate in % (Quelle: EWI 1996)

4 Auswirkungen der Währungsunion – Chancen und Risiken

Wichtig ist, zunächst klar herauszustellen, daß die EWU keine Währungsreform darstellt. Aus der Umstellung auf den Euro resultieren somit keine Bewertungsänderungen, es findet-technisch gesehen- lediglich ein Austausch der Recheneinheiten statt.

Der so entstehende einheitliche Währungsraum stellt eine konsequente Weiterentwicklung des europäischen Binnenmarktes dar mit dem Ziel, dessen Leistungsfähigkeit zu stärken.

Es darf jedoch nicht verschwiegen werden, daß auch bei aller Sorgfalt in der Konzeption der EWU eine Reihe von künftigen Entwicklungen nicht mit letzter Sicherheit vorhersehbar sind. Insofern ist naheliegend, daß die Währungsunion sowohl Chancen als auch Risiken bieten kann.

Wie sehen diese – im Überblick – aus?

Gerne wird das Beispiel des Touristen genutzt, der bei einer Reise durch Länder der Europäischen Union infolge der Transaktionskosten für den Umtausch von Währungen einen Teil seines Budgets verliert.

Hieran verdeutlicht sich, daß durch die Währungsunion (nicht nur für Touristen) die Transaktionskosten aus dem Tausch der unterschiedlichen Währungen sowie Interventionszahlungen zur Begrenzung von Wechselkursschwankungen entfallen.

Der Einsparungseffekt hieraus wird auf jährlich bis zu DM 90 Mrd. geschätzt.[10] Diesem unbestreitbaren Vorteil stehen die anfallenden Umstellungskosten entgegen, für die Gesamtschätzungen jedoch nicht vorliegen.[11]

Es ist evident, daß der Wegfall von Währungsschwankungen und damit des Risikos der Eliminierung von Produktivitätsfortschritten sowie der Entwertung von Kalkulationen einen wesentlichen Vorzug der Währungsunion darstellt. Für Unternehmen stellt ein erweiterter Markt, in dem sie sich ohne Kursrisiko bewegen können, einen erheblichen Vorteil dar. Die Währungsunion erhöht die Planungs- und Kalkulationssicherheit und ermöglicht so die Teilnahme an Märkten auch für Unternehmen, die diese bisher gescheut haben mögen.

Gleichzeitig führt die Währungsunion zu einer drastisch erhöhten Preistransparenz, was die internationale Vergleichbarkeit der Preise verbessert.[12] Dies kann – je nach Konstellation – Vorteile oder auch Nachteile für Unternehmen zur Folge haben; in jedem Fall wird hierdurch eine Verstärkung des Wettbewerbs resultieren.

Der größere Währungsraum wird zugleich größere Geld- und Kapitalmärkte ohne Währungsrisiko bedingen, was zu einem verbesserten Angebot an Finanzdienstleistungen führen und Unternehmen attraktivere Refinanzierungs- aber auch Anlagemöglichkeiten bieten wird.

Politisch stellt die Währungsunion einen Katalysator zu weitergehender Harmonisierung dar. So ist es langfristig kaum vorstellbar, daß in einem einheitlichen Währungsraum fundamental unterschiedliche Rechts- und Steuersysteme bestehen.

---

10 Vgl. Hoffmann/Paterak (1997), S.1.

11 Der europäische Bankenverband schätzt die Umstellungskosten der Banken in der EU auf ca. DM 15-18 Mrd; vgl.: Fédération Bancaire de l'Union Européenne (1995), S. 1; für den Handel belaufen sich die geschätzten Kosten auf bis zu 2,4 % des Umsatzes; vgl.: FAZ (1997), S. 15.

12 Unterschiedliche sonstige Faktoren (z.B. Steuersysteme) mögen jedoch auch in der EWU noch unterschiedliche Preise begründen.

Als Risiko wird insbesondere in Deutschland angesehen, daß die »harte« DM für einen möglicherweise »weichen« Euro hingegeben werden muß. Nach dem Vertrag von Maastricht soll einer solchen Entwicklung jedoch durch die strengen Konvergenzkriterien entgegengewirkt werden.

Zur Sicherstellung der Einhaltung der Konvergenz auch während des Bestehens der Währungsunion wurde – zusätzlich zu den Mechanismen des Vertrages – der »Stabilitätspakt« geschaffen, der sogar konkrete Sanktionsmechanismen für Länder enthält, die die gemeinsamen Spielregeln verletzen.[13]

Mit dem Wegfall der Währungsschwankungen entfallen jedoch auch die Möglichkeiten schwankender Wechselkurse als Ausgleichsmechanismus. Hieraus leitet sich die Befürchtung ab, daß wirtschaftlich stärkere Länder über Transferzahlungen Defizite schwächerer Teilnehmerstaaten ausgleichen müssen.

Bei konsequenter Verfolgung der Regelungen des Vertrages von Maastricht erscheint diese Sorge jedoch unbegründet. Eine strenge Befolgung der Konvergenzkriterien müßte zu einer Auswahl von Teilnehmerländern führen, deren wesentliche volkswirtschaftliche Parameter bereits heute ein weitgehendes Maß an Angleichung widerspiegeln. Anders kann sich die Situation jedoch darstellen, wenn Länder aufgenommen werden sollten, deren Entwicklungsstand noch keine ausreichende Angleichung an die übrigen Teilnehmerstaaten aufweist. Bei Aufweichung der Konvergenzkriterien ist dieses Risiko daher nicht auszuschließen.

Insgesamt eröffnet die Währungsunion sicherlich erhebliche Chancen, gänzlich ohne Risiken ist sie, wie alle in die Zukunft gerichteten Ereignisse, jedoch nicht.

Über die bereits genannten generellen Auswirkungen auf Unternehmen hinaus wird sie – je nach Branche – zu unterschiedlicher Betroffenheit führen. Es ist evident, daß Unternehmen mit signifikantem Ex- oder Importanteil in höherem Maße direkt berührt werden als rein national ausgerichtete Firmen.

Kurzfristig werden die Branchen profitieren, deren Produkte unmittelbar mit der Umstellung verbunden sind. Hierzu gehören insbesondere Softwarehersteller sowie die Papier- und Druckindustrie. Dagegen wird der Einzelhandel durch die Belastungen der Umstellung (mögliche doppelte Preisauszeichnung, Umstellung der Kassensysteme) überwiegend negativ betroffen sein. Diese Effekte werden jedoch lediglich temporären Charakter haben.

Banken sind gleichfalls unmittelbar durch den Wegfall von Geschäftssparten (Devisengeschäft in Teilnehmerwährungen etc.) sowie durch die hohen Umstellungskosten negativ berührt.

Entscheidend wird jedoch sein, welche mittel- und langfristigen Ausrichtungen zum Tragen kommen und wie die Unternehmen die sich bietenden Chancen nutzen werden.[14]

---

13 Der »Stabilitäts- und Wachstumspakt« setzt sich aus der »Entschließung des Europäischen Rates über den Stabilitäts- und Wachstumspakt« (vgl. ABl der EG Nr. C 236/1 vom 2.8.1997), der »Verordnung über den Ausbau der haushaltspolitischen Überwachung und der Überwachung und Koordinierung der Wirtschaftspolitiken« und der »Verordnung über die Beschleunigung und Klärung des Verfahrens bei einem übermäßigen Defizit« zusammen (vgl. Deutsche Bundesbank (1997), S. 4).

14 Vgl. hierzu Deutsche Bank Research (1997b).

5 Anpassungserfordernisse für Unternehmen

Zur Nutzung der Chancen sowie zur Vermeidung bzw. Begrenzung möglicher Risiken der Währungsunion ist eine sachgerechte Anpassung der Unternehmen erforderlich.[15]

Die Anpassungsbereiche umfassen grundsätzlich alle Funktionen eines Unternehmens in technisch-organisatorischer aber auch strategischer Hinsicht. Abbildung A-10 gibt die Interdependenz dieser Strukturen wieder:

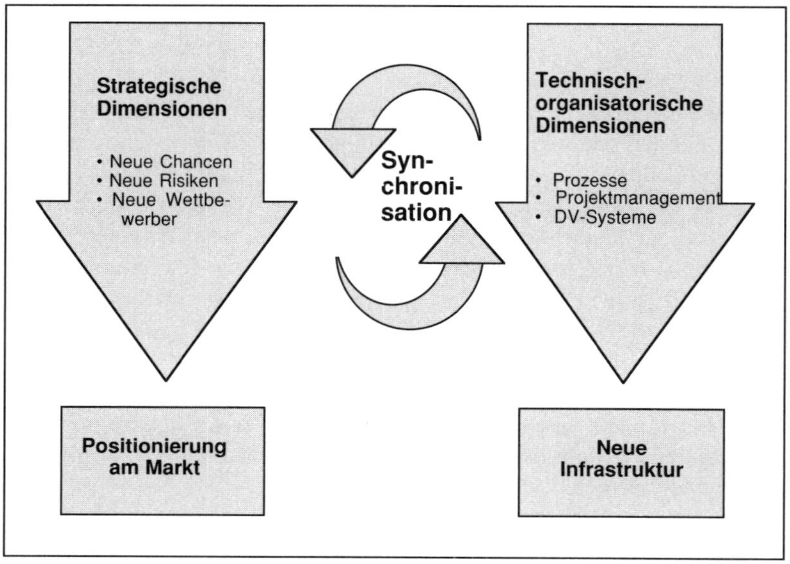

Abb. A-10: Synchronisation im Unternehmensumfeld

Naheliegend ist zunächst die Beschäftigung mit technisch-organisatorischen Umstellungserfordernissen. Die Ersetzung der nationalen Währungen durch den Euro erfordert entsprechende technische Anpassungen: Datenverarbeitungssysteme, Rechnungslegung, Planung und Controlling etc. müssen an diese Verhältnisse angepaßt oder aber zumindest auf »Euro-Tauglichkeit« untersucht werden, Formulare, Preislisten bzw. Dateien sind umzustellen. Die modifizierten rechtlichen Rahmenbedingungen machen die Prüfung der rechtlichen Situation insbesondere bei langfristigen Verträgen erforderlich. Alle sonstigen – auch unternehmensextern induzierte – Ablaufänderungen (z.B. Zahlungsverkehr) bedingen die Überarbeitung betroffener Abläufe.

Art und Umfang solcher Anpassungsmaßnahmen sind unternehmensindividuell zu bestimmen und können entsprechend variieren; es wird jedoch kein Unternehmen – unabhängig von der Unternehmensgröße – ohne eine Mindestanpassung auskommen können.

15 Vgl. als Überblick: Lemnitzer/Stein (1997).

Gänzlich falsch wäre es jedoch, allein die technische Umstellungskomponente zu berücksichtigen, wie es jedoch sehr häufig zu beobachten ist. Neben der unabdingbaren Schaffung der Euro-fähigen technischen Infrastruktur dürfen die strategischen Auswirkungen auf Unternehmen und die in diesem Zusammenhang erforderlichen Maßnahmen nicht unterschätzt werden; die Positionierung im künftigen Euro-Markt ist der zweite entscheidende Erfolgsfaktor für die Sicherstellung der Überlebensfähigkeit eines Unternehmens. Die sich ergebenden Änderungen der Märkte aufgrund der vollständigen Preistransparenz, des zunehmenden Wettbewerbs und der Herausbildung neuer Finanzmärkte sollen an dieser Stelle nur beispielhaft genannt werden.

Die detaillierte Darstellung der angesprochenen Einzelaspekte ist daher Gegenstand der nachfolgenden Arbeiten dieses Buches.

6 Wie bereitet sich ein Unternehmen sinnvoll vor?

Vor dem Hintergrund der obigen Anforderungsskizze erscheint die eingangs dargelegte Zurückhaltung vieler Unternehmen bei der Vorbereitung auf den Euro kaum verständlich:

- Mit hoher Wahrscheinlichkeit wird die Währungsunion am 1. Januar 1999 beginnen; selbst eine – wenn auch weit weniger wahrscheinliche – Verschiebung würde an dem Erfordernis einer Umstellung grundsätzlich nichts ändern.
- Die strategischen und technisch-organisatorischen Auswirkungen sind bereits weitgehend absehbar, entsprechende Anpassungsmaßnahmen können geplant werden. Die Tatsache, daß eine Reihe von Detailerfordernissen noch nicht abschließend geklärt bzw. festgelegt ist, ändert daran nichts Entscheidendes.

Insofern sind keine stichhaltigen Gründe für weiteres Zögern erkennbar; im Gegenteil, eine verspätete Beschäftigung mit Umstellungserfordernissen verhindert die Chance, die Vorteile einer frühen Lösung zu nutzen. Unter Umständen kann dies bedeuten, nur schwer gutzumachenden Boden zu verlieren.

Die Frage, wie eine sinnvolle Ausgestaltung der Umstellungsplanung aussehen kann, soll an dieser Stelle nur kurz skizziert werden.[16]

Für die konkrete Vorgehensweise im Rahmen eines Euro-Projektes lassen sich folgende Phasen unterscheiden:

1. Informationsbeschaffung und Orientierung
2. Strategische Überlegungen
3. Euro-Diagnose und Euro-Inventur
4. Detailanalyse, Umstellungskonzeption und Maßnahmenplanung
5. Umsetzung

In dieser oder ähnlicher Form läßt sich die Umstellung auf den Euro organisatorisch bewältigen. Einzelheiten zu konkreten Umstellungserfordernissen sind Gegenstand der nachfolgenden Darstellungen.

---

16 Zu Einzelheiten vgl. Schlüter, Th., Aufsatz K dieses Buches.

Literaturverzeichnis

Arbeitsstab Wirtschafts- und Währungsunion (ASWWU 1997): Zwischenbericht des Arbeitsstabes Wirtschafts- und Währungsunion beim Bundesministerium der Finanzen zur Einführung des Euro in Gesetzgebung und öffentlicher Verwaltung vom 28.04.1997. BT-Drucks. 13/7727 vom 6.5.1997.

Deutsche Bank Research (1997a): Der Euro. Eine stabile Währung für Europa. Sonderbericht, 12.02.1997

Deutsche Bank Research (1997b): EWU Monitor – Euro Branchenspecial Nr. 32, 9.6.1997

Deutsche Bundesbank (1997): Wichtige Elemente des Stabilitäts- und Wachstumspakts. In: Informationsbrief zur Europäischen Wirtschafts- und Währungsunion, Nr. 6, Mai 1997, S. 3-9.

Europäische Kommission (1995): Eine Währung für Europa. Grünbuch über praktische Fragen des Übergangs zur einheitlichen Währung, KOM (95) 333 endg. v. 31.5.1995.

Europäischer Rat (1995): Szenario für die Einführung der einheitlichen Währung. In: Europäischer Rat Madrid 15.-16. Dezember 1995 Schlußfolgerungen des Vorsitzes, Anlage 1, SN 400/95 vom 16. Dezember 1995.

Europäisches Währungsinstitut (1996): Fortschritte auf dem Wege zur Konvergenz 1996. Frankfurt 1996.

Europäisches Währungsinstitut (1997): Jahresbericht 1996. Frankfurt 1997.

Fédération Bancaire de l'Union Européenne (1995): Introduction of the single currency: The views of the banking federation of the European Union, Brüssel 1995, S. 1.

Frankfurter Allgemeine Zeitung FAZ (1997): Die Metro wünscht sich für die Währungsumstellung den Big Bang, Frankfurter Allgemeine Zeitung vom 20.8.1997, S. 15.

Hanke, T./Walter, N. (1997): Der Euro – Kurs auf die Zukunft: die Konsequenzen der Währungsunion für Unternehmer und Anleger. Frankfurt 1997.

Hoffmann, M./Paterak, J. (1997): Wenn der Euro anrollt, geht es in den Unternehmen rund. In: VDI-Nachrichten Nr. 14, 51. Jg. vom 4.4.1997, S. 1.

Läufer, N. K. A. (1997): Europäische Währungsunion – Pro und Contra. In: Die Bank, o. Jg. (1997), S. 404-408.

Lemnitzer, K.-H./Stein, L. (1997): Auswirkungen der Währungsunion auf Unternehmen. In: WPK-Mitteilungen, 36. Jg. 1997, S. 90-100.

Schneider, U. H. (1997): Doppelte Preisauszeichnung bei der Einführung des Euro? In: DB, 50. Jg. 1997, S. 1265-1267.

*Reiner Stecher**

B. Unternehmensstrategie und Europäische Währungsunion

Auswirkungen, Inhalte, Methode, Beispiele

* Dr. Reiner Stecher, Unternehmensberater, KPMG Unternehmensberatung GmbH, Frankfurt am Main

1 Zusammenfassung

Die Einführung des Euro auf die Unternehmen in Europa hat erhebliche strategische Auswirkungen. Dies gilt sowohl für Marktstrategien als auch für die Funktionalstrategien zu deren Umsetzung (Organisation, Vertrieb, IT, etc.). Betroffen sind Unternehmen aller Größen.

In diesem Beitrag werden nach Darstellung der Ausgangslage einige grundsätzliche direkte und indirekte strategische Auswirkungen der Euro-Einführung aufgezeigt.

Danach wird eine in der Praxis erprobte Methode vorgestellt, wie Unternehmen diese Auswirkungen speziell für sich interpretieren und daraus konkrete Strategieelemente als Bausteine für die Anpassung von Markt- und Funktionalstrategien an Euro-Auswirkungen ableiten können. Dies wird an einigen Beispielen erörtert.

Eine weitergehende methodische Beschreibung der Strategieentwicklung kann im Rahmen dieses Buches nicht erfolgen. Ziel dieses Beitrag soll es vielmehr sein, Anregungen für eigene Überlegungen und eine methodische Hilfestellung zur Einleitung des Prozesses der Strategiefindung zu geben.

2 Ausgangslage in den Unternehmen

Über die **unternehmensstrategischen** Konsequenzen der Einführung der gemeinsamen Euro-Währung – von denen allein hier die Rede sein soll – herrscht verbreitet noch Unsicherheit. Das betrifft nicht nur mittelständische, sondern auch Großunternehmen.

Grundsätzlich werden folgende Fragen gestellt:

- Wann kommt der Euro, wird seine Einführung verschoben?
- Welche Auswirkungen hat der Euro auf unser Unternehmen?
- Wie werden sich unsere Wettbewerber verhalten?
- Wie bereiten wir uns wann vor?

Auf den ersten Blick ist die geplante Europäische Währungsunion (EWU) kein strategisches Thema. Es geht zunächst darum, die nationalen Währungen durch eine neue, gemeinsame Währung – den Euro – zu ersetzen und die technisch-organisatorischen Abläufe in den Unternehmen auf diese Rahmenbedingungen einzustellen.

Jedoch ist die Tatsache, daß sich mit dem Euro die Preise durch Umrechnung ändern, eben nicht nur eine bloße technische Anpassungsmaßnahme oder gar eine Rechenübung.

Normalerweise überlegt sich jedes Unternehmen sehr genau, ob und aus welchen Gründen es seine Preise ändert. Dem gehen in der Regel strategische Erwägungen voraus. Bei der Euro-Einführung hingegen werden durch staatlichen Hoheitsakt Preise geändert, ohne daß dem eine dafür ursächliche, strategische Unternehmensplanung zugrunde läge. Deshalb muß diese so schnell wie möglich, das heißt rechtzeitig vor der Euro-Einführung, »nachgeholt« werden. Andernfalls kann es zu strategischen Schieflagen kommen wie immer in Situationen, in denen Unternehmen auf sich abzeichnende Umweltveränderungen nicht reagieren und sich »plötzlich« Wettbewerbsbedingungen gegenüber sehen, denen sie nicht (mehr) gewachsen sind.

Die Euro-Einführung stellt eine bedeutende Veränderung des Wettbewerbsumfelds dar. In solchen Fällen ist grundsätzlich eine Überprüfung und Weiterentwicklung der Unternehmensstrategie notwendig.

Es ist keine Zeit zu verlieren, das Thema ist zu komplex, um es zugunsten selbst umfangreicher operativer Anpassungen aufzuschieben. Im übrigen stellt auch die DV-Umstellung nicht nur eine bloß operativ währungstechnische Anpassung dar. Vielmehr können sich auch und gerade durch eine zu ändernde Unternehmensstrategie neue Anforderungen an das DV-System ergeben. Jede Informationstechnologie hat u.a. zur Erfüllung strategischer Ziele beizutragen. Ändern sich diese, hat das auch Rückwirkungen auf die IT-Strategie. Insofern sind auch unternehmensstrategische Überlegungen bei der Umstellung der DV einzubeziehen.

Manche Unternehmen meinen noch, sie seien von der Euro-Einführung nicht oder nur am Rande betroffen; im übrigen sei auch nicht sicher, wann der Euro denn nun eingeführt werde. Beide Argumente sind strategisch nicht relevant.

Selbst wenn die Euro-Einführung verschoben werden würde, ist es eine Tatsache, daß die meisten Unternehmen sich heute bereits auch strategisch auf den Euro vorbereiten. Wer dies unterläßt, nimmt daher zumindest einen zeitlichen Wettbewerbsnachteil in Kauf. Auch in dem theoretischen Fall, daß der Euro nicht eingeführt werden würde, ist durch die langen Diskussionen in der jetzt laufenden Vorbereitungsphase ein neues Europa-Bewußtsein entstanden. In der Konsequenz haben viele Unternehmen das Europa-Thema zumindest aufgefrischt und die Suche nach entsprechenden strategischen Chancen vertieft.

Nach Einführung einer einheitlichen Europäischen Währung wird es zwangsläufig zu einer Schwerpunktverlagerung auf den Wettbewerb im europäischen Kontext kommen. Davon ist jedes Unternehmen betroffen. Auch kleinere mittelständische Unternehmen, die sich selbst nur als regionale Wettbewerber verstehen, werden durch den Markteintritt europäischer Wettbewerber in Einkauf, Produktion, Marketing und Vertrieb betroffen sein. Darüber sind sich Experten heute einig.

Europaweit denken gegenwärtig viele Unternehmen gleichzeitig über die Auswirkungen des Euro nach. Das heißt aus Managersicht nicht mehr und nicht weniger, daß eine Vielzahl von Wettbewerbern in Europa zur gleichen Zeit Schritte zur Anpassung der Unternehmensstrategie auf einen bestimmten Markt, nämlich Europa unternimmt. Dies ist, soweit es bisherige Gepflogenheiten der Strategieplanung betrifft, ein Novum. Bisher verhielt es sich grundsätzlich so, daß Unternehmen unabhängig von einander, im Prinzip aus eigenem Antrieb und mit unterschiedlichen Zielrichtungen Strategieentwicklung betrieben.

Daher sollte es verhältnismäßig leicht fallen, in Unternehmen, die sich dazu noch nicht entschließen konnten, ihre Euro-Strategie zu entwickeln, die Bereitschaft zu wecken, strategische Auswirkungen der Euro-Einführung zu überdenken und Handlungsimpulse freizusetzen.

In Unternehmen, die den Europäischen Markt schon seit langem bedienen, haben sich vielfach dezentrale Strukturen und Usancen etabliert, die letztlich mit landesspezifischen Besonderheiten begründet und unter Hinweis auf Landesgrenzen, unterschiedliche Sprachen und Rechtsordnungen, Mentalitäten und nicht zuletzt auch Währungen hingenommen oder als selbstverständlich betrachtet wurden. In der Praxis konnte es deshalb nicht selten zur Bildung sehr eigenständiger nationaler Organisationen eines internationalen Unternehmens kommen. Die Folge waren Abgrenzungsbestrebungen, die eine gemeinsame und übergreifende Bearbeitung des Marktes Europa behinderten. Bisher waren solche Strukturen nur schwer zu ändern, da sie ihren Einfluß unter anderem auch durch Nutzung nationaler Preisdifferenzen ausbauen konnten. Wenn nun nach den Zollschranken auch noch die Währungsgrenzen entfallen und damit eine länderübergreifende Preistransparenz entsteht, werden sich solche Strukturen in frage stellen lassen müssen.

Die Einführung des Euro ist vergleichbar mit einem Erdbeben, das gewohnte, bequeme Einfriedungen und Sichtblenden mit einem Schlag europaweit zerstört.

3 Unternehmensstrategische Hauptauswirkungen des Euro

Die Einführung des Euro wird auf Unternehmensstrategien direkte und indirekte Auswirkungen haben. Diese Untergliederung empfiehlt sich, da sie die unternehmensspezifische Ermittlung der Euro-Auswirkungen erleichtert.

3.1 Direkte Auswirkungen

- Es wird eine gemeinsame Europäische Währung geben.
- Preise werden transparenter, vergleichbarer.
- Das Bewußtsein privater und gewerblicher Kunden, Preise zu vergleichen, wächst.

3.2 Indirekte Auswirkungen

Die Euro-Einführung wird im Ergebnis zu einer beschleunigten Verschärfung des Wettbewerbs auf Europäischer Ebene führen.

Es kann damit gerechnet werden, daß diese ausgelöst wird durch

- einen zunehmenden Druck auf Preise und Handelsspannen,
- durch ein zunehmendes Bewußtsein in bezug auf Europa als gemeinsamen Markt.
- durch horizontale und vertikale Konzentrationsprozesse.

4 Vorgehensweise zur Anpassung der Unternehmensstrategie auf den Euro

Als praktikable Vorgehensweise zur Anpassung der Unternehmensstrategie auf den Euro empfehlen sich drei Schritte:

- Ausarbeitung eines Fragenkatalogs (Projekteröffnungsphase)
- Darstellung der bisherigen Unternehmensstrategie
- Erarbeitung der Einflüsse der Euro-Einführung auf die Unternehmensstrategie und Strategieanpassung

4.1 Fragenkatalog

Zunächst empfiehlt es sich, das Management auf die Euro-Thematik einzustimmen und zu motivieren. Dazu kann ein Fragenkatalog dienen, der zu ersten strategischen Ansatzpunkten führt und weitere Überlegungen anstößt. Solche Eröffnungsfragen sollte jedes Unternehmen nach seinen spezifischen Belangen für sich ausarbeiten. Auf eine besondere Gliederung kommt es hier noch nicht an; ein freies Brainstorming ist als Eröffnungsphase für strategischen Überlegungen besser geeignet.
Beispiel:

- In welchen Ländern Europas sind wir tätig? Welche davon werden die gemeinsame Währung voraussichtlich einführen?
- Rechnen wir bei der Einführung der Währungsumstellung mit einer höheren Preistransparenz unserer Produkte? Wodurch? Auf welcher Marktstufe?
- Gibt es für gleichartige Produkte länderspezifisch unterschiedliche Preise? Auf welcher Marktstufe? Gründe?
- Sind unsere Produkte starkem Preiswettbewerb ausgesetzt?
- Welchen Einfluß könnte die höhere Preistransparenz auf unsere Handelspartner haben?
- Werden nach Umstellung der Preise in Euro bisherige psychologische Preisschwellen überschritten?
- Wollen/Können wir die Preise unserer Produkte nach Umrechnung in Euro auf glatte Beträge aufrunden? Welche Auswirkungen hätte dies auf Endverbraucher?
- Besitzen wir eine europaweite Vertriebssteuerung?

4.2 Darstellung der bisherigen Unternehmensstrategie

Im Idealfall ist die Strategie eines Unternehmens schriftlich fixiert und wird gelebt. Bei Unternehmen, die eine aktive Investor-Relations-Politik betreiben, wird die Unternehmensstrategie zumindest in ihren Grundzügen auch publiziert.

Dies ist jedoch keineswegs der Regelfall. Praktische Erfahrungen zeigen, daß bei Führungskräften eines Unternehmens oftmals durchaus unterschiedliche Vorstellungen darüber bestehen, welche Positionierung das Unternehmen im Markt anstrebt, welches die Zielmärkte sind und welche Schlüsselfähigkeiten das Unternehmen hat bzw. ausbauen will. Daher ist es unerläßlich, zunächst einmal ein gemeinsames Verständnis der aktuellen Unternehmensstrategie festzustellen bzw. herzustellen.

Eine bloße Diskussion hierüber wäre allerdings nur der halbe Weg. Wichtig ist es, die bisherige Unternehmensstrategie **schriftlich zu dokumentieren**. Nur damit kann eine eindeutige Basis für die Weiterentwicklung der Strategie gelegt werden.

Natürlich können hier in der Regel kontroverse Auffassungen entstehen. Sie haben ihre Ursache in unterschiedlichen Interessenlagen im Management, in funktionsbedingt verengten Blickwinkeln, nicht ausreichend vorhandenem Datenmaterial oder auch nur in einem Mißbehagen, sich eindeutig zu bekennen. Es bietet sich dann an, auch solche Streitpunkte zu dokumentieren und zunächst nicht zu entscheiden. Sie werden im Rahmen der Strategieentwicklung wieder aufgegriffen, sobald der Strategiefindungsprozeß in die Phase einmündet, in der strategische Optionen formuliert werden.

4.3 Anpassung bzw. Erarbeitung der Euro-Strategie

Auf die vielschichtigen Prozesse und Methoden der Strategiebildung und -bewertung kann an dieser Stelle nicht eingegangen werden. Vielmehr wird als Beispiel für ein praktikables Verfahren zur Entwicklung einer Euro-Strategie eine Matrix vorgestellt, mit deren Hilfe Euro-Einflüsse systematisch ermittelt werden können.

Zuvor jedoch sei darauf hingewiesen, daß es in Rahmen einer Strategieentwicklung nicht ausreicht, lediglich Euro-Einflüsse einzubeziehen. Vielmehr sind alle übrigen möglichen Umweltveränderungen, die strategisch relevant sein können, zusätzlich zu berücksichtigen. Dazu gehören unter anderem

- technologische Veränderungen (Beispiel: zunehmende Verbreitung des Internet, die sich auf Vertriebsstrategien auswirken kann), Technologiesprünge in der High-Tech Industrie,
- Verfügbarkeit von Ressourcen wie Fachpersonal, Know-how, Rohstoffen und Kapital,
- Veränderung rechtlicher Rahmenbedingungen wie z.B. die mögliche Angleichung von Mehrwertsteuersätzen in Europa, Verschärfung von Umweltschutzbestimmungen, Zulassungsvorschriften, technische Normungen und Homologationen,
- Entwicklung von Kostenstrukturen an unterschiedlichen Produktionsstandorten,
- weitere Deregulierung von Märkten, zum Beispiel in der Zuckerindustrie.

Der hier vorgestellte Matrix-Ansatz gehört traditionell zu den Standardverfahren, wenn Ideen entwickelt werden müssen.

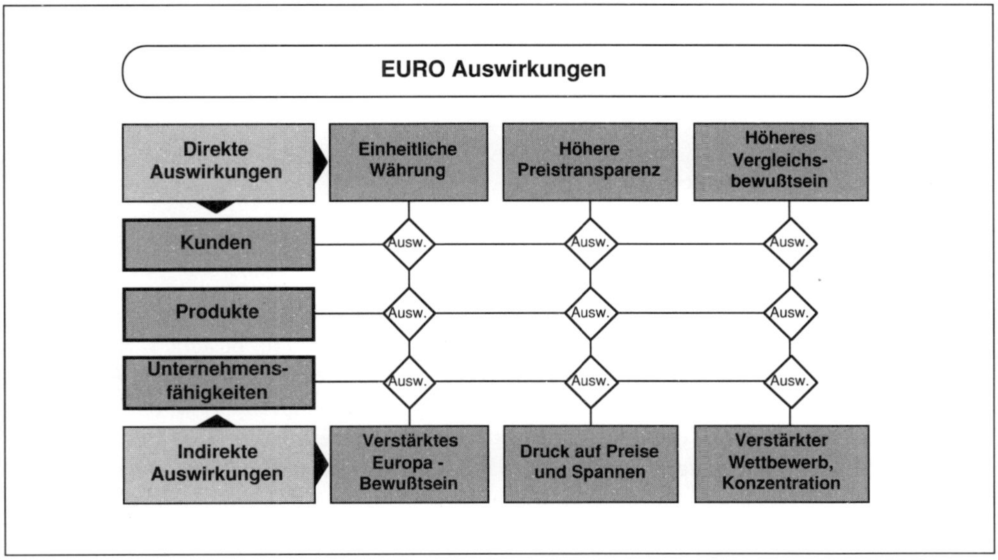

Abb. B-1: Matrix der Euro-Auswirkungen

Horizontal sind direkte und indirekte Auswirkungen der Euro-Einführung eingetragen, deren Auswirkungen auf Kunden, Produkte und Unternehmensfähigkeiten in concreto zu ermitteln sind. Im Schnittpunkt der Achsen ergeben sich jeweils Ideen, die auf ihre strategische Relevanz geprüft werden müssen. Die Matrix kann natürlich – was die Inhalte der horizontalen Achsen betrifft – erweitert werden. Die hier dargestellten Auswirkungen der Euro-Einführung entsprechen der heute wohl vorherrschenden Auffassung.

In der Vertikalen sind die drei strategischen Geschäftsfeld-Komponenten aufgeführt, durch die jede unternehmerische Tätigkeit bestimmt ist. Diese Komponenten sind hier nur als Oberbegriffe formuliert, sie müssen je nach Sachlage detailliert bzw. tiefer untergliedert werden. Beispielsweise ist genau zu definieren, wer jeweils unter Kunde zu verstehen ist. Das wird manchmal nicht bewußt differenziert, weil sich im Laufe der Zeit in Unternehmen Sprachgewohnheiten oder Nomenklaturen mit festen Inhalten herausgebildet haben, die nicht selten als Denkblockaden wirken.

Zum Beispiel ist es nicht ungewöhnlich, daß in Unternehmen mit einem indirekten Vertrieb über eine zwischengeschaltete Großhandelsstufe als Kunde nur der Großhändler verstanden wird. Der Endverbraucher und dessen ggf. sich ändernde Bedürfnisse geraten dann leicht aus dem Blickwinkel. Das kann sich strategisch sehr nachteilig auswirken, wenn sich abzeichnende Verhaltensänderungen bei Endverbrauchern nicht wahrgenommen werden.

Jeder, jedes Unternehmen ist in einem bestimmten Zusammenhang, aus einem bestimmten Blickwinkel Kunde. Ein Hersteller ist Kunde des Zulieferers, Endverbraucher sind Kunden des Einzelhändlers, dieser ist Kunde der Grossisten und/oder des Herstellers. Die jeweilige Position bestimmt, auf welche Kunden- oder Produktstufe, auf welche Unternehmensfähigkeiten es ankommt und wie diese unter Euro-Einflüssen anzupassen bzw. weiterzubilden sind.

5 Anwendungsbeispiele

5.1 Direkte Euroauswirkungen

5.1.1 Wechselkurse

Die Wechselkursrisiken innerhalb der Teilnehmerstaaten entfallen. Jedoch bleiben solche gegenüber Außenwährungen, wie z.B. US-Dollar, Japanische Yen etc. bestehen. Hier können Kurssicherungsgeschäfte nach wie vor angezeigt sein. Sollte der Euro gegenüber Außenwährungen schwächer als die heutige D-Mark werden, wird dies international exportierenden Unternehmen Vorteile verschaffen. Allerdings kann dieser Vorteil zum Teil wieder neutralisiert werden, wenn das Unternehmen außerhalb der Euro-Staaten in Hartwährungsländern einkauft. Als Folge daraus wäre die **Einkaufsstrategie** zu überprüfen.

5.1.2 Preisinformationen und Preislisten

Bisher werden von Unternehmen, die europaweit vertreiben, Preislisten und Broschüren oft jeweils in dem Land gedruckt, in dem sie verteilt werden. Sprache und unterschiedliche Preise waren plausible Gründe. Es können sich jedoch Kosteneinsparungspotentiale ergeben, wenn künftig Layout und Herstellung solcher Druckwerke auf eine Agentur bzw. Druckerei konzentriert würden. Unterschiedliche Sprachen sind für diese auch heute schon kein Problem. Wenn dann noch europaweit einheitliche Euro-Preise möglich wären (was aber nicht als grundsätzliche Empfehlung mißverstanden werden darf!), wäre eine Rationalisierungschance gegeben.

5.1.3 Preisschwellen und Preisstrategien

Bestehende **psychologische Preisschwellen** werden sich im Prinzip nicht ändern: 99,00 bleibt 99,00. Durch die Umrechnung von DM auf Euro ändern sich die Preise jedoch so, daß die bisherigen Preisschwellen in der Regel nicht mehr erreicht werden.

Beim einem angenommenen Euro-Kurs von DM 1,91919 je Euro werden aus einem Produktpreis von DM 99,00 nunmehr Euro 51,58. Eine Preisschwelle von Euro 49,99 würde für das Produkt einen Umsatzverlust von Euro 1,59 pro Stück (=3,08%) bedeuten. Nicht nur im Einzelhandel wären die Auswirkungen erheblich. Hersteller bzw. Lieferanten würden letztlich die Differenz zu tragen haben. Wenn es z.B. bei Verbrauchsgütern des täglichen Bedarfs nicht möglich wäre, Packungsgrößen zu ändern, um neue Preisschwellen zu erreichen, müßten Hersteller zu weiteren Kostensenkungsmaßnahmen greifen, um dieser Euro-Auswirkung zu entgehen.

Eine andere Preisstrategie könnte darin bestehen, auf Preisschwellen ganz zu verzichten und mit »krummen« Preisen auf den Markt zu gehen. Andere Wettbewerber sind schließlich von dem gleichen Problem betroffen und könnten sich ähnlich entscheiden.

Schließlich käme ein »upgrading« oder die Einführung eines neuen Produkts simultan mit der Euro-Einführung in frage. Dies dürfte bei Verbrauchsgütern in der Regel schwierig sein. Pasteurisierte Milch in der Tüte bleibt pasteurisierte Milch in der Tüte, und keinem Verbraucher kann es m.E. schmackhaft gemacht werden, einen höheren Preis für einen Liter zu zahlen, nur weil auf der Tüte jeweils noch ein Kochrezept aufgedruckt ist. Solche Preisdifferenzierungsmaßnahmen gehen am Kundenbedarf vorbei und sind deshalb ungeeignet. Damit soll nicht gesagt werden, daß hier keine Preisdifferenzierungsattribute möglich wären. Das aber ist ein Thema für kreative Produktgestalter und kann an dieser Stelle nicht vertieft werden.

Bei höherwertigen Gebrauchsgütern kommt m.E. der Produktentwicklung im Hinblick auf die Euro-Einführung eine maßgebliche Rolle zu. Durch Produktverbesserungen, Hinzufügen von Servicekomponenten usw. zum Zeitpunkt der Euro-Einführung können neue Euro-Preisschwellen erreicht werden, ohne Handelsmargen zu tangieren und ohne Kunden durch versteckte, d.h. nicht leistungsadäquate Preiserhöhungen zu düpieren. Letzteres ist von entscheidender Bedeutung. Das Euro-Thema hat bisher schon derart viele Unsicherheiten verursacht, daß jedes Unternehmen gut beraten ist, dem nicht noch eine weitere hinzuzufügen. Vertrauen schaffen und Kunden binden muß die Devise sein, nicht kurzfristiges Umsatzdenken.

Im übrigen kann damit gerechnet werden, daß Verbraucherverbände und Medien Preisvergleiche (»vorher/nachher«) anstellen und für entsprechende Publizität sorgen werden.

5.1.4 Doppelte Preisauszeichnung

Die Frage, ob Produkte in einer Übergangsphase mit doppelter Preisauszeichnung gegenüber dem Endverbraucher versehen werden sollen oder nicht, ist eng mit den vorstehenden Überlegungen verknüpft. Grundsätzlich muß sich ein Unternehmen entscheiden, ob es hierbei der DM oder dem Euro als »Leitpreis« Vorrang geben will.

Letzteres dürfte vorteilhafter sein, denn wenn die doppelte Preisauszeichnung einen Sinn haben soll, dann muß sie den Kunden an den Euro-Preis gewöhnen und dabei das Vertrauen schaffen, nicht mit versteckten Preiserhöhungen überzogen zu werden.

Zur doppelten Preisauszeichnung selbst gibt es zur Zeit je nach Branche noch unterschiedliche Auffassungen je nach dem Grad der Betroffenheit, d.h. Schwierigkeit der Durchführung. Es empfiehlt sich, diese Problemlage in Zusammenarbeit mit dem jeweils zuständigen Verband zu erörtern. So kann innerhalb einer Branche eine gewisse Planungssicherheit erreicht werden.

5.1.5 Höhere Preistransparenz, höhere Preisvergleichsbereitschaft

Das Bewußtsein, Preise europaweit vergleichen zu können, ist durch Medien geweckt worden und wird weiter verstärkt. Es gibt heute bereits Dienstleister (Preisagenturen), die regional günstigere Angebote z.B. von Gebrauchsgütern ermitteln und Bezugsquellen an Interessenten gegen Erfolgsprovision weitergeben. Dieses Angebot dürfte sich im europäischen Rahmen erheblich ausweiten und – bei zunehmender Verbreitung des Internet – auch in weit größerem Umfang als heute genutzt werden. Möglich ist auch, daß andere Informationsmedien entsprechende Leistungen anbieten werden. Dieser Service wird solange bestehen, wie Preise für vergleichbare Waren/Leistungen in Europa unterschiedlich sind und der Bezug trotz Transportkosten noch günstiger ist.

Gegenwärtig verhält es sich jedenfalls so, daß in Europa ein **Preisgefälle** für gleiche oder vergleichbare Güter von Land zu Land durchaus die Regel ist. Nutznießer sind bisher im wesentlichen Grenzlandbewohner und Reimporteure. Ursachen für Preisunterschiede von Land zu Land sind nicht nur unterschiedliche Mehrwertsteuersätze und Kostenstrukturen – das wird immer gern angeführt –, sondern bei Gütern desselben Herstellers oft auch Kostenverrechnungssätze bzw. die Intercompany-Preispolitik.

Nicht nur private Verbraucher werden durch den Euro motiviert werden, europaweit Preise und Leistungen im Internet zu vergleichen, sondern verstärkt auch gewerbliche oder industrielle Kunden. Zwar sind für Manager Preisinformationen und gedruckte Preislisten nur Ausgangspunkt von Rabattverhandlungen. Jedoch haben bislang nicht alle größeren Unternehmen ihre Einkaufsstrategie auf europäischer Ebene zentralisiert. Nicht selten sind noch Landesgesellschaften für Einkäufe auf ihrem Gebiet zuständig. Dies kann sich ändern. Großunternehmen werden vermehrt dazu übergehen, Einkaufsverhandlungen mit europäischen Lieferanten europaweit zentralisiert zu führen, um dadurch Preisvorteile zu realisieren. Ursache für diesen verstärkten Trend ist das durch die Euro-Einführung gewachsene Europabewußtsein.

5.1.6 Preisdifferenzierung

In diesem Zusammenhang sollte sich jeder Anbieter fragen, ob nicht Preisdifferenzierungsmaßnahmen sinnvoll eingesetzt werden könnten, um einer europaweiten Preisnivellierung zu entgehen. Ideen dafür lassen sich herleiten aus landesbedingten Unterschieden, die für den Verbraucher selbstverständlich sind und deshalb akzeptiert werden. Beispiele: Landessprache, landestypische Gewohnheiten (z.B. auch in bezug auf gewünschten Service), Mentalitäten (Geschmack, Konsumverhalten, Einstellung zur Qualität, Einstellung zu »Made in Germany«), Klima, etc.

Bei gewerblichen oder industriellen Kunden liegen Preisdifferenzierungschancen in erster Linie im Serviceniveau, im Investitionsverhalten, vielleicht auch im Know-how. Die mögliche Palette ist größer als es auf den ersten Blick erscheinen mag, man muß nur systematisch nach geeigneten Differenzierungskriterien suchen.

Wenn ein Unternehmen sich hingegen zum Ziel gesetzt hat, Preisführer zu werden, sind Preisdifferenzierungsmaßnahmen weniger bedeutsam (aber auch hier gibt es Ausnahmen!). Dann muß es sich im europäischen Rahmen mit im Prinzip gleichen Preisen für seine Waren messen lassen. Als Handlungsempfehlung kämen dann weitere Kostensenkungen und ein aggressives, europaweites Preismarketing in Frage. In der Folge wäre auch der Aufbau eines Direktvertriebs zu erwägen.

Beispiel 1: Preisvergleiche und Schwellenpreise

Das **Unternehmen** ist Hersteller von Photoapparaten, betrachtet wird die Produktlinie Apparate mit Basisausstattung, ohne Herstellermarke, ohne unverbindliche Preisempfehlung, Vertrieb in Deutschland und Europäischen Ländern über größere Handelsorganisationen mit und ohne Handelsmarken, niedriges Preissegment.

Die **Ausgangslage** ist davon bestimmt, daß die preissensitiven Endverbraucher die Europäische Preistransparenz nutzen werden, um vergleichbare Produkte zum billigsten Preis von irgendeinem Europäischen Anbieter zu erwerben. Entsprechende Angebote werden u.a. über den Versandhandel zur Verfügung stehen.

Als **Euro-Strategie** kann die Kostenführerschaft angestrebt werden. Dazu sind folgende Maßnahmen erforderlich: Mobilisierung aller Kostensenkungspotentiale, Verlagerung von Teilen der Produktion ins Ausland, Verringerung der Fertigungstiefe durch Kooperationen, Überprüfung der Vertriebsstrategie bezüglich der Marktausschöpfung durch die gegenwärtigen Handelsorganisationen, Überprüfung der Produkt-/Preisstrategie auf psychologische Preisschwellen:

Wenn das gegenwärtige Produkt Euro 73,70 kosten würde, liegt die nächste **psychologische Preisschwelle** bei Euro 69,90 oder Euro 69,99. Da dies bei Wahrung der Handelsmarge kaum zu realisieren ist, kann dem Hersteller empfohlen werden, zur Euro-Einführung neue oder verbesserte **Produkte** zu entwickeln, die ohne Preissenkung und Täuschung des Verbrauchers neue Euro-Preisschwellen ermöglichen. Dies wird sich wegen der Technologiesprünge im High-Tech-Bereich ohnehin empfehlen.

Aus Sicht der Distributoren bzw. Händler wiederum würde die Frage zu stellen sein, wie sich andere Europäische Handelsorganisationen, die den gleichen Apparat führen, in ihrer Preisgestaltung verhalten werden. Zwei Möglichkeiten seien beispielhaft erwähnt:

(a) Man wartet ab. Kommt es zu unterschiedlichen Preisen, was von den Endkunden registriert wird (z.B. über Internet), werden vermutlich alle entsprechenden Distributoren auf denselben Preis einschwenken; zumindest wird sich der Preiskorridor verringern.
(b) Eine Handelsorganisation kauft weitere Handelsorganisationen und verlangt vom Hersteller die exklusive Belieferung dieser Apparate für ein größeres Gebiet in Europa oder gar für ganz Europa. Die Strategie des Herstellers wiederum muß auch darauf vorbereitet sein. In solchen Fällen müssen neue Geschäftsfeldstrategien entwickelt werden.

Das Beispiel zeigt ein Grundproblem, das sich nach der Euro-Einführung verstärkt stellt. Während nämlich gegenwärtig noch viele, insbesondere mittelständische Unternehmen es bei einer **Produkt-/Marktsegmentierung** nach Ländern bewenden lassen, werden künftig die Geschäftsfelder und zugehörigen **Vertriebskanäle** im Europäischen Rahmen und ohne Unterstützung durch Ländergrenzen positioniert, d.h. segmentiert werden müssen, falls nicht, wie oben gezeigt, länderspezifische Preisdifferenzierungsmaßnahmen möglich sind und sinnvoll eingesetzt werden können.

Beispiel 2: Produktgestaltung, Kunden- und Händlerbindung

Das **Unternehmen** ist Hersteller von Markenwaren (Einbaumöbel), beliefert Privatkunden; Vertrieb über Fachhandel in Deutschland, Benelux und Frankreich, unverbindliche Preisempfehlungen in Deutschland.

Für die **Ausgangslage** des Unternehmens ist entscheidend, daß die Kunden einen qualifizierten Service bei Planung und Einbau benötigen. Die erhöhte Preistransparenz wird auch dann keinen Einfluß haben, wenn der Preis für dieses Markenprodukt z.B. in Frankreich deutlich geringer sein sollte. Der Kunde wird ein vergleichbares, wesentlich billigeres Einbaumöbel auch dann nicht direkt ordern, wenn ihm dieses durch Werbung bekannt gemacht wird. Anders kann es sich verhalten, wenn ein Wettbewerber am Wohnort des Kunden durch einen anderen Handelspartner (oder im Extremfall durch den gleichen Händler) billiger anbieten sollte.

Eine **Euro-Strategie** könnte aus folgenden Elementen bestehen: Das Unternehmen sollte seine Markenstrategie forcieren und sein Markenimage profilieren, um die Händlerbindung zu verstärken, das Eindringen Europäischer Wettbewerber zu verhindern und den höheren Preis gegenüber den Kunden zu rechtfertigen. Dies ist plausibel, weil hochwertige Markenmöbel auch unter Prestigeaspekten gekauft werden. Gegebenenfalls sind weitere Maßnahmen zur Händlerbindung (verbesserte Exklusivzusagen etc.) sinnvoll. Dies muß einhergehen mit Qualitätsverbesserungen und Kostensenkungen. Auch Prestigemarken stehen unter Preisdruck.

5.2 Indirekte Euroauswirkungen

Neues Europabewußtsein und Druck auf Preise und Margen werden dazu führen, daß sich nach der Euro-Einführung der Wettbewerb in Europa beschleunigt verschärft.

Grundsätzlich sollte sich jedes Unternehmen bereits jetzt darauf einstellen. Betroffen sind alle Bereiche der Wertschöpfungskette im Unternehmen, Zulieferanten und Vertriebskanäle. Es wird zu horizontalen Konzentrationen auf allen Marktstufen kommen, auch zu vermehrten vertikalen Integrationen. Traditionelle Handelsfunktionen werden neu geordnet, tradierte Organisationformen verändert.

5.2.1 Vertrieb und Marketing

Jeder Marktteilnehmer wird sich überlegen müssen, ob die von ihm erbrachte Leistung noch nachgefragt, d.h. künftig notwendig sein wird. Getreu der Erkenntnis, daß sich die Ware immer den direktesten Weg zum Endverbraucher sucht, werden langfristig insbesondere Handels- und Distributionsstufen zur Disposition stehen, wenn sie nicht aus Sicht des Endverbrauchers (!) einen bedarfsgerechten Mehrwert erbringen.

Als Beispiel aus der jüngeren Vergangenheit sei auf die neu entstandenen Direktvertriebskanäle der Finanzdienstleister verwiesen. Diese wären noch vor wenigen Jahren in Deutschland nicht vorstellbar gewesen. Sie haben heute bereits viele Funktionen des Agenturvertriebs (genannt »Servicevertrieb«) übernommen, und wer noch meint, im Direktvertrieb sei eine individuelle Beratung nicht möglich, der lasse sich via Internet z.B. von einem Direktversicherer ein individuelles Angebot online erstellen.

In anderen Branchen ist ähnliches zu beobachten. Langfristig könnte selbst im Investitionsgüterbereich der Wettbewerb zumindest zum Teil »online gehen«. Vermehrt werden Branchennetzwerke entstehen und eine solche Entwicklung unterstützen.

In bezug auf die Vertriebsstrategie empfiehlt sich demgemäß, die Organisation europaweit anzupassen und zu verschlanken. Die Notwendigkeit eigenständiger Tochtergesellschaften in einzelnen Länder ist zu hinterfragen. Niederlassungen erfüllen möglicherweise denselben Zweck, können aber kostengünstiger sein, da allgemeine Administrationsaufgaben zentralisiert werden.

Die Vertriebsführung sollte administrativ europaweit zentralisiert werden, um Preispolitik, Key-account Management und Marketing besser harmonisieren und steuern zu können. Hier haben sich im Laufe der Zeit in manchen Unternehmen Bereiche verselbständigt, die unter Hinweis auf lokale Kundenkenntnis und -betreuung massiv von den dortigen Managern verteidigt werden. Um nicht mißverstanden zu werden: Selbstverständlich sind Verkauf und große Teile der direkte Kundenbetreuung weiterhin lokale Aufgaben. Regionale Vertriebsorganisationen sollten jedoch auf den zur Erfüllung der Kernaufgaben notwendigen Umfang beschränkt werden.

Die Beziehung zu Handelsstufen ist neu zu überdenken. In diesem Zusammenhang sollte die Einführung von Direktvertriebskanälen geprüft werden. Dies muß nicht im Widerspruch zu etablierten und leistungsfähigen Handelskanälen stehen, wenn diese sinnvoll Aufgaben im Direktvertrieb mit übernehmen können, etwa Auslieferungen und after-sales-service. Bei entsprechender Gestaltung läßt sich hierdurch u.U. sogar eine, gegenüber heute stärkere Händlerbindung erzielen.

Auch Händler sollten von sich aus aktiv werden und mit wichtigen Lieferanten über eine Intensivierung der Zusammenarbeit, ggf. über eine neue Aufgabenteilung nachdenken.

Die Euro-Einführung bietet einen sachlichen Anlaß, neue Kooperationschancen zu suchen oder bestehende strategische Partnerschaften mit neuen Perspektiven zu diskutieren. Dies gilt sowohl für horizontale als auch vertikale Kooperationen. Letztendlich kann sich die Euro-Einführung nur nach vorheriger Abstimmung zwischen Produktion und Handel vollziehen. Beide Marktpartner müssen sich darüber einig werden, wann wer auf Euro-Preise übergehen will, welche Produktpolitik, welche Vertriebspolitk verfolgt wird etc. Hier können sich die Marktpartner gegenseitig helfen. Sie haben die Chance, neues Vertrauen aufzubauen und gemeinsame Marktstrategien zu entwickeln.

5.2.2 Produktion, Lagerhaltung und Logistik

Produktionsstandorte sind im Hinblick auf Kostenwirtschaftlichkeit, Verfügbarkeit und Eignung von Ressourcen zu überprüfen. Günstigere Lohnkostenniveaus in anderen Ländern, z.B. in Tschechien, Ungarn oder Portugal haben bereits viele Unternehmen zu Produktionsverlagerungen veranlaßt. Unternehmen, die dies nicht ernsthaft prüfen, können einen Wettbewerbsnachteil erfahren, der sich strategisch einschneidend auswirken kann. Andererseits ist zu fragen, ob bei derartigen Auslagerungen denn auch die erforderliche Produktionsqualität und Lieferbereitschaft sicherzustellen ist.

In diesem Zusammenhang sind auch Lagerhaltung und Logistik auf ihre Effizienz zu überprüfen. Die Forderung nach »Time-to-market« allein sollte nicht automatisch ein Zwischenlager pro Land legitimieren. Hier müssen detaillierte Untersuchungen ansetzen, um die optimale Versorgung der Europäischen Märkte über Landesgrenzen hinweg und nach Maßgabe einer evtl. neuen Vertriebsorganisation zu ermöglichen.

Schließlich und endlich ist zu prüfen, ob die gegenwärtige Informationstechnologie (IT) des Unternehmens auch den kommenden strategischen Anforderungen genügt und über entsprechende Vernetzungen verfügt. Dies kann ein erheblicher Engpaß sein, wie die Praxis zeigt. Eine adäquate IT ist jedoch eine wesentliche Erfolgsvoraussetzung für jede Eurostrategie. Umgekehrt kann die IT-Strategie in bezug auf Euro nicht ohne Rücksicht auf die Wettbewerbsstrategie diskutiert werden.

6 Schlußbemerkung

Die Euro-Einführung sollte nicht als »Betroffenheit« erlebt werden. Sie bietet eine besondere unternehmerische Chance auf einem ganz anderen, in der Praxis meist sehr schwierigen Gebiet, nämlich dem der **Änderungsbereitschaft von Unternehmen** und den Voraussetzungen zur **Veränderung von Unternehmenskulturen**.

Die Euro-Einführung kann als wirksames und plausibles Argument benutzt werden, über verkrustete Strukturen in Unternehmen nachzudenken, diese aufzubrechen und damit die Erfolgsvoraussetzungen für die Entwicklung und Umsetzung einer neuen Unternehmensstrategie zu schaffen.

Selbst erfolgversprechenste Strategien sind oft zum Scheitern verurteilt, wenn sie gegen langjährig gewachsene Strukturen stoßen, die jegliche Flexibilität im Denken und Handeln verhindern. Besonderer operativer Aktionismus eines Unternehmens in schwieriger gewordenem Wettbewerbsumfeld ist nicht selten ein Indikator für den Versuch, mit »bewährten« Mitteln, also ohne sich ändern zu müssen, neue Herausforderungen zu bewältigen – gewissermaßen ein Trommelfeuer auf den falschen Wald. Der Gegner hat längst die Stellung gewechselt.

Die Euro-Einführung kann nun dazu beitragen, die Bereitschaft zu fördern, die eigene Position zu überprüfen, weil es im Falle Euro mit Sicherheit auch die Wettbewerber tun. Um auf das Novum noch einmal hinzuweisen: Zur Zeit entwickeln europaweit und gleichzeitig viele Unternehmen Strategien, wie sie den Markt Europa besser erschließen können.

So gesehen sollte die Euro-Einführung als geradezu einmalige Chance verstanden werden, jetzt die Flexibilität aufzubringen, den Aufbruch zu neuen Horizonten zu planen, unter Umständen auf ganz neuen Wegen, die bisher »undenkbar« waren.

*Hans-Jürgen A. Feyerabend/Andreas Steck**

C. Rechtliche Aspekte der Einführung des Euro

---

* Rechtsanwalt/Steuerberater Hans-Jürgen A. Feyerabend, KPMG Deutsche Treuhand-Gesellschaft AG Wirtschaftsprüfungsgesellschaft, Frankfurt am Main
Assessor jur. Andreas Steck, KPMG Deutsche Treuhand-Gesellschaft AG Wirtschaftsprüfungsgesellschaft, Frankfurt am Main

1 Einleitung

In diesem Kapitel sollen die rechtlichen Aspekte, die mit der Einführung des Euro einhergehen, näher beleuchtet werden. Zu diesen Aspekten gehören neben den rechtlichen Voraussetzungen zur Einführung des Euro insbesondere vertragsrechtliche und währungsrechtliche Fragestellungen. Den deutschen Unternehmer dürfte daher nicht nur interessieren, ob seine laufenden vertraglichen Verpflichtungen[1] von der Einführung des Euro betroffen sind, sondern auch, wie er im Übergangszeitraum seine Geldschulden zu erfüllen hat. Entscheidende Bedeutung kommt ferner den gesellschaftsrechtlichen Implikationen zu.

2 Rechtliche Grundlagen zur Einführung des Euro

2.1 Vertrag von Maastricht und EG-Vertrag

Mit Unterzeichnung des Vertrages über die Europäische Union vom 7. Februar 1992 (Vertrag von Maastricht) und dessen Ratifizierung durch die Mitgliedsstaaten wurde die Einführung einer gemeinsamen Währung der an der Europäischen Währungsunion teilnehmenden Staaten festgelegt.

Die Europäische Wirtschafts- und Währungsunion (WWU) soll nach dem dahingehend ergänzten EG-Vertrag (»Vertrag zur Gründung der Europäischen Gemeinschaft« in der Fassung vom 1. Januar 1995) in drei unterschiedlichen und voneinander getrennten Phasen verwirklicht werden (Art. 102a bis 109m EG-Vertrag).

In der mittlerweile abgeschlossenen ersten Phase (1. Juli 1990 – 31. Dezember 1993) stand die vollständige Liberalisierung des Kapitalmarktes im Vordergrund, während die zweite Phase (1. Januar 1994 – 31. Dezember 1998) unmittelbar zur Vorbereitung der dritten Phase, der eigentlichen Währungsunion (EWU), dienen soll. Hierzu zählt gem. Art. 109f EG-Vertrag die Errichtung des Europäischen Währungsinstitutes (EWI) unter gleichzeitiger Herbeiführung der vollständigen Autonomie der jeweiligen Notenbanken (siehe Art. 109e Abs. 5 EG-Vertrag).

Die dritte Phase der WWU (Art. 109j bis 109m EG-Vertrag) beginnt am 1. Januar 1999 und endet spätestens am 30. Juni 2002. Für den ersten Tag dieser dritten Phase (1. Januar 1999) ist gem. Art. 109j Abs. 4 EG-Vertrag die Einführung des Euro als einheitliche Währung der an der Europäischen Währungsunion teilnehmenden Staaten vorgesehen.[2] Zu diesem Zeitpunkt soll der tatsächliche Austausch der nationalen Währungen der Mitgliedsstaaten und der ECU (dieser im Verhältnis 1:1 zum Euro) gegen den Euro zu dem dann jeweils unwi-

---

1 Betroffen können hierbei die verschiedensten Rechtsgebiete sein. In erster Linie ist an das allgemeine Vertragsrecht zu denken. Änderungen im individual- und kollektivarbeitsrechtlichen Bereich sind jedoch auch denkbar.

2 Einzelheiten der Umsetzung sind in der Verordnung des Rates über die Einführung des Euro – sog. EU-VO 109-E geregelt – siehe hierzu näher unten unter 2.2.

derrufllich fixierten Wechselkurs erfolgen und damit die Währungsunion als solche vollendet werden. Dies bedeutet nicht nur, daß die einzelnen nationalen Währungen ihre Eigenschaft als Währung verlieren werden. Außerdem geht zu diesem Zeitpunkt die Währungssouveränität der einzelnen Teilnehmerstaaten auf die Gemeinschaft dieser Staaten über.

Die Entscheidung über den Kreis der Teilnehmerstaaten soll im Frühjahr 1998 unter Berücksichtigung der oben bereits erläuterten[3] Konvergenzkriterien und nach Anhörung des Europäischen Parlamentes durch den Rat der Staats- und Regierungschefs der EU getroffen werden (Art. 109j Abs. 4 S. 2 EG-Vertrag).

Zur Verwirklichung der Währungsunion soll gemäß Art. 4a EG-Vertrag eine Europäische Zentralbank (EZB) und ein »Europäisches System der Zentralbanken« (ESZB) geschaffen werden, so daß ab dem 1. Januar 1999 (Art 109l Abs.1 EG-Vertrag) wesentliche Befugnisse der Deutschen Bundesbank auf das ESZB übergehen. Hierbei handelt es sich in erster Linie um Maßnahmen, die die Geldpolitik der Gemeinschaft betreffen (siehe Art. 105 Abs. 2 EG-Vertrag). Welche geldpolitischen Steuerungsinstrumente die EZB in Zukunft verwenden wird, ist derzeit allerdings noch unklar.

2.2 EU-Verordnungen

Die Rechtsgrundlagen der konkreten Einführung des Euro sind als solche nicht im EG-Vertrag geregelt. Die tatsächliche Einführung des Euro soll sich vielmehr nach zwei Verordnungen des Rates der EU bestimmen. Die Zweiteilung der Regelungswerke ist in erster Linie darauf zurückzuführen, daß Art. 109l Abs. 4 EG-Vertrag den Rat der EU erst zum 1. Januar 1999 ermächtigt, Maßnahmen zur Einführung des Euro zu treffen. Diesbezügliche Rechtsverordnungen können zwar zuvor erlassen, aber nicht in Kraft gesetzt werden.[4] Auch der Erlaß der Rechtsverordnung ist erst zu dem Zeitpunkt möglich, an dem die teilnehmenden Mitgliedsstaaten feststehen.[5]

Im Interesse der Rechtssicherheit war es deshalb geboten, wesentliche Regelungen im Zusammenhang mit der Einführung des Euro im vorhinein festzuschreiben. Deshalb haben die gesetzgebenden Organe der EU zunächst eine auf die »Generalklausel« des Art. 235 EG-Vertrag gestützte Verordnung über bestimmte Vorschriften im Zusammenhang mit der Einführung des Euro (EU-VO 235) erlassen.[6] Für die Regelungen der Details der Währungsumstellung hat die Legislative der EU einen Vorschlag einer Verordnung über die Einführung des Euro (EU-VO 109-E) vorgelegt. Diese EU-VO 109-E soll in erster Linie die Konvertierung der nationalen Währungen in den Euro zu dem jeweiligen Umrechnungskurs regeln.

---

3 Vgl. Lemnitzer/Stein, Beitrag A.

4 Vgl. hierzu ausführlicher: Sandrock (1997).

5 Siehe Wortlaut Art. 109 l Abs. 4 S. 1 EGV: »...Beschlusses der Mitgliedstaaten, für die keine Ausnahmeregelung gilt...«.

6 Die EU-VO 235 wurde im Amtsblatt der Europäischen Gemeinschaften vom 19.6.1997 (Nr. L 162 /1) verkündet und ist gem. Art. 6 EU-VO 235 am 20.6.1997 in Kraft getreten. Sie ist folglich unmittelbar geltendes Recht in allen EU-Mitgliedsstaaten.

2.2.1 Inhalt der EU-VO 235

Gegenstand der EU-VO 235 ist in erster Linie die Regelung der Auswirkung der Währungsunion auf bestehende Verträge und die Festlegung allgemeingültiger Regeln für den Umgang mit dem Euro. Im einzelnen sind folgende Regelungen von Bedeutung:

- Art. 2 bestimmt, daß jede Bezugnahme in einem Rechtsinstrument auf die ECU ab 1. Januar 1999 durch eine Bezugnahme auf den Euro zum Kurs von 1 Euro für 1 ECU ersetzt wird.
- Art. 3 schreibt explizit das Prinzip der Vertragskontinuität fest. Das bedeutet, daß die Verträge als solche und ihre einzelnen Vertragsbestandteile von der Währungsumstellung nicht betroffen sein sollen.[7]
- Art. 4 bestimmt die Form und Genauigkeit der unwiderruflich fixierten Umrechnungskurse der nationalen Währungen zum Euro. Der Kurs soll dabei auf sechs signifikante Stellen festgelegt werden, wobei die Anzahl der Stellen ab der ersten Ziffer, die keine Null ist, bestimmt wird. Inverse Kurse, d.h. der Euro-Kurs bezogen auf eine Einheit der jeweiligen nationalen Währung sollen nicht festgelegt und auch praktisch nicht angewendet werden. Umrechnungen von einer nationalen Währung eine eine andere nationale Währung, z.B. zwischen deutscher Mark und französischen Franc, sollen mittelbar über den Euro erfolgen, wobei der als Zwischenergebnis berechnete Euro-Betrag mindestens mit einer Genauigkeit von drei Stellen nach dem Komma berechnet werden soll.
- Nach Art. 5 werden zu zahlende oder zu verbuchende Beträge bei einer Rundung, die nach einer Umrechnung in die Euro-Einheit erfolgt, auf den nächstliegenden Cent auf- oder abgerundet.
- Art. 6 bestimmt schließlich, daß die Verordnung nicht nur für die an der Währungsunion teilnehmenden, sondern für alle Mitgliedstaaten gilt. Dies hat zur Folge, daß auch die übrigen EU-Mitgliedsstaaten die Konvertierung der nationalen Währungen der an der Währungsunion teilnehmenden Staaten in den Euro anerkennen müssen, was nicht unerhebliche vertragsrechtliche Auswirkungen haben kann.[8]

2.2.2 Inhalt der EU-VO 109-E

Aus den bereits dargestellten Gründen liegt bislang nur ein Entwurf der EU-VO 109-E[9] vor. Dieser Entwurf wurde, um Rechtssicherheit in diesem Bereich herbeizuführen, am 7.7.1997 einstimmig verabschiedet.[10]

Kern der EU-VO 109-E wird entsprechend Art. 109l Abs. 4 EG-Vertrag die derzeit in Art. 3 des Verordnungsentwurfs niedergelegte Regelung sein, daß der Euro zum jeweiligen Umrechnungskurs an die Stelle der Währungen der teilnehmenden Mitgliedsstaaten tritt. Gleichzeitig bestimmt Art. 4, daß der Euro zur Recheneinheit der EZB und der Zentralbanken der teilnehmenden Mitgliedsstaaten wird.

---

7 Siehe näher hierzu unten unter 3.1.1.1.
8 Siehe hierzu näher unter 3.1.2.
9 Dokument 96/0250 CNS der Europäischen Kommission.
10 Veröffentlichung in: Amtsblatt der Europäischen Gemeinschaften C 236/04.

Schließlich enthält die EU-VO 109-E noch folgende Übergangsvorschriften:

- Die nationalen Währungen sind eine andere Ausdrucksform des Euro, d.h. der Euro wird in der Übergangsphase auch durch diese Währungen denominiert (Art. 6 Abs. 1).
- Handlungen, die in einer nationalen Währung vereinbart wurden, werden in dieser ausgeführt und solche, die in Euro vereinbart wurden, werden in Euro ausgeführt (Art. 8 Abs. 1).
- Für die nach nationalem Recht emittierten Schuldtitel, die Abwicklung der Geschäfte an den Börsen und die Regelungen bezüglich des nationalen Zahlungsverkehrs kann jeder teilnehmende Mitgliedsstaat Sonderregelungen festlegen (Art. 8 Abs. 4).
- Banknoten und Münzen, die auf eine nationale Währungseinheit lauten, behalten für einen begrenzten Zeitraum (nach Art. 15 bis maximal 6 Monate nach der Beendigung der Übergangszeit) ihre Funktion als gesetzliches Zahlungsmittel (Art. 9).

3 Vertragsrechtliche Implikationen der Währungsunion unter Voraussetzung der in 2 dargestellten rechtlichen und zeitlichen Vorgaben

Vor dem Hintergrund der vorstehend unter 2. beschriebenen währungsrechtlichen Rahmenbedingungen und den Umsetzungsregelungen stellt sich – eine Teilnahme der Bundesrepublik Deutschland unterstellt – für deutsche Unternehmer die Frage, ob die Einführung des Euro Auswirkungen auf den rechtlichen Bestand laufender Verträge haben wird – insbesondere, ob sich hierbei ein Unterschied ergibt, je nachdem, ob der ausländische Vertragspartner in einem teilnehmenden EU-Mitgliedsstaat, in einem nicht teilnehmenden EU-Mitgliedsstaat oder in einem Drittstaat ansässig ist. Ferner dürfte von besonderem Interesse sein, wie im Übergangszeitraum fällig werdende Geldschulden zu erfüllen sein werden. Im vorliegenden Kapitel sollen diese zentralen Fragen neben anderen sich aus der Einführung des Euro ergebenden vertragsrechtlichen Fragestellungen (z.B. Einfluß auf bestimmte Vertragstypen) beantwortet sowie Gestaltungshinweise hierzu gegeben werden.

3.1 Allgemeine vertragsrechtliche Problematik

3.1.1 Die Vertragskontinuität

Zwar handelt es sich bei der Währungsunion nicht um eine Währungsreform, da im Gegensatz zu einer solchen am Umstellungsstichtag eine wertgleiche Umstellung vorgenommen wird. Dennoch kann die bevorstehende Währungsunion in vielen Fällen dazu führen, daß sich Vertragsparteien von den Verträgen lösen wollen, bzw. eine Anpassung an die veränderten Verhältnisse begehren. Exemplarisch seien nur die Fälle genannt, in denen die Erfüllung in Euro einer in z.B. DM eingegangenen Verbindlichkeit zu einem Geldwertverlust beim Gläubiger oder Schuldner führt.

Daher stellt sich die Frage, ob die Währungsunion einen Tatbestand darstellt, der zur Lossagung von den vertraglichen Vereinbarungen berechtigt.

3.1.1.1 EU-Recht contra nationales/internationales Vertragsrecht

Der europäische Gesetzgeber wollte dem entgegentreten, um eine reibungslose Umstellung der nationalen Teilnehmerwährungen auf den Euro zu gewährleisten und schrieb in Art. 3 S. 2 EU-VO 235 den Grundsatz der Vertragskontinuität fest. Allerdings bezieht sich Art. 3 EU-VO 235 allein – entgegen der Ansicht der Europäischen Kommission – auf die währungsrechtliche Ebene,[11] da die Ermächtigung, auf die sich die EU-VO 235 stützt, Art. 235 EG-Vertrag, lediglich ein Tätigwerden der Gemeinschaft erlaubt, um »...im Rahmen des gemeinsamen Marktes eines ihrer Ziele zu verwirklichen...«. Auch die Ermächtigungsgrundlage der EU-VO 109-E – Art. 109l Abs. 4 S. 3 EG-Vertrag – ermächtigt die EU nur zu dem für die rasche Einführung des Euro als einheitliche Währung der Mitgliedstaaten erforderlichen Handeln. Insofern liegen die allgemeinen schuldrechtlichen Regeln weiterhin im Kompetenzbereich der nationalen Gesetzgeber.

Dies bedeutet für einen deutschen Unternehmer, daß er in erster Linie nach deutschem Recht (oder, wenn dem Vertrag anderweitig vereinbartes nationales Recht zugrunde liegt, nach den in dieser Rechtsordnung geltenden Rechtsgrundsätzen bzw. nach internationalem Vertragsrecht) überprüfen muß, ob der Weiterbestand der von ihm abgeschlossenen Verträge auch nach der Einführung des Euro noch hinreichend gesichert ist.

3.1.1.2 Anknüpfungspunkte im deutschem Zivilrecht

Sollten die Vertragsvereinbarungen des deutschen Unternehmers deutschem Zivilrecht unterliegen, so sind Inhalt und Wirksamkeit der von der Einführung des Euro betroffenen Vertragsvereinbarungen unter Rückgriff auf die Regeln über die Leistungsstörung – namentlich der Unmöglichkeit gem. §§ 275, 320ff. BGB – und auf die aus § 242 BGB abgeleitete Lehre vom Wegfall der Geschäftsgrundlage zu überprüfen.

Einführung des Euro stellt keine Unmöglichkeit dar

Zwar besteht mit Abschluß der EWU kein Recht mehr, Erfüllung in der bisherigen nationalen Teilnehmerwährung, z.B. DM, zu verlangen. Dennoch kann sich eine Vertragspartei nicht erfolgreich darauf berufen, daß ihr die Erfüllung in der bisherigen nationalen Währung unmöglich geworden ist. Dies folgt aus der Tatsache, daß es sich bei Geldzahlungsverpflichtungen um eine Geldsummenverpflichtung und somit um eine Wertverschaffungsschuld handelt. Insofern ist der dem Geldgläubiger zu verschaffende Wert in der zum Zeitpunkt der Erfüllung gültigen Währung zu erbringen.[12] Da der Wert der zu leistenden Geldsumme dem-

---

11 So zumindest Sandrock (1997), S. 11.

12 Vgl. Münchner Kommentar – Maydell, B. v. (1994), Tz. 8 zu § 244.

nach vom Geldschuldner auch nach dem Untergang der bisherigen nationalen Teilnehmerwährung unproblematisch in Euro erbracht werden kann, ist für eine Beurteilung nach den Regeln der Leistungsstörungen kein Raum.

Auch wird sich der Geldschuldner nicht erfolgreich darauf berufen können, daß ihm im Falle einer gegenüber der Vorgängerwährung verbesserten Kaufkraft des Euro die Verschaffung des Euro unerschwinglich geworden ist. Nach ständiger höchstrichterlicher Rechtsprechung gilt nämlich der Grundsatz, daß man für seine finanzielle Leistungsfähigkeit immer einzustehen hat.[13]

Kein Wegfall der Geschäftsgrundlage

Die Einführung des Euro dürfte nicht den Wegfall der Geschäftsgrundlage bei andauernden Vertragsverhältnissen bedeuten.[14] Dies gilt nicht nur für Verträge, die dem deutschen Vertragsstatut unterliegen, sondern dürfte auch für Verträge gelten, die ausländischem Vertragsstatut unterliegen.[15]

So kennt z.B. das englische Recht zwar kein dem Wegfall der Geschäftsgrundlage vergleichbares Rechtsinstitut. Jedoch gibt es dort die sog. »doctrine of frustration« eines Vertrages, welche nicht zu einer Anpassung, sondern sogar zu einer Aufhebung des Vertrages führt. Eine hiernach erforderliche »frustration« ist jedoch nur dann gegeben, wenn ein unvorhergesehenes Ereignis zu einer vollständigen Vereitelung des Vertragszweckes führt.[16] Eine derartige Äquivalenzstörung dürfte hingegen infolge der Einführung des Euro nicht gegeben sein.

Auch das Recht des Staates New York enthält das Institut der »frustration«, welches bei grundlegenden Änderungen der Umstände bei gleichzeitiger Unvorhersehbarkeit (unforseen fundamental changes of circumstances) durch die Vertragsparteien zur Anwendung kommen kann. Auch hiernach dürfte eine »frustration« im rechtlichen Sinne kaum anzunehmen sein. Allerdings ist festzustellen, daß Entscheidungen bezüglich vergleichbarer Sachverhalte soweit ersichtlich bislang nicht ergangen sind.[17] Die US-amerikanische Lehre soll sich aber anscheinend darüber einig sein, daß die US-amerikanischen Gerichte den von der »lex monetae« vorgesehenen Wechsel akzeptieren würden.[18]

Die noch bestehende Rechtsunsicherheit kann schließlich durch bilaterale Verträge, die die Anerkennung des Euro unter dem Gesichtspunkt der Vertragskontinuität zum Inhalt haben, zwischen der EU (oder den einzelnen Mitgliedsstaaten) und den sog. Drittstaaten beendet werden. Dahingehende Verhandlungen werden z.B. mit dem Staat New York bereits geführt.[19]

---

13 Vgl. BGHZ 83, 300.

14 Vgl. statt vieler Sandrock (1997), S. 13 sowie die Deutsche Bundesbank (1997), S.12.

15 Zur internationalen Problematik siehe näher Sandrock (1997), S. 13ff. mit Hinweisen zu österreichischem, schweizerischem, französischem, englischem und verschiedenem US-bundesstaatlichem Recht.

16 Siehe auch Guest (1984), S. 440.

17 Vgl. Gruson (1997), S. 699 f..

18 Vgl. Sandrock (1997), S.15 mit weiteren Literaturhinweisen.

19 Ebenso mit Japan und der Schweiz.

Die nachfolgenden Ausführungen beschränken sich auf Verträge, die deutschem Vertragsstatut unterliegen.

Nach der Lehre vom Wegfall der Geschäftsgrundlage sind Verträge anzupassen, wenn eine grundlegende Veränderung der bei Vertragsschluß vorliegenden Verhältnisse eintritt. Die Änderungen sind nach der Rechtsprechung des Bundesgerichtshofes aber nur beachtlich, wenn die Vertragsparteien dem Vertragsschluß die nicht zum eigentlichen Vertragsinhalt erhobenen, aber bei Vertragsschluß zutage getretenen gemeinschaftlichen Vorstellungen oder die dem anderen Teil erkennbaren und von ihm nicht beanstandeten Vorstellungen vom Vorhandensein oder dem künftigen Eintritt gewisser Umstände offensichtlich zugrunde gelegt haben.[20] Desweiteren müssen die veränderten Tatsachen nach der einschlägigen Rechtsprechung eine gravierende Änderung der Geschäftsgrundlage darstellen, die zudem für eine Partei bei Festhalten an den vertraglichen Vereinbarungen einen unzumutbaren Zustand darstellt. Schließlich darf die Änderung der Geschäftsgrundlage nicht in die Risikosphäre einer der Vertragsparteien fallen.

Diese von der Rechtsprechung aufgestellten Anspruchsvoraussetzungen werden sehr eng ausgelegt und sind daher auch im Falle der Einführung des Euro streng zu überprüfen, um den allgemeinen Rechtsgrundsatz »pacta sunt servanda« nicht aufzuweichen.

Voraussetzung für eine Anpassung bestehender Verträge nach dem Rechtsinstitut des Wegfalls der Geschäftsgrundlage infolge der Einführung des Euro wäre folglich zum einen, daß zumindest eine der Vertragsparteien zum Zeitpunkt des Vertragsabschlusses nicht von der Einführung des Euro ausgegangen ist.

Rein theoretisch könnte auch eine beachtliche Änderung der Geschäftsgrundlage dadurch begründet sein, daß die Parteien zwar von der Einführung des Euro, aber nicht von einem damit einhergehenden Kaufkraftverlust ausgegangen sind. Dies dürfte in der Praxis aber insofern keine Auswirkungen haben, als die Rechtsprechung ferner verlangt, daß der Wegfall der Geschäftsgrundlage von keiner Partei vorhersehbar war.[21] Daß die Einführung einer gemeinsamen Währung zumindest das Risiko eines dadurch bedingten Kaufkraftverlustes gegenüber einer Vorgängerwährung bedingt, liegt jedoch auf der Hand. Etwas anderes kann zwar ausnahmsweise angenommen werden, wenn beide Parteien davon ausgegangen sind, daß die objektiv vorhersehbare Entwicklung nicht eintreten werde[22] oder sie insoweit keine Vorsorge treffen konnten.[23] Da jedoch bei objektiver Vorhersehbarkeit des Kaufkraftverlustes durch die Einführung des Euro diese abweichende Vorstellung in aller Regel zum vertraglichen Inhalt erhoben und somit dem Rechtsinstitut des Wegfalls der Geschäftsgrundlage entzogen ist und Vorsorgemaßnahmen in Form einer Wertsicherungsvereinbarung[24] oder Abänderungsvereinbarung möglich sind, dürften diese Ausnahmefälle üblicherweise nicht gegeben sein.

---

20 Vgl. BGH NJW 1985, 313ff.

21 Vgl. BGH WM 72, 656.

22 Vgl. BGHZ 112,261.

23 Vgl. BGHZ 2,188.

24 Nach Art. 9 § 1 Euro EG-E soll § 3 Währungsgesetz mit Wirkung zum 1. Januar 1999 aufgehoben werden, so daß eine eventuelle schwebende Unwirksamkeit von Wertsicherungsvereinbarungen wegen mangelnder Genehmigung durch die Dt. Bundesbank zu diesem Zeitpunkt entfallen wird. Ob es eine Nachfolgeregelung auf europäischer Ebene geben wird, ist derzeit noch ungewiß.

Daher kann eine vertragliche Anpassung über das Institut des Wegfalls der Geschäftsgrundlage grundsätzlich nur in den Fällen verlangt werden, in denen den Vertragsparteien die Einführung des Euro nicht bekannt war. Dies dürfte nur bei solchen Verträgen der Fall sein, die vor dem Abschluß des Vertrages von Maastricht abgeschlossen wurden, denn ab diesem Zeitpunkt mußte mit einer Europäischen Währungsunion und deren Folgen gerechnet werden.

Aber auch in diesen Fällen wird es in aller Regel an einer ausreichenden Äquivalenzstörung fehlen, die eine Abkehr von der normalen Risikoverteilung, daß nämlich das Risiko normaler Kaufkraftentwertung durch den Gläubiger getragen wird,[25] rechtfertigt.

Die Rechtsprechung sieht nur in den Fällen eine Anpassung des Vertrages vor, in denen das Interesse der benachteiligten Partei nicht mehr annähernd gewahrt ist. Dies ist nach der Rechtsprechung des Bundesgerichtshofes z.B. bei einer Entwertung von 60% der Fall.[26] Kaufkraftverluste in dieser Größenordnung werden jedoch durch die Einführung des Euro nicht erwartet.

Zusammenfassend läßt sich somit feststellen, daß eine Anpassung von bestehenden Verträgen, denen deutsches Recht zugrunde liegt, allein aufgrund der Tatsache der Einführung des Euro nicht in Betracht kommt. Das gleiche gilt wohl auch bei Verträgen, bei denen die Geltung des Rechts eines EU-Mitgliedsstaates vereinbart wurde, und voraussichtlich auch bei Verträgen, die dem Recht sog. Drittstaaten unterliegen[27] .

3.1.2 Währungsrechtliche Vertragsproblematik

Von besonderem Interesse für die deutschen Unternehmen ist die Frage, ob die durch den EG-Vertrag vereinbarte und mit den EU-Verordnungen umzusetzende Währungsunion dazu führt, daß die Vertragsparteien den Euro als Währung zwingend akzeptieren müssen. Dies hängt davon ab, ob von den Rechtsordnungen der jeweiligen Staaten der Euro als gültige Währung anerkannt wird.

Art. 2 S.1 EU-VO 109-E schreibt vor, daß der Euro ab 1. Januar1999 »die Währung der teilnehmenden Mitgliedstaaten« ist. Mit Errichtung dieses Währungsstatuts wird zwar das Währungsrecht der einzelnen Mitgliedsstaaten nicht abgeschafft,[28] dem Europäischen Währungsstatut kommt jedoch der Vorrang zu. Demnach ist dieses Europäische Währungsstatut für Vertragsparteien, die in teilnehmenden Mitgliedsstaaten ansässig sind, bindend.

Fraglich ist hingegen, ob die einheitliche Währung vom Recht der Nicht-Mitgliedstaaten als eine solche anerkannt wird, die die bisherige Währung des betreffenden Teilnehmerstaates ersetzt. Hierbei ist zwischen EU-Mitgliedstaaten und sonstigen Staaten (z.B. USA oder Japan; im folgenden als »Drittstaaten« bezeichnet) zu unterscheiden.

In den nicht teilnehmenden EU-Mitgliedsstaaten ist durch Art. 6 Abs. 2 EU-VO 235 bzw. durch Art. 17 Abs. 2 EU-VO 109-E die Anerkennung des Euro gewährleistet.

---

25 Vgl. Palandt – Heinrichs (1997), Tz. 136 zu § 242.

26 Vgl. BGHZ 97,173,175.

27 Siehe Sandrock (1997), S. 15.

28 Siehe Art. 6 Abs. 1 EU-VO 109-E, wonach das Währungsrecht der teilnehmenden Mitgliedsstaaten in der Übergangsphase weiterhin anzuwenden ist.

Bei den Drittstaaten ist hingegen auf die sog. »lex monetae« abzustellen, die dem Währungsstatut den Vorrang gegenüber dem Vertragsstatut einräumt. Danach stellt eine Schuld in einer nationalen Währung grundsätzlich eine Verbindlichkeit dar, die Wertsumme in der Währung zurückzuzahlen, die im Zahlungszeitpunkt gesetzliche Währung ist. Welches Zahlungsmittel wiederum die gesetzliche Währung darstellt, bestimmt die Rechtsordnung des Landes, dessen Währung betroffen ist,[29] weshalb auch Drittstaaten den Euro als Nachfolgewährung z.B. der DM akzeptieren dürften.

3.1.3 Besondere Probleme einzelner Schuldverhältnisse unter Einbeziehung von Gestaltungshinweisen für neu abzuschließende Verträge

3.1.3.1 Fremdwährungs- und Fremdwährungssicherungsgeschäfte

Die Abwicklung von Fremdwährungsgeschäften in nationalen Vorgängerwährungen dürfte nach Einführung des Euro unproblematisch vonstatten gehen, da wie bereits erläutert die Zahlungsverpflichtung in der jeweiligen Währung durch eine Verpflichtung zur Zahlung in Euro ersetzt wird. Dies gilt auch für die Fälle, in denen sich beide Geldzahlungsverpflichtungen auf Euro-Vorgängerwährungen beziehen, z.B. (voraussichtlich) auf DM und Französischen Franc. Da beide Zahlungen in Euro zu erfolgen haben, wird dies jedoch voraussichtlich nur zu einem Spitzenausgleich in Form einer einseitigen Zahlungsverpflichtung bezüglich des Differenzbetrages führen. Möglichkeiten, sich von dem Vertrag loszusagen, dürften bei Vereinbarung deutschen Rechts nach bereits dargestellten Rechtsgrundsätzen nicht gegeben sein.

Umstrittener hingegen ist die rechtliche Behandlung von Derivaten, wie Währungsswaps und -optionen, die auf Teilnehmerwährungen gerichtet sind. Durch die Festschreibung der Umrechungskurse am 1. Januar 1999 entfällt der wesentliche Geschäftsinhalt derartiger langfristiger Währungsabsicherungsgeschäfte: der Tausch unterschiedlicher Währungspositionen mit jeweils eigenständiger Kursentwicklung.[30] In diesem Zusammenhang ist zunächst zu fragen, nach welchem Recht diese Fremdwährungssicherungsgeschäfte zu beurteilen sind.

Gilt für die Swap- oder Optionsgeschäfte das deutsche Recht, muß zwischen Sicherungsgeschäften einer Teilnehmerwährung gegenüber einer Drittwährung und gegenüber einer anderen Teilnehmerwährung differenziert werden. Zum ersten wird in der Literatur zum Teil die Auffassung vertreten, daß aufgrund des Wegfalls der abzusichernden Währung der Zweck entfällt und somit ein Tatbestand der nachträglichen Unmöglichkeit gem. § 275 BGB mit der Konsequenz der Leistungsbefreiung des Schuldners gegeben sei. Dieses Ergebnis verkennt jedoch, daß an die Stelle der vertraglich abgesicherten Währung der zu einem festen Verhältnis umgerechnete Euro getreten ist. Eine Vertragsauslegung gem. §§ 133, 157 BGB dürfte regelmäßig zu dem Ergebnis führen, daß nunmehr der Euro als Nachfolgewährung abzusichern ist.

---

29 Vgl. RGZ 131,41,46.
30 Vgl. Fischer/Klanten (1996), S. 9.

Handelt es sich hingegen um zwei Euro-Vorgängerwährungen besteht nur bis zur Festschreibung der Wechselkurse am 1. Januar 1999 ein Sicherungsinteresse. Danach ist jedoch ein Sicherungsbedürfnis des Außenwertes des Euro logischerweise nicht mehr gegeben. Fraglich ist insofern, ob dies nicht zu einer Vorfälligkeit des Swapgeschäftes führen kann. Im Rahmen einer ergänzenden Vertragsauslegung gem. §§ 133, 157 BGB muß dies jedoch abgelehnt werden. Eine vorgezogene Abrechnung zum Stichtag 1. Januar 1999 dürfte regelmäßig nicht dem hypothetischen Parteiwillen entsprechen, weil dies die Liquidität derjenigen Vertragspartei belasten würde, die die Abrechnungsdifferenz ausgleichen müßte.

Häufig unterliegen Währungsswaps aber englischem Recht bzw. dem Recht des Staates New York.[31] Die dort jeweils geltende Doctrin of frustration greift auch in diesen Fällen aller Voraussicht nach nicht, so daß sich somit zusammenfassend feststellen läßt, daß bis auf nicht ausschließbare Rechtsunsicherheiten im Rechtsverkehr mit sog. Drittstaaten auch Fremdwährungsgeschäfte bzw. Fremdwährungssicherungsgeschäfte durch die Einführung des Euro in ihrem rechtlichen Bestand nicht gefährdet sein dürften.

3.1.3.2 Auswirkungen auf Kreditverträge

Der am meisten von der Einführung des Euro betroffene Vertragstyp dürfte der des Darlehensvertrages sein. Die Einführung des Euro hat nicht nur Auswirkungen auf die zugrunde liegende Darlehensvaluta, sondern möglicherweise auch auf die Zinsabrede.

Behandlung bestehender Verträge

Ein einseitiges Lossagen von einem Darlehensvertrag aufgrund der Einführung des Euro wird im Regelfall nicht möglich sein.[32] Dies trifft sowohl auf die Tilgungsverpflichtung, wie auch auf die Verpflichtung zur Zahlung des Zinses in vereinbarter Höhe zu.

In den Fällen aber, in denen sich der vereinbarte Zins an einem Referenzzins orientiert, der mit der Einführung des Euro bzw. des europäischen Zentralbankensystems wegfällt, entsteht eine zu schließende Lücke. Das EuroEG-E sieht deswegen unter Art. 1 die Errichtung eines »Diskontsatz-Überleitungsgesetzes (DÜG)« vor.

Nach § 1 Abs. 1 dieses Gesetzes soll der Diskontsatz der Deutschen Bundesbank für die Übergangszeit bis 31. Dezember 2001 ab 1. Januar 1999 durch einen »Basiszinssatz« ersetzt werden. Dieser »Basiszinssatz« ist zunächst der am 31. Dezember 1998 geltende Diskontsatz. Er soll an einen dem Diskontsatz vergleichbaren Referenzzinssatz[33] der Europäischen Zentralbank in der Form gekoppelt werden, daß Veränderungen des Referenzzinses automatisch zu einer dementsprechenden Erhöhung oder Senkung des Basiszinssatzes zu den vorgesehenen Feststellungsterminen (1. Januar, 1. Mai und 1. September eines jeden Jahres) führen sollen. Eine Anpassung soll lediglich in den Fällen unterbleiben, in denen sich der Referenzzinssatz im Feststellungszeitraum um weniger als 0,5% verändert hat, was bei der Kumulation von marginalen Zinsschwankungen unter 0,5% im jeweiligen Feststellungszeit-

31 Die Standarddokumentation der International Swap Dealers Association (ISDA) sieht für die Vertragsparteien eine Wahlmöglichkeit zwischen englischem und New Yorker Recht vor.

32 Siehe hierzu näher oben unter 3.1.1.

33 Zu dessen Bestimmung soll gem. § 1 Abs. 2 DÜG die Bundesregierung ermächtigt werden.

raum auf einen längeren Zeitraum gesehen durchaus zu einer nicht adäquaten Zinsfeststellung führen kann.

§ 3 Abs. 2 Nr. 1 DÜG sieht desweiteren vor, daß die Bundesregierung ermächtigt werden soll, mit Zustimmung des Bundesrates durch Rechtsverordnung den Lombardsatz durch ein vergleichbares Steuerungsmittel der Europäischen Zentralbank durch Rechtsverordnung zu ersetzen.

Nach dem Willen des Gesetzgebers[34] soll die Ersetzung des Diskont- und Lombardsatzes uneingeschränkt für sämtliche Bezugnahmen auf den Diskontsatz, seien sie gesetzlicher oder vertraglicher Art, gelten. Die Änderung von gesetzlich normierten Bezugnahmen auf den Diskontsatz in der Form, daß diese in Zukunft durch den »Basiszinssatz« ersetzt werden, erscheint unproblematisch.

Die unmittelbare Geltung des »Basiszinssatzes« für Verträge, in denen auf den Diskontsatz Bezug genommen wird, erscheint u.E. jedoch gerade hinsichtlich der Tatsache, daß nach § 4 DÜG die »in diesem Gesetz geregelte Ersetzung von Zinssätzen keinen Anspruch auf vorzeitige Kündigung, einseitige Aufhebung oder Abänderung von Verträgen begründet« zumindest als bedenklich.

Zwar handelt es sich grundsätzlich hierbei um Regelungen auf dem Gebiet des bürgerlichen Rechts i.S.v. Art. 74 Abs. 1 Nr. 1 GG. Eine Gesetzgebungskompetenz des Bundes ist also demnach prinzipiell gegeben. Man könnte allerdings der Ansicht sein, daß eine zwingende Verwendung der durch die Bundesregierung bestimmten Referenzzinssätze durch die Vertragsparteien derart in die Privatautonomie der Parteien eingreift, daß eine Verfassungskonformität mit Hinblick auf Art. 1 und Art. 2 GG zumindest zweifelhaft ist. Dies wird nicht allein dadurch ausgeschlossen, daß § 4 DÜG bestimmt, daß das Recht der Parteien, den Vertrag einvernehmlich zu ändern oder aufzuheben, unberührt bleibt.

Unseres Erachtens muß die zwischen den Parteien geschlossene und von einem weggefallenen Referenzzinssatz abhängig gemachte Zinsvereinbarung auch nach Wegfall des Diskont- oder Lombardsatzes insofern weiterhin der ergänzenden Vertragsauslegung i.S.v. §§ 133, 157 BGB zugänglich sein. Denn maßgeblich kann für die jeweiligen Vertragspartner nur sein, welche Vorstellungen sie bei Vertragsabschluß hatten und nicht welchen Zinssatz die Bundesregierung grundsätzlich als vergleichbar erachtet bzw. welchen Nachfolgezinssatz der Gesetzgeber konstruiert.

Natürlich kann bei der Auslegung die Bestimmung des Nachfolgereferenzzinssatzes durch die Bundesregierung bzw. der neu eingeführte »Basiszins« eine entscheidende Rolle spielen. Auch dürfte eine gesetzlich normierte Auslegungsregel[35], etwa derart, daß Verträge, die einen weggefallenen Referenzzinssatz zum Inhalt haben, grundsätzlich als auf einen dann neu zu bestimmenden Referenzzinssatz bezogen anzusehen sind, unproblematisch sein.

Welcher Referenzzins demnach letztlich jedoch für den jeweiligen Vertrag als Nachfolgezinssatz geeignet ist, sollte nicht absolut von Seiten des Gesetzgebers vorgegeben werden. Zumindest sollte die gesetzliche Regelung noch einen Rest an Auslegung ermöglichen.

Gleiches gilt für durch den freien Markt festgestellten Referenzzinssätze, wie LIBOR, FIBOR oder PIBOR. § 3 Abs. 2 Nr. 2 DÜG bestimmt, daß die Bundesregierung ermächtigt werden soll, durch Rechtsverordnung (mit Zustimmung des Bundesrates) den FIBOR durch

34 Siehe Begründung zum Entwurf eines Gesetzes zur Einführung des Euro, S. 15.

35 Siehe auch ASWWU (1997), S. 13, wo lediglich die Benötigung einer »gesetzlichen Vertragsanpassungshilfe« angesprochen wurde.

den Zinssatz zu ersetzen, der diesem in seiner Funktion am ehesten entspricht. Auch hier soll also für den Wegfall des FIBOR die Kompetenz auf die Bundesregierung übertragen werden, einen Nachfolgezinssatz zu bestimmen. Ob eine derartige Regelung in Anbetracht der Tatsache, daß damit die in Verträgen, die andere durch den Markt bestimmte Referenzzinssätze zum Inhalt haben (LIBOR, PIBOR etc.), entstehenden Lücken nicht geschlossen werden können, sinnvoll ist, mag dahingestellt bleiben.

Beachtenswert ist, daß die in § 3 Abs. 2 Nr. 2 DÜG normierte Ermächtigungsgrundlage der Bundesregierung einen unbegrenzten Gestaltungsspielraum eröffnet. Während bei den oben erwähnten festzusetzenden Referenzzinssätzen der Deutschen Bundesbank die Ersetzung zumindest auf vergleichbare Nachfolgereferenzzinssätze der Europäischen Zentralbank beschränkt ist, ist die Bundesregierung bezüglich des Nachfolgezinssatzes des FIBOR in ihrer Auswahl grundsätzlich vollkommen frei. Nach dem Wortlaut (»Zinssatz«) ist noch nicht einmal gewährleistet, daß es sich bei dem Nachfolgezinssatz um einen Referenzzinssatz handelt. Selbst eine eigenmächtige Zinsfeststellung seitens der Bundesregierung (natürlich unter dem Vorbehalt der Zustimmung des Bundesrates), bzw. die Verweisung auf einen nicht durch den freien Markt bestimmten Referenzzinssatz, scheint durch die Ermächtigungsgrundlage gedeckt.

Natürlich ist von einem Mißbrauch der Ermächtigungsgrundlage seitens der Bundesregierung nicht auszugehen. Aber gerade der der Bundesregierung eingeräumte weite Ermessensspielraum macht die Gefahr eines erheblichen Eingriffs in die Privatautonomie besonders deutlich.

Unseres Erachtens dürfte demnach der von der Bundesregierung bestimmte Nachfolgezinssatz des FIBOR nicht automatisch auf Verträge wirken, die den FIBOR als Referenzzins zum Gegenstand haben. Nach den oben aufgeführten Grundsätzen sollte die Bestimmung des Nachfolgezinssatzes weiterhin der allgemeinen Vertragsauslegung unterliegen.

Mit an Sicherheit grenzender Wahrscheinlichkeit wird es ab 1. Januar 1999 eine einheitliche Geldmarktzinsfeststellung in Form einer sogenannten European Interbank Offered Rate (EURIBOR) geben.[36] Eine bislang diskutierte dezentrale Feststellung an unterschiedlichen Bankenplätzen, wie sie bisher stattfindet, erscheint insofern ausgeschlossen. Es kann jedoch dahingestellt bleiben, wie und wo in Zukunft die Euro-Zinssätze im Interbankenbereich festgestellt werden. Der jeweilige Euro-Nachfolgezinssatz dürfte in jedem Fall im Rahmen einer vertraglichen Auslegung auf bestehende Vertragsverhältnisse angewandt werden. Es ist in diesem Zusammenhang auch darauf hinzuweisen, daß auch Änderungen der Marktkonventionen wie z.B. eine voraussehbare Veränderung der am Fixing beteiligten Korrespondenzbanken, eine Anwendbarkeit auf bestehende Darlehensverträge nicht verhindern sollte, da bislang die Zusammensetzung der Gremien der jeweiligen Bankenplätze Änderungen unterlegen war.

Gestaltungshinweise für neu abzuschließende Verträge

Wie bereits dargestellt, können sich durch die Währungsunion für Vertragsparteien je nach Veränderung der Kaufkraft des Euro zu der Vorgängerwährung Chancen und Risiken wirtschaftlicher Art ergeben.

---

36 Siehe FAZ vom 16. Oktober 1997 unter Hinweis auf eine gemeinsame Mitteilung der Europäischen Bankenvereinigung (EBV) und der im ACI vertretenen Finanzmärkte vom 15. Oktober 1997.

So kann das in einer Vorgängerwährung zu begebende Darlehen im Falle eines vergleichsweise schwächeren Euro bei Rückzahlung an Werthaltigkeit verlieren. Da jedoch ein einseitiges Lossagen vom Darlehensvertrag aus diesem Grunde nicht möglich sein dürfte[37], könnte der Kreditgläubiger insofern ein Interesse daran haben, ein vertragliches Abänderungsrecht zu vereinbaren. Eine vergleichbare Situation ist dann gegeben, wenn der Darlehensschuldner das Darlehen in einem vermeintlich stärkeren Euro tilgen muß.

Nach dem Grundsatz der Privatautonomie ist es Vertragsparteien jederzeit möglich, im gegenseitigen Einvernehmen Verträge anzupassen. Sollte man der EU-VO 235 – entgegen der in diesem Aufsatz vertretenen Meinung – sowohl währungs- als auch vertragsrechtliche Relevanz zubilligen, ergäbe sich aus Art. 3 S. 2 EU-VO 235, daß der Grundsatz der Vertragskontinuität »vorbehaltlich etwaiger Vereinbarungen der Parteien« gilt.

Daher besteht grundsätzlich die Möglichkeit, in neu abzuschließende Darlehensverträge eine Abänderungsklausel aufzunehmen. In einer solchen Abänderungsklausel kann entweder bestimmt werden, daß für den Fall, daß der Euro weniger oder mehr Kaufkraft besitzt als die dem Darlehensverhältnis zugrunde liegende Vorgängerwährung, nach den Grundsätzen von Treu und Glauben über die Höhe sowohl des Rückzahlungsbetrages, wie auch der bis dahin zu zahlenden Zinsen Nachverhandlungen zwischen den Parteien stattzufinden haben. Es kann aber auch ein außerordentliches Kündigungsrecht vorgesehen oder zum Zeitpunkt der Einführung des Euro (1. Januar 1999) die Umstellung auf eine Drittwährung festgeschrieben werden.

Andererseits hat die durch die Einführung des Euro begünstigte Vertragspartei ein Interesse an der Vertragskontinuität, um in schwächerer Währung leisten zu können bzw. eine stärkere Währung zu erhalten. Zwar ist grundsätzlich sowohl hinsichtlich des Währungsstatuts als auch hinsichtlich des Vertragsstatuts jeweils vom Grundsatz der Kontinuität auszugehen. Aus Gründen der Rechtssicherheit kann jedoch in solchen Fällen das gewollte Festhalten an dem Vereinbarten zusätzlich noch vertraglich ausdrücklich festgeschrieben (vereinbart) werden.

Beziehen sich Verträge auf Referenzzinssätze, bietet es sich für diejenigen Parteien, die Wert darauf legen, daß der Nachfolgezinssatz möglichst exakt mit dem zunächst vereinbarten Referenzzins übereinstimmt, an, vertraglich zu vereinbaren, daß bei Wegfall des zugrundegelegten Referenzzinssatzes ein vergleichbarer Nachfolgezinssatz zum Vertragsgegenstand erhoben wird. Ob es sich hierbei um die nach dem DÜG festzusetzenden oder zu bestimmenden Referenzzinssätze oder um andere Referenzzinssätze handeln wird, unterliegt somit automatisch der vertraglichen Auslegung gem. §§ 133, 157 BGB. Die nach dem Willen des Gesetzgebers angestrebte automatische Anpassung an die nach dem DÜG festgesetzten oder bestimmten Referenzzinssätze könnte somit umgangen werden.

Steht jedoch die Rechtssicherheit für die Vertragsparteien im Vordergrund, sollte der Vertrag einen Hinweis auf die Nachfolgezinssätze gem. DÜG enthalten. Denn dann hätten die Parteien die Bestimmungen des DÜG zum Vertragsgegenstand erhoben. Selbst wenn also das DÜG wegen der oben aufgeworfenen verfassungsrechtlichen Bedenken keine Wirkung auf Verträge entfaltet, würden somit die nach dem DÜG bestimmten Referenzzinssätze auf den jeweiligen Vertrag Anwendung finden.

---

37 Siehe hierzu näher oben unter 3.1.1.

3.1.3.3 Auswirkungen auf Schuldverschreibungen

Die Einführung des Euro wirft ebenfalls Fragen im Zusammenhang mit bereits begebenen Schuldverschreibungen bzw. mit der Emission von neuen Schuldverschreibungen auf.

Schuldverschreibungen in Vorgängerwährungen

Bei bereits begebenen Schuldverschreibungen wird es für die Emittenten keine Pflicht geben, diese z.B. bislang auf DM lautenden Schuldverschreibungen in Euro umzustellen. Da mit dem 1. Januar 1999 die Euro-Vorgängerwährung automatisch im Euro aufgehen wird, stellt die weitergehende Valutierung in der Vorgängerwährung in der Übergangsphase lediglich eine andere Bezeichnung (Denomination) des Euro dar. Danach sind gem. Art. 14 EU-VO 109-E die DM-Beträge automatisch als zu den fixierten Umrechnungskursen umgerechnete Euro-Beträge zu verstehen. Insofern ist eine gesonderte Umstellung nicht erforderlich.

Gleichwohl dürften neue Anleihen des Bundes, der Länder und Städte mit Beginn der dritten Stufe nur noch in Euro emittiert werden, da der Euro-Markt eine sehr viel höhere Liquidität als der DM-Markt[38] verspricht. Außerdem bestimmt Art. 6 § 1 Euro EG-E, daß die auf DM lautenden und als Bundesobligationen und Bundesschatzanweisungen gehandelten Buchschulden des Bundes, die nach dem 19. Januar 1999 zur Rückzahlung fällig werden, mit Wirkung vom 1. Januar 1999 auf Euro »redenominiert«, also umgestellt werden. Frankreich will sich diesem Vorhaben anschließen. Ob private Emittenten diesem Beispiel folgen werden (siehe Art. 6 § 3 Euro EG-E), ist noch ungewiß. Dies wird in erster Linie von den zu erwartenden Umstellungskosten abhängen, die der Emittent gem. Art. 6 § 9 Euro EG-E zu tragen hat.

Werden Alt-Anleihen redenominiert, stellt sich jedoch das Problem, daß bei der Umstellung von nationaler Währung auf Euro Rundungsdifferenzen auftreten werden. Dies hat zur Folge, daß bei Verwendung der gerundeten Beträge der Wert der Gesamtemission nicht mit der Summe der bezüglich dieses Schuldtitels für die einzelnen Anlegerdepots festgestellten Werte übereinstimmt. Hierzu wurden zwei Lösungsansätze entwickelt. Nach der »Bottom-up«-Methode wird jeder einzelne Depot-Bestand präzise umgerechnet. Das gleiche passiert bei der Wertpapierverwahrstelle und wird schließlich zur Gesamtemission »verdichtet«. Nach der »Top down«-Methode wird der Euro-Wert der Gesamtemission und auf dieser Basis ein neuer Mindestnennwert errechnet, so daß die Anleihe in gleich große Stücke aufteilbar wird. Damit es keine Rundungsdifferenzen gibt, wird die Größe der Gesamtemission angepaßt.[39] Leider hat der Gesetzgeber die Gelegenheit nicht wahrgenommen, sich anläßlich des Euro EG-E für eine der diskutierten Methoden zu entscheiden. Insofern bleibt die weitere gesetzgeberische Entwicklung abzuwarten.

Unabhängig von den vorstehend beschriebenen praktischen Schwierigkeiten der Umstellung von Schuldverschreibungen von einer Euro-Vorgängerwährung auf Euro bleibt festzustellen, daß auf Schuldverschreibungen, die in Euro-Vorgängerwährungen valutieren, die bei der Darstellung der Auswirkungen der Einführung des Euro auf Kreditverträge dargestellten Grundsätzen anzuwenden sind. Demnach dürfte ein Abweichen von der Vertragskontinuität nur bei gesonderter Vereinbarung in den Anleihebedingungen möglich sein.

---

38 Vgl. Poser (1997), S. 693.
39 Vgl. Poser (1997), S. 693.

Einseitige Änderungen der Emissionsbedingungen sind lediglich im Rahmen des Art. 6 §§ 5 und 6 Euro EG-E möglich. Hiernach kann der Emittent aus Anlaß der Umstellung den Anspruch auf Ausgabe von auf Euro lautenden Urkunden ausschließen oder einschränken, Bestimmungen über die Berechnung unterjähriger Zinsen und über die Festlegung von Geschäftstagen europäischen Handelsbräuchen anpassen und die handelbaren Nennbeträge neu festsetzen. Letztere Bestimmung erscheint auf den ersten Blick unverständlich, gibt sie doch nach dem Wortlaut dem Emittenten die Möglichkeit, die handelbaren Nennbeträge auch zu erhöhen, was eine unmittelbare Gläubigerbenachteiligung mit sich bringen kann. Aus der Begründung zum Gesetzentwurf[40] läßt sich aber entnehmen, daß der Schuldner dieses Recht nicht zum Nachteil des Gläubigers ausüben und der neu zu bestimmende kleinste handelbare Nennbetrag nur unter dem rechnerischen Umstellungsbetrag des bisherigen kleinsten handelbaren Nennbetrages liegen darf. Wieso der Gesetzgeber dies nicht zum Inhalt der gesetzlichen Regelung erhoben hat, ist nicht nachvollziehbar.

Nach Art. 6 § 8 Euro EG-E kann der Inhaber einer Schuldverschreibung die Umstellung oder die Änderung der Emissionsbedingungen mit der Anfechtungsklage anfechten. Die Klage kann hierbei nur auf die abschließend aufgezählten Gründe des Art. 6 § 8 Abs. 2 Euro-EG-E gestützt werden. Bemerkenswert ist, daß nach dem Willen des Gesetzgebers die Anfechtung nur inter partes, also zwischen dem anfechtenden Gläubiger und dem Emittenten gelten soll,[41] was dem Gesetzestext selbst nicht ohne weiteres zu entnehmen ist. Dies ist ein grundlegender Unterschied zu den sonstigen Wirkungsweisen der zivilrechtlichen Anfechtungsklage, die normalerweise zur Nichtigerklärung des Rechtsaktes führt.[42]

Schließlich ist in diesem Zusammenhang anzumerken, daß durch die Festlegung eines einheitlichen Streitwertes i.H.v. DM 8.000,– (siehe Art. 6 § 8 Abs. 5 Euro EG-E) nur eine Zulassungsrevision gegen zweitinstanzliche OLG-Urteile gem. § 546 ZPO möglich ist. Der BGH wird sich also mit aus der Umstellung resultierenden Streitigkeiten nur bei grundsätzlicher Bedeutung der Rechtssache befassen können.

Auswirkungen auf ECU-Anleihen

Wurden Schuldverschreibungen hingegen in ECU begeben, werden diese in aller Regel nach dem 1. Januar 1999 in Euro zurückgezahlt. Dies ist zwar keine zwingende Folge der Währungsunion. Denn die »offizielle« ECU ist lediglich eine Rechnungseinheit innerhalb der EU, während es sich bei der »privaten« ECU um einen vertraglich vereinbarten Währungskorb handelt. Allerdings wird in den Anleihebedingungen regelmäßig die Übereinstimmung des Währungskorbes mit der offiziellen ECU vereinbart, so daß ECU-Verbindlichkeiten durch diese Verknüpfung automatisch zu Euro-Verbindlichkeiten werden. Zumindest spricht hierfür eine widerlegbare Vermutung, wenn die Anleihebedingungen selbst eine Übergangsklausel auf den Euro nicht enthalten (siehe Art. 2 Abs. 1 Satz 2 EU-VO 235).[43] Derartige

40 Siehe Begründung zum Entwurf eines Gesetzes zur Einführung des Euro, S. 67
41 Siehe Begründung zum Entwurf eines Gesetzes zur Einführung des Euro, S. 70, S. 71.
42 Siehe u.a. Anfechtungsklage gegen Hauptversammlungsbeschlüsse der AG und Urteilswirkung gem. § 248 AktG.
43 Ausführlich hierzu: Schefold (1996), S. 10.

Übergangsklauseln wurden bereits von der Weltbank und der Europäischen Investitionsbank (EIB) in ihre jeweiligen Anleihebedingungen aufgenommen.[44]

Problematisch könnte jedoch sein, daß bei einer Umstellung der ECU auf den Euro im Verhältnis 1:1[45] nicht dem Umstand hinreichend Rechnung getragen wird, daß aller Voraussicht nach am 1. Januar 1999 nicht alle diejenigen Staaten an der Währungsunion teilnehmen werden, deren Währungen Bestandteil des ECU-Währungskorbes sind. Dies kann zur Folge haben, daß der Außenwert des Euro, der zunächst nur durch die »starken« Währungen gebildet wird, zum Zeitpunkt der Umstellung nicht mit dem ökonomischen Wert der ECU übereinstimmt. Dies kann dazu führen, daß sich Emittenten von ECU-Anleihen durch die Einführung des Euro benachteiligt fühlen. Diese Emittenten müßten nun einerseits die Anleihe im Rückzahlungszeitpunkt mit »teurem« Euro bedienen, während sie andererseits über die Laufzeit wegen des breiteren ECU-Korbes, der auch schwächere Währungen enthielt, höhere Zinsen leisten mußten. Ist jedoch in den Anleihebedingungen eine Bezugnahme auf die »offizielle« ECU vereinbart, kann sich der Emittent grundsätzlich nach bereits aufgeführten Grundsätzen über die schuldrechtlichen Vertragsaufhebungs- bzw. -anpassungsmöglichkeiten nicht von den vereinbarten Anleihebedingungen lossagen. Im Einzelfall sind jedoch die Anleihebedingungen, insbesondere hinsichtlich der Zusammenstellung und Änderung des Währungskorbes, zu beachten.

Dies gilt insbesondere für Anleihen von Emittenten aus Drittländern, für die die Vermutungsregel des Art. 2 Abs 1 Satz 2 EU-VO 235 nicht greift.[46]

Neu zu emittierende ECU-Schuldverschreibungen können jedoch durch eine dementsprechend zu fassende Vereinbarung in den Anleihebedingungen gegen die zu erwartenden Wertschwankungen geschützt werden. Zum einen kann hier geregelt werden, daß sich der zusammenzustellende Währungskorb an den Voraussetzungen, die die Europäische Kommission für die Aufnahme in die Währungsunion gestellt hat, orientiert. Zum anderen ist aber auch eine dahingehende vertragliche Regelung möglich, daß zum Stichtag 1. Januar 1999 die Anleihe in eine Drittwährung, wie US-Dollar oder Schweizer Franken, umgestellt und die Rückzahlung in dieser Währung vorgenommen wird.[47]

Ob es derartiger Klauseln in Anbetracht der Tatsache, daß die Kapitalmärkte die 1:1-Umrechnung der ECU in Euro mehr oder weniger antizipieren werden, womit eine zinsgünstigere Plazierung einer ECU-Anleihe möglich sein müßte, überhaupt bedarf, muß der weiteren Entwicklung auf den Kapitalmärkten überlassen werden.

3.1.3.4 Auswirkungen auf sonstige Schuldverhältnisse

Auch bei sonstigen Dauerschuldverhältnissen (z.B. Mietverträge oder Arbeits- und Dienstverträge) bzw. bei Rechtsgeschäften, die auch nach dem 1. Januar 1999 noch Wirkung entfalten (z.B. Kaufvertrag mit Zahlungsziel), ist seitens der Vertragsparteien darauf zu achten, daß die Einführung des Euro zu einem veränderten Zinsniveau bzw. zu einer anderen Werthaltig-

---

44 Siehe Fischer/Klanten (1996), S. 8.
45 Siehe Art. 2 Abs. 1 EU-VO 235.
46 Vgl. Schefold (1996), S. 15.
47 Vgl. Fischer/Klanten (1996), S. 9.

keit der Nachfolgewährung Euro führen kann. Daher bietet es sich an, entsprechende Anpassungsklauseln zu vereinbaren. Zumindest sollte auf eine kongruente Refinanzierung geachtet werden, um die Währungsrisiken glattzustellen.

Vereinbart ein Unternehmen z.B. bei einem Ratenkaufvertrag oder einem Hypothekendarlehen feste, auf heutigem Zinsniveau basierende Annuitäten, sollten die hierfür benötigten Mittel auch durch eine laufzeitkongruente Refinanzierung auf Festzinsbasis bereitgestellt werden. In Kenntnis der Risiken auf eine für sich günstige Auswirkung der Währungsunion zu spekulieren und bewußt eine offene Position zu »fahren«, bleibt jedem Unternehmer natürlich unbenommen.

Bei Verträgen mit Versorgungscharakter (Pensionszusagen etc.) ist zu berücksichtigen, daß die Rechtsprechung weniger strenge Voraussetzungen an die Anpassungspflicht nach den Grundsätzen des Wegfalls der Geschäftsgrundlage aufgestellt hat. So rechtfertigt bei Ruhegeldvereinbarungen »bereits« eine Entwertung von 30% ein Anpassungsverlangen.[48] Will man jedoch die Zahlung von Versorgungsleistungen in einer bislang unbekannten Währung nicht hinnehmen, bietet es sich an, vertraglich zu vereinbaren, daß die Ruhegeldvereinbarungen zum Stichtag in eine Drittwährung (Schweizer Franken, US-Dollar etc.) umzustellen und in dieser Währung zu leisten sind. Das Risiko von Wertschwankungen wird hierdurch jedoch lediglich in eine andere Währung verlagert.

3.2 Die Erfüllung von Geldschulden im Übergangszeitraum

Nach der Beendigung der dritten Phase der EWU – spätestens am 1. Juli 2002 – ist die Erfüllung von Geldschulden, wenn keine abweichende Vertragsvereinbarung getroffen wurde, nach der die Geldschulden in einer Drittwährung zu erfüllen sind nur noch in Euro möglich, da Banknoten, Münzen und sonstige Währungsbezeichnungen der Vorgängerwährungen außer Kraft treten. Fraglich ist hingegen, wie die Erfüllung von Geldschulden während des Übergangszeitraumes zu erfolgen hat.

Während der Euro in sämtlichen Teilnehmerstaaten ab dem 1. Januar 1999 die einheitliche Währung sein wird, behalten die Vorgängerwährungen innerhalb des jeweiligen Gültigkeitsgebiets bis zur Beendigung der Übergangsphase ihre Eigenschaft als gesetzliches Zahlungsmittel.

3.2.1 Folgen für die Fälle der Barzahlung

Die Barzahlung ist im Übergangszeitraum nur mittels auf die Vorgängerwährung lautende Banknoten und Münzen möglich, da Euro-Bargeld noch nicht in Umlauf sein wird. Demnach sind Barforderung bis zum 31. Dezember 2001 immer in derjenigen nationalen Währungseinheit zu begleichen, in der sie begründet wurden.

Werden die Forderungen im Hinblick auf die Währungsunion bereits in Euro begründet, wird zum einen vertreten, daß mit jeder Währungseinheit der Herkunftsländer der Vertrags-

48 Vgl. BAG NJW 1973, S. 959.

parteien erfüllt werden kann. Richtigerweise ist aber wohl nach rechtsgeschäftlichen Grundsätzen auf die Währungseinheit am Erfüllungsort abzustellen, wonach z.B. bei vertraglich vereinbarter Erfüllung in Deutschland in DM, und bei vereinbarter Erfüllung in Frankreich in Französischen Francs zu leisten ist.[49]

3.2.2 Folgen für die Fälle der unbaren Geldschulderfüllung

Nach Art. 8 Abs. 3 EU-VO 109-E kann jeder Betrag, der auf die Euro-Einheit oder die nationale Währungseinheit eines bestimmten Mitgliedstaats lautet und innerhalb dieses Mitgliedsstaates durch Gutschrift auf das Konto des Gläubigers zahlbar ist, vom Schuldner entweder in der Euro-Einheit oder in dieser nationalen Währungseinheit gezahlt werden. Dies stellt in Deutschland insofern kein Problem dar, als die Banken eine automatische Konvertierungsfunktion übernehmen werden.

Die Wahlfreiheit soll auch für grenzüberschreitende Zahlungen, die auf die Euro-Einheit oder die nationale Währungseinheit eines Mitgliedstaates lauten, in dem das Konto des Gläubigers geführt wird, gelten.[50] Ob nicht in der Bundesrepublik Deutschland ansässige Kreditinstitute auch eine automatische Konvertierung vornehmen werden, kann derzeit noch nicht gesagt werden.

Ist der Gläubiger grundsätzlich nicht gewillt, die Wahlmöglichkeit des Schuldners hinzunehmen, so kann er sie vertraglich gem. Art. 8 Abs. 2 EU-VO 109-E abbedingen.

3.2.3 Konsequenzen für den Fall der Erfüllung durch Aufrechnung

Bislang war es Parteien nach § 387 BGB nicht möglich zwischen Forderungen unterschiedlicher Währungen aufzurechnen, da es an dem Tatbestandsmerkmal der Gleichartigkeit der Forderungen mangelte.[51] Durch die Währungsunion werden die einzelnen nationalen Vorgängerwährungen jedoch zu Denominationen einer einheitlichen neuen Währung, dem Euro. Konsequenterweise läßt demnach Art. 8 Abs. 6 EU-VO 109-E die Aufrechnung von Forderungen auch dann zu, wenn sie in unterschiedlichen Währungseinheiten denominiert sind.

Gegenüber Forderungen in Währungen von Drittstaaten kann weiterhin nicht aufgerechnet werden.

3.3 Gerichtliche Durchsetzung von Zahlungsansprüchen

Unabhängig von der Frage, wie Geldschulden zu erfüllen sind, stellt sich die Frage der gerichtlichen Durchsetzung von Zahlungsansprüchen. Hierbei können sich insbesondere im Übergangszeitraum, aber auch noch nach Beendigung der dritten Phase der Währungsunion folgende Probleme ergeben: Ein Unternehmer hat noch vor Einführung des Euro Zahlungs-

49 Vgl. Schneider (1996), S. 2481.
50 So zumindest Nr. 13 der Erwägungsgründe des Rates der EU zu der EU-VO 109-E.
51 Vgl. BGH, WM 1993, S. 2011.

ansprüche gegen einen säumigen Schuldner gerichtlich (Mahn- oder Klageverfahren) anhängig gemacht. Hierbei hat er eine auf DM lautende Forderung geltend gemacht. Der Zahlungsanspruch wird ihm gerichtlich jedoch erst zu einem Zeitpunkt zuerkannt, der nach dem 1. Januar 1999 und vor dem 1. Januar 2002 liegt. Einer Umstellung der Klage auf Euro bedarf es nicht, da die DM weiterhin als Untereinheit des Euro gesetzliches Zahlungsmittel ist. Das Urteil ergeht demzufolge in DM. Nunmehr stellt sich die Frage, ob der obsiegende Unternehmer aus dem auf DM lautenden Vollstreckungstitel nur in DM-Bestände (DM-Forderungen) oder auch in Euro-Forderungen des Schuldners vollstrecken kann. Da es sich bei der DM im Übergangszeitraum lediglich um eine Denomination des Euro handelt, wirtschaftlich und währungsrechtlich folglich nur eine Währung gegeben ist, sind beide Vollstreckungsoptionen möglich.[52]

Zu gleichem Ergebnis kommt man im übrigen auch in den Fällen, in denen ein Gläubiger einen auf DM lautenden Titel innehat und mit der Vollstreckung – was angesichts der 30jährigen Verjährungsfrist möglich ist – bis nach dem 1. Januar 2002 abwartet. Zwar wird zu diesem Zeitpunkt der Euro die alleinige Währung, während die Untereinheiten der Vorgängerwährungen wegfallen. Art 14 EU-VO 109-E bestimmt jedoch, daß Rechtsinstrumente,[53] die am Ende der Übergangszeit bestehen und auf nationale Währungseinheiten Bezug nehmen als auf den Euro bezogen anzusehen sind. Folglich wird die Rechtsgültigkeit des Vollstreckungstitels von der Einführung des Euro nicht berührt. Dies bedeutet, daß auch nach dem 1. Januar 2002 aus auf DM lautenden Titeln vollstreckt werden kann. Es bedarf lediglich einer Umrechnung der vollstreckbaren Forderung durch die Vollstreckungsorgane.

Letztendlich ist festzustellen, daß bei auf DM gerichteten, zum Zeitpunkt des 1. Januar 2002 schwebenden Verfahren, aufgrund des zwischenzeitlichen Wegfalls der DM keine Klageänderung gegeben ist, wenn der Kläger seinen Klageantrag auf Euro umstellt. Der Grund hierfür ist erneut darin zu sehen, daß es sich bei DM und Euro um die gleiche Währung handelt. Es ist im übrigen davon auszugehen, daß es mit Hinblick auf Art. 14 EU-VO 109-E gar keiner Umstellung der Klage seitens des Klägers bedarf, da die Gerichte von Amts wegen ab 1. Januar 2002 in Euro tenorieren werden.[54]

4 Gesellschaftsrechtliche Implikationen

Besondere gesellschaftsrechtliche Fragestellungen ergeben sich infolge der Einführung des Euro für diejenigen Unternehmer, die ihr Unternehmen in der Form einer Kapitalgesellschaft betreiben bzw. für alle Kapitalgesellschaften an sich. Dabei stellt sich insbesondere die Frage, ob die gesellschaftsvertraglichen Grundlagen (Gesellschaftsvertrag oder Satzung) geändert werden müssen.

---

52 Siehe auch Schefold (1996), S.12.

53 Rechtsinstrumente sind gem. Art. 1 EU-VO 109-E: Rechtsvorschriften, Verwaltungsakte, gerichtliche Entscheidungen, Verträge, einseitige Rechtsgeschäfte, Zahlungsmittel – außer Banknoten und Münzen – sowie sonstige Instrumente mit Rechtswirkung.

54 Vgl. ASWWU (1997), S. 10.

4.1 Regelungsbedarf auf Seiten des nationalen Gesetzgebers

Die Ersetzung der bisherigen nationalen Währung durch den Euro hat überall dort unmittelbare Auswirkungen auf das Gesellschaftsrecht, wo die Verwendung von DM zwingend gesetzlich vorgeschrieben ist[55] bzw. wo DM-Beträge im Gesetz genannt sind.[56] Da die DM während der Übergangsphase weiterhin eine Denomination des Euro darstellt und im Anschluß daran jedwede Bezugnahme auf die DM als Bezugnahme auf den Euro zu verstehen ist, besteht grundsätzlich bezüglich der Betragsangaben in DM zunächst keine zwingende Verpflichtung des Gesetzgebers, Neuregelungen zu schaffen.

Anders verhält es sich hingegen mit solchen Vorschriften, wie z.B. § 6 AktG, die die Verwendung von DM zwingend vorschreiben. Da für den Übergangszeitraum das Prinzip der Wahlfreiheit gelten soll, muß es auch ermöglicht werden, Kapitalgesellschaften mit einem in Euro ausgedrückten Stamm- oder Grundkapital zu gründen bzw. das Stamm- oder Grundkapital bestehender Kapitalgesellschaften auf Euro umzustellen.[57] Insofern ist der nationale Gesetzgeber aufgerufen, dementsprechende Regelungen zu erlassen.

Aber auch diejenigen Vorschriften, in denen lediglich auf DM-Beträge abgestellt wird, erscheinen, obgleich nicht rechtlich notwendig, anpassungswürdig. Nimmt man z.B. § 8 Abs.1 AktG, nach dem der Mindestnennwert von Aktien DM 5 beträgt, würde der von DM in Euro umgerechnete Mindestnennbetrag nicht nur optisch unschön wirken (bei einem angenommenen Kurs von DM 1,91919 läge er bei Euro 2,605265... = gerundet Euro 2,61). Einige Vorschriften würden auch sinnentleert (so z.B.: § 8 Abs. 2 AktG, wonach höhere Aktiennennbeträge auf »volle« 5 Deutsche Mark lauten müßten; siehe auch § 5 Abs. 3 S. 2 GmbHG, wonach der Betrag der Stammeinlage in Deutscher Mark durch 100 teilbar sein muß). In diesem Zusammenhang ist auch zu erwähnen, daß der Gesetzgeber bestrebt sein sollte, glatte Euro-Beträge in den Rechtsvorschriften festzuschreiben, um z.B. eine bessere Vergleichbarkeit der handelbaren Gesellschaftsrechte für den Anleger zu gewährleisten. Schließlich spricht für eine Änderung der derzeitigen Gesetzeslage noch die Tatsache, daß – ähnlich wie bei den Schuldverschreibungen – durch die Rundungsdifferenzen das ausgewiesene Grundkapital nicht mit der Summe der Aktien mit ihren gerundeten Nennbeträgen übereinstimmt. Auf welche Art eine Anpassung vorgenommen werden soll, ist jedoch derzeit noch umstritten.

4.2 Lösungsansätze

Folgende Modelle werden in diesem Zusammenhang derzeit erörtert:

- nennbetragslose Aktien,
- Nennbetragsglättung und
- Neustückelung mit Teilrechten.

---

55 Z.B.: Grundkapital der AG gem. § 6 AktG.

56 Z.B.: §§ 7, 8, 103 Abs.3 S.3, 122 Abs.2 AktG; §§ 5 Abs. 1 und 3, 57h Abs. 1, 58a Abs.3 GmbHG.

57 Vgl. Schürmann (1997), S. 1381.

4.2.1 Zulassung nennbetragsloser Aktien

Der Überlegung, nennbetragslose Aktien zuzulassen, liegt der Verzicht auf Aktiennennbeträge zugrunde. Der Aktionär erhält im Falle der Ausgabe nennbetragsloser Aktien lediglich eine quotale Beteiligung am Gesellschaftkapital. Hierdurch wird die unschöne Optik gebrochener Nennwerte vermieden. Auch ist eine Änderung der Depotbuchhaltung nicht notwendig, da eine Aktie immer noch eine Aktie bleibt. Dies hätte den Vorteil, daß auf Aktien bezogene verbriefte (z.B.: Optionsscheine, Wandelanleihen) oder nichtverbriefte Rechte (z.B.: Optionen, Futures) nicht umgestellt werden müßten. Ein weiterer Vorteil des Systems der nennbetragslosen Aktie wäre, daß eine Kapitalerhöhung aus Gesellschaftsmitteln nicht das Entstehen von Bezugsrechten zur Folge hätte, da die Anzahl der ausgegebenen Aktien gleich und somit die Beteiligungsquote unverändert bleiben würde. Nachteilig hingegen wäre, daß eine Vergleichbarkeit unterschiedlicher Aktien mangels einheitlichem Nennwert nicht erreicht werden könnte.

4.2.2 Nennbetragsglättung

Bei dieser Variante wird zwar der DM-Nennwert in Euro umgerechnet. Ein sich bei dieser Rechenoperation ergebender ungerader Betrag wird aber sogleich auf einen vollen Euro auf- oder abgerundet. Dies würde jedoch unmittelbare Auswirkungen auf die Höhe des Gesellschaftskapitals haben. Die notwendige Erhöhung oder Herabsetzung des Gesellschaftskapitals müßte entweder mittels einer Kapitalerhöhung aus Gesellschaftsmitteln oder einer Kapitalherabsetzung erfolgen. Diese Variante hat den Vorteil, daß die Beteiligungsquoten der Aktionäre unverändert bleiben würden und daß eine gewisse Vergleichbarkeit hergestellt werden könnte. Hierbei ist allerdings zu berücksichtigen, daß nicht jeder Gesellschaft umwandlungsfähige Rücklagen in dieser Größenordnung (bei einem Nennwert von Euro 2,61 müßten immerhin Euro 0,39 aufgefüllt werden, was eine Kapitalerhöhung von ca. 15 % zur Folge hätte) zur Verfügung stehen und daß eine Kapitalherabsetzung aus optischen Gründen für die meisten Gesellschaften wohl nicht in Frage kommt.

4.2.3 Neustückelung mit Teilrechten

Um eine Nennbetragsglättung auch ohne Kapitalmaßnahmen durchführen zu können, verbleibt schließlich die Möglichkeit, den Mindestnennwert auf einen Euro festzulegen. Bei der Umwandlung der auf DM 5 lautenden Aktien würden somit mehrere auf Euro lautende Aktien entstehen (bei einem angenommenen Kurs von 1,91919 DM/Euro entstehen 2 Euro-Aktien). In Höhe des Differenzbertrages zwischen DM 5 und 2 Euro (im vorliegenden Fall Euro 0,6052...) entsteht ein Teilrecht, welches in einem dem Bezugsrechtshandel nachgebildeten Verfahren frei handelbar sein könnte. Hiergegen spricht jedoch, daß die genaue Ermittlung der Teilrechte sehr kostenintensiv ist . Zudem wird durch die Aufsplittung in Voll- und Teilrechte die anteilsmäßige Beteiligung des Aktionärs verändert

4.3 Gesetzesvorhaben des Bundesministeriums der Justiz

Nach einer Umfrage ist die nennbetragslose Aktie die bevorzugte Umstellungsvariante bei den DAX-100-Unternehmen[58] (45% der Befragten), während 41 % die Umstellung auf Euro-Aktien unter Glättung der Nennbeträge durch Kapitalerhöhungen aus Gesellschaftsmitteln bzw. Kapitalherabsetzungen favorisierten.

Das wichtigste Gesetzesvorhaben vor dem Hintergrund der Einführung des Euro ist der am 24. September 1994 gebilligte Regierungsentwurf eines Euro-Einführungsgesetzes, in dem u.a. auch der Referentenentwurf eines Gesetzes zur Umstellung des Gesellschaftsrechts auf den Euro (EuroGvG) vom 20. Mai 1997 eingeflossen ist. Als weiteres Gesetzgebungsvorhaben zu obiger Problematik ist der »Entwurf einer gesetzlichen Regelung über die Zulassung nennwertloser Aktien« vom 4. Juni 1997 zu nennen.

4.3.1 Die wesentlichen Vorschläge des Art. 3 Euro EG-E

Der Regierungsentwurf zum Euro EG-E enthält Änderungsvorschläge für das Aktiengesetz, das GmbH-Gesetz und das Umwandlungsgesetz zur Lösung der vorstehend mit der Einführung des Euro verbundenen Problemstellungen im Gesellschaftsrecht. Wesentlicher Inhalt ist die Umstellung der Nennbetragsaktien in Euro und die Verbesserung der gesetzlichen Rahmenbedingungen für Glättungsmaßnahmen.

4.3.1.1 Änderungsvorschläge für das Aktienrecht

Ersetzung der DM-Beträge durch glatte Euro-Beträge

Die im Aktiengesetz genannten DM-Beträge sollen – grundsätzlich durch die Zahl 2 geteilt – durch glatte Euro-Beträge ersetzt werden. Demnach sieht § 7 AktG einen Mindestnennbetrag des Grundkapitals i.H.v. Euro 50.000 vor. Diese Regelung erscheint solange praktikabel als das Wertverhältnis Euro zu DM 2:1 nicht übersteigt, da andernfalls Aktiengesellschaften, die bislang lediglich das Mindestkapital von DM 100.000 ausweisen, die Grenze von Euro 50.000 unterschreiten würden.

Mindestnennwert ein Euro

Der Regierungsentwurf zum Euro EG-E sieht außerdem vor, daß § 8 AktG dahingehend geändert werden soll, daß der Mindestnennwert einer Aktie in Zukunft einen Euro beträgt. Höhere Aktiennennwerte i.S.v. § 8 Abs. 2 AktG sollen auf ein Vielfaches von einem Euro lauten.

---

58 Laut einer Umfrage des Bundesverbandes deutscher Banken (BdB) und des Bundesverbandes der deutschen Industrie im Februar 1997, vgl. Bundesverband deutscher Banken (1997).

Bestandsschutz für Altgesellschaften

Für Altgesellschaften sieht Art. 3 Euro EG-E einen sog. Bestandsschutz vor, d.h., diese Gesellschaften müssen grundsätzlich nicht auf Euro umstellen. Eine Ausnahme hiervon ist jedoch für börsennotierte Gesellschaften vorgesehen. Diese Gesellschaften müssen bis Ablauf des Übergangszeitraumes am 31. Dezember 2001 auf geglättete Euro-Beträge umstellen. Sind zu diesem Zeitpunkt die Nennbeträge noch nicht angepaßt, dürfen Änderungen der Satzung in das Handelsregister nur eingetragen werden, wenn zugleich eine Satzungsänderung über die Anpassung der Aktiennennbeträge eingetragen wird.

Neugründungen während des Übergangszeitraums

Während des Übergangszeitraums müssen Neugründungen, bei denen das Grundkapital auf DM- oder auf Euro-Beträge lautet, möglich sein. Hierzu sind gegebenenfalls die Euro-Beträge zu dem fixierten Umrechnungskurs in DM umzurechnen.

Auswirkungen auf Kapitalerhöhungen

Zum Zwecke der Glättung der Aktiennennbeträge durch Kapitalerhöhung ist die Änderung des Grundsatzes vorgesehen, daß Kapitalerhöhungen aus Gesellschaftsmitteln durch Ausgabe neuer Aktien ausgeführt werden müssen.[59] Des weiteren sieht der Entwurf unter Art. 3 § 4 Abs. 3 vor, daß die Aktiennennbeträge durch die Kapitalerhöhung entweder erhöht oder neu eingeteilt werden können.

Mehrheitserfordernis für glättende Kapitalerhöhung

Für eine glättende Kapitalerhöhung soll statt der normalerweise erforderlichen Dreiviertel-Mehrheit, die einfache Mehrheit des bei der Beschlußfassung vertretenen Kapitals genügen.

4.3.1.2 Veränderungen im GmbHG

Auch für das GmbH-Gesetz werden grundsätzlich die gleichen Veränderungen angestrebt wie für das Aktiengesetz.

Das Mindeststammkapital soll Euro 25.000 betragen und die Mindeststammeinlage soll auf Euro 100 gesenkt werden.

Altgesellschaften können die DM-Bezeichnung von Stammkapital und Stammeinlagen beibehalten.

Die Umstellung ohne Glättung des Kapitals soll durch einfachen Mehrheitsbeschluß gem. § 47 GmbHG möglich sein.

---

59 § 207 Abs. 2 i.V.m. § 182 Abs. 1 S. 4 AktG.

Anders als im Aktienrecht soll es jedoch keine Beschlußerleichterungen für Glättungsmaßnahmen geben,[60] da gebrochene Nennwerte bei der GmbH, deren Anteile nicht an der Börse gehandelt werden, eher zu verkraften sind.

4.3.1.3 Sonstige Gesetzesänderungen

Zum einen werden im Umwandlungsgesetz alle diejenigen Betragsangaben, die sich auf die Anteilsstückelung beziehen,[61] an die zu ändernden Vorschriften des GmbH-Gesetzes und des Aktiengesetzes angepaßt. Zum anderen sind im Einführungsgesetz zum Handelsgesetzbuch (EGHGB) Vorschriften vorgesehen, die zu einer Erleichterung der Umwandlung führen sollen. So soll z.B. festgeschrieben werden, daß bei Eintragungen in das Handelsregister, die sich lediglich auf die Umstellung von DM in Euro beziehen, die öffentlich beglaubigte Form der Anmeldung (§ 12 HGB) und die Eintragungsbekanntmachung (§ 10 HGB) nicht mehr vorgeschrieben sein soll.

4.3.2 Der Entwurf einer gesetzlichen Regelung über die Zulassung nennwertloser Aktien

Das Bundesministerium der Justiz hat des weiteren einen Gesetzesentwurf zur Diskussion gestellt, nach dem neben der Nennbetragsaktie auch die nennbetragslose Aktie in Form einer Stückaktie zugelassen werden soll.

4.3.2.1 Wesentlicher Inhalt des Entwurfs

Der Entwurf sieht vor, daß die nennbetragslose Aktie die Nennbetragsaktie nicht ablösen, sondern als eine ergänzende Möglichkeit neben sie treten soll. Bei der nennbetragslosen Aktie soll es sich um keine echte Quotenaktie handeln, um einer Festlegung der Gesamtaktienzahl zu entgehen. Insofern sieht der Entwurf eine Änderung des § 8 Abs. 1 AktG mit folgendem Wortlaut vor: »Die Anteile an der Gesellschaft können entweder als Nennbetragsaktien oder als Stückaktien begründet werden.«

Bei ein und derselben Gesellschaft ist ein Nebeneinander beider Aktienformen aus Gründen der Übersichtlichkeit und Praktikabilität unzulässig.

Gleichzeitig sieht der Gesetzentwurf vor, daß der auf eine nennbetragslose Aktie entfallende anteilige Betrag des Grundkapitals 5 DM bzw. nach Verabschiedung des Euro EG-E 1 Euro nicht unterschreiten darf. Hierdurch sollen sogenannte »penny-stocks« vermieden werden.[62] Der auf die einzelne nennbetragslose Aktie entfallende anteilige Betrag des Grundka-

---

60 Ausführlich zu den Reformvorschlägen: Schürmann (1997), S. 1381.

61 Z.B.: § 46 Abs.1 S. 3, § 263 Abs. 2 , 3 UmwG.

62 Siehe Begründung zum Entwurf einer gesetzlichen Regelung über die Zulassung nennwertloser Aktien vom 4.6.1997.

pitals bildet den geringsten Ausgabebetrag. Unterpariemissionen sollen also auch weiterhin nicht möglich sein.

4.3.2.2 Konsequenzen des Gesetzentwurfes

Der Entwurf ermöglicht es den Aktiengesellschaften, von Nennbetragsaktien auf nennbetragslose Aktien umzustellen. Aber auch eine Umstellung von nennbetragslosen Aktien auf Nennbetragsaktien wird möglich sein.

Die Umstellung muß wie folgt vollzogen werden:

Will eine Gesellschaft von Nennbetragsaktien auf nennbetragslose Aktien umstellen, bedarf es einer Satzungsänderung mit allen dafür geltenden Vorschriften. Sollten Aktien mit unterschiedlichen Nennbeträgen zirkulieren, sind diese auf den niedrigsten Nennbetrag umzustellen, da alle nennbetragslosen Aktien den gleichen Wert haben werden. Für den Fall der Umstellung von nennbetragslosen Aktien auf Nennbetragsaktien sind die gesetzlich vorgeschriebenen Nennbetragsstufen (also nach Art. 3 Euro EG-E 1 Euro oder ein Vielfaches davon) zu beachten, so daß es (wie bei der generellen Problematik der Euro-Umstellung) in den meisten Fällen einer Kapitalherabsetzung oder -erhöhung bedarf.

5 Sonstige rechtliche Änderungen

Die durch die Einführung des Euro vorstehend dargestellten Änderungen auf dem Gebiet des Gesellschaftsrechts bedingen eine Vielzahl rechtstechnischer Änderungen, wie z.B. die entsprechenden Änderungen der Handelsregistereintragungen.

Auch bedingt die Einführung des Euro einen bilanzrechtlichen Anpassungsbedarf. Diesbezüglich wird auf die Ausführung im Aufsatz D, Auswirkungen der Währungsunion auf das Rechnungswesen, dieses Buches verwiesen.

Außerdem dürften betragsabhängige, aufsichtsrechtliche und melderechtliche Vorschriften einen erheblichen Rechtsänderungsbedarf auslösen, der derzeit noch nicht in Angriff genommen ist.

Literaturverzeichnis

Arbeitsstab Wirtschafts- und Währungsunion (ASWWU 1997): Zwischenbericht des Arbeitsstabes Wirtschafts- und Währungsunion beim Bundesministerium der Finanzen zur Einführung des Euro in Gesetzgebng und öffentlicher Verwaltung vom 28.4.1997. BT-Drucks. 13/7727 vom 6.5.1997.

Bundesverband deutscher Banken (1997): Umfrage unter den DAX 100-Unternehmen zur »Umstellung der Aktiennominale auf Euro«. In: Der Bankenverband informiert, o. Jg. 1997, S. 7-11.

Deutsche Bundesbank (1997): Informationsbrief zur Europäischen Wirtschafts- und Währungsunion, Nr. 5, Frankfurt, April 1997.

Fischer, R./Klanten, T. (1996): Langfristige Bankverträge und die Euro-Währung. In: ZBB, 8. Jg. 1996, S. 1-10.

Gruson, M. (1997): Altwährungsforderungen vor US-Gerichten nach der Einführung des Euro. In: WM, 51. Jg. 1997, S. 699-707.

Guest, A.G. (1984): Anson's Law of contract. 26. Aufl., Oxford 1984.

Münchner Kommentar (1994): Münchner Kommentar zum Bürgerlichen Gesetzbuch, 3. Aufl., München 1994.

Palandt-Heinrichs, H. (1997): Bürgerliches Gesetzbuch, § 242. 56. Aufl., München 1997.

Poser, A. M. (1997): Die Umstellung der Wertpapiere auf den Euro. In: IWB 97, S. 691-696.

Sandrock, O. (1997): Der Euro und sein Einfluß auf nationale und internationale privatrechtliche Verträge. In: BB, 52. Jg. 1997, Beilage zu Heft 31, S. 1-20.

Schefold, D. (1996): Die Europäischen Verordnungen über die Einführung des Euro. In: Sonderbeilage Nr. 4/1996 zu WM, 50. Jg. 1996, Nr. 47, S. 1-20.

Schneider, U. H. (1996): Die Vereinbarung und die Erfüllung von Geldschulden in Euro. In: DB, 51. Jg. 1996, S. 2477-2478.

Schürmann, T. (1997): Die Anpassung des Gesellschaftsrechts bei Einführung des Euro. In: DB, 50. Jg. 1997, S. 1381-1387.

*Karl-Heinz Lemnitzer/Lothar Stein**

D. Auswirkungen der Währungsunion auf das Rechnungswesen

---

* Wirtschaftsprüfer/Steuerberater Dr. Karl-Heinz Lemnitzer, KPMG Deutsche Treuhand-Gesellschaft AG Wirtschaftsprüfungsgesellschaft, Frankfurt am Main
Wirtschaftsprüfer/Steuerberater Lothar Stein, KPMG Deutsche Treuhand-Gesellschaft AG Wirtschaftsprüfungsgesellschaft, Frankfurt am Main

1 Rahmenbedingungen für die Anpassung des Rechnungswesens

1.1 Bereiche mit Umstellungsbedarf

Die Einführung einer einheitlichen Währung im EWU-Raum und die damit verbundene Substitution der DM durch den Euro wird sich grundsätzlich auf alle betrieblichen Bereiche auswirken, die in irgendeiner Form mit Währungen operieren. Insofern ist es unmittelbar einsichtig, daß auch der Bereich des Rechnungswesens besonders von der Währungsumstellung betroffen sein wird.

Für die nachfolgende Darstellung soll eine Dreiteilung in die Buchführung mit ihrem Hauptbuch und den Nebenbüchern, den Jahresabschluß zuzüglich dem Lagebericht sowie in den Bereich des internen Rechnungswesens, der die Planung, Steuerung, Überwachung und Kostenrechnung umfaßt, vorgenommen werden. Der Bereich des Jahresabschlusses beinhaltet neben den Implikationen auf den Einzelabschluß auch einige Besonderheiten im Rahmen des Konzernabschlusses, deren wesentliche Grundzüge hier dargestellt werden sollen.

1.2 Rechtlicher Rahmen für die Anpassung des Rechnungswesens

Das Rechnungswesen in seinen Teilbereichen Buchhaltung und Jahresabschluß ist insbesondere durch das Handelsgesetzbuch (HGB) und ergänzende steuerrechtliche Vorschriften kodifiziert. Im Zuge der EWU wurden inzwischen sowohl von Seiten der EU als auch vom nationalen Gesetzgeber einige Verordnungen und Gesetze erarbeitet, die sich überwiegend noch im Entwurfsstadium befinden. Bei den Überlegungen zur Anpassung des Rechnungswesens spielen diese eine besondere Bedeutung, da sie speziell auf währungsrechtliche und bilanzrechtliche Fragestellungen eingehen. An dieser Stelle soll deshalb kurz auf die wichtigsten Rechtsnormen eingegangen werden.

Von Seiten der EU handelt es sich zum einen um zwei Verordnungen, die umfassend die Einführung des Euro behandeln und aus Sicht des Rechnungswesens insbesondere hinsichtlich der dort aufgestellten Grundsätze bezüglich der Währungsumrechnung sowie der Regelungen zur Rundungsproblematik von Interesse sind.[1] Wegen der grundlegenden Relevanz sind die Texte der beiden Verordnungen in Anlage 2 zu diesem Buch abgedruckt. Zum anderen hat die Europäische Kommission in einem Positionspapier zur Einführung des Euro in der Rechnungslegung zu diesem Thema Stellung genommen und damit einen Beitrag zu einer möglichst einheitlichen Meinungsbildung in den EWU-Mitgliedsstaaten geleistet.[2]

---

1 Bei den EU-Verordnungen handelt es sich zum einen um die Verordnung (EG) Nr. 1103/97 des Rates vom 17.6.1997 über bestimmte Vorschriften im Zusammenhang mit dem Euro (EU-VO 235), die für alle EU-Staaten gilt und nach ihrer Veröffentlichung im EG-Amtsblatt Nr. 162 vom 19.6.1997 bereits am 20. 6. 1997 in Kraft getreten ist und die EU-Verordnung über die Einführung des Euro (EU-VO 109-E), die nur für die teilnehmenden Mitgliedsstaaten ab 1. 1. 1999 Bindungswirkung entfalten wird und in einem weitgehend endgültigen Entwurf im Amtsblatt der Europäischen Gemeinschaft, Nr. C 236 vom 2. 8. 1997 veröffentlicht wurde.

2 Vgl. EU-Kommission (1997).

In Deutschland ist inzwischen der Regierungsentwurf eines Gesetzes zur Einführung des Euro (Euro-Einführungsgesetz – EuroEG) am 24. September 1994 verabschiedet worden, welcher insbesondere Euro-induzierte Änderungen im Gesellschafts-, Handels- und Steuerrecht enthält. Im Verlaufe dieses Beitrags soll an den betreffenden Stellen die wichtigsten Regelungen in den einzelnen Gesetzen und Verordnungen gesondert erläutert werden. Zu weitergehenden Ausführungen zu den rechtlichen Aspekten der Einführung des Euro verweisen wir auf den Beitrag von Feyerabend/Steck.[3]

2 Umstellung der Buchhaltung

2.1 Grundsätzliche Bemerkungen

Die Umstellung der Buchhaltung von der DM auf den Euro läßt zunächst nur einen einmaligen Aufwand durch die notwendige Transformation aller DM-Werte in Euro-Werte vermuten. In der Übergangszeit vom 1. Januar 1999 bis zum 31. Dezember 2001 und in Ausnahmefällen auch noch danach werden die Unternehmen jedoch nicht nur mit dem Euro, sondern weiterhin mit den durch feste Umrechnungskurse verbundenen nationalen Währungen der Teilnehmerstaaten als Denominationen des Euro konfrontiert. Dadurch entsteht in diesem Zeitraum zusätzlicher Umrechnungs- und Abstimmungsaufwand.

Durch den Grundsatz der Währungsunion »Kein Zwang – Keine Behinderung«[4] steht es den Unternehmen im Prinzip frei, zu welchem Zeitpunkt sie innerhalb der Übergangszeit ihren Geschäftsbetrieb auf den Euro umstellen. Das hat zur Folge, daß die Unternehmen Geschäftsvorfälle verarbeiten müssen, die gleichwertig nebeneinander in DM oder in Euro ausgedrückt werden können und hat somit Auswirkungen auf alle in Geld ausgedrückten Vorgänge und Dokumente hat, welche das Unternehmen erreichen. Dazu zählen beispielsweise

- herausgegebene Preislisten,
- Ein- und Ausgangsrechnungen,
- Abwicklung des Zahlungsverkehrs sowie
- Verarbeitung von Transaktionen, die das Unternehmen in einer von der Buchhaltung abweichenden Währung erreichen.

Auch während des dreijährigen Übergangszeitraums kann sich innerhalb der Unternehmensgrenzen dieses Erfordernis zur Verarbeitung von DM und Euro stellen, da die Buchhaltung in der Regel aus verschiedenen Subsystemen (Hauptbuchhaltung und ggf. mehrere Nebenbuchhaltungen) besteht, die miteinander verknüpft sind. Werden diese Subsysteme zu unter-

3 Vgl. Feyerabend/Steck, Beitrag C. Rechtliche Aspekte der Einführung des Euro
4 Vgl. Europäischer Rat (1995), Tz. 9.

schiedlichen Zeiten auf den Euro umgestellt und bestehen zusätzlich ggf. noch Schnittstellen zu externen Stellen, wie z.B. Datenbanken, werden regelmäßig zusätzliche Abstimmungen erforderlich.

Hieraus kann jedoch keine Verpflichtung zur doppelten Erfassung der Geschäftsvorfälle in DM und zusätzlich in Euro sowie der Verarbeitung in einer Parallelbuchhaltung abgeleitet werden.

Im folgenden sollen die entstehenden Fragen in Zusammenhang mit der Umstellung der Buchhaltung näher betrachtet werden. Dabei geht es zuerst um die Wahl eines günstigen Zeitpunktes und danach um Fragen des Anpassungsbedarfs im Rahmen der Buchhaltung.

2.2 Zeitpunkt der Umstellung

Die Umstellung des laufenden Rechnungswesens auf den Euro kann zeitgleich mit der Einführung der neuen Währung und somit ab dem 1. Januar 1999 erfolgen, da in § 239 HGB für die Führung der Handelsbücher und sonstiger Aufzeichnungen nicht die Verwendung der DM, sondern lediglich die Nutzung einer lebenden Sprache vorgeschrieben ist. Eine zwingende Umstellung zu diesem Termin ist jedoch aufgrund des Grundsatzes »Kein Zwang – Keine Behinderung« nicht gegeben. Somit steht es den Unternehmen während der Übergangsphase frei, wann und in welchem Umfang sie ihre Buchhhaltung auf den Euro umstellen wollen. Die Umstellung ist auch unabhängig vom Geschäftsjahr, wenngleich aus pragmatischen Gründen eine Umstellung direkt im Anschluß an ein Geschäftsjahresende zu empfehlen ist.

Während der Übergangszeit sind folgende Varianten zulässig:

- Buchführung ab dem 1. Januar 1999 vollständig in Euro
- Buchführung weiterhin bis spätestens 31. Dezember 2001 nur in DM und Umstellung auf den Euro spätestens mit Wirkung zum 1. Januar 2002
- einheitliche Umstellung zu einem beliebigen Zeitpunkt innerhalb der Übergangszeit
- Teilweise und ggf. stufenweise Umstellung einzelner Subsysteme auf den Euro bei gleichzeitiger Beibehaltung anderer Subsysteme in DM.

Für die Festlegung des Umstellungszeitpunktes lassen sich keine generellen Grundsätze festlegen, sondern nur Empfehlungen aussprechen, deren Umsetzung vom Unternehmer selbst bestimmt werden müssen. Aspekte für die Wahl des Umstellungszeitpunktes werden nicht nur durch das Rechnungswesen bestimmt und können vielfältiger Natur sein. Anhand einiger Aspekte soll die Komplexität dieser Fragestellung dargestellt werden.

Anzahl der Geschäfte im EWU-Ausland	Erzielt ein Unternehmen einen hohen Umsatzanteil durch Import oder Export im EWU-Ausland, so sprechen mögliche Rationalisierungseffekte, z.B. durch den Wegfall von Währungsumrechnungen, für eine frühzeitige Umstellung. Außerdem kann eine höhere Kosten- und Preistransparenz bei den einzelnen Geschäften hergestellt werden, die insbesondere Planungs-, Steuerungs- und Koordinationstätigkeiten im Unternehmen erleichtert und Effizienzsteigerungen zuläßt
Internationalität des Unternehmens	Falls Tochtergesellschaften, Niederlassungen usw. im EWU-Ausland bestehen, brächte eine frühzeitige einheitliche Umstellung die Möglichkeit, unternehmensintern lediglich mit einer einzigen Währung zu operieren, wodurch die Transparenz erhöht und der Umrechnungsaufwand reduziert würde.
Konzernvorgaben	Innerhalb von Konzernen können Vorgaben des Mutterunternehmens eine frühzeitige oder späte Umstellung anordnen. Eine einheitliche Umstellung ist insbesondere für die bessere Vergleichbarkeit konzerninterner Transaktionen sowie für das konzerninterne Berichtswesen von Relevanz.
Allgemeines Branchenverhalten	Ein weiterer Aspekt kann für Unternehmen das generelle Branchenverhalten sein. In diesem Zusammenhang werden Empfehlungen von Verbänden richtungsweisenden Charakter haben.
Verhalten von Geschäftspartnern und Konkurrenten	Die frühzeitige Umstellung auf den Euro bei Kunden, Lieferanten und auch bei Konkurrenten impliziert bei den jeweiligen Unternehmen einen mehr oder weniger großen Anpassungsdruck. Hierbei ist zu beachten, daß zahlreiche Großunternehmen tendenziell frühzeitig umstellen werden. Hierbei ist eine Abstimmung zwischen Zulieferern und Abnehmern sinnvoll, sofern dies möglich ist. Eine frühzeitige Umstellung der Großunternehmen wird sicherlich auch bei kleineren Unternehmen eine schnellere Umstellung auf den Euro nach sich ziehen.
Kapazitäts-, Flexibilitäts- und Synergieaspekte	Bei der Wahl des Umstellungszeitraumes sollten Unternehmen darauf achten, ob und wann freie Kapazitäten und Ressourcen in ausreichendem Umfang vorhanden sind. Dies hängt z.B. von der Leistungsfähigkeit und der Flexibilität der verwendeten DV-Systeme ab. Speziell in der DV können sich Synergieeffekte ergeben, wenn bei ausreichender freier Kapazität die Umstellung parallel mit den Anpassungen anläßlich der bevorstehenden Jahrtausendwende durchgeführt wird.
Kostenaspekte	Eine frühe Umstellung kann durch den damit verbundenen frühen Anfall der Umstellungskosten zu Steuerstundungseffekten besonders bei ertragsstarken Unternehmen führen. Eine späte Umstellung hingegen ermöglicht in gewissem Umfang eine Verschiebung bzw. Glättung der Umstellungskosten, insbesondere dann, wenn mit den Umstellungsvorbereitungen früh begonnen wird und die Umstellungsarbeiten über einen längeren Zeitraum durchgeführt werden.
Strategische Aspekte	Eine frühe Umstellung und somit ein frühzeitiges Einrichten auf die sich durch die Währungsumstellung ergebenden Chancen und Risiken kann zu Wettbewerbsvorteilen und zu einem Imagegewinn durch das zukunftsorientierte Erscheinungsbild führen.

Unabhängig von den jeweiligen Präferenzen ist es in der Regel ratsam, die Umstellung nicht unterjährig, sondern in Anschluß an den Stichtag des letzten DM-Jahresabschlusses erfolgen zu lassen. Der Vorteil liegt hier darin, daß an diesem Termin die Aufwands- und Ertragskonten noch keinen Saldo aufweisen, so daß nur die Bestände der Schlußbilanzkonten, die Grundlage für den letztmalig in DM erstellten Jahresabschluß waren, in Euro umzurechnen sind. In diesem Fall werden nur die Vortragsbuchungen auf den Eröffnungsbilanzkonten des nachfolgenden Geschäftsjahres in Euro vorgenommen.

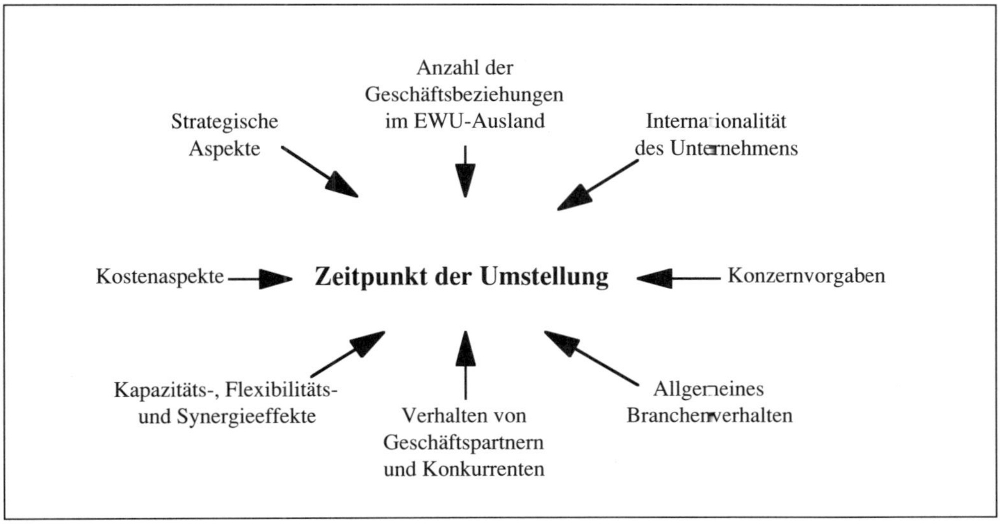

Abb. D-1: Aspekte des Umstellungszeitpunktes

2.3 Einheitliche Umstellung versus Umstellung einzelner Teilbereiche zu unterschiedlichen Zeitpunkten

Bei der Frage der Umstellung der Buchhaltung stellt sich nicht nur die Frage nach dem günstigsten Zeitpunkt, sondern auch die Frage, ob man die gesamte Buchhaltung in einem Schritt umstellt oder eventuell einzelne Subsysteme weiter in DM führt, während man andere schon auf Euro umgestellt hat.

Vor dem Hintergrund der Vielfalt der Transaktionen, die in DM oder Euro erfolgen können, kann es für einzelne Unternehmen zweckmäßig sein, Teilbereiche des Rechnungswesens, wie z.B. die Anlagenbuchhaltung, Kontokorrente oder die Lohn- und Gehaltsbuchhaltung weiterhin in DM zu führen, obwohl die Hauptbuchhaltung schon auf Euro umgestellt wurde und umgekehrt. So kann die Beibehaltung der DM in der Lohn- und Gehaltsbuchhaltung Vorteile bei der Erstellung der laufenden Lohnsteuer- oder Umsatzsteuervoranmeldungen sowie der Beitragsnachweise an die Sozialversicherungsträger bringen, da diese voraussichtlich auch in der Übergangszeit ausschließlich in DM akzeptiert werden. Bei den Überlegungen zur Umstellung müssen auch die voraussichtlichen Anforderungen an die Steuerklärungen berücksichtigt werden, die nach den Äußerungen der öffentlichen Verwaltung in der Übergangszeit ebenfalls ausschließlich in DM beim Finanzamt eingereicht werden können.[5]

Bei der Umstellung der einzelnen Teilbereiche der Buchhaltung zu unterschiedlichen Zeitpunkten muß jedoch berücksichtigt werden, daß bei jeder Schnittstelle zwischen DM und Euro die Notwendigkeit einer Umrechnung besteht. Selbst wenn man an diesen Schnittstellen DV-technische Konvertoren einsetzt, werden bei der Umrechnung Rundungsdifferenzen entstehen, die einen zusätzlichen Abstimmungsaufwand erfordern.

5 Vgl. ASWWU (1997), Tz. 19.

2.4 Anpassungsbedarf in der Buchhaltung

2.4.1 Grundprinzipien der Buchhaltung während der Übergangszeit

Das Buchhaltungssystem sollte aus den geschilderten Gründen in der Lage sein, Geschäftsvorfälle in DM oder Euro zu verarbeiten. Dies impliziert, daß das System entsprechend den Regeln für die Währungsumrechnung einen in Euro erfaßten Geschäftsvorfall in DM konvertiert, falls die Buchhaltung in DM geführt wird und umgekehrt.

Dies bedeutet jedoch nicht, daß für die Übergangszeit zwingend ein mehrwährungsfähiges Buchhaltungssystem erforderlich ist, da es auch bei einem einwährungsfähigen System durch die Vorschaltung von DV-Modulen bzw. manuelle Umrechnung möglich ist, eine korrekte Erfassung der Beträge in DM bzw. Euro zu gewährleisten. Die Existenz eines mehrwährungsfähigen Buchhaltungssystems würde sicherlich den Umstellungsbedarf reduzieren. Der Umfang der eingesparten Umstellungskosten wird aber im Regelfall die Anschaffung eines mehrwährungsfähigen Systems allein aus diesem Grund nicht rechtfertigen.

Teilweise kann es aus Kostengründen auch sinnvoll sein, lediglich einzelne Subsysteme, z.B. nur das Kontokorrent (Debitoren- und Kreditorenbuchhaltung) mehrwährungsfähig auszugestalten, da hier regelmäßig die meisten monetären Transaktionen mit dem Unternehmensumfeld abgewickelt werden, mehrwährungsfähig auszugestalten. Sollte die Einführung eines solchen Systems vorgesehen sein, weil z.B. viele Geschäfte in Fremdwährung auch außerhalb des EWU-Raumes abgeschlossen werden, so ist die EWU ein geeigneter Anlaß zur Forcierung dieses Projekts.

Sollten sich in Einzelfällen – bei nicht mehrwährungsfähigen Buchhaltungssystemen – Erfordernisse zur separaten Führung von Euro-Beträgen ergeben, so muß auch dies nicht zwangsläufig bedeuten, daß neue DV-Systeme angeschafft werden müssen. Es kann durchaus sinnvoll sein, für die Übergangsphase Nebensysteme einzuführen, da nach der Übergangszeit diese Problematik ohnehin wieder entfällt. Außerdem ist es denkbar, bei nur wenigen Transaktionen in Euro bzw. DM eine vorgelagerte Umrechnung »von Hand« in die jeweilige Buchhaltungswährung vorzunehmen.

2.4.2 Technik der Umstellung

Die Umstellungstechnik der Buchhaltung ist davon abhängig, ob im Unternehmen ein mehrwährungsfähiges oder nur ein einwährungsfähiges Buchhaltungssystem eingesetzt wird.

Die Umstellungserfordernisse bei einem einwährungsfähigen im Vergleich zu einem mehrwährungsfähigen Buchhaltungsystem soll folgendes stark vereinfachte Beispiel demonstrieren:

a) Umstellung einer Buchhaltung mit einer einzigen Währung

Bei einem einwährungsfähigen Buchhaltungssystem werden alle Konten in einer einzigen Währung, z.B. DM, geführt. Transaktionen in Fremdwährung werden vor Erfassung in der Buchung manuell in DM umgerechnet. Die Fremdwährungsumrechnung erfolgt somit außerhalb der Buchhaltung. Bei der Umstellung auf den Euro sind nur die Konten mit dem fixen Umrechnungskurs umzurechnen, was sich wie folgt darstellen läßt:

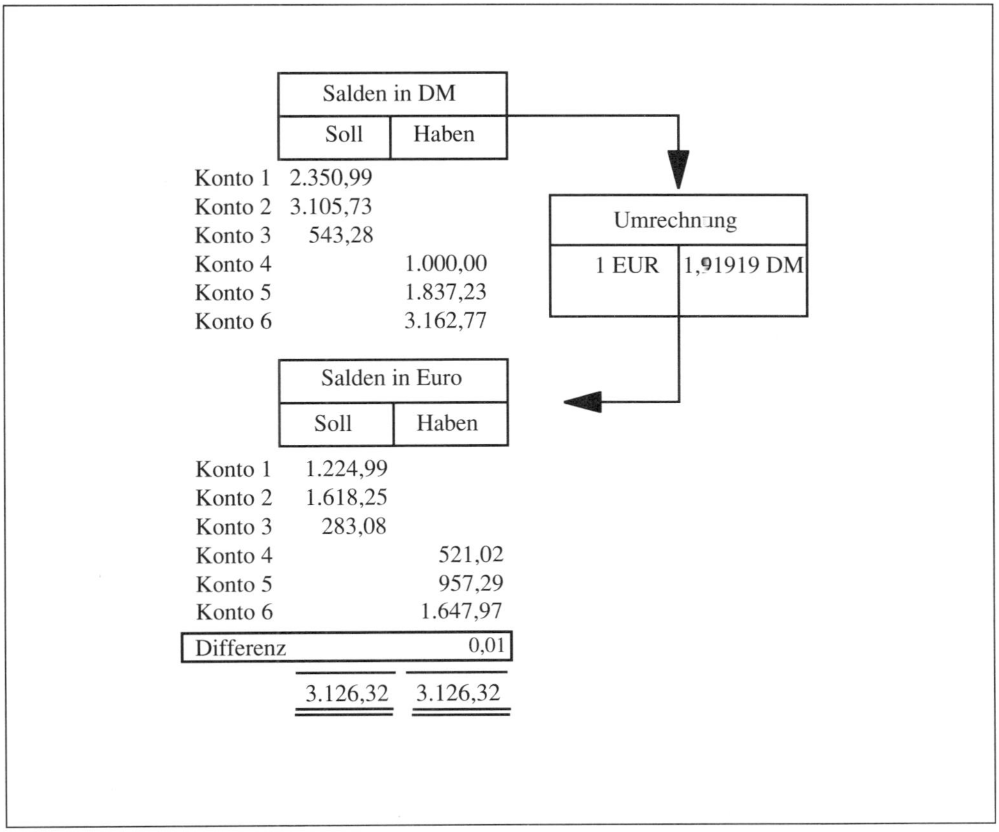

Abb. D-2: Umstellung einer Einwährungsbuchhaltung

In diesem Beispiel entsteht eine Rundungsdifferenz, die z.B. auf einem gesonderten Konto geführt oder direkt mit einem Konto des Eigenkapitals verrechnet werden kann.

Möchte das Unternehmen während der Übergangszeit seine Buchhaltung weiterhin in DM führen, so kann die Erzeugung von z.B. Euro-Saldenlisten nicht ohne weiteres erfolgen. In diesem Fall ist eine externe Umrechnung der Salden notwendig, da das System per Definition nur eine Währung verarbeiten kann.

b) Umstellung einer mehrwährungsfähigen Buchhaltung

Bei der mehrwährungsfähigen Buchhaltung werden die Konten in der tatsächlichen Währung des Vermögensgegenstandes bzw. der Verbindlichkeit geführt. Für Auswertungen wie z.B. die Saldenliste erfolgt dann eine Umrechnung mit den im System vorgehaltenen und regelmäßig aktualisierten Devisenkursen, so daß die Auswertung, z.B. in der Saldenliste nur noch in einer Währung erfolgt. Dies ist in folgender Abbildung vereinfacht dargestellt:

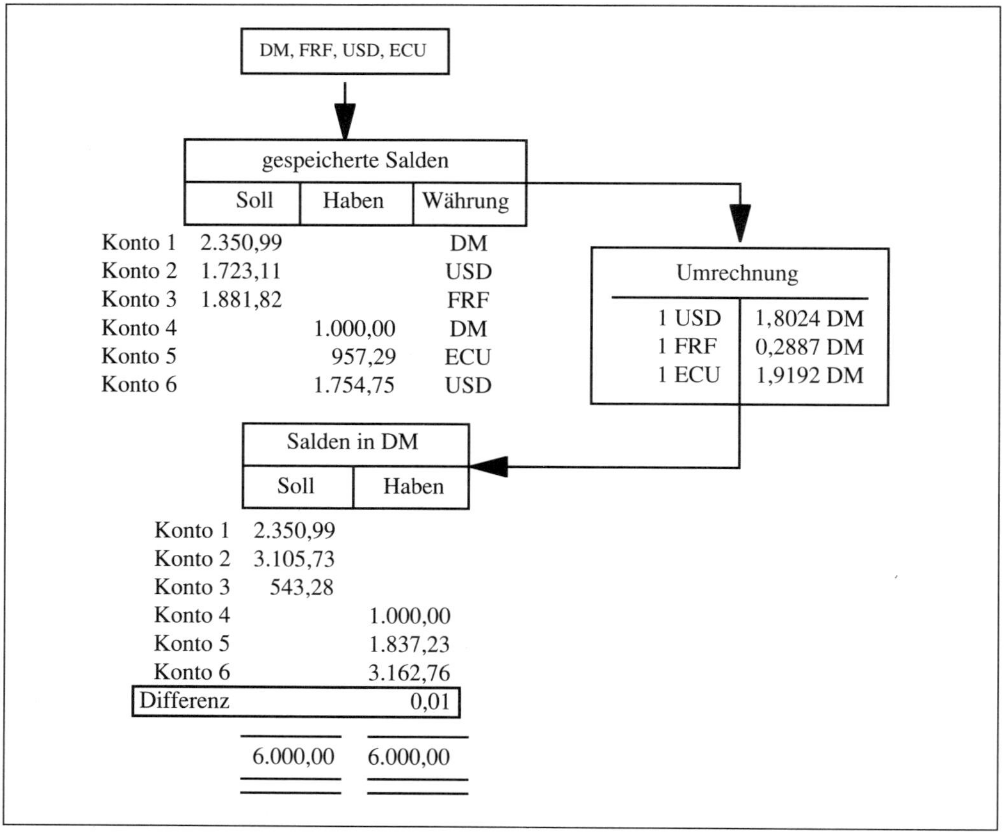

Abb. D-3: Umrechnung der gespeicherten Salden in DM

Wie an diesem Beispiel deutlich wird, können durch die Umrechnung in DM auch bisher schon Rundungsdifferenzen entstehen, die sich regelmäßig verändern und deshalb keiner besonderen Behandlung bedürfen.

Im Falle der mehrwährungsfähigen Buchhaltung können in der Übergangszeit die Konten in den jeweiligen Denominationen weitergeführt werden, unabhängig davon, ob das Unternehmen seine Salden bereits in Euro oder noch in DM erzeugen möchte. Insofern wird in der Übergangszeit noch keine Umstellung der Kontensalden notwendig.

Da mit dem Beginn der EWU und der unwiderruflichen Fixierung der Wechselkurse grundsätzlich die Verpflichtung besteht, bei einer Umrechnung von Währungen anderer teilnehmender Mitgliedsstaaten in DM einen rechnerischen Zwischenschritt über den Euro einzubauen, muß prinzipiell lediglich die Währung für die Auswertungen von DM in Euro geändert werden. Das erfolgt durch die Anpassung der im System vorgehaltenen Umrechnungskurse. Die Erzeugung von Euro-Saldenlisten erfolgt dann ohne weitere Schwierigkeiten.

Möchte das Unternehmen jedoch in der Übergangszeit weiterhin seine Buchhaltung in DM führen, so müssen die in Euro umgerechneten Werte in einem zweiten Rechenschritt in DM umgerechnet werden. Hierbei ist zu beachten, daß die Euro-Zwischenwerte mit einer Genauigkeit von mindestens drei Stellen hinter dem Komma gerechnet werden müssen. Sofern an dieser Stelle abweichend hiervon nur ein Umrechnungsschritt vorgenommen werden soll, muß dabei sichergestellt werden, daß das verwendete Verfahren zu dem gleichen Ergebnis führt.[6] Die Anzahl der dann bei der Umrechnung notwendigen Nachkommastellen der rechnerisch erzeugten direkten Umrechnungskurse wird von der Größe der umzurechnenden Beträge abhängen.

Diese Übergangslösung würde vereinfacht wie folgt aussehen:

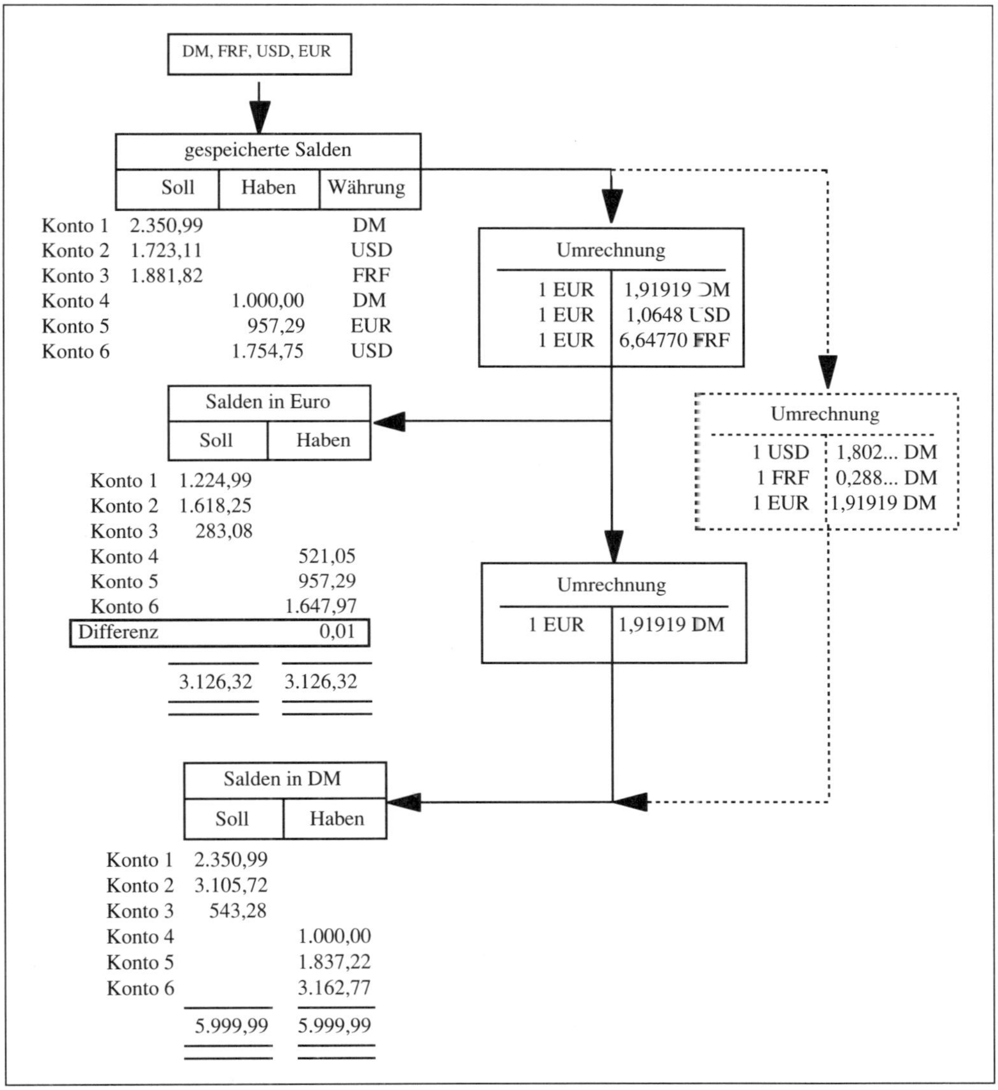

Abb. D-4: Mögliche Lösung für die Übergangszeit

6 Vgl. Art. 4 Abs. 4 EU-VO 235. In der EU-Verordnung ist aber nicht definiert, was unter »gleich« zu verstehen ist. Es könnte sich dabei um das Erfordernis der Gleichheit von Einzelbeträgen oder nur von Gesamtsummen handeln. Inwieweit hier der Grundsatz der Wesentlichkeit greifen könnte, bleibt ebenfalls offen.

Erst mit Ablauf der Übergangszeit verliert die DM ihre Funktion als Buchgeld, so daß dann spätestens die Konten endgültig auf Euro umgestellt werden müssen. Diese eigentliche Euro-Umstellung führt im Ergebnis zu folgenden Kontenbeständen:

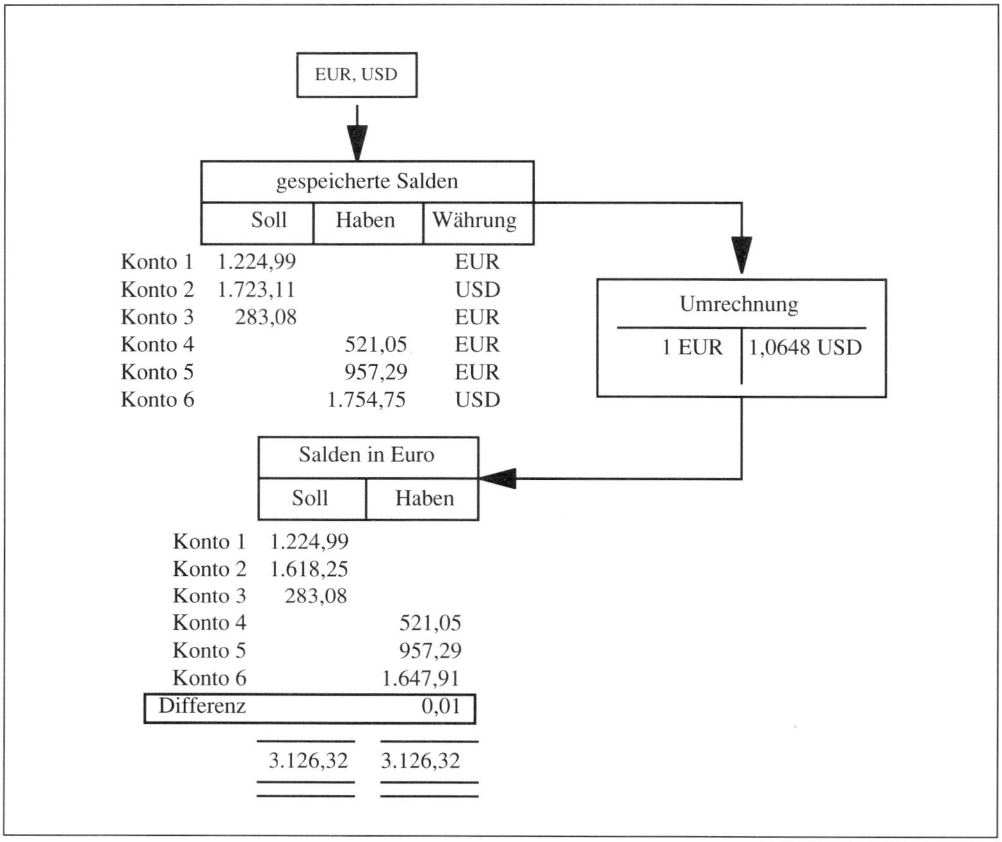

Abb. D-5: Umstellung einer mehrwährungsfähigen Buchhaltung auf den Euro

Bei der sich hier ergebenden Differenz kann im Regelfall nicht zwischen dem Anteil der Differenz, der sich durch die Umstellung auf den Euro ergeben hat und dem Anteil, der ohnehin in der mehrwährungsfähigen Buchhaltung entstanden wäre, unterschieden werden. Deshalb wird es hier keine Vorgaben für die Behandlung dieser Differenz zwischen der Summe der Soll- und der Summe der Haben-Konten geben können.

2.4.3 Die Behandlung von Rundungsdifferenzen während der Übergangszeit

Das für die tägliche Geschäftsabwicklung in der Übergangszeit relativ am häufigsten auftretende Problem werden die Rundungsdifferenzen sein. Sie entstehen durch die Umrechnung zwischen nationaler Denomination und Euro oder verschiedener nationaler Denominationen untereinander über die bereits erläuterte Zwischenstufe des Euro.

Die buchhalterische Behandlung der Rundungsdifferenzen bei laufenden Transaktionen stellt vom Prinzip keine besondere Schwierigkeit dar. Im System müssen lediglich zwei weitere Konten eingerichtet werden, eins für Soll- und eines für Haben-Differenzen. Diese Konten beinhalten praktisch keine betrieblich verursachten Währungsgewinne, so daß für diesen Korrekturposten nicht die allgemeinen Bilanzierungs- und Bewertungsvorschriften anwendbar sind. Infolgedessen wäre am Ende des Geschäftsjahres eine ergebniswirksame Saldierung der beiden Konten zulässig. Der Saldo wäre dann aber wegen des fehlenden sinnvollen Alternativausweises dennoch unter den sonstigen betrieblichen Aufwendungen bzw. Erträgen auszuweisen, da es sich um keinen außerordentlichen Posten handelt.

Das Unternehmen X habe Forderungen gegenüber dem Unternehmen Y über DM 1.000,00 und dem Unternehmen Z über DM 500,00. Unternehmen Y überweist an die Bank von X Euro 521,05, Unternehmen Z Euro 260,53, da beide bereits auf den Euro umgestellt haben. Die Bank erkennt zwar, daß es sich um Euro-Überweisungen handelte, schreibt Unternehmen X aber die auf DM umgerechneten Beträge gut, da das Empfänger-Konto bei der Bank noch in DM geführt wird. Die Bank schreibt deshalb auf dem DM-Konto von X DM 999,99 und DM 500,01 gut. Diese Geschäftsvorfälle verursachen bei X folgende Buchungen:

(1)	Bank 999,99 und Aufw. aus Rund. 0,01	an	Forderungen 1.000,00
(2)	Bank 500,01	an	Forderungen 500,00 und Ertrag aus Rund. 0,01

Bank	
(1) 999,99	
(2) 500,01	

Forderungen/LuL	
	1 000,00 (1)
	500,00 (2)

Aufwendungen aus Rund.diff.	
(1) 0,01	

Erträge aus Rund.diff.	
	0,01 (2)

Abb. D-6: Buchhalterische Erfassung von Rundungsdifferenzen

Zur Vermeidung solcher Differenzen im Überweisungsverkehr sollten die Unternehmen Y und Z die Überweisung auf DM 1.000,00 bzw. DM 500,00 ausstellen. Die Überweisungen würden ihnen zwar in Euro belastet, dem Unternehmen X aber pfenniggenau in DM gutgeschrieben.[7]

7 Zur Vermeidung solcher Rundungsdifferenzen vgl. z.B. das Beispiel zum Inlandszahlungsverkehr im Beitrag von Lemnitzer/Stein, I. Kreditinstitute und der Euro. Ein Überblick.

3 Umstellung des Jahresabschlusses, Erläuterungen im Lagebericht

3.1 Grundprinzip der Umstellung

Bei der Umstellung des Jahresabschlusses sind insbesondere zwei Gebiete von Relevanz. Zum einen ist dies der Zeitpunkt der Umstellung, der für den ersten Jahresabschluß in Euro entscheidend ist. Zum anderen ist dies die Technik der Umstellung. Dabei ist sowohl die Erstellung eines Jahresabschlusses aus der Buchhaltung als auch dessen Umrechnung in Euro oder einer Euro-Denomination von Interesse.

3.1.1 Zeitpunkt der Umstellung

In Deutschland sind bei der Erstellung des Jahresabschlusses für Einzelunternehmen und des Konzernabschlusses die Angaben gem. § 244 HGB und § 298 Abs. 1 HGB an die Verwendung einer bestimmten Währung geknüpft. Bisher war dies die DM. Um jedoch dem Prinzip »Kein Zwang – Keine Behinderung« nicht entgegenzustehen, soll in Deutschland in der Übergangszeit die Möglichkeit zur alternativen Verwendung von DM und Euro geschaffen werden. Zu dessen Umsetzung sieht der Entwurf des Euro-Einführungsgesetzes (EuroEG) ab dem1. Januar 1999 die Anpassung des § 244 HGB in der Form vor, daß der Jahresabschluß in Euro aufzustellen ist, den Unternehmen aber in einem neuen Art. 42 EGHGB-E das Wahlrecht zugestanden wird, während der Übergangszeit auch weiterhin die DM als Berichtswährung zu verwenden. Insofern steht es den Unternehmen während der Übergangszeit frei, den Termin für die Umstellung selbst zu bestimmen.

Die Umstellung des Jahresabschlusses kann dabei auch losgelöst von der Umstellung der Geschäftsbuchhaltung durchgeführt werden. Falls beispielsweise die Umstellung der Buchhaltungssysteme erst zu einem späteren Zeitpunkt angebracht ist, kann doch für eine frühzeitige Präsentation des Jahresabschlusses in Euro sprechen, daß man sich positive Signaleffekte hinsichtlich der gegenwärtigen und/oder potentieller Anteilseigner erhofft oder nicht hinter Mitkonkurrenten zurückstehen möchte. Dazu müßte dann lediglich aus den DM-Hauptbuchkonten die Bilanz und die GuV in DM erstellt und mit den DM/Euro-Paritäten in Euro umgerechnet werden. Es ist nicht erforderlich, die Einzeltransaktionen in Euro zu konvertieren.

Gleichwohl bietet es sich prinzipiell an, die Umstellung simultan vorzunehmen, um den Abstimmungsaufwand zu minimieren und die darzustellenden Zahlen direkt aus der Geschäftsbuchhaltung generieren zu können.

Unabhängig von den individuellen Überlegungen ist der früheste Zeitpunkt für die Umstellung der erste Abschlußstichtag nach dem 31. Dezember 1998, spätestens muß jedoch die Umstellung zum ersten Abschlußstichtag nach dem 31. Dezember 2001 erfolgen. Dieser Grundsatz gilt unabhängig vom Geschäftsjahr, eine Anpassung an das Kalenderjahr ist nicht erforderlich.

3.1.2 Technik der Umstellung

Die Umstellung des Jahresabschlusses auf den Euro ist nicht mit dem Übergang auf die Deutsche Mark nach der Währungsreform in 1948 oder deren Einführung in den neuen Bundesländern in 1990 vergleichbar. Hier waren die einzelnen Vermögensgegenstände und Schulden mit einer absolut neuen Währung zu bewerten. Das bedeutete eine Neubewertung des Mengengerüstes, ohne daß Wertansätze aus den vorherigen Bilanzen hätten übernommen werden können.

Die Einführung des Euro stellt jedoch keine Währungsreform dar, sondern lediglich eine Währungsumstellung. Insofern besteht weder die Verpflichtung noch die Möglichkeit der Aufstellung einer gesonderten Euro-Eröffnungsbilanz.

Die Anpassung des Jahresabschlusses impliziert im Grundsatz lediglich einen simplen Rechenschritt, die Division der DM-Werte durch eine Konstante, dem unwiderruflich festgelegten Umrechnungskurs von DM / Euro. Natürlich sind auch die erforderlichen Vergleichszahlen des Vorjahres entsprechend umzurechnen. In gleicher Weise erfolgt die Umstellung von historischen Anschaffungskosten sowie der Angaben im Anhang und im Lagebericht.

Bei dem folgenden vereinfachten Beispiel wird schnell erkennbar, daß die Umstellung im Grunde eine schlichte Umrechnung darstellt:

Bilanz in DM

Anlagevermögen	30,00	Eigenkapitel	42,00
Umlaufvermögen	55,00	Rückstellungen	23,00
Rechnungsabgr.	15,00	Verbindlichkeiten	35,00
Aktiva	100,00	Passiva	100,00

Abb. D-7a: Vereinfachte Bilanz in DM

Die Umrechnung der Bilanzposten mit einem angenommenen Kurs von 1,91919 DM/Euro ergibt folgende vereinfachte Bilanz in Euro:

Bilanz in DM

Anlagevermögen	15,63	Eigenkapitel	21,88
Umlaufvermögen	28,66	Rückstellungen	11,98
Rechnungsabgr.	7,82	Verbindlichkeiten	18,24
			52,10
		Differenz	0,01
Aktiva	52,11	Passiva	52,11

Abb. D-7b: Vereinfachte Bilanz in Euro

Aus dem Beispiel wird auch deutlich, daß es kein Problem ist, aus einer Buchhaltung in DM eine DM-Bilanz zu erstellen und diese dann in eine Euro-Bilanz umzurechnen und umgekehrt aus einer Euro-Buchhaltung eine DM-Bilanz zu erzeugen. Mit diesem Verfahren können Unternehmen den Jahresabschluß in Euro präsentieren obwohl sie ihre Buchhaltung weiterhin in DM führen.

Nach diesem Verfahren können natürlich nicht nur die einzelnen Zahlen einer Bilanz, sondern auch alle anderen DM-Zahlen umgerechnet werden. Dazu zählen neben den einzelnen Beträgen in der GuV und im Anhang auch die zugrunde liegenden historischen Daten, wie z.B. historische Anschaffungskosten sowie historische Zeitreihen.

3.1.3 Behandlung entstehender Differenzen bei der Umstellung des Jahresabschlusses

In dem obigen Beispiel entsteht aufgrund notwendiger Rundungen bei der Transformation eine Differenz von einem Cent zwischen Aktiva und Passiva. Da diese Differenz nicht aus einer neuen Bewertung entstanden ist und auch nicht in Zusammenhang mit einem operativen Geschäft steht, erscheint es beispielsweise zulässig, die Rundungsdifferenz aus der Umstellung der Bilanz mit dem Eigenkapital zu verrechnen.

3.2 Bilanz

3.2.1 Auswirkungen der Wechselkursfixierung auf Fremdwährungspositionen

In Deutschland ist die Bilanzierung von Fremdwährungspositionen stark vom Vorsichtsprinzip gekennzeichnet. Nach dem derzeit geltenden Recht bleiben am Stichtag unrealisierte Kursgewinne aus Fremdwährungspositionen im Jahresabschluß gemäß dem Realisationsprinzip des § 252 Abs. 1 Nr. 4 2. Halbsatz HGB unberücksichtigt, unrealisierte Verluste sind dagegen nach dem Imparitätsprinzip des § 252 Abs. 1 Nr. 4. 1. Halbsatz HGB ergebniswirksam zu berücksichtigen (Niederstwertprinzip). Diese Bewertungspraxis beruht auf dem Gedanken, daß die Kurse in Zukunft weiter schwanken können, jedoch bei Kursverlusten diese aus Vorsichtsgründen schon angesetzt werden sollen. Zu untersuchen ist, ob die EWU an diesem Prinzip etwas ändert.

Die Auswirkungen der Einführung des Euro auf Fremdwährungspositionen muß man differenziert betrachten. Handelt es sich um Positionen, die in einer Währung vorliegen, welche nicht zur EWU gehört, so werden hier – bis auf die zukünftige Umrechnung in Euro – keine Änderungen eintreten. Insoweit sind Fremdwährungspositionen aus Drittstaaten, die nicht an der EWU teilnehmen, nach den gleichen Grundsätzen anzusetzen wie bisher.

Anders stellt sich die Situation dar, wenn es sich um Positionen aus dem EWU-Raum handelt. Mit der Einführung des Euro ergibt sich hier die einmalige Situation, daß die nationalen Währungen in einer gemeinsamen Währung untergehen. Während der Übergangszeit bleiben sie zwar als weitere Denominationen zum Euro bestehen, sie sind jedoch über die unwiderruflich fixierten Wechselkurse fest miteinander verbunden, so daß Kursschwankungen ab dem 1. Januar 1999 nicht mehr möglich sind. Bis dahin entstandene Verluste oder Gewinne, die sich aus der Wechselkursentwicklung bis zum 31. Dezember 1998 ergeben haben, sind permanent geworden. Dem Grunde nach handelt es sich auch nicht mehr um

Fremdwährungen, so daß die bisherigen Grundsätze der Bewertung von Fremdwährungsposten nicht anwendbar sind.[8] Folglich müssen die durch die Kursfixierung entstandenen möglichen Gewinne oder Verluste als realisiert angesehen werden. Dies entspricht grundsätzlich auch der Sichtweise in anderen europäischen Staaten. Lediglich bei der Frage des relevanten Realisierungszeitpunktes bestehen unterschiedliche Ansichten. Während die EU-Kommission und mit ihr die überwiegende Zahl der europäischen Staaten von einer Realisierung bereits zum 31. Dezember 1998 ausgeht, sieht die Bundesregierung diese erst mit dem 1. Januar 1999 für gegeben an. Die Diskussion hierbei beruht auf der Frage, ob die Festsetzung der Kurse am 1. Januar 1999 einen rein deklaratorischen Charakter hat, so daß sie als wertaufhellend anzusehen sind, oder ob es sich um einen konstitutiven Akt handelt.

Gleichwohl die Wechselkursschwankungen durch die Kursfixierung bei allen EWU-Positionen gleichermaßen ausgeschaltet sind, wird bei den daraus gezogenen Konsequenzen unterschieden in monetäre und nicht monetäre Posten. Monetäre Posten umfassen nach Auffassung der Europäischen Kommission Barmittel sowie Aktiva und Passiva einschließlich bilanzunwirksamer Posten, die in bestimmten oder zu bestimmenden Geldbeträgen ausstehen oder zu entrichten sind.[9] Monetäre Posten sind danach diejenigen Posten, deren Wert neben dem Bonitätsrisiko in erster Linie durch den Nominalwert und den Wechselkurs bestimmt wird.[10] Bei nicht monetären Posten dagegen ist deren Wert durch viele andere Faktoren determiniert, so daß unabhängig von der Entwicklung der Wechselkurse größere Wertschwanken möglich sind. Hier gilt unverändert das Anschaffungskostenprinzip.

a) Monetäre Posten

Die unwiderrufliche Fixierung der Wechselkurse führt dazu, daß auch aus Sicht des Vorsichtsprinzips und des Prinzips der periodengerechten Zuordnung der Kursdifferenzen – sowohl Gewinne als auch Verluste – bei monetären Posten als realisiert gelten müssen. Hieraus ergibt sich, daß Verluste wie bisher direkt ergebniswirksam zu behandeln sind und daß Gewinne nun auch durch einen dementsprechenden höheren Ansatz der Vermögensgegenstände bzw. niedrigeren Ansatz der Verbindlichkeiten als realisiert gelten.

Vor dem Hintergrund einer für die Beteiligten möglichst neutral ablaufenden Währungsunion und um bei möglichen Gewinnen eine vorgezogene Liquiditätsbelastung abzuwenden, hat der Gesetzgeber in seinem Entwurf des EuroEG durch entsprechende Regelung in Art. 43 EGHGB-E eine Neutralisierung vorgesehen. Nach dieser Vorschrift dürfen die Erträge bei Ausleihungen, Forderungen und Verbindlichkeiten, die auf Währungen anderer EWU-Staaten lauten, bis zum tatsächlichen Umsatzgeschäft in einem gesonderten Posten erfolgsneutralisierend eingestellt werden. Dieser Posten ist als »Sonderposten aus der Währungsumstellung auf den Euro« zu bezeichnen und nach dem Eigenkapital gesondert auszuweisen. Unter die monetären Posten mit Gewinnrealisierungsverpflichtung fallen auch alle diesbezüglichen bilanzunwirksamen Geschäfte wie z.B. Forderungen und Verbindlichkeiten aus Devisentermingeschäften oder Währungsswaps. Zu den Forderungen gehören auch die Schecks, Bundesbank- und Postgiroguthaben sowie Guthaben bei Kreditinstituten. Lediglich bei dem Kas-

---

8 Vgl. Biener (1997), S. 75.
9 Vgl. EU-Kommission (1997), Tz. 30, S. 455.
10 Vgl. Begründung zu Art. 43 EGHBG-E.

senbestand wird eine Gewinnrealisierung ausgeschlossen.[11] Der Posten ist insoweit aufzulösen, als die Ausleihungen, Forderungen und Verbindlichkeiten, für die er gebildet wurde, erlöschen.

Da ein handelsrechtliches Passivierungswahlrecht grundsätzlich zu einem Passivierungsverbot in der Steuerbilanz führt, regelt Artikel 4 § 4 EuroEG die Änderung von § 6d EStG. Mit § 6d Abs. 1 EStG-E wird im Steuerrecht das Wahlrecht zur Bildung der sogenannten »Euroumrechnungsrücklage« eingeführt, die im Falle der Bildung eines Passivpostens in der Handelsbilanz diesen auch im Steuerrecht zuläßt. Es ist jedoch zu beachten, daß die Ausübung des Wahlrechts in der Steuerbilanz an die Behandlung in der Handelsbilanz gekoppelt ist (§ 6d Abs. 2 EStG-E).

b) Nicht monetäre Posten

Bei den nicht monetären Posten wird deren Wert nicht lediglich aus dem festen Nominalwert, dem Bonitätsrisiko und dem ggf. vorhandenen Wechselkursrisiko bestimmt, sondern noch durch weitere volatile Größen wie z.B. dem Börsen- oder Marktpreis determiniert. Da die übrigen Wertschwankungen ein größeres Ausmaß in positiver und in negativer Richtung annehmen können, sind die Gewinne erst dann zu realisieren, wenn insgesamt ein Gewinnbeitrag sicher ist. Bei diesen Posten werden nach dem Vorsichtsprinzip deshalb weiterhin nur die Kursdifferenzen mit Verlusten erfolgswirksam berücksichtigt.

Die Grundsätze der Bewertung von nicht monetären Posten gilt auch auf der Passivseite und schließt prinzipiell nicht nur bestimmte Verbindlichkeiten, sondern auch die Rückstellungen und das Eigenkapital ein. Für diese Posten gilt somit auch das Verbot der Gewinnrealisierung.

3.2.2 Behandlung der Umstellungskosten

a) Art der durch die Währungsunion induzierten Kosten

Es ist leicht einsichtig, daß die erforderlichen organisatorisch-technischen Änderungen – je nach der Situation des Einzelfalls – durchaus erhebliche Kosten verursachen können. Sie sind je nach Branche unterschiedlich hoch und werden bei größeren Unternehmen – insbesondere bei den Großbanken – in einer dreistelligen Millionenhöhe prognostiziert.[12] Für Unternehmen erwächst daraus natürlich der Wunsch, die Kosten losgelöst von der tatsächlichen Entstehung möglichst früh in ihrem Jahresabschluß zu berücksichtigen und in Folge des geringeren steuerlichen Gewinns einen Steuerstundungseffekt zu erzielen.

Grundsätzlich muß bei den anfallenden Kosten unterschieden werden, ob es sich um aktivierungspflichtige bzw. aktivierungsfähige Kosten handelt oder ob sie nicht aktivierungsfähig und damit als Aufwand zu berücksichtigen sind.

Bei den aktivierungspflichtigen Kosten handelt es sich beispielsweise um die Anschaffung von Vermögensgegenständen wie neuen Kassenautomaten, Scannern usw. Diese sind

---

11 Vgl. Begründung zu Artikel 43 EGHGB-E.

12 Bei der Deutschen Bank AG werden die voraussichtlichen Kosten auf über DM 300 Mio geschätzt, vgl. Hilmar Kopper in Chartered Banker, Dezember 1996.

unverändert zu aktivieren. Zu beachten ist hierbei die Festlegung der Abschreibungsdauer, falls es sich um Vermögensgegenstände handelt, die lediglich für die Dauer der Übergangszeit Verwendung finden.

Zur Kostenlinearisierung mit steuerlicher Wirkung und zur strategischen Planung ist es bei größeren Umstellungsprojekten auch denkbar, die Arbeiten einer eigens zu diesem Zwekke gegründeten Tochtergesellschaft zu überlassen, um durch den Einkauf der jeweils »fremdproduzierten« Problemlösungen eine Aktivierung zu ermöglichen. Dieser Weg ist auch bei der Bündelung der Umstellungsaktivitäten von mehreren Unternehmen in Joint-Ventures relevant.

b) Erfassung als Aufwand bei der Entstehung

Die Erfassung der Umstellungskosten als Aufwand im Jahr ihrer Entstehung ist der Normalfall. Dieser Fall ist sowohl handelsrechtlich als auch steuerrechtlich unproblematisch. Dabei können die Kosten, insbesondere bei ertragsschwachen Unternehmen unter Umständen zu Belastungen führen, die sie nur schwer wirtschaftlich verkraften können.

c) Bildung einer Bilanzierungshilfe für bestimmte Umstellungskosten

Eine handelsbilanzielle Sonderregelung im Zusammenhang mit der Einführung des Euro ist, in Anlehnung an Bilanzierungsusancen in anderen EU-Staaten für bislang nicht aktivierungsfähige selbstgeschaffene immaterielle Vermögensgegenstände des Anlagevermögens vorgesehen. Für diese soll gemäß Art. 44 EGHGB-E das Wahlrecht zur Bildung einer Bilanzierungshilfe eingeführt werden. In diesem Aktivposten mit der Bezeichnung »Aufwendungen für die Währungsumstellung auf den Euro«, können selbsterstellte immaterielle Vermögensgegenstände eingestellt und in diesem Posten gesondert vor dem Anlagevermögen ausgewiesen werden. Damit wird, in Anpassung an die Bilanzierungsvorschriften in anderen EWU-Staaten, eine Ausnahme von dem ansonsten in Deutschland bestehenden Aktivierungsverbot für selbsterstellte immaterielle Vermögensgegenstände des Anlagevermögens geschaffen. Die Einstellung dieser Umstellungskosten kann nach Art. 44 Abs. 2 EGHGB-E erstmals in dem Geschäftsjahr erfolgen, welches nach dem 31. Dezember 1997 endet.

Der Inhalt dieses Postens ist bisher nicht im Gesetzentwurf definiert. So werden insbesondere selbsterstellte Softwaremodule unter diesem Posten zu subsumieren sein. Inwieweit hier jedoch auch andere Umstellungskosten zugeordnet werden können, die ggf. nicht eindeutig als immaterieller Vermögensgegenstand eingestuft werden können, ist noch unklar. Sollte der Inhalt des Postens in der späteren Gesetzesauslegung jedoch sehr eng gefaßt werden, würde er wirtschaftlich an Bedeutung verlieren.

Der Posten ist in den Geschäftsjahren nach seiner Bildung jeweils zu mindestens einem Viertel abzuschreiben. Nach den Grundsätzen zur steuerlichen Behandlung von Bilanzierungshilfen müssen die Aufwendungen in der Steuerbilanz im Jahr der Entstehung sofort als Betriebsausgabe berücksichtigt werden.

Bei der Bildung muß der Unternehmer jedoch auch immer berücksichtigen, daß solche Bilanzierungshilfen regelmäßig bei Bilanzanalysen von den eigenen Mitteln abgesetzt werden und somit auch für die Bilanzbonität keine Vorteile bringen. Sie wird damit in erster Linie bei solchen Unternehmen in Frage kommen, die einen Verlustausweis vermeiden oder ihre besondere Belastung durch die Euro-Umstellung verdeutlichen wollen.

d) Bildung von Rückstellungen für zukünftige Umstellungskosten

Eine denkbare Alternative, die insbesondere für ertragsstarke Unternehmen von Interesse ist, wäre die Bildung von Rückstellungen, um durch die Vorverlegung des Aufwands eine Steuerstundung zu erzielen. Eine solche Antizipierung der Währungsumstellungskosten wäre durch eine Verbindlichkeitsrückstellung nach § 249 Abs. 1 Satz 1 HGB möglich. Eine weitere Möglichkeit zur Antizipierung von Umstellungsaufwand ist die Bildung einer Aufwandsrückstellung nach § 249 Abs. 2 HGB, die aber in der Steuerbilanz nicht anerkannt wird.

Die **Rückstellungen für ungewisse Verbindlichkeiten** gehören zu der Gruppe der Rückstellungen mit Schuldcharakter und somit zu den bilanzrechtlichen Schulden. Sie sind charakterisiert durch ihre Außenverpflichtung, d.h. einem rechtlichen oder faktischen Leistungszwang gegenüber einem Dritten. Weiterhin müssen sie wirtschaftlich verursacht und hinsichtlich ihrer Inanspruchnahme wahrscheinlich sein.[13]

Die Außenverpflichtung muß entweder durch bürgerlich-rechtliche oder öffentlich-rechtliche Verpflichtung oder andererseits durch faktische Verpflichtung, d.h. wirtschaftlicher oder sittlicher Verpflichtung, verursacht sein.[14] Außenverpflichtungen im Zusammenhang mit der Währungsunion könnten normalerweise nur durch öffentlich-rechtliche Verpflichtung entstehen. Diese kann allenfalls erst begründet werden, wenn die Umstellungserfordernisse gesetzlich verpflichtenden Charakter haben. Das kann nach dem derzeitigen Stand der Gesetze nicht vor Ablauf der Übergangszeit sein, da kein Unternehmen aufgrund der Gesetzesnormen zu einer vorherigen Umsetzung verpflichtet wird.

Die wirtschaftliche Verursachung als Voraussetzung der Passivierung einer Rückstellung für ungewisse Verbindlichkeiten setzt voraus, daß die betreffenden künftigen Aufwendungen nicht zukünftigen Erträgen zugerechnet werden können und deshalb bereits realisierten Erträgen zugerechnet werden müssen.[15] Diese wirtschaftliche Verursachung ist in den Perioden vor Durchführung der Umstellungsmaßnahmen nicht gegeben.[16]

Insofern ist lediglich eine Rückstellungsbildung nach dem 31. Dezember 2001 theoretisch denkbar, falls sich das Unternehmen mit seinen Umstellungsaktivitäten in Verzug befindet. Sie wäre dann allerdings kaum noch von praktischer Relevanz.

Aufwandsrückstellungen dürfen nach § 249 Abs. 2 HGB gebildet werden für

- ihrer Eigenart nach genau umschriebene,
- dem Geschäftsjahr oder einem früheren Geschäftsjahr zuzuordnende Aufwendungen,
- die am Abschlußstichtag wahrscheinlich oder sicher, aber
- hinsichtlich ihrer Höhe oder des Zeitpunkts ihres Eintritts unbestimmt sind.

Der Tatbestand der Bestimmtheit dient der Abgrenzung zur allgemeinen Risikovorsorge, so daß Zweck und Inhalt der Rückstellung exakt feststehen müssen. Dadurch wird der Kreis auf direkt zuordenbare Aufwendungen, wie z.B. für die Umstellung der DV-Programme, die themenbezogenen Schulungen oder Informationsmaterial für Kunden eingegrenzt.

---

13 Beck'scher Bilanzkommentar (1995), § 249 Tz. 242.
14 Ebenda, Tz. 29 ff.
15 Ebenda, Tz. 37 m.w.N.
16 Vgl. IdW (1997a), S. 402.

Die Maßstäbe für die periodengerechte Zuordnung der Aufwendungen zum laufenden oder einem früheren Geschäftsjahr sind strittig, da hier zum einen das Prinzip der Zuordnung von Aufwendungen zu den Erträgen und zum anderen das Prinzip der Erfolgsglättung herangezogen werden.[17] Dagegen besteht weitgehend Einigkeit bezüglich der Erfüllung der Wahrscheinlichkeit des Ausgabenanfalls und der Unbestimmtheit von Höhe und Zeitpunkt.

Der Hauptfachausschuß des Instituts der Wirtschaftsprüfer sieht die Voraussetzungen für die Bildung einer Auwandsrückstellung grundsätzlich als nicht gegeben an. Das IdW sieht die Zulässigkeit für Aufwandrückstellungen im Einzelfall nur dann gegeben, wenn Maßnahmen bei der Umstellung auf den Euro unterlassen, aber zukünftig nachgeholt werden.[18]

3.2.3 Die Umstellung des Eigenkapitals

a) Grundsätzliches

Die einfache Transformation des in DM dargestellten Eigenkapitals in Euro bewirkt, daß infolge des gebrochenen Umrechnungskurses aus den bisherigen ›geraden‹ Beträgen ›krumme‹ Beträge werden. Dies allein ist zwar rein optisch unschön, stellt jedoch prinzipiell kein wirkliches Problem dar. Anhand der Umrechnung des Grundkapitals einer Aktiengesellschaft im folgenden Beispiel soll das durch die Stückelung des Kapitals hervorgerufene Problem dargestellt werden.[19]

> Aus einem Grundkapital von DM 100.000,00 wird bei einem angenommenen Umrechnungskurs von DM 1,91919 je Euro ein Grundkapital von rechnerisch Euro 52.105,315263..., d.h. Euro 52.105,32. Angenommen es handelt sich hierbei um Grundkapital, welches in 5 DM-Aktien unterteilt ist, so würde jede Aktie auf Euro 2,6052657..., d.h. Euro 2,61 lauten. Aus dem Erfordernis der Rundung ergibt sich auch hier der unschöne Nebeneffekt, daß das Ergebnis aus der Anzahl der Aktien multipiziert mit dem Nennwert pro Aktie nicht mehr dem Grundkapital in Euro entspricht. In diesem Beispiel ergibt sich aus der Aktienanzahl (20.000 Stück) und dem Nennwert (Euro 2,61) ein Grundkapital von Euro 52.200,00 gegenüber Euro 52.105,32 in der Bilanz. Dies liegt daran, daß die relativ vernachlässigbar kleine Rundungsdifferenz einer einzigen Aktie sich durch die sehr große Anzahl an Aktien vervielfacht, wohingegen bei der Umrechnung des Grundkapitals nur einmal eine Rundungsdifferenz auftritt.

Mit dem Euro-Einführungsgesetz ist deshalb in § 3 Abs. 4 EGAkt-E die Unternehmung und Behandlung der im Beispiel dargestellten krummen Beträge geregelt. Nach dieser Vorschrift können die nach Umrechnung gebrochenen Aktiennennbeträge auf mindestens zwei Stellen hinter dem Komma gerundet dargestellt werden. Diese Rundung entfaltet aber keine Rechtswirkung, so daß sich auch keine Beteiligungsquoten verschieben können.

---

17 Vgl. Beck'scher Bilanzkommentar (1995); § 249 Tz. 306 m.w.N.

18 Vgl. IdW (1997a), S. 402. Anderer Ansicht ist Tischbierek (1997), der unter bestimmten Voraussetzungen die Bildung von Aufwandsrückstellungen für zulässig ansieht.

19 Das Beispiel ist entnommen aus Lemnitzer/Stein (1997), S. 95.

Sowohl durch Artikel 3 EuroEG-E zu Änderungen von Vorschriften auf dem Gebiet des Gesellschaftsrechts als auch durch den Entwurf einer gesetzlichen Regelung über die Zulassung nennwertloser Aktien sind hierzu umfangreiche Regelungsmaßnahmen zur Anpassung und Glättung des Grundkapitals entwickelt worden, die hier in Kürze aufgezeigt werden sollen.

b) Zeitgleiche Umstellung – zeitverschobene Umstellung

Bei der Umstellung des Grundkapitals muß man zwischen der Umrechnung der im Jahresabschluß dargestellten DM-Beträge oder der Umstellung des Kapitals im Gesellschaftsvertrag bzw. der Satzung unterscheiden. Beide sind unabhängig voneinander.

Im Falle einer simultanen Umstellung in der Bilanz und im Gesellschaftsvertrag bzw. der Satzung deckt sich der Betrag des Grundkapitals.

Erfolgt die Umstellung zu unterschiedlichen Zeitpunkten, so führt die Umrechnung in die jeweils andere Währung regelmäßig zum Ausweis »krummer« Euro- oder DM-Beträge in der Bilanz. In diesem Fall läßt Art. 42 Abs. 3 EGHGB-E den freiwilligen Ausweis des im Gesellschaftsvertrag festgelegten Kapitals in einer Vorspalte innerhalb der Bilanz oder alternativ den Ausweis im Anhang zu.

c) Anpassung des Kapitals auf den Euro

Die Vorschriften zur Anpassung des Eigenkapitals auf den Euro sind in Artikel 3 EuroEG-E (Änderungen von Vorschriften auf dem Gebiet des Gesellschaftsrechts) festgelegt, welches bislang nur in einer Entwurfsfassung vorliegt.[20]

Für die Umstellung des Rechnungswesens auf den Euro sind in diesem Zusammenhang auch die Übergangsregelungen von Interesse, die im wesentlichen in Artikel 3 § 2 EuroEG-E (Änderungen des Einführungsgesetzes zum Aktiengesetz (EGAktG)) und Artikel 3 § 3 EuroEG-E (Änderungen des Gesetzes betreffend die Gesellschaften mit beschränkter Haftung (GmbHG)) enthalten sind.

Bei der Umstellung ist zwischen Gesellschaften, die am 1. Januar 1999 bereits bestanden und solchen, die danach erst gegründet werden, zu unterscheiden.

Bei Gesellschaften, die am 1. Januar 1999 bereits bestanden bzw. zur Eintragung im Handelsregister angemeldet waren, den sog. Altgesellschaften, besteht grundsätzlich kein Zwang zur Umstellung ihres Kapitals auf gerade Eurobeträge. Sofern sie ihr gezeichnetes Kapital aber nach dem 31. Dezember 2001 verändern wollen, muß der neue Betrag auf glatte Eurobeträge lauten. Eine Ausnahme hierfür gilt lediglich für börsennotierte Aktiengesellschaften, die ihre Aktiennennbeträge und damit ihr Grundkapital bis zum 31. Dezember 2001 an die neuen Euro-Nennbeträge des § 8 AktG-E anpassen müssen.[21]

Bei den ab 1. Januar 1999 gegründeten Aktiengesellschaften und Gesellschaften mit beschränkter Haftung müssen dem Kapital glatte Euro-Beträge zugrunde liegen, welche den neuen Mindestnennbeträgen in Euro entsprechen oder sie überschreiten. Bei solchen Gesellschaften, die in der Übergangszeit gegründet werden, kann das satzungsmäßige Kapital auch auf DM lauten. Die Beträge sind in diesem Fall durch die Umrechnung von den glatten Euro-

---

20 Zu den vorgesehenen Änderungen des AktG und des GmbHG verweisen wir auf die Ausführungen von Feyerabend/Steck, Beitrag C, Gliederungspunkte 4.3.1.1 und 4.3.1.2.

21 Vgl. Artikel 3 § 2 Nr. 3b EuroEG-E zur Änderung von § 3 EGAktG.

beträgen zu ermitteln, wodurch jedoch ggf. »krumme«DM-Beträge (z.B. Euro 50.000,00 x 1,91919 DM/Euro = DM 95.959,50) entstehen können. Mit Ablauf der Übergangszeit wandeln sich die vorübergehend gebrochenen DM-Beträge dann automatisch in glatte Euro-Beträge um.[22]

Ein besonderes Problem ergibt sich bei der Umstellung des Grundkapitals in DM auf den Euro, da die Aktiennennbeträge nach der Umstellung auf glatte Euro-Beträge lauten müssen. Daraus kann sich das Erfordernis größerer Kapitalveränderungen ergeben, für welches sich sowohl die Kapitalerhöhung, als auch die Kapitalherabsetzung anbieten.

Mit einer **Kapitalerhöhung aus Gesellschaftsmitteln** kann der Nennbetrag auf volle Euro umgestellt werden. Im EuroEG ist vorgesehen, den Mindestnennbetrag einer Aktie auf 1 Euro abzusenken, so daß auf eine bisherige 5 DM- Aktie und einem angenommenen Umrechnungskurs von DM 1,91919 für einen Euro nach der Kapitalerhöhung drei Aktien zu 1 Euro entfallen würden. Der Kapitalerhöhungsbedarf läßt sich am Beispiel eines Grundkapitals von DM 40.000.000,00 hier folgendermaßen ermitteln:

1. Ermittlung des Eurobetrages	5 DM/1,91919 DM pro Euro = 2,60526576316... Euro
2. Berechnung der Differenz bis zur nächsthöheren geraden Zahl	3-2,60526576316 = 0,39473423684...
3. Multiplikation der Rundungsdifferenz mit der Anzahl der Aktien (DM 40.000.000/5 DM pro Aktie = 8.000.000 Aktien)	0,39473423684... * 8.000.000 = 3.157.873,895... Euro
4. Betrag für die erforderliche Kapitalerhöhung	Euro 3.157.873,90

Nach der Kapitalerhöhrung wird das Grundkapital (DM 40.000.000/1,91919=) Euro 20.842.126,10 + Euro 3.157.873,90 = Euro 24.000.000 betragen und durch 24 Mio Aktien je 1 Euro verbrieft sein. Für jede bisherige 5 DM- Aktie erhält der Aktionär drei 1 Euro Aktien.

Bei dieser Form der Kapitalerhöhung ist jedoch erforderlich, daß ausreichend freie Rücklagen vorhanden sein müssen, aus denen sie finanziert wird. Bei einem bisherigen Aktiennennwert von 5,00 DM kann sich ein Kapitalerhöhungsbedarf von bis zu 25 % ergeben. In diesem Beispiel sind es 15,1 %.

Lauten die Aktiennennwerte bisher jedoch auf 50,00 DM, so ist der Anpassungsbedarf i.d.R. geringer, da bei gleichem Grundkapital die Anzahl der Aktien und somit das Ergebnis aus Rechenschritt 3 entsprechend niedriger ist.

Sollten im Falle einer Kapitalerhöhung hierfür keine ausreichenden Rücklagen vorhanden sein, müßte eine Kapitalerhöhung gegen Einlagen erfolgen. Diese könnte zu ungewollten

22 Vgl. Artikel 3 § 2 Nr. 3 EuroEG-E.

Verschiebungen bei den Kapitalverhältnissen führen, weil die einzelnen Aktionäre ggf. nicht ausreichende liquide Mittel beschaffen können, um im Verhältnis ihres bisherigen Anteils an der Kapitalerhöhung teilzuhaben.

Analog den Überlegungen zur Kapitalerhöhung besteht auch die entgegengesetzte Variante der **Kapitalherabsetzung**.

Zur Vermeidung der eventuell großen Kapitalanpassungserfordernisse bei Aktien, die auf einen bestimmten DM-Betrag lauten, beabsichtigt die Bundesregierung noch vor Einführung des Euro die **nennwertlose Aktie** in der Form der unechten Quotenaktie, der sogenannten Stückaktie, zuzulassen. Jede Aktie repräsentiert dann keinen Betrag mehr, sondern nur noch einen bestimmten Bruchteil des Grundkapitals, so daß keine Anpassung auf glatte Euro-Beträge notwendig wird.[23]

3.2.4 Anpassung und Ausweis von Vorjahreszahlen

Neben der Umstellung des eigentlichen Jahresabschlusses muß geklärt werden, wie man mit historischen Vergleichszahlen verfährt. Gemäß § 265 Abs. 2 HGB müssen in der Bilanz und der GuV sowie bei den Angaben im Anhang, die alternativ auch in der Bilanz und der GuV ausgewiesen werden können, die entsprechenden Vergleichszahlen des Vorjahres angegeben werden. Dies bedeutet, daß im ersten Euro-Jahresabschluß auch die Vorjahreswerte, die noch in DM ermittelt wurden, mit dem fixierten Kursverhältnis, unabhängig davon ob der Euro zu diesem Zeitpunkt schon existierte, gemäß Art. 42 Abs. 2 EGHGB-E, umzurechnen sind. Eine Angabepflicht im Anhang entsteht hierdurch nicht, da es sich weder um eine Änderung noch um eine durch Änderung notwendig gewordene Anpassung der Vorjahreswerte handelt, sondern lediglich um eine Umrechnung.

3.3 Gewinn- und Verlustrechnung

3.3.1 Grundsätzlicher Ausweis

Nachdem im vorangegangenen Abschnitt die wichtigsten Auswirkungen der Währungsumstellung auf die Bilanz untersucht wurden, soll nun dargestellt werden, wie sich die gleichen Implikationen in der GuV niederschlagen.

Die Einführung des Euro ist – wie bereits dargelegt – keine Währungsreform, sondern lediglich eine Währungsumstellung. Da zudem während der Übergangszeit zwischen dem 1. Januar 1999 und 31. Dezember 2001 das »kein Zwang – keine Behinderung«-Prinzip gelten soll und die Auswirkungen größtenteils in dieser Zeit zu behandeln sein werden, sind die Auswirkungen der EWU grundsätzlich als betrieblich anzusehen. Somit sind sie im Ergebnis der gewöhnlichen Geschäftstätigkeit zu berücksichtigen. Ein Ausweis im außerordentlichen Ergebnis allein aufgrund der EWU ist nicht sachgerecht.

23 Zum Entwurf einer gesetzlichen Regelung über die Zulassung nennwertloser Aktien verweisen wir auf Feyerabend/Steck, Beitrag C, 4.3.2).

3.3.2 Ausweis der Umrechnungsdifferenzen durch Rundung

a) Rundungsdifferenzen aus der einmaligen Umstellung

Bei dem aus der einmaligen Umstellung des Rechnungswesens von DM auf den Euro oder der Umrechnung eines DM-Jahresabschlusses in einem Euro-Jahresabschluß ggf. entstehenden, betragsmäßig unbedeutenden Rundungsdifferenzen handelt es sich um reine Umrechnungsdifferenzen. Deshalb sind hier die allgemeinen Ausweisvorschriften nicht anwendbar. Die Rundungsdifferenzen können mit dem Eigenkapital verrechnet werden.[24] Wegen der geringen Größenordnung wird eine ergebniswirksame Behandlung wohl auch nicht zu beanstanden sein.

b) Rundungsdifferenzen aus laufenden Transaktionen

Bei Rundungsdifferenzen aus laufenden Transaktionen während der Übergangszeit ist die ergebniswirksame Behandlung der praktikabelste Weg. Die Rundungsdifferenzen wären dann als sonstige betriebliche Erträge bzw. sonstige betriebliche Aufwendungen zu erfassen.[25]

Die Rundungsdifferenzen entstehen lediglich aufgrund eines rechentechnischen Vorgangs und sind nicht vergleichbar mit den anderen, durch betriebliche Geschäftsvorfälle verursachten Aufwendungen und Erträgen. Deshalb erscheint hier das Saldierungsverbot des § 246 Abs. 2 HGB von Prinzip her nicht anwendbar.

3.3.3 Bildung und Auflösung des Postens »Aufwendungen für die Währungsumstellung auf den Euro«

a) Zuführung / Bildung

Bei dem Posten »Aufwendungen für die Währungsumstellung auf den Euro« handelt es sich um die im Zuge der EWU als Bilanzierungshilfe in der Bilanz aktivierbaren Aufwendungen für selbsterstellte immaterielle Vermögensgegenstände des Anlagevermögens.

Grundsätzlich wäre hier eine Bildung direkt durch die Umbuchung von den jeweiligen Aufwandskonten der korrekte Vorgang. Dies wird jedoch in der Praxis schwer durchführbar sein, da eine verursachungsgerechte Zuordnung der einzelnen Bestandteile der Herstellungskosten für diese selbst erstellten immateriellen Vermögensgegenstände zu einzelnen Aufwandsposten unverhältnis aufwendig und unter Umständen nur mit groben Schätzungen möglich sein wird. Wegen dieser eventuell auftretenden Zuordnungsprobleme erscheint die Bildung über die »sonstigen betrieblichen Aufwendungen« zulässig.

b) Auflösung / Abschreibung

Die geforderte Abschreibung der in der Bilanzierungshilfe ausgewiesenen immateriellen Vermögensgegenstände zu mindestens einem Viertel pro Jahr erfolgt bei dem Gesamtkosten-

24 Vgl. Biener (1997) S. 76 und Lemnitzer/Stein (1997), S. 94.
25 Vgl. Lemnitzer/Stein (1997), S. 95.

verfahren über die »Abschreibungen auf immaterielle Vermögensgegenstände des Anlagevermögens und Sachanlagen sowie auf aktivierte Aufwendungen für die Ingangsetzung und Erweiterung des Geschäftsbetriebs« (Posten 7a gem. § 275 Abs. 2 HGB). Eine förmliche Anpassung der Postenbezeichnung erscheint zulässig, ist aber voraussichtlich nicht notwendig.

3.3.4 Bildung und Auflösung des »Sonderposten aus der Währungsumstellung auf den Euro«

a) Bildung

Wechselkursgewinne bzw. -verluste bei Fremdwährungsgeschäften werden grundsätzlich über »sonstige betriebliche Erträge« bzw. »sonstige betriebliche Aufwendungen« erfaßt. Da es sich bei Gewinnen bzw. Verlusten durch die Fixierung der Wechselkursparitäten um keinen außerordentlichen Vorgang handelt, gelten die allgemeinen Regeln. Die Bildung des Sonderpostens aus der Währungsumstellung kann danach über die »sonstigen betrieblichen Aufwendungen« erfolgen.[26]

b) Auflösung

Der passivierte Sonderposten ist aufzulösen, insoweit die Aktiv- und Passivpositionen, für die er gebildet wurde, wegfallen.[27] Der Ausweis der Auflösung erfolgt analog nach allgemeinen Regeln und damit über die »sonstigen betrieblichen Erträge«.[28]

3.4 Anhang und Lagebericht

Kapitalgesellschaften (AG, GmbH, KGaA) sowie Gesellschaften, die die Voraussetzungen des §1 Publizitätsgesetz (PublG) erfüllen, müssen ihren Jahresabschluß, bestehend aus Bilanz und GuV, um einen Anhang erweitern. Die im Anhang vorzunehmenden Angaben werden insbesondere durch die §§284, 285 HGB sowie weitere Einzelvorschriften des HGB determiniert. Daneben bestehen noch Vorschriften in rechtsform- und branchenspezifischen Spezialgesetzen.[29] Mittelgroße und große Kapitalgesellschaften im Sinne des HGB und solche, die wie diese zu behandeln sind, müssen zusätzlich einen Lagebericht erstellen, dessen Mindestinhalt in § 289 HGB geregelt ist.

---

26 Vgl. ADS (1997), HGB § 273, Tz. 23ff.

27 Vgl. Artikel 43 EGHGB-E.

28 Vgl. ADS (1997) HGB § 273, Tz. 23ff.

29 Solche Spezialgesetze sind z.B. das Aktiengesetz (AktG), das Gesetz betreffend die Gesellschaften mit beschränkter Haftung (GmbHG), die Verordnung über die Rechnungslegung der Kreditinstitute (RechKredV) und die Verordnung über die Rechnungslegung vor Versicherungsunternehmen (RechVersV).

Die unmittelbaren Auswirkungen der EWU auf die Berichterstattung im **Anhang** ist gering. Der Entwurf des Euro-Einführungsgesetzes sieht grundsätzlich nur den Austausch von DM durch Euro vor. Damit sind ab dem 1. Januar 1999 die Angaben im Anhang zur Währungsumrechnung auf den Euro zu beziehen, sofern der Jahresabschluß in der Übergangszeit wahlweise nicht mehr in DM erstellt wird.

Eine zusätzliche Pflichtangabe entsteht den Unternehmen jedoch, falls sie die Bilanzierungshilfe für selbstgeschaffene immaterielle Vermögensgegenstände des Anlagevermögens bilden, denn gemäß Artikel 44 EGHGB-E ist vorgesehen, daß diese Aufwendungen im Anhang zu erläutern sind.

Weitere gesetzliche Pflichtangaben sind aufgrund der Tatsache des Nichtvorliegens einer Währungsreform und der grundsätzlichen Beibehaltung der Bilanzierungs- und Bewertungsmethoden nicht ersichtlich und auch nicht zu erwarten.

Unter Berücksichtigung der Zielsetzung des Anhangs als zusätzliches Informationsmedium neben der Bilanz und GuV für den externen Bilanzadressaten, könnten einige zusätzliche Angaben auf freiwilliger Basis sinnvoll sein.

- Anzeige der realisierten Gewinne aus der Währungsumrechnung, die im ersten Geschäftsjahr nach dem 1. Januar 1999 nicht in den Sonderposten aus der Währungsumstellung eingestellt wurden und damit das laufende Jahresergebnis erhöht haben.
- Erläuterungen, wann die einzelnen Positionen im Sonderposten aus der Währungsumstellung aufgelöst werden, wann also mit dem tatsächlichen Liquiditätsfluß zu rechnen ist;
- Darstellung der Art und Höhe, der durch die Währungsunion induzierten Kosten;
- Art und Höhe der in Zukunft noch erwarteten Umstellungskosten.

Im Zusammenhang mit dem **Lagebericht** sind bislang keine Gesetzesänderungen vorgesehen, so daß von keinen zusätzlichen Berichtspflichten auszugehen ist.

Der Lagebericht ist kein Bestandteil des Jahresabschlusses, ergänzt ihn aber.[30] Vom Grundsatz her besteht damit keine formale Vorgabe für die in Währung angegebenen Zahlen und formal auch keine Bindung an die im Jahresabschluß verwendete Währung, die durch § 244 HGB bestimmt wird. Zur Verbesserung der Klarheit und der Vergleichbarkeit sollten im Lagebericht aber Geldbeträge in der Währung des Jahresabschlusses angegeben werden.

Im Zuge der Währungsunion bietet es sich auch an, im Rahmen einer Zukunftsprognose im Lagebericht auf die erwarteten Auswirkungen der EWU in strategischer und operativer Hinsicht einzugehen. Ansonsten sind derzeit keine weiteren Auswirkungen und Anpassungen zu erkennen.[31]

---

30 Vgl. ADS (1997), HGB § 289, Tz. 18.

31 Davon unberührt bleiben Änderungen bei der Berichtspflicht im Lagebericht durch das als Entwurf vorliegende Gesetz zur Kontrolle und Transparenz im Unternehmensberich (KonTraG).

3.5 Besonderheiten im Konzernabschluß

3.5.1 Grundsätzliche Umstellungsproblematik

Bei der Erstellung des Konzernabschlusses besteht bei internationalen Konzernen die Notwendigkeit der Einbeziehung von Jahresabschlüssen ausländischer Tochtergesellschaften, deren Währung in der Regel von der Währung des Mutterunternehmens abweicht.

Zu den bei der Einbeziehung anzuwendenden Methoden der Währungsumrechnung hat sich in Deutschland bisher keine einheitliche Auffassung herausgebildet. Es wird unterschieden zwischen den Methoden, die die Währungsumrechnung als Bewertungsvorgang betrachten, und der Stichtagskurs-Methode, die primär als eine lineare Transformation anzusehen ist. Bei den Umrechnungsmethoden mit Bewertungsfiktion ist die Zeitbezugsmethode die gebräuchlichste, da sie der Einheitstheorie des § 297 Abs. 3 HGB am ehesten entspricht.

Mit der Einführung des Euro stellen die nationalen Währungen von EWU-Mitgliedsstaaten untereinander keine Fremdwährungen mehr dar. Insofern entfallen diesbezüglich die Grundsätze über die Währungsumrechnung bei der Einbindung der Jahresabschlüsse von Mutter- und Tochterunternehmen in einer Euro-Währung in den Konzernabschluß.[32]

Bei der Umstellung des Konzernabschlusses auf Euro werden insbesondere die Behandlung eines in der Bilanz ausgewiesenen Ausgleichspostens aus der Währungsumrechnung und die Frage der Gewinnrealisierung aus der Umrechnung von Vermögensgegenständen, die von Tochterunternehmen in teilnehmenden Mitgliedsstaaten angeschafft wurden und zu historischen Anschaffungskosten bilanziert werden, diskutiert.

3.5.2 Besonderheiten bei der Anwendung der Stichtagskursmethode

Die in der Bilanz unter dem Eigenkapital ausgewiesenen Differenzen aus der Währungsumrechnung stammen in erster Linie aus der Anwendung der Stichtagskursmethode. Bei ihr werden alle Posten der Bilanz zu einem einheitlichen Stichtagskurs umgerechnet. Da die einzelnen GuV-Posten in der Regel mit Stichtags- oder Durchschnittskursen angesetzt werden, kann zwischen dem Ergebnis in der GuV und dem Jahresergebnis in der Bilanz eine Differenz entstehen. Diese wird erfolgsneutral mit dem Eigenkapital verrechnet bzw. in einem gesonderten Posten innerhalb des Eigenkapitals ausgewiesen.

Die Unterschiedsbeträge an der Währungsumrechnung können, sofern sie aus der Umrechnung von Tochterunternehmen anderer teilnehmender Mitgliedsstaaten stammen, wahlweise erfolgswirksam aufgelöst, in die Gewinnrücklagen umgebucht oder bis zur Veräußerung oder Liquidation des jeweiligen Tochterunternehmens weitergeführt werden.[33] Teilweise wird nur die erfolgsneutrale Behandlung innerhalb des Eigenkapitals für zulässig angesehen.[34] Die EU-Kommission ist hier der Meinung, daß die Summe der aufgelaufenen Kursdifferenzen bis zur Liquidation weitergeführt werden müssen.[35]

---

32 Vgl. Biener (1997), S. 78.
33 Vgl. z.B. Schmalenbachgesellschaft (1997), S. 239 sowie Lemnitzer/Stein (1997), S. 98.
34 Vgl. Heusinger (1997a), S. 431f.
35 Vgl. EU-Kommission (1997), Tz. 77.

3.5.3 Besonderheiten bei der Anwendung der Zeitbezugsmethode

Bei der Zeitbezugsmethode werden nicht-monetäre Vermögensgegenstände (Schulden) mit dem jeweiligen historischen Kurs oder dem niedrigeren (höheren) Stichtagskurs umgerechnet, Geldforderungen und -verbindlichkeiten hingegen werden grundsätzlich mit dem Tageskurs, die in der GuV enthaltenen Aufwendungen und Erträge werden mit den jeweiligen Kursen angesetzt, die den einzelnen Geschäften zu Grunde liegen.[36]

Im Konzernabschluß wird mit einem sogenannten Niederstwert-Test untersucht, ob der DM-Wiederbeschaffungswert am Stichtag (Stichtagswert × Stichtagskurs) oder die historischen DM-Anschaffungkosten (Anschaffungskosten z.B. in FF × historischer Kurs) zu einem niedrigeren Ergebnis führt. Je nachdem, ob das strenge oder das gemilderte Niederstwertprinzip anzuwenden ist, muß oder kann dann der niedrigere der beiden Werte in der Konzernbilanz angesetzt werden. Ansonsten ist ein Ansatz der DM-Anschaffungskosten zwingend. Bei dieser Vorgehensweise können bedingt durch vorangegangene Wechselkursschwankungen auch nach der Wechselkursfixierung aufgrund des Ansatzes der historischen Anschaffungskosten auf DM-Basis Ausweisunterschiede auftreten.

Der Sachverhalt soll an folgendem Beispiel verdeutlicht werden:[37]

Ein Tochterunternehmen mit Sitz in Frankreich soll in den erstmals in Euro zu erstellenden Konzernabschluß des deutschen Mutterunternehmens nach der Zeitbezugsmethode einbezogen werden. In der Einzelbilanz der französischen Tochter sei ein Vermögensgegenstand des Anlagevermögens ausgewiesen, der für FF 1.000,00 erworben wurde. Bei der Konsolidierung wurde dieser bisher mit dem Kurs zum Zeitpunkt der Anschaffung (0,30 DM/FF) bewertet und mit DM 300,00 in den Konzernabschluß einbezogen. Nach Einführung des Euro stellt sich nun die Frage, ob im Konzernabschluß der Vermögensgegenstand ausgehend von DM 300,00 mit dem Kursverhältnis DM/Euro oder ausgehend von FF 1.000,00 mit dem Kurs FF/Euro zu bewerten ist. Unter der Annahme von 1,91919 DM/Euro und 5,75757 FF/Euro ergeben sich folgende mögliche Wertansätze:

	nationale Währung	angenommene Umrechnungskurse zum Euro	Euro
historische Anschaffungskosten in der Landeswährung des Tocherunternehmens	FF 1.000,00	FF/Euro 5,75757	Euro 173,68
historische Anschaffungskosten in der Landeswährung der Mutter/ des Konzerns	DM 300,00	DM/Euro 1,91919	Euro 156,32

36 Vgl. ADS (1995), § 298 Tz. 29.

37 Das Beispiel ist angelehnt an EU-Kommission (1997), Tz. 79.

Unstrittig ist der Ansatz von Euro 173,68 in der Einzelbilanz des französischen Tochterunternehmens. Durch die Gleichstellung der nationalen Währungen mit dem Euro ab dem 1. Januar 1999 stellt sich die Frage, ob aufgrund des Wegfalls des Wechselkursrisikos durch Fixierung der Wechselkurse Euro 173,68 angesetzt werden können oder ob aufbauend auf dem bisherigen Ansatz in der DM-Konzernbilanz nur Euro 156,32 in der ersten Euro-Konzernbilanz anzusetzen sind.

Die Europäische Kommission behandelt nur den Fall, daß es sich um ein nicht monetäres Aktivum handelt und setzt die Umrechnung auf dem bisherigen DM- Ansatz auf, so daß unter Berücksichtigung des Anschaffungskostenprinzips der Vermögensgegenstand maximal mit Euro 156,32 angesetzt werden kann.

Diese Beschränkung auf die Anschaffungskosten auf Basis der nationalen Konzernabschlußwährung (DM) ist die konsequente Umsetzung des Anschaffungskostenprinzips. Dabei wird aber auch deutlich, daß hier die faktische Verschmelzung der nationalen Währungen auf den Euro und die Anschaffungskosten auf FF-Basis praktisch nicht berücksichtigt werden.

Von der EU-Kommission und in der Fachliteratur nicht explizit behandelt wird die Frage der Bewertung monetärer Vermögensgegenstände und Verbindlichkeiten. Analog der Vorgehensweise in dem Einzelabschluß[38] müßte hier von der Pflicht zur Gewinnrealisierung ausgegangen werden. Inwieweit es hierbei in der Praxis jedoch zu nennenwerten Gewinnrealisierungen kommen kann, wird vom Einzelfall abhängen und kann bisher noch nicht abschließend beurteilt werden.

Bei den Überlegungen zur Bewertung im Konzernabschluß darf aber auch nicht verkannt werden, daß durch den Übergang auf die Stichtagskursmethode bei obigem Beispiel der Ansatz auf Basis des Einzelabschlusses der französischen Tochter und damit der höhere Wert von Euro 173,68 zum Ansatz käme. Deshalb sollte hier die Zuschreibung auf die historischen Anschaffungskosten auf Basis der FF zugelassen werden, sofern der beizulegende Wert des Vermögensgegenstandes nicht überschritten würde. Zu einem ähnlichen Ergebnis kommt auch Biener, der die Fortführung historischer Umrechnungskurse als nicht mit den Vorgaben für die Einführung des Euro bei der Umrechnung von Euro-Währungen vereinbar ansieht.[39]

4 Die Umstellung des internen Rechnungswesens

4.1 Anforderungen an das interne Rechnungswesen

Im Zusammenhang mit der Einführung des Euro ist es an dieser Stelle auch sinnvoll, ergänzend auf die Auswirkungen auf das interne Rechnungswesen hinzuweisen. In diesen Bereich fallen hauptsächlich als analytische Instrumente die Kosten- und Leistungsrechnung, die Finanzrechnung sowie die Kennzahlen und -systeme.

Den Zweck des internen Rechnungswesens kann man allgemein darin sehen, eine Basis für Planungs-, Kontroll- und Steuerungstätigkeiten zu liefern. Hierbei ist es unerheblich, ob

38 Vgl. Ausführungen zu Abschnitt 4.3.2 Gewinnrealisierung.
39 Vgl. Biener (1997), S. 79.

es sich um strategische oder operative Fragestellungen bzw. die Ausrichtung auf das Gesamtunternehmen oder Subsyteme geht. Auch eine Steuerung und Überwachung operativer Einheiten, wie z.B. Profitcenter, wird ohne eine durch das interne Rechnungswesens geschaffene Basis nicht denkbar sein.

Insofern ist es einsichtig, daß diesem Bereich eine maßgebliche Rolle im Rahmen der Unternehmenssteuerung zukommt; denn hierdurch wird die möglichst zeitnahe Versorgung mit zuverlässigen Daten und Schaffung eines Ermöglichung eines Überblicks über den Status quo als Grundlage zur Unternehmenssicherung sichergestellt.

4.2 Umstellung der Basisdaten

Bei der Umstellung der Daten für das interne Rechnungswesen muß nochmals festgehalten werden, daß die in Geldeinheiten ausgedrückten Zahlen lediglich linear kleiner werden, ihre dahinterstehenden Werte und Aussagen aber unverändert bestehen bleiben. Die aus dem Zahlenmaterial zu ziehenden Schlußfolgerungen bleiben nach der Umstellung auf den Euro dieselben.

Der erste Schritt muß eine Analyse der Herkunft der verwendeten Zahlen sein. Hierbei handelt es sich um

- grundsätzlich sämtliche Buchhaltungsdaten,
- interne Verrechnungspreise,
- kalkulatorische Kosten,
- downloads von externen Datenbanken und
- historische Daten.

Die historischen Daten können unterschiedlichster Art sein. Zum einen sind das bei der Buchhaltung die historischen Kontenumsätze oder auch nur die Salden an bestimmten Stichtagen wie z.B. Monatsultimo, Quartalsende oder am Geschäftsjahresende. Im Bereich des Controlling können hier, in Abhängigkeit vom jeweiligen Aufbau der aufbereiteten Daten, unterschiedliche historische Daten betroffen sein. Von Relevanz für die Umstellung sind jedoch nur diejenigen Daten, die für Analysen über einen längeren Zeitraum benötigt werden und die in die Vergangenheit zurückreichen.

Da Kennzahlen aus den oben genannten Daten generiert werden, ist eine zusätzliche Umstellung von Kennzahlen nicht erforderlich. Lediglich die Umrechnung von Vergangenheitskennzahlen für Zeitvergleiche ist sinnvoll und notwendig.

In einem zweiten Schritt stellt sich hiernach die Frage nach dem Zeitpunkt der Umstellung. Hierzu bestehen keine gesetzlichen Regelungen, so daß eine Umstellung beliebig innerhalb der Übergangszeit erfolgen kann. Aufgrund der engen Verknüpfung mit der Geschäftsbuchhaltung und dem Jahresabschluß ist jedoch eine koordinierte Umstellung aller Bereiche des Rechnungswesens zu einem Zeitpunkt zu präferieren.

In diesem Punkt spielen noch weitere Fragestellungen hinein. So sind z.B. im Rahmen der Preiskalkulation und der Auftragskalkulation Vorgaben von Kunden abzuklären. Als Basisdaten für die strategische Planung sind frühzeitige Euro-Daten sinnvoll, da eine Planung für einen Zeitraum über das Jahr 2001 hinaus in DM unzweckmäßig sind.

Insofern kann eventuell auch eine duale d.h. parallele Verwendung von Daten sowohl in DM als auch in Euro während der Übergangszeit sinnvoll sein.

Falls man eine Umstellung der verwendeten Daten zu unterschiedliche Zeitpunkten vornimmt, wird wiederum der Einsatz von Konvertoren an den Schnittstellen der einzelnen Teilbereiche unvermeidlich, was zu einem zusätzlichen Abstimmungsaufwand führt. Generell muß der Transfer aller Daten in eine einheitliche Währung sichergestellt sein.

Bei international agierenden Unternehmen und Konzernen spricht die einfachere und bessere Vergleichbarkeit für eine frühzeitige Umstellung des internen Zahlenmaterials.

4.3 Umsetzung der Euro-Währung in den einzelnen Teilbereichen des internen Rechnungswesens

4.3.1 Laufende Ergebnisrechnung / Ist-Kostenrechnung

Die laufende Ergebnisrechnung wird – abgesehen von dem Umstand kleinerer Zahlen – durch keine besonderen Veränderungen geprägt sein. Die Einführung des Euro wird an der Kostenverteilung im Unternehmen prinzipiell nicht viel ändern. Lediglich für die Übergangszeit können zusätzliche Dokumentationsschritte und Angaben erforderlich sein.

Zu beachten sind jedoch die gegebenenfalls wegfallenden Transaktionskosten bei Im- und Exporten, die auch im Rahmen der Kostenrechnung berücksichtigt werden müssen.

Eventuell bietet sich auch eine Erweiterung der laufenden Ergebnisrechnung um einen gesonderten Ausweis der anfallenden Umstellungskosten zu deren Überwachung und Präsentation an. Dies wird sich allerdings nur bei solchen Unternehmen lohnen, die sich mit einem erheblichen Anfall an umstellungsbedingten Kosten konfrontiert sehen und technisch in der Lage sind, die einzelnen Kostenbestandteile zu separieren.

4.3.2 Plankostenrechnung

Strategische und operative Planungsanpassungen des Unternehmens, die sich durch die EWU ergeben, sollten frühzeitig Eingang in die Plankostenrechnung finden. Da zwischen der Planung an sich und der Plankostenrechnung eine enge Interdependenz besteht, müssen die Möglichkeiten neuer Produkte und größerer Märkte rechtzeitig kostentechnisch untersucht werden, um die sich ergebenden Potentiale ausnutzen zu können.

Weiterhin sollte im Rahmen der Steuerung der Umstellungskosten die Plankostenrechnung das hierfür erforderliche Zahlenmaterial erarbeiten und bereitstellen. In diesen Bereich wirken z.B. auch die enge Verflechtung zu Steuerplanung durch das Controlling mit hinein.

Schon zum jetzigen Zeitpunkt könnten hierbei Simulationsrechnungen mit unterschiedlichen Szenarien bezüglich Kostenanfall, Anzahl der EWU-Teilnehmerländer etc. hilfreich für die Planung und Durchführung der nachfolgenden realen Umstellung sein.

Vor diesem Hintergrund der längerfristigen Planungsrechnung ist bei den jeweiligen Unternehmen zu prüfen, inwieweit es sinnvoll und ohne unverhältnismäßig hohen Aufwand technisch realisierbar ist, eine Planungsrechnung mit doppelten Zahlenangaben zu erzeugen. Die Qualität kann sich dabei auf wesentliche Betragsangaben aber auch auf das gesamte Zahlenwerk beziehen.

4.4 Hinweise zur Umstellung des internen Reportings

Um eventuellen Mißverständnissen vorzubeugen, sollte während der Übergangszeit auf eine klare Kennzeichnung der verwendeten Währung besonders geachtet werden. Welche Währungsdenominationen allerdings zu verwenden ist, bleibt den Unternehmen – genau wie in den anderen Bereichen – selbst überlassen. Auch eine duale Berichterstattung in DM und Euro erscheint denkbar, sie ist allerdings auf keinen Fall zwingend. Unternehmens- bzw. Konzernvorgaben sind hier maßgeblich, ein frühes Euro-Reporting könnte z.B. zu einer besseren Transparenz bei international tätiger Unternehmen führen und so die Unternehmensführung vereinfachen.

Eine zusätzliche Anpassung der letzten DM-Reports für einen möglichen Vergleich mit den ersten Euro-Reports sollte von den Unternehmen bereits im Vorfeld der EWU bedacht werden.

Bei dem internen Rechnungswesen sind die Anpassungserfordernisse somit stark abhängig von dem bisherigen Aufbau der Auswertungen, dem Automatisierungsgrad und den Anforderungen aus Sicht der jeweiligen Adressaten. Diese Rahmenbedingungen sind aber vorwiegend interner Natur und werden damit nicht von außenstehender Stelle fest vorgegeben.

Literaturverzeichnis

Adler/Düring/Schmalz (ADS 1997): Rechnungslegung und Prüfung der Unternehmen, 6. Auflage, Stuttgart ab 1995.

Arbeitsstab Wirtschafts- und Währungsunion (ASWWU 1997): Zwischenbericht des Arbeitsstabes Wirtschafts- und Währungsunion beim Bundesministerium der Finanzen zur Einführung des Euro in Gesetzgebung und öffentlicher Verwaltung vom 28.4.1997. BT-Drucks. 13/7727 vom 6.5.1997.

Beck'scher Bilanz-Kommentar (1995): Bilanzkommentar Handels- und Steuerrecht – §§ 238 bis 339 HGB –, 3. Auflage, München 1995.

Biener, Herbert (1997): Überlegungen zur Umstellung der Jahres- und Konzernabschlüsse auf den Euro, In: Handelsbilanzen und Steuerbilanzen. In: Festschrift für Heinrich Beise, S. 63-84, Düsseldorf 1997.

Bundesministerium der Justiz (BMJ 1997): Gesetz zur Einführung des Euro (EuroEG), Regierungsentwurf vom 24. September 1997 (vgl. Anlage 3).

Europäische Kommission (1997): Einführung des Euro in der Rechnungslegung. Abgedruckt in WPg, 50. Jg. 1997, S. 450-463.

Heusinger, Sabine (1997a): Die Einführung der Euro-Währung und ihre Auswirkungen auf die Rechnungslegung. In: DStR 35. Jg. 1997, S. 427-432.

Heusinger, Sabine (1997b): Der Referentenentwurf vom 28. Mai 1997: Ein wesentlicher Schritt hinsichtlich der Klärung bilanzrechtlicher Fragen bei der Einführung des Euro, DStR 35. Jg. 1997, S. 1260-1264.

IdW (1997a): Institut der Wirtschaftsprüfer e.V., Positionspapier zu wesentlichen Rechnungslegungsfragen im Zusammenhang mit der Einführung des Euro. In: WPG 50. Jg. 1997, S. 400-403.

Lemnitzer/Stein (1997): Auswirkungen der Währungsunion auf Unternehmen. In: Wirtschaftsprüferkammer-Mitteilungen, 36. Jg. 1997, Heft 2/1997, S. 90-100.

Schmalenbachgesellschaft (1997): Arbeitskreis »Externe Unternehmensrechnung« der Schmalenbachgesellschaft, Die dritte Stufe der Europäischen Währungsunion - Auswirkungen auf die externe Rechnungslegung. In: DB 50. Jg. 1997, S. 237-241.

Schmitz, Jochen (1997): Auswirkungen der Europäischen Währungsunion auf die Bilanzierung. In: DB 50. Jg. 1997, S. 1480-1484.

Tischbierek, Armin (1997):, Euro-Umstellungsaufwendungen als Anwendungsfall von § 249 Abs. 2 HGB. In: DB 50. Jg. 1997, S. 1041-1048.

Würth, Hans-Joachim (1997): Die Weichen sind gestellt. In: SAP-Info Nr. 53.

*Hans-Jürgen A. Feyerabend/Andreas Steck**

E. Euro und Steuern

* Rechtsanwalt/Steuerberater Hans-Jürgen A. Feyerabend, KPMG Deutsche Treuhand-Gesellschaft AG Wirtschaftsprüfungsgesellschaft, Frankfurt am Main
Assessor jur. Andreas Steck, KPMG Deutsche Treuhand-Gesellschaft AG Wirtschaftsprüfungsgesellschaft, Frankfurt am Main

1 Einführung

Die bislang in der Fachliteratur und in der Öffentlichkeit geführte Diskussion um die Einführung des Euro hat steuerrechtliche Aspekte dieses Themas weitestgehend vernachlässigt. Dies mag zum einen daran gelegen haben, daß zunächst sog. »Vorbereitungsthemen«, wie z.B. die Frage nach der adäquaten Software, die mit der Umstellung unmittelbar verbundenen Bilanzierungsfragen, die Erörterung der rechtlichen Auswirkungen im rechtsgeschäftlichen Verkehr oder allgemeine organisatorische Themen, im Vordergrund der betrieblichen (unternehmerischen) Überlegungen standen.[1] Ein weiterer Grund dafür kann die allgemein in den letzten Monaten lancierte Meinung sein, daß die Einführung des Euro zwar erhebliche Umstellungsarbeiten nötig mache, doch in der Regel nur geringe steuerliche Auswirkungen haben werde.[2] Letztendlich kommt hinzu, daß die Einführung der gemeinsamen Währung aufkommensneutral durchgeführt werden soll.

All dies darf jedoch nicht darüber hinwegtäuschen, daß die Einführung des Euro einige steuerrechtliche Fragen aufwirft und daß diese Fragen durchaus komplexer Natur sind. Fraglich ist zum einen die steuerliche Behandlung der Umstellungskosten.[3] Zum anderen stellt sich die Frage, wie die Erträge steuerlich zu behandeln sind, die sich aus der unwiderruflichen Festlegung der Wechselkurse zum 1. Januar 1999 für diejenigen Währungen ergeben können, die in den Euro aufgehen.[4] Ferner ist zu überlegen, ob die Einführung des Euro zu einer Neubewertung der Wirtschaftsgüter führen wird.[5] Außerdem werden sich Änderungen für das steuerliche Veranlagungsverfahren und das Steuererhebungsverfahren ergeben. Problematisch ist zudem, ob in den Steuergesetzen genannte DM-Beträge umgerechnet werden müssen oder eine entsprechende Gesetzesänderung erfolgen wird Letztendlich müssen sich in einem an der Währungsunion teilnehmenden Staat ansässige Unternehmen, die in den anderen Teilnehmerstaaten (steuerpflichtig) unternehmerisch tätig sind, überlegen, wie sie ihre künftige unternehmerische Tätigkeit in den einzelnen Teilnehmerstaaten steuerlich optimieren können.[7]

---

1 Zu diesen und anderen Fragestellungen vgl. die anderen Aufsätze dieses Buches.
2 So z.B. Grau (1997), S. 171.
3 Zur handelsbilanziellen Behandlung vgl. Aufsatz D dieses Buches.
4 Zu den handelsbilanziellen Folgen vgl. Aufsatz D dieses Buches.
5 Siehe hierzu näher unten unter 4.
6 Siehe hierzu näher unten unter 8.

2 Steuerliche Behandlung der Umstellungskosten

Durch die Einführung des Euro werden den Unternehmen Umstellungskosten in nicht unerheblicher Höhe entstehen. Die Umstellung auf den Euro bei gleichzeitiger Weiterführung der Buchführung in der DM-Denomination macht die Anschaffung oder den Ausbau bestehender Buchhaltungssysteme durch Erwerb oder Erstellung speziell auf die Unternehmensbedürfnisse abgestimmter Software erforderlich. Mitarbeiter müssen geschult, Warenautomaten und Kassen müssen (zumindest nach der Einführung von Euro-Bargeld) ersetzt bzw. verändert werden. Im Falle einer vom Einzelhandel vehement abgelehnten Pflicht zur doppelten Preisauszeichnung, würden weitere Zusatzkosten in größerem Umfang entstehen. Fraglich ist, wie diese Umstellungskosten steuerlich zu behandeln sind.

In dem Moment, in dem die Umstellungsmaßnahmen vollzogen und dabei keine neuen Vermögensgegenstände bzw. Wirtschaftsgüter geschaffen und aktiviert werden, sind die Kosten, da sie in aller Regel betrieblich veranlaßt sein dürften, grundsätzlich steuerlich als sofort abziehbarer Aufwand zu behandeln. Sie führen somit zu einer vollständigen gewinnmindernden Berücksichtigung im Zeitpunkt ihrer Entstehung.

Die Konzentration der Umstellungskosten auf ein bis zwei Jahre kann jedoch eine erhebliche Belastung der Ertragslage kleiner und mittlerer Unternehmen bedeuten. Infolgedessen ist derzeit die Bildung einer »Bilanzierungshilfe« vorgesehen, die es den Unternehmen ermöglichen soll, bestimmte einmalig mit der Umstellung zusammenhängenden Aufwendungen auf mehrere Jahre zu verteilen. Allerdings sollen nach dem Entwurf des Euro-Einführungsgesetzes vom 24. September 1997 die Unternehmen nur dann Aufwendungen für die Währungsumstellung auf den Euro als Bilanzierungshilfe aktivieren dürfen, soweit sie selbstgeschaffene immaterielle Vermögensgegenstände des Anlagevermögens betreffen (z.B. Entwicklung von Software-Programmen).[7]

Da handelsrechtliche Bilanzierungshilfen keine Wirtschaftsgüter im Sinne des Steuerrechts sind,[8] dürfen sie in der Steuerbilanz nicht angesetzt werden.[9] Die handelsrechtliche Regelung in Art. 44 EGHGB-E wird daher keine steuerlichen Auswirkungen haben.[10] Folglich sind die Aufwendungen grundsätzlich in dem Jahr, in dem sie getätigt werden, steuerlich in vollem Umfang gewinnmindernd zu berücksichtigen.

Die nicht bereits aktivierungspflichtigen Aufwendungen können jedoch zu aktivierungsfähigen Anschaffungs- oder Herstellungskosten führen. Dies ist immer dann der Fall, wenn aus handelsrechtlicher Sicht ein aktivierungsfähiger Vermögensgegenstand bzw. aus steuerrechtlicher Sicht ein aktivierbares Wirtschaftsgut geschaffen wird (z.B.: Kauf von für die Umstellung notwendiger Standardsoftware). In diesen Fällen würde sich eine ergebniswirksame Gewinnminderung dieser Aufwendungen – sowohl aus handelsrechtlicher wie auch aus steuerrechtlicher Sicht – erst über die plan- oder außerplanmäßige Verteilung dieser Aufwendungen über die betriebsgewöhnliche Nutzungsdauer des Vermögensgegenstandes/Wirtschaftsgutes ergeben.

---

7 Zu der Bilanzierungshilfe vgl. Artikel 44 EGHGB-E.

8 Vgl. BFH, BStBl. II 1976, 13.

9 Schreiben des Bundesministers der Finanzen vom 27.4.1970, abgedruckt in BB 1970, 652.

10 Vgl. Gesetzesbegründung zu Artikel 44 EGHGB-E.

Möchte ein Unternehmen erwartete Aufwendungen in Zusammenhang mit Umstellungsmaßnahmen antizipieren, stellt sich die Frage, ob aus handelsrechtlicher Sicht hierfür zu Lasten des auszuweisenden Gewinnes Rückstellungen gebildet werden dürfen und ob diese auch mit steuerlicher Wirkung gebildet werden können.

Rückstellungen für ungewisse Verbindlichkeiten gem. § 249 Abs. 1 HGB können zweifelsfrei nicht gebildet werden, da eine wirtschaftliche Verursachung der Umstellungskosten in den Perioden vor Durchführung der Umstellungsmaßnahmen nicht vorliegt.[11]

Aus steuerlicher Sicht kann außerdem dahingestellt bleiben, ob in diesen Fällen mit handelsrechtlicher Wirkung Aufwandsrückstellungen i.S. des § 249 Abs. 2 HGB gebildet werden können,[12] da nach ständiger Rechtsprechung des Bundesfinanzhofes[13] ein handelsrechtliches Bilanzierungswahlrecht – wie in § 249 Abs. 2 HGB – ein Bilanzierungsverbot in der Steuerbilanz zur Folge hat. Eine solche Aufwandsrückstellung könnte folglich nicht mit steuerlicher Wirkung gebildet werden.

Zusammenfassend läßt sich somit feststellen, daß die Aufwendungen, die den Unternehmen anläßlich der Einführung des Euro entstehen, mit steuerlicher Wirkung grundsätzlich im Zeitpunkt ihrer Entstehung zu berücksichtigen sind. Eine Verteilung derartiger Aufwendungen auf mehrere Veranlagungszeiträume kommt nur in den Fällen in Betracht, in denen die Aufwendungen Anschaffungs- oder Herstellungskosten von aktivierbaren Wirtschaftsgütern darstellen.

3 Gewinne und Verluste aus Fremdwährungsgeschäften in der Währung von EWU-Teilnehmerstaaten

Aufgrund der unwiderruflichen Festschreibung der Wechselkurse zwischen dem Euro und den Währungen der EWU-Teilnehmerstaaten zum 1. Januar 1999 ist davon auszugehen, daß zu diesem Zeitpunkt bestehende Kursdifferenzen zwischen den Teilnehmerwährungen endgültig sein werden. Insofern sind diese Kursdifferenzen bei monetären Posten[14] als realisiert anzusehen. Grundsätzlich würde dies zu einer erfolgswirksamen Verbuchung derjenigen Gewinne führen, die sich aufgrund einer Wertsteigerung gegenüber den Anschaffungskosten bzw. einer Verminderung der ausgewiesenen Verbindlichkeiten auf der Passivseite ergeben. Allerdings würde es den Grundsätzen der Bewertung zu den Anschaffungskosten bzw. dem Vorsichtsprinzip eher entsprechen, wenn die Kursgewinne erst im Zeitpunkt der Beendigung des jeweiligen Schuldverhältnisses (z.B.: Erfüllung) erfaßt werden würden, wohingegen entsprechende Kursverluste sofort erfolgswirksam erfaßt werden sollten.

---

11 Zur handelsbilanziellen Problematik siehe ausführlicher Aufsatz D dieses Buches.

12 Zur handelsbilanziellen Problematik siehe ausführlicher Aufsatz D dieses Buches.

13 Vgl. Großer Senat des BFH, BStBl. II 1969, 291.

14 Nach dem Verständnis der EU-Kommission handelt es sich hierbei um Barmittel, sowie Aktiva und Passiva, die in bestimmten oder zu bestimmenden Geldbeträgen ausstehen oder zu entrichten sind.

Vor dem Hintergrund dieser Überlegungen ist in Art. 43 EGHGB-E vorgesehen, daß den Unternehmen bezüglich sich aus der unwiderruflichen Festlegung der Wechselkurse ergebenden Gewinnen bei Forderungen, Ausleihungen und Verbindlichkeiten ein Passivierungswahlrecht eingeräumt wird. Mit einer derartigen Bestimmung würde erreicht werden, daß solche Erträge erst dann gewinnerhöhend zu berücksichtigen wären, wenn die betreffenden Vermögensgegenstände aus dem Vermögen des Unternehmens ausscheiden – mithin wenn die zugrunde liegenden Rechtsverhältnisse erfüllt werden bzw. erlöschen.

Da die Regelung des Art. 43 EGHGB-E den Unternehmen lediglich ein handelsrechtliches Passivierungswahlrecht einräumt, kann diese Regelung nur handelsrechtlich wirken. Ein solches handelsrechtliches Passivierungswahlrecht würde nach der ständigen Rechtsprechung des Bundesfinanzhofes[15] zu einem steuerlichen Passivierungsverbot führen, so daß insoweit die aus § 5 Abs. 1 Satz 1 EStG folgende Maßgeblichkeit der Handelsbilanz für die Steuerbilanz nicht gelten würde. Artikel 4 § 4 des Euro-Einführungsgesetzes enthält deshalb auch eine eigene steuerliche Regelung für einen neu einzuführenden § 6d EStG-E, mit der sichergestellt werden soll, daß für die steuerliche Gewinnermittlung die gleichen Regeln gelten, wie für die handelsrechtliche Gewinnermittlung.

Dieser Entwurf eines neuen § 6d EStG bestimmt, daß ein durch die Einführung des Euro möglicherweise zu realisierender Gewinn in eine den steuerlichen Gewinn mindernde Rücklage eingestellt werden kann. Eine solche Euroumrechnungsrücklage soll entsprechend der Bestimmungen des Entwurfs eines Art. 43 EGHGB gewinnerhöhend aufzulösen sein, wenn das Wirtschaftsgut, aus dessen Bewertung sich der in die Rücklage eingestellte Gewinn ergeben hat, aus dem Betriebsvermögen ausscheidet.

Verluste hingegen, die sich aufgrund der unwiderruflichen Festlegung der Wechselkurse ergeben, werden entsprechend den allgemeinen Rechnungslegungsgrundsätzen auch aus steuerrechtlicher Sicht sofort erfolgswirksam.

Voraussetzung für die Bildung von Euroumrechnungsrücklagen mit steuerlicher Wirkung soll jedoch sein, daß die Bildung und Auflösung der jeweiligen Rücklagen in den Buchführungen der Steuerpflichtigen verfolgt werden können.[16] Dies ist jedoch der Fall, da bei Inanspruchnahme dieses Bilanzierungswahlrechts nicht nur in der Steuerbilanz, sondern auch in der Handelsbilanz ein entsprechender Passivposten gebildet werden muß (§ 5 Abs.1 Satz 2 EStG).

Dieser Gesetzentwurf ist aus steuerrechtlicher Sicht für die Unternehmen besonders vorteilhaft. Während auf der einen Seite Währungsverluste sofort gewinn- und damit steuermindernd in Ansatz gebracht werden müssen, würde auf der anderen Seite die Möglichkeit bestehen, Kursgewinne sowohl für handels- als auch für steuerrechtliche Zwecke erst zu einem späteren Zeitpunkt erfolgswirksam zu vereinnahmen.

---

15 Vgl. Großer Senat des BFH, BStBl. II 1969, 291.
16 Vgl. § 6d Abs. 2 EStG-E.

4 Wertberichtigungen bei sonstigen Wirtschaftsgütern des Anlagevermögens

Infolge der Währungsumstellung können bei Wirtschaftsgütern des Anlagevermögens Wertminderungen eintreten. So könnte es z.B. sein, daß ein vorhandenes DV-gestütztes Buchhaltungssystem nicht in der Lage ist, Parallelbuchungen in DM und in Euro vorzunehmen. Dies kann dazu führen, daß aus handelsrechtlicher Sicht außerplanmäßige Abschreibungen (§ 253 Abs. 2 Satz 3 HGB) vorzunehmen sind. Derartige handelsrechtlich vorzunehmende, außerplanmäßige Abschreibungen sind grundsätzlich auch steuerrechtlich anzuerkennen (sog. Teilwertabschreibungen gem. § 6 Abs. 1 Nr.1 EStG). Voraussetzung für eine mit der Einführung des Euro begründete steuerrechtlich wirksame Abschreibung in diesen Fällen ist jedoch, daß eben diese Einführung des Euro dazu führt, daß den Wirtschaftsgütern ein niedriger Teilwert beizumessen ist, d.h. daß sie nunmehr nur noch eingeschränkt nutzbar sind. Teilwertabschreibungen aus anderen Gründen bleiben hiervon unberührt.

5 Steuerverfahrensrechtliche Auswirkung der Währungsunion

5.1 Zeitpunkt der Umstellung der öffentlichen Verwaltung

Spätestens mit Ablauf der Übergangszeit zum 1. Januar 2002 muß auch die öffentliche Verwaltung auf Euro umgestellt haben. Obgleich eine frühere Umstellung möglich, ja vielfach sogar gewünscht sein dürfte, hat die Bundesregierung angekündigt, daß sie die Möglichkeit einer späten Umstellung der öffentlichen Verwaltung ausschöpfen wolle.[17] Dies liegt zum einen daran, daß für die Umstellung der EDV-Systeme nach gegenwärtigem Kenntnisstand die volle Übergangszeit benötigt wird. Zum anderen zwingt die Tatsache, daß in der Übergangszeit mangels vorhandenen Euro-Bargeldes viele Abläufe des täglichen Geschäftsverkehrs weiterhin in DM abgewickelt werden dazu, hoheitliches Handeln zumindest zweigleisig in Euro und DM auszuüben. Hierfür sind die technischen Voraussetzungen bei der öffentlichen Verwaltung nach eigenen Angaben nicht gegeben.

17 Vgl. ASWWU (1997), einschränkend aber mittlerweile BMF-Schreiben vom 2.9.1997, wonach die Steuerverwaltung einer Diskussion über die wahlweise Abgabe von Steuererhöhungen/Steueranmeldungen in DM oder Euro während der Übergangsphase grundsätzlich offen gegenübersteht.

5.2 Auswirkungen auf Steuererklärungen

Besteuerungszeiträume bis zum 31. Dezember 2001

Die Umstellung der Verwaltung zum 1. Januar 2002 hat zur Folge, daß Steuererklärungen für Besteuerungszeiträume bis zum 31. Dezember 2001 in DM zu erstellen sind. Unerheblich ist hierbei, zu welchem Zeitpunkt die Steuererklärung eingereicht wird.

Besteuerungszeiträume ab dem 1. Januar 2002

Steuererklärungen für Besteuerungszeiträume ab dem 1. Januar 2002 sind in Euro zu erstellen.

5.3 Auswirkungen auf die Steuerfestsetzung

Besteuerungszeiträume bis zum 31. Dezember 2001

Die Finanzverwaltung hat erklärt, daß sie die Besteuerungsgrundlagen in Steuerbescheiden für Besteuerungszeiträume bis zum 31. Dezember 2001 in DM darstellen wird. Hiervon betroffen werden auch Vorauszahlungsbescheide sein. Die Finanzverwaltung begründet diese Vorgehensweise damit, daß auch die nationalen Steuergesetze bis dahin auf die nationale Währung abstellen.

Hinsichtlich solcher Steuerbescheide, die sich auf zurückliegende Besteuerungszeiträume beziehen, die jedoch nach dem 31. Dezember 2001 erlassen werden, hat die Finanzverwaltung angekündigt, daß diese Steuerbescheide eine zusätzliche Darstellung der Umrechnung der aufgrund der Festsetzung fällig werdenden Beträge (dies betrifft sowohl Nachzahlungen als auch Erstattungen) in Euro erhalten sollen.

Besteuerungszeiträume ab dem 1. Januar 2002

Die Besteuerungsgrundlagen in Steuerbescheiden für Besteuerungszeiträume ab dem 1. Januar 2002 sollen in Euro dargestellt werden. Fällig werdende Beträge (Nachzahlungen/Erstattungen) für diese Besteuerungszeiträume werden ebenfalls in Euro dargestellt werden.

Erstmals für den Veranlagungszeitraum 2002 sollen die Steuervorauszahlungen in Euro festgesetzt werden.

5.4 Auswirkungen auf das Steuererhebungsverfahren

Besteuerungszeiträume bis zum 31. Dezember 2001

Da die Steuerfestsetzungen, die Besteuerungszeiträume bis zum 31. Dezember 2001 betreffen, in DM erfolgen werden, wird die Erhebung und Erfüllung zunächst ebenfalls in DM erfolgen. Dies gilt auch für Nachzahlungen oder Erstattungen.

Dies widerspricht zwar dem in Art. 8 Abs. 3 EU-VO 109- E zum Ausdruck kommenden Grundsatz, daß der Schuldner beim bargeldlosen Zahlungsverkehr ein Wahlrecht bezüglich der Erfüllung in DM oder Euro hat. Praktische Auswirkungen wird dies aber deswegen nicht haben, da die Kreditinstitute eine Konvertierungsfunktion übernehmen werden,[18] wonach sie Euro-Zahlungsanweisungen des Steuerpflichtigen in DM-Zahlungen umwandeln werden, so daß der Finanzverwaltung DM-Zahlungen gutgeschrieben werden, wenn sie ihre Konten noch in DM führt.

Besteuerungszeiträume ab dem 1. Januar 2002

Fällig werdende Steuerbeträge sind in Euro darzustellen, zu erheben und zu erfüllen.

5.5 Auswirkungen auf die Steuerbilanz

Nach derzeitiger Rechtslage sind gem. § 244 HGB Jahresabschlüsse in Deutscher Mark aufzustellen. Eine Bilanzierung in Euro ist dementsprechend nicht möglich.

Der Entwurf des Euro-Einführungsgesetzes vom 24. September 1997 sieht eine Änderung des § 244 HGB dergestalt vor, daß statt in Deutscher Mark in Euro bilanziert werden muß. Dies soll erstmals auf Geschäftsjahre Anwendung finden, die nach dem 31. Dezember 1998 enden. Das Recht zum Erstellen von Jahresabschlüssen in Deutscher Mark soll bis zum 31. Dezember 2001 bestehen bleiben.[19]

Aus steuerlicher Sicht stellt sich nunmehr die Frage, ob entsprechend dem in der Handelsbilanz gegebenen Wahlrecht auch die Steuerbilanz in Euro erstellt werden kann.

Nach dem Grundsatz der Maßgeblichkeit der Handelsbilanz für die Steuerbilanz gem. § 5 Abs. 1 Satz 1 EStG gilt diese Übergangsregelung auch für die Steuerbilanz, da § 60 EStDV nicht verlangt, die Steuerbilanz zwingend in DM zu erstellen. Dies wird auch ausdrücklich in der Gesetzesbegründung zu Art. 4 § 1 Nr. 1 (§ 244 HGB) EuroEG-E aufgeführt.

Zusammenfassend läßt sich somit feststellen, daß sowohl die Handelsbilanz als auch die Steuerbilanz bereits für Stichtage ab dem 1. Januar 1999 in Euro aufgestellt werden können. Dennoch bleibt das grundsätzliche Problem der Umrechnung von Euro in DM für die steuerpflichtigen Unternehmen so lange bestehen, als die Steuererklärungen auf amtlich vorgedruckten Formularen (§ 150 Abs. 1 AO) abzugeben sind und in diesen Formularen lediglich DM-Beträge zur Eintragung vorgesehen sind.

6 Anforderungen an den nationalen Gesetzgeber

6.1 Umrechnung der DM-Beträge in Euro-Beträge in den Steuergesetzen

Grundsätzlich ist eine Umstellung von DM-Beträgen in Euro-Beträge in Steuergesetzen nicht zwingend erforderlich, da die bestehenden DM-Beträge einfach umgerechnet werden

18 Siehe Rahmenvereinbarung des Zentralen Kreditausschußes (ZKA), die seit 16.8.96 in Kraft ist.
19 Vgl. Art. 4 § 2 EuroEG zu Art. 42 EGHGB-E.

können. Allerdings erscheint eine Berechnung der tariflichen Einkommensteuer in Euro kaum möglich zu sein, da das zu versteuernde Einkommen nach derzeitigem Gesetzeswortlaut (§ 32a Abs. 2 EStG) auf einen vollen DM-Betrag abgerundet werden muß. Insofern in eine Gesetzesänderung dringend angeraten.

Sollte lediglich umgerechnet werden, so ergibt sich jedoch das Problem, daß durch die Umrechnung runde DM-Beträge zu krummen, nicht zu merkenden Euro-Beträgen werden. Dies betrifft z.B. Freibeträge oder Freigrenzen. Insofern bietet es sich an, die umgerechneten Beträge durch Gesetzesänderungen zu glätten.

6.2 Rundungsdifferenzen

Erfolgt eine derartige gesetzliche Glättung nicht, so kann es bei der Umrechnung zu Rundungsdifferenzen kommen. Dies hat im Hinblick auf Freibeträge oder Pauschbeträge keine besonders zu beachtenden Konsequenzen. Gravierende steuerliche Folgen kann eine Rundungsdifferenz aber im Bereich der Freigrenzen (z.B. §§ 22, 23 EStG) haben. So kann in Fällen, in denen Freigrenzen vom Steuerpflichtigen nahezu voll ausgeschöpft sind, auch eine marginale Rundungsabweichung zu einer vollen Steuerpflicht des an sich von der Besteuerung freigestellten Betrages führen. Dies sollte der Gesetzgeber berücksichtigen und folglich gesetzlich verankern, daß das lediglich rundungsbedingte Überschreiten von Freigrenzen keine für den Steuerpflichtigen negativen Steuerfolgen auslöst.

7 Harmonisierung der Besteuerung im europäischen Währungsraum

Im Hinblick auf die unterschiedlichen Steuersysteme im künftigen europäischen Währungsraum würde es sich anbieten, daß eine Steuerharmonisierung in der EU oder wenigstens in den Teilnehmerländern stattfindet.

Auch nach Einführung der gemeinsamen Währung werden in den einzelnen Teilnehmerländern bei den direkten Steuern (Einkommensteuer/Körperschaftssteuer) nicht nur unterschiedliche Steuersätze gelten, es wird auch die Ermittlung der jeweiligen Bemessungsgrundlagen in unterschiedlicher Weise erfolgen, so daß sich selbst bei einheitlichen Steuersätzen unterschiedliche Steuerbelastungsquoten ergeben würden. Derartige Belastungsunterschiede in den einzelnen Teilnehmerländern werden ohne einheitliche Harmonisierung zu einem »steuerlichen Standortwettbewerb« führen.[20]

Ferner sollte die Harmonisierung der indirekten Steuern – wie z.B. der Umsatzsteuer – weiter voranschreiten. Ursprünglich war auf dem Gebiet der Umsatzsteuer die Umsetzung des sog. Binnenmarktprinzips bis zum 1. Januar 1997 vorgesehen. Dies ist bislang jedoch

---

20 Siehe hierzu näher nachfolgend unter 8.

noch nicht geschehen und es ist derzeit auch nicht absehbar, wann die endgültige Umsetzung erfolgen wird. Im Hinblick auf die Einführung des Euro empfiehlt es sich, das Binnenmarktprinzip jedenfalls bis zum 31. Dezember 2001 zu realisieren.

Es steht allerdings zu befürchten, daß die vorstehend geforderten Harmonisierungen sowohl der direkten als auch der indirekten Steuern sehr wahrscheinlich gar nicht oder nur teilweise umgesetzt werden. In diesem Fall sollte auf Ebene der Teilnehmerstaaten jedoch wenigstens versucht werden, die mit der Einführung des Euro direkt zusammenhängenden Vorgänge in der steuerlichen Behandlung einander anzupassen. Deshalb sollten in allen Teilnehmerländern z.B. die Umstellungskosten und die Bewertung von Umrechnungsgewinnen oder -verlusten steuerlich einheitlich behandelt werden. Auch sollte der Realisierungszeitpunkt von Umrechnungsdifferenzen einheitlich festgelegt werden.

8 Neuordnung der Geschäftstätigkeiten im europäischen Währungsraum

Es ist durchaus vorstellbar, daß die Einführung des Euro zu einem verschärften Wettbewerb führen wird. Dies wird international operierende Unternehmen in den teilnehmenden Ländern nicht nur aus kaufmännischen Gesichtspunkten heraus bewegen, ihre derzeitige Standortwahl neu zu überdenken. Vor dem Hintergrund der Tatsache, daß Währungsrisiken im europäischen Währungsraum wegfallen werden, rücken bei der Standortwahl andere Überlegungen in den Vordergrund. Dies können z.B. aufsichtsrechtliche Belastungen, arbeitsrechtliche Fragen (Schwierigkeiten bei der Beendigung von Arbeitsverhältnissen) und selbstverständlich steuerliche Erwägungen sein.

Aus steuerlicher Sicht werden die Unternehmen prüfen müssen, ob sie vor dem Hintergrund der Einführung des Euro ihre Beteiligungsstrukturen neu gestalten, d.h. steuerlich optimieren sollen. Hierbei können reine Holdingstrukturen mit Tochtergesellschaften in den einzelnen Ländern in Betracht kommen. Denkbar ist auch, in den einzelnen Ländern lediglich Betriebsstätten zu unterhalten oder beide Lösungsansätze miteinander zu kombinieren. Außerdem kann anläßlich der Einführung des Euro überlegt werden, inwieweit international operierende Unternehmen Stabs- und Managementfunktionen innerhalb der Unternehmensgruppe zentralisieren oder ihre Vertriebsstrukturen neu ordnen sollten. In diesen Fällen könnten Zentralfunktionen in Länder mit niedrigerer Steuerbelastung verlagert werden und Gruppengesellschaften in Ländern mit einer höheren Steuerbelastung aufwandsmäßig belastet werden.

Sämtliche dieser Überlegungen lösen unterschiedlichste steuerliche Fragestellungen aus – von der Standortfrage, über die Fragen nach den Möglichkeiten einer steuerneutralen Reorganisation und der Form der Ausübung der unternehmerischen Tätigkeiten in den einzelnen Ländern (Betriebsstätte oder Tochtergesellschaft), bis hin zu den Fragen der Leistungsverrechnung innerhalb der Unternehmensgruppe.

Die mögliche Neuordnung der Geschäftstätigkeiten im europäischen Währungsgebiet ist mithin ein weiterer Aspekt, die steuerlichen Aspekte anläßlich der Einführung des Euro nicht zu unterschätzen, sondern auch diesen Aspekten hinreichende Aufmerksamkeit zu widmen.

Literaturverzeichnis

Arbeitsstab Wirtschafts- und Währungsunion (ASWWU 1997): Zwischenbericht des Arbeitsstabes Wirtschafts- und Währungsunion beim Bundesministerium der Finanzen zur Einführung des Euro in Gesetzgebung und öffentlicher Verwaltung vom 28.4.1997. BT-Drucks. 13/7727 vom 6.5.1997.

Bundesministerium der Justiz (BMJ 1997): Entwurf eines Gesetzes zur Einführung des Euro (Euro-Einführungsgesetz – EuroEG) vom 24. September 1997.

Grau, Stefan (1997): Steuerliche Aspekte bei der Umstellung von DM auf Euro, in: Rudolf Hundertmark (Hrsg.), Euroberater Währungsunion, 1997, Stadtbergen.

*Maik Berendt, Susanne Hultsch, Verena Klingerfuß und Thomas Schlüter**

F. Informationstechnologie – Herausforderungen durch den Euro

* Die Mitglieder der Autorengemeinschaft sind Unternehmensberater bei der KPMG Unternehmensberatung GmbH, Frankfurt am Main/Berlin

1 Einleitung

Der Wechsel der gültigen Währung von DM zu Euro ist ein in der Geschichte in dieser Form einmaliger Vorgang. Er bedeutet für alle Unternehmen eine gravierende Wandlung ihrer Umweltbedingungen. Jedes Unternehmen muß sich mit seiner **Strategie** auf diese veränderten Umweltbedingungen ausrichten, seine zukünftige Position im neuen erweiterten EWU-Markt festlegen und einen Plan zur Erreichung dieser Position erarbeiten. Die Möglichkeiten und Chancen, die der neue gemeinsame Währungsraum bietet, können dabei auch eine Neuausrichtung der Unternehmensaktivitäten insgesamt nahelegen.

Im Rahmen dieser neuen Ausrichtung sind gegebenenfalls weitreichende Änderungen der bestehenden DV-Anwendungen notwendig. Als **Grundsatz** gilt, daß die **eingesetzte Software** in der Lage sein muß, die von einem Unternehmen gewählte **Strategie** für den neuen, gemeinsamen Währungsraum umfassend zu **unterstützen**.

Ausgangspunkt der Umstellung von DV-Systemen auf den Euro ist die kritische Aufnahme der bestehenden **Geschäftsprozesse** eines Unternehmens unter dem Blickwinkel seiner aktuellen und geplanten **Strategie**. Darauf aufbauende, neue strategische Überlegungen können zur Konzeption völlig neuer Geschäftsprozesse führen.

Auch unabhängig von dieser strategischen Sichtweise müssen alle identifizierten Geschäftsprozesse hinsichtlich ihrer **Betroffenheit** durch die Einführung des **Euro** untersucht werden. Es ist zu klären, wie die entsprechenden Geschäftsvorfälle organisatorisch und DV-technisch abzubilden sind.[1] Die Ergebnisses dieser Projektphase werden in einem Maßnahmenplan für die Euro-Umstellung niedergelegt.

Die **Entwicklung** und **Umsetzung** angemessener **DV-Lösungen** bildet den Schwerpunkt von DV-Umstellungsprojekten. Mit Blick auf bereits bestehende Anwendungen sind im Rahmen einer Euro-Inventur diejenigen IT-Objekte (Programme, Datenbestände) zu identifizieren, die für die Abwicklung von Euro-Geschäftsprozessen erforderlich sind. Der Änderungsbedarf ist zu ermitteln und die Änderungen sind auszuführen. Dabei muß auch für die aufgrund strategischer Erwägungen neu zu implementierenden Geschäftsprozesse eine geeignete DV-Unterstützung geschaffen werden.

Eine **Abgrenzung** der Euro-Umstellung von der **Jahr-2000-Problematik** ist erforderlich. Die Datumsumstellung ist eine reine DV-Fragestellung. Demgegenüber sind die Anforderungen an die DV bei der **Euro-Umstellung** als wesentlich komplexer anzusehen. Wir empfehlen, beide Themen grundsätzlich getrennt zu behandeln. In gewissem Umfang können jedoch technische Analysen und Anpassungen der Programme für die Euro-Umstellung und für das Jahr 2000 aus Wirtschaftlichkeitsgründen zusammen durchgeführt werden.

Im Zusammenhang mit der Euro-Umstellung beabsichtigen manche Unternehmen, zugleich ihren Anwendungsstau zu reduzieren. Die **Optimierung bestehender DV-Anwendungen** ist vor allem dann ein Thema, wenn die aktuell eingesetzte Software durch die sich

---

1 In diesem Zusammenhang ist die Unterscheidung zwischen aktiver und passiver Euro-Fähigkeit sinnvoll. Die Fähigkeit, von außen an das Unternehmen herangetragene Euro-Geschäftsvorfälle (z.B. in Euro ausgestellte Rechnungen von Lieferanten) in den DV-Systemen abzurechnen, wird dabei als passive Euro-Fähigkeit bezeichnet. Aktive Euro-Fähigkeit meint demgegenüber den Sachverhalt, daß ein Unternehmen seine Geschäfte aus eigenem Ermessen heraus in Euro gestalten und tätigen kann (z.B. Preislisten und Fakturen in Euro).

wandelnden fachlichen und technischen Anforderungen bereits seit längerer Zeit an ihre Grenzen stößt. Soweit die aus der Euro-Umstellung resultierenden Prioritäten nicht gefährdet werden, kann eine Kombination aus Euro-Umstellung und Optimierungsmaßnahmen sinnvoll sein. Knappe Ressourcen und die bei Änderungen im DV-Bereich auftretenden komplexen Folgeprobleme legen ein solches Verfahren allerdings nicht nahe.

Für die **Darstellung des Fragenkomplexes** haben wir folgendes Verfahren gewählt:

- Die Euro-Abrechnungsvorgänge in Geschäftsprozessen werden anhand eines einfachen Modells eines Geschäftsprozesses einführend dargestellt.
- Danach diskutieren wir Anforderungen und Lösungsmöglichkeiten für die Umstellung von DV-Anwendungen auf den Euro. Der Zeitrahmen und wesentliche Entscheidungsregeln für die zu wählende Umstellungsvariante werden entwickelt. Beispielhafte Entscheidungstabellen zur Unterstützung dieses Prozesses werden vorgestellt.
- Ein Exkurs über Rundungsdifferenzen schließt sich an, um die Bedeutung dieses häufig diskutierten Punktes zu gewichten und die Entscheidungsfindung von Umstellungsprojekten in diesem Punkt zu erleichtern.
- Auf einer stärker technisch gehaltenen Ebene werden dann die einzelnen Schritte zur Ermittlung des Umstellungsbedarfs von Programmen und Datenbasis dargestellt. Hinweise zur Durchführung der Umstellung bei den einzelnen Bausteinen von DV-Anwendungen schließen sich an.
- Ein Blick auf Musterlösungen von Standardsoftware- bzw. Outsourcing-Anbietern rundet das Bild ab.
- Abschließend geben wir einen Ausblick auf den Zusammenhang von technischer Transformation bestehender DV-Anwendungen, strategischer Neuausrichtung von Unternehmen und möglichen neuen Arbeitsteilungen innerhalb der Unternehmen bzw. zwischen Unternehmen und externen Dienstleistern.

2 Euro-Abrechnungsvorgänge in Geschäftsprozessen

Als Methode zur Analyse der Organisation von Unternehmen hat sich die Prozeßbetrachtung durchgesetzt. Für die Zwecke unserer Darstellung verwenden wir daher ein auf das unverzichtbare Minimum reduziertes Modell des Geschäftsprozesses eines Fertigungsunternehmens, welches lediglich aus den drei Elementen Einkauf, Produktion und Verkauf sowie den entsprechenden administrativen Bereichen besteht. Wesentlich komplexere, konkrete Geschäftsprozesse können in ähnlicher Weise analysiert werden.

Die Abbildung F-1 zeigt den Zusammenhang von Geschäftsprozeß, administrativen Einheiten sowie internen und externen Schnittstellen eines Unternehmens. Während der Doppelwährungsphase ist das Unternehmen an den internen Schnittstellen in der Wahl der Abrechnungswährung frei. An den externen Schnittstellen werden unmittelbar Anpassungen an den Euro erfolgen müssen. Dies gilt insbesondere, wenn dort extern veranlaßte, effektive Geldflüsse auftreten. Anders ausgedrückt: Bei der Bestellung von Waren bei Lieferanten und der Lieferung seiner Erzeugnisse an Kunden hat das Unternehmen zumindest theoretisch Wahlmöglichkeiten bezüglich der Abrechnungswährung, bei Eingangsrechnungen und Zahlungseingängen ist dies nicht der Fall.

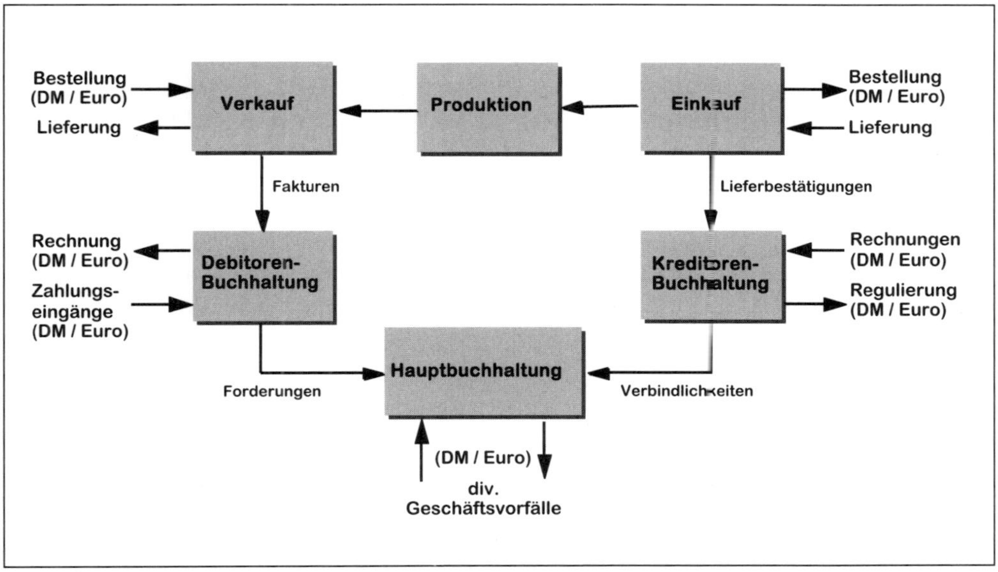

Abb. F-1: Euro-Schnittstellen eines Unternehmens

Bei einer begrenzten Anzahl von Schnittstellen zur Außenwelt und einem begrenzten Kreis von Beteiligten sind unter Umständen für die Zeit der Doppelwährungsphase Absprachen über die Festlegung der zu nutzenden Währung möglich. Im größeren Rahmen ist dies nicht realistisch und erfordert daher die Flexibilisierung der Schnittstellen (DM oder/und Euro) zwischen dem Unternehmen und der Außenwelt.

Ein anderes denkbares Vorgehen wäre es, Anpassungen an den Euro durch Nutzung der von den Banken anzubietenden Konversionsfunktionen im Bereich Zahlungsverkehr / Kontoführung zeitlich hinauszuschieben und Bankkonto sowie Abrechnungssysteme weiterhin in DM zu führen. Dies kann jedoch nicht mehr als eine temporäre Lösung sein. An den entsprechenden Schnittstellen würden zwar stets die technisch passenden Währungen angeliefert, aber eine Analyse der komplexen Abrechnungsvorgänge in den Bereichen Rechnungsprüfung, Mahnwesen etc. dürfte zeigen, daß hier ein durchgängiges Geschäftspartner-spezifisches Euro-Handling geschaffen werden muß, um eine effiziente Sachbearbeitung sicherzustellen. Es wird daher oftmals erforderlich sein, Lösungen zu wählen, die einer stärkeren DV-technischen Unterstützung bedürfen. Wir kommen darauf weiter unten im einzelnen zurück.

Im folgenden gehen wir auf einige Aspekte der Euro-Betroffenheit unseres Modell-Geschäftsprozesses ein.

2.1 Hauptbuchhaltung

Aufgabe der Hauptbuchhaltung ist die Zusammenfassung des Rechenwerks eines Unternehmens für die Zwecke der externen Rechnungslegung. Im Hauptbuch werden alle – auch die in den Nebenbüchern gebuchten – Geschäftsvorfälle eines Unternehmens dargestellt. Die Bücher werden in Hauswährung geführt, die auf DM oder Euro lauten kann. Während der Doppelwährungsphase müssen Geschäftsvorfälle in den Nebenbüchern in abweichender Transaktionswährung gebucht und diese Buchungen an die Hauptbuchhaltung übergeben werden können. Teilweise wird es erforderlich sein, komplette Nebenbuchhaltungen (z.B. Personal) noch bis zum Jahr 2002 in DM zu führen. Verschiedene Geschäftsvorfälle werden in einer von der Hauswährung abweichenden Währung direkt in der Hauptbuchhaltung zu erfassen sein.

Alle Schnittstellen müssen überprüft werden, um im Rahmen der Umstellung Funktionen schaffen zu können, welche die Abrechnung von Geschäftsvorfällen in Euro sicherstellen.
Die Handelsbilanz kann ab 1. Januar 1999 in Euro aufgestellt werden.

2.2 Einkauf / Kreditorenbuchhaltung

Der Einkauf ist zuständig für die kaufmännische Abwicklung der Lieferantenbestellungen und des Wareneingangs, gegebenenfalls im Rahmen einer integrierten Materialwirtschaft. Auf Grundlage von Preislisten, Konditionsvereinbarungen, Angeboten, freier Vergabe/Ausschreibungen etc. werden vom Einkauf die Lieferantenbestellungen veranlaßt. Eingehende Lieferungen werden gegenüber dem Lieferanten bestätigt und gegen die offenen Bestellungen gebucht. Es erfolgen Bestandsfortschreibungen.

In der Kreditorenbuchhaltung werden die eingehenden Lieferantenrechnungen bearbeitet. Auf Grundlage von Lieferbestätigung und Rechnung erfolgt die Buchung der Kreditorenkonten und die Fortschreibung der entsprechenden Verbindlichkeiten (Durchbuchung auf Sachkonten oder entsprechende Schnittstelle zur Hauptbuchhaltung). In Übereinstimmung mit den Zahlungsvereinbarungen werden die Rechnungen reguliert. In diesem Prozeß können Beträge in DM oder in Euro anfallen.

Die Lieferanten werden in einem Nebenbuch geführt. Die Informationen der Kreditorenbuchhaltung sind u.a. wichtig für den Einkauf, die Liquiditätsplanung und die Finanzdisposition. Die den Einkauf berührenden Geschäftsprozesse müssen in der Kreditorenbuchhaltung entsprechend abgebildet werden.

Zur Aufwandsminimierung bei der Softwareumstellung auf den Euro sollten Bestellungen – in Abstimmung mit den **Lieferanten** – von Preislisten über Angebote bis hin zur Regulierung der Rechnung möglichst durchgängig in **einer Währung** verarbeitet werden.

2.3 Verkauf / Debitorenbuchhaltung

Der Verkauf ist u.a. zuständig für die Aufnahme und Bearbeitung eingehender Kundenbestellungen. Mit erfolgter Lieferung wird vom Verkauf die Rechnung gestellt und zur Buchung weitergegeben. Ausgangsseitig werden vom Verkauf Preislisten/Angebote, Lieferungen und Rechnungen an die Kunden abgegeben.

Auf Grundlage der Fakturen werden in der Debitorenbuchhaltung die Debitorenkonten gebucht. Die entsprechenden Forderungen werden fortgeschrieben (Durchbuchung auf Sachkonten oder entsprechende Schnittstelle zur Hauptbuchhaltung). Eingehende Zahlungen werden – gegebenenfalls unter Beteiligung der Bankbuchhaltung – bearbeitet. Limitüberwachung und Mahnwesen begleiten diesen Vorgang. In diesem Prozeß können Beträge in DM oder in Euro anfallen.

Die Debitorenbuchhaltung führt die Kunden in einem Nebenbuch. Die Informationen der Debitorenbuchhaltung sind u.a. wichtig für das Vertriebssystem, die Liquiditätsplanung und die Finanzdisposition. Die den Verkauf berührenden Geschäftsprozesse müssen in der Debitorenbuchhaltung entsprechend abgebildet werden.

Zur Aufwandsminimierung bei der Softwareumstellung auf den Euro sollten Bestellungen – in Abstimmung mit den **Kunden** – von Preislisten über Angebote bis hin zum Zahlungseingang durchgängig in **einer Währung** verarbeitet werden.

2.4 Bankbuchhaltung

Die Bankbuchhaltung ist u.a. zuständig für die Führung der Bankkonten des Hauptbuchs und die Abwicklung des gesamten Zahlungsverkehrs einschließlich Electronic Banking. Das Cash-Management stellt dabei eine Funktion der Liquiditäts- und Finanzsteuerung dar.

Gemäß offiziellem Euro-Terminplan können Bankkonten ab dem 1. Januar 1999 in der Kontowährung Euro geführt werden. Sämtliche unbaren Zahlungen können in der Auftragswährung Euro ausgeführt werden. Die Nutzung dieser Möglichkeiten hängt von der gewählten Unternehmensstrategie und dem Verhalten der jeweiligen Geschäftspartner ab. Erforderliche Umrechnungen in die Kontowährung werden von der Bank durchgeführt, die Ursprungsbeträge werden dabei dokumentiert.

Zur Aufwandsminimierung bei der Softwareumstellung auf den Euro sollten inländische **Bankkonten** in der **Währung der Hauptbuchhaltung** geführt werden.

Devisenkurse werden ab dem 1. Januar 1999 nur noch gegenüber dem Euro gestellt. Die Umrechnung aus einer Fremdwährung in DM muß über den Euro erfolgen, wobei der Euro-Betrag mit mindestens drei Nachkommastellen gerechnet werden muß. Das gilt auch für solche Währungen, die an der EWU teilnehmen. Abbildung F-2 illustriert den Zusammenhang.

Hiervon betroffen sind Unternehmen, die bedingt durch Import- und Exportgeschäfte Währungskonten führen. Der Euro kann z.B. die DM als Hauptwährung ablösen und die DM geht formell in eine Währungsposition.

bisher:

$$\text{DM-Betrag} = \frac{\text{\$-Betrag}}{\text{\$/DM-Kurs}}$$

Kurstabelle

$	DM
FRF	DM
Lira	DM

zukünftig:

$$\text{DM-Betrag} = \frac{\text{\$-Betrag}}{\text{\$/EURO-Kurs}} \times \text{DM/EURO-Kurs}$$

Kurstabelle

$	EURO
FRF	EURO
Lira	EURO
DM	EURO

Abb. F-2: Umrechnung eines US-$-Betrages in einen DM-Betrag

2.5 Personalabrechnung

Die Personalabrechnung wird als Nebenbuchhaltung geführt, und die aus der Lohn-und Gehaltsabrechnung resultierenden Buchungen werden verdichtet an die Hauptbuchhaltung übergeben.

Ab 1. Januar 1999 können Lohn- und Gehaltszahlungen in Absprache mit den Mitarbeitern in Euro erfolgen. Da die öffentliche Hand und die Sozialversicherungsträger voraussichtlich nicht vor dem Jahr 2002 auf Euro umstellen werden, sind die entsprechenden Zahlungen (Steuern, Beiträge zur Sozialversicherung) bis zu diesem Zeitpunkt in DM zu leisten.

Zur Aufwandsminimierung bei der Software-Umstellung auf den Euro sollte für die Lohn- und Gehaltsabrechnung unter den gegenwärtigen bekannten Bedingungen ein **später Umstellungstermin** gewählt werden.

2.6 Anlagenbuchhaltung

Die in der Anlagenbuchhaltung buchmäßig geführten Wirtschaftsgüter des Anlagevermögens müssen spätestens per 31. Dezember 2001 auf Euro umgestellt werden. Dies betrifft die gesamten historischen Daten dieses Bereichs (Anschaffungskosten, Abschreibungen, Restbuchwerte), die laufende AfA und die entsprechenden Auswertungen (Anlagenspiegel etc.).

Zur Aufwandsminimierung bei der Software-Umstellung auf den Euro sollte die Anlagenbuchhaltung **zusammen mit** der **Hauptbuchhaltung** umgestellt werden.

3 Euro und Informationstechnologie

3.1 Übergreifende Aspekte

Die Umstellung auf den Euro stellt insbesondere deshalb eine Herausforderung für die **Informationstechnologie** dar, weil dadurch das **administrative Rückgrat moderner Unternehmen** insgesamt betroffen ist. Die erfolgreiche Vorbereitung und Durchführung der Umstellung erfordert eine Gesamtsicht auf die bestehende IT-Landschaft eines Unternehmens. Daher zunächst einige allgemeine Hinweise.

- **Unterschiedliche IT-Plattformen**

Die Unternehmen insgesamt setzen unterschiedliche IT-Plattformen ein. Teilweise finden sich auch innerhalb eines Unternehmens differierende Plattformen. Neben die traditionellen Host-Lösungen sind im Zuge des technischen Fortschritts und der Downsizing-Anstrengungen der letzten Jahre vermehrt Client/Server-Architekturen und Netzwerke getreten. Während die Großrechner-Anwendungen ein eher zentralistisches Vorgehen bei der Umstellung nahelegen und sich dabei auf maschinelle Unterstützung z.B. bei der Umstellung von COBOL-Programmen abstützen können, ist die Situation in den anderen Umgebungen differenzierter zu betrachten. Die Zuständigkeiten sind verteilt, maschinelle Umstellungsunterstützung wird (noch) nicht in vergleichbarem Umfang am Markt angeboten. Netzwerk-basierte Abteilungsanwendungen und Anwendungen auf Stand-alone-PC's werden gegebenenfalls vollständig ausgetauscht werden müssen.

- **Outsourcing von DV-Diensten**

Im Zuge der Ausrichtung der Unternehmen auf ihre Kernkompetenzen hat neben der Einführung neuer Plattformen das Outsourcing von DV-Diensten an Gewicht gewonnen. Zum einen hat dies zum Abbau oder (teilweise) zum Verlust von Know-how in den Unternehmen geführt. Für Umstellungsprojekte kann dies bedeuten, daß die erforderliche Kapazität kurzfristig zugekauft werden muß. Zum anderen muß die Lösungskompetenz der Outsourcing-Dienstleister bezüglich der Euro-Umstellung frühzeitig geprüft werden, um eine hinreichende Abdeckung der Anforderungen des eigenen Unternehmens zu erreichen.

- **Integrationsgrad von DV-Anwendungen**

Ein weiterer Aspekt ist der gestiegene Integrationsgrad von DV-Anwendungen. Dies gilt nicht nur für die Standardsoftware führender Hersteller, sondern auch für Individualanwendungen. In vielen Unternehmen sind in den letzten Jahren Lösungen entstanden, die komplexe Datenbankanwendungen für das operative Geschäft, Standardsoftware für Back-Office-Funktionen, Dokumentenmanagement und Vorgangsbearbeitung zu einem einheitlichen Anwendungsportfolio zusammenfassen. Diese Lösungen sind durch eine hohe Abhängigkeit der Komponenten untereinander gekennzeichnet, die bei der Euro-Umstellung besondere Anforderungen an ein abgestimmtes Vorgehen stellt.

3.2 Anforderungen und Lösungsmöglichkeiten

3.2.1 Umstellungsvarianten

Für die Euro-Umstellung von DV-Anwendungen bieten sich mehrere Möglichkeiten an, die sich nach Art und Umfang der jeweils vorzunehmenden Änderungen unterscheiden. Wir haben 5 repräsentative Lösungen ausgewählt. Diese werden nachfolgend als **Varianten/Umstellungsvarianten** bezeichnet und hinsichtlich ihrer besonderen Eigenschaften untersucht. Wie jede Auswahl beinhaltet auch unsere Darstellung der **Euro-Fähigkeit** von DV-Anwendungen ein gewisses Maß an Willkür, sie deckt jedoch die wesentlichen gegenwärtig diskutierten Lösungen ab. In der Praxis sind Modifikationen und Mischformen dieser Varianten möglich.

Zunächst jedoch ein Blick auf die Architektur von Anwendungssystemen im allgemeinen anhand der Abbildung F-3. Die Abbildung ist stark vereinfacht und der gewählte Aufbau optional. Die Elemente entsprechen jedoch insgesamt einer Standardarchitektur von Anwendungssystemen.

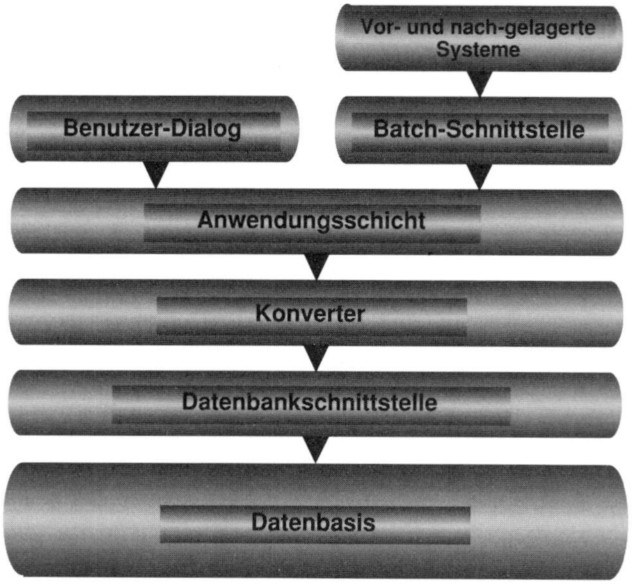

Abb. F-3: Architektur eines Anwendungssystems

Von unten nach oben betrachtet, beruhen Anwendungssysteme auf einer **Datenbasis**, die eine bestimmte Datenorganisation aufweist (Datenbank, standardisiertes Zugriffsverfahren oder programmabhängige Datenhaltung). Die Datenbasis enthält alle dauerhaft zu speichernden Informationselemente. In komplexen und historisch gewachsenen Informationssystemen können mehrere Formen der Datenorganisation koexistieren.

Die Kommunikation zwischen der Datenbasis und den Anwendungsprogrammen wird durch eine **Datenbankschnittstelle** sichergestellt. Dadurch werden die eigentlichen Anwendungsmodule von technischen Kommunikationsfunktionen entlastet. Unterschiedliche Datenorganisationen können über die Schnittstelle für die Anwendungsprogramme einheitlich präsentiert werden. Die Programmierung der Anwendungsmodule ist entsprechend standardisierbar.

Ein **(Euro-) Konverter** ist kein Standardbaustein von Anwendungssystemen. Wir haben ihn an dieser Stelle eingefügt, um die systemtechnische Dimension einer Euro-Umstellung zu verdeutlichen. Aufgabe des Euro-Konverters ist die Durchführung aller während der gesamten Doppelwährungsphase anfallenden Umrechnungen (DM in Euro, Euro in DM, DM in Währung über den Euro, Währung in DM über den Euro). Der Konverter kann auch an anderen Stellen des Anwendungssystems eingebunden werden, ist jedoch für einige der weiter unten dargestellten Umstellungsvarianten unverzichtbar.

Vom (permanent mitlaufenden) Konverter abzugrenzen sind Konversionprogramme, welche die Datenbestände zu einem bestimmten Zeitpunkt von DM auf Euro umsetzen. Diese Programme sind kein Bestandteil des Anwendungssystems i.e.S., sie werden zur (einmaligen) währungsmäßigen Umsetzung der Datenbestände eingesetzt.

Die **Anwendungsschicht** enthält die Programm-Module der Fachanwendungen. Sie enthalten die sachlogischen Programmstrukturen und die für die Datenkommunikation erforderlichen Anweisungen. Die Fachanwendungen können in Abhängigkeit von den jeweils zu unterstützenden Geschäftsprozessen als Dialog oder Batch-Anwendungen ausgelegt werden. Der **Benutzer-Dialog** wird dabei zusätzlich von Dialogträgersystemen und gegebenenfalls von einem standardisierten Dialograhmen unterstützt. Massendaten werden aus vorgelagerten Systemen über eine **Batch-Schnittstelle** in das Anwendungssystem übernommen bzw. über eine solche Schnittstellen an nachgelagerte Systeme übergeben.

Nach diesen grundsätzlichen Erläuterungen sollen nun die einzelnen Varianten zur Verarbeitung von DM und Euro näher dargestellt werden.

Variante 1: DM-Anwendung, organisatorische Euro-Lösung. Es werden zunächst keine DV-technischen Anpassungen an den Euro vorgenommen. Ein Konverter für die Doppelwährungsphase ist nicht erforderlich, die Datenbasis wird in DM geführt, Masken und Listen werden nicht angepaßt. Euro-Geschäftsvorfälle werden über eine organisatorische Lösung abgewickelt, analog zur bisherigen Fremdwährungslösung. Erforderliche Umrechnungen erfolgen außerhalb des Anwendungssystems und werden auch dort dokumentiert. Die Umstellung der Datenbestände auf den Euro erfolgt durch Einsatz von Konversionsprogrammen zu einem bestimmten Zeitpunkt. Erst dann werden Änderungen an den Masken und Listen auf die neue Bestandswährung vorgenommen.

Variante 2: DM-Anwendung, DV-gestützte Fremdwährungsverarbeitung. DV-technische Anpassungen an den Euro erfolgen zunächst nicht. Ein Konverter für die Doppelwährungsphase ist nicht erforderlich, die Datenbasis wird in DM geführt, Masken und Listen werden nicht angepaßt. Euro-Geschäftsvorfälle werden durch die Nutzung bestehender Programmfunktionen für Fremdwährungen verarbeitet. Die Fremdwährungsbeträge werden in der Datenbasis statistisch geführt. Die Bestandsumstellung auf den Euro erfolgt durch Einsatz von Konversionsprogrammen zu einem bestimmten Zeitpunkt. Erst dann werden Masken und Listen an die neue Bestandswährung angepaßt. (Abbildung F-4 zeigt diese Konstellation.)

Variante 3: Anwendung für **Hauswährung DM** und **Transaktionswährung Euro**. Hierbei handelt es sich um eine wesentliche Erweiterung der Variante 2. Ziel ist die Implementa-

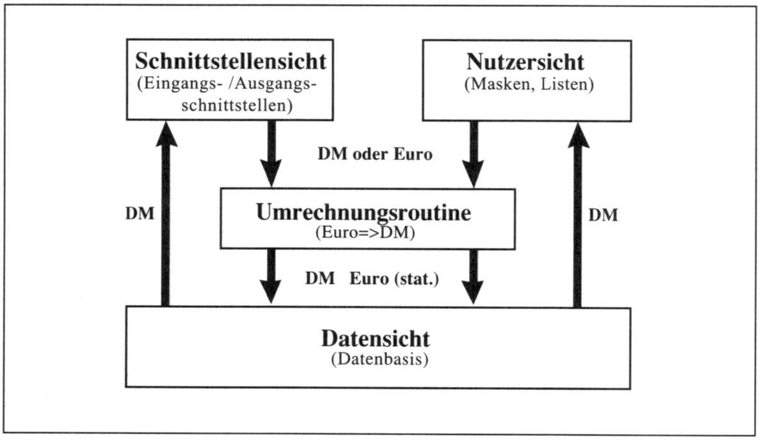

Abb. F-4: DM-Anwendung mit Standard-Fremdwährungsverarbeitung

tion komfortabler DV-gestützter Funktionen zur Verarbeitung von **Transaktionswährungen** (z.B. Euro), die von der Hauswährung abweichen. Dies erfordert technische Anpassungen. Diese können als Erweiterung bestehender Fremdwährungsfunktionalitäten oder auch als Euro-Konverter ausgelegt werden. Euro-Beträge werden zumindest statistisch in der Datenbasis geführt. Die eigentliche Umstellung auf den Euro erfolgt durch Einsatz von Konversionsprogrammen zu einem bestimmten Zeitpunkt. Der Aufbau dieser Variante entspricht im wesentlichen Abbildung F-4, Unterschiede bestehen in den Bereichen Komfort und Funktionsumfang für die Geschäftspartner-spezifische Abrechnung in Transaktionswährung sowie gegebenenfalls in der Datenbasis.

Variante 4: Duales Abrechnungssystem mit redundanter Bestandsführung. Bei dieser Variante werden Programmfunktionen und Daten für DM und Euro vorgehalten. Der **volle Funktionsumfang** des Anwendungssystems ist in beiden Währungswelten verfügbar. Umfangreiche technische Anpassungen sind erforderlich: Die DM-Datenbestände sind einmalig in Euro zu konvertieren und nachfolgend sind die parallel gehaltenen Datenbestände in Euro und DM fortzuschreiben. Dies erfordert entsprechend modifizierte Programmfunktionen und Abstimm-Mechanismen zur Sicherstellung der Konsistenz des gesamten Rechenwerks. Die Euro-Fähigkeit ist vom Beginn der Doppelwährungsphase an gegeben. Die abschließende Umstellung auf den Euro kann durch Ausblendung der DM erfolgen. Abbildung F-5 zeigt diese Variante.

Variante 5: Abrechnungssystem mit **Multi-Währungs-Sichten** auf gebuchte Bestände. Sofern Unternehmen über derartige Systeme verfügen, sind zur Umstellung auf den Euro nur geringfügige technische Anpassungen erforderlich. Zum Abschluß des Umstellungsprozesses ist z.B. die für die Bilanzierung und das Berichtswesen genutzte Referenzwährung auszutauschen. Eine Konverterfunktion ist unabhängig vom Euro bereits verfügbar, die Datenbasis enthält Währungskennungen und Währungsbestände. Der Aufbau eines solchen Systems entspricht insgesamt der Abbildung F-5, an die Stelle der DM/Euro-Beziehungen treten Währungsbeziehungen allgemein. Die Bestände sind grundsätzlich Multi-Currency-Bestände mit Umrechnung in die jeweils gewünschte Ausgabewährung.

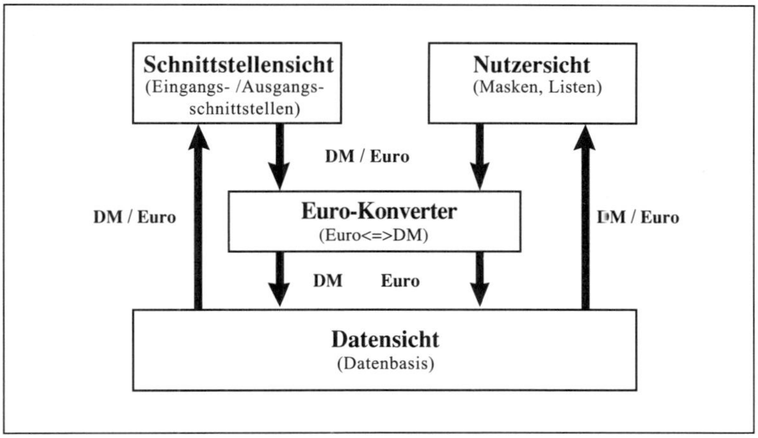

Abb. F-5: Duales Abrechnungssystem

3.2.2 Zeitrahmen und Entscheidungsregeln

Die Anforderungen an den Funktionsumfang von DV-Anwendungen verändern sich im **Umstellungszeitraum**.

- Bis zum 31. Dezember 1998 sind keine Euro-Funktionalitäten erforderlich.
- Vom 1. Januar 1999 bis zum 31. Dezember 2001 dauert die Doppelwährungsphase. DM und Euro müssen verarbeitet werden können. Der Euro kann neben der DM als Buchgeld verwendet werden. Euro-Bargeld ist nicht im Umlauf.
- Ab dem 1. Januar 2002 ist nur noch der Euro als Buchgeld zu verwenden. Die DM als Bargeld wird bis einschließlich 30. Juni 2002 in Euro umgetauscht. Es ergeben sich besondere Anforderungen für Bargeld-Handlingsysteme (Automaten, Registrierkassen etc.).

Die Terminplanung allein gibt dabei keine ausreichende **Entscheidungsgrundlage** ab. Erst die zusammenfassende Beurteilung der Phase des Umstellungsprozesses, der Leistungsfähigkeit der DV-Anwendungen, der Umstellungsmöglichkeiten und /-strategien, des Mengengerüsts, der Übereinkünfte mit Geschäftspartnern und der Marktusancen erlaubt eine sichere Entscheidung.

In Bezug auf die **praktische Handhabungsweise** in der Doppelwährungsphase ist zu klären, ob die DV-Anwendungen bis zum 31. Dezember 2001 ausschließlich in DM arbeiten sollen und am Ende der Doppelwährungsphase auf Euro umgestellt werden oder ob eine Euro-Verarbeitung bereits früher stattfinden soll. Wird eine Euro-Verarbeitung bereits für die Doppelwährungsphase realisiert, sollte der Aufwand für die Anpassung der DV-Anwendungen so gering wie möglich gehalten werden, weil es sich um Funktionen handelt, die später überwiegend nicht mehr benötigt werden. Sofern Anwendungen heute bereits mehrwährungsfähig sind, können Vereinfachungen dadurch erreicht werden, daß der Euro die heutige Rolle der DM übernimmt und die DM als eine weitere Währung geführt wird.

3.2.3 Entscheidungstabellen

Die folgende Tabelle dient zur Unterstützung der Entscheidung über die Wahl der Umstellungsvariante, die mit den jeweiligen Vor- und Nachteilen aufgeführt ist.

Varianten	Vorteile	Nachteile
Variante 1	☺ zunächst kein technischer Anpassungsaufwand ☺ geringfügige Änderungen der Ablauforganisation ☺ Umstellung zu einem Zeitpunkt	☹ Probleme bei starkem mengenmäßigem Anstieg von Euro-Geschäftsvorfällen ☹ Inflexibilität ☹ Nebenaufschreibungen für Euro-Geschäftsvorfälle erforderlich
Variante 2	☺ Nutzung bestehender Programmfunktionen ☺ zunächst kein technischer Anpassungsaufwand ☺ geringfügige Änderungen der Ablauforganisation ☺ Umstellung zu einem Zeitpunkt ☺ Nachweis von Euro-Geschäftsvorfällen	☹ Probleme bei starkem mengenmäßigem Anstieg von Euro-Geschäftsvorfällen ☹ Fehlender Komfort bei der Abwicklung von Euro-Geschäftsvorfällen ☹ begrenzte Flexibilität
Variante 3	☺ keine Probleme bei großen Mengengerüsten ☺ Komfort bei der Abwicklung von Euro-Geschäftsvorfällen ☺ Unterstützung Geschäftspartner-Verarbeitung möglich ☺ hohe Flexibilität	☹ technischer Änderungsaufwand ☹ Konverter erforderlich ☹ Erweiterung der Datenbasis erforderlich
Variante 4	☺ umfangreiche Funktionalität ☺ hohe Nachweisqualität der Datenbasis ☺ Reporting-freundlich	☺ hoher technischer Umstellungsaufwand für temporäre Anforderungen ☹ Konverter erforderlich ☹ Probleme bei Speicherplatz und Performance möglich ☹ Mengengerüst-kritisch
Variante 5	☺ State of the Art-Währungsbuchhaltung ☺ umfangreiche Funktionalität ☺ hohe Nachweisqualität der Datenbasis ☺ Reporting-freundlich	☺ hoher technischer Umstellungsaufwand für temporäre Anforderungen ☹ Konverter erforderlich ☹ Probleme bei Speicherplatz und Performance möglich ☹ Mengengerüst-kritisch

Abb. F-6: Vergleichende Bewertung der Varianten

Als weiteres Hilfsmittel zur Bestimmung der grundsätzlichen Richtung für die Anpassung von DV-Anwendungen kann die in Abbildung F-7 dargestellte Matrix verwendet werden.

Durch die Matrix, die als Beispiel aufzufassen ist und für den praktischen Einsatz ergänzt und erweitert werden sollte, wird die Ermittlung der geeigneten Umstellungsvariante unterstützt.

Aus den Erfordernissen der Handhabung der Währung an den Eingangs- und Ausgangsschnittstellen und bei Online-Transaktionen der Benutzer ergeben sich Hinweise über Art und Umfang der zu erwartenden Umrechnungen. Mit der Zielsetzung, die Umrechnungstransaktionen zu minimieren und unter Betrachtung der technischen Restriktionen der DV-Anwendung ist die Führung der Währungsfelder zu bestimmen. Aus dieser Festlegung ergibt sich eine empfehlenswerte Umstellungsvariante.

Aus der Umstellungsvariante und der Terminplanung des Unternehmens läßt sich der jeweilige Handlungsbedarf abschätzen. Die erforderlichen Maßnahmen im einzelnen können anhand einer Tabelle entwickelt werden, die grundsätzlich wie Abbildung F-8 aufgebaut ist. Je nach gewählter Variante ist die Terminstellung für die Maßnahmen hinzuzufügen.

Fragestellungen \ Alternativen der Euro-Fähigkeit	nur DM	nur Euro	DM und Euro	DM oder Euro
Wie erfolgt zukünftig die Interaktion mit dem Anwender (Eingabe- bzw. Anzeige-Masken, Listen usw.)	☐	☐	☐	☐
Was liefern die Eingangsschnittstellen zukünftig?	☐	☐	☐	☐
Was soll zukünftig über die Ausgangsschnittstellen geliefert werden?	☐	☐	☐	☐
Wie sollen die Währungsfelder geführt werden (Datenbasis)?	☐	☐	☐	☐

Abb. F-7: Matrix zur Bestimmung der geeigneten Euro-Variante

Handlungsbedarf \ Alternativen der Euro-Fähigkeit	Variante 1	Variante 2	Variante...	Variante...
Anpassung der Datenbasis:				
– Einführung von Währungskennzeichen	☐	☐	☐	☐
– Einführung zusätzlicher Betragsfelder	☐	☐	☐	☐
Programmanpassungen				
– Dialog- /Online-Programme	☐	☐	☐	☐
– Batch-Programme	☐	☐	☐	☐
– Report-Programme	☐	☐	☐	☐
– Ablaufsteuerungs-Programme	☐	☐	☐	☐
– Systemprogramme	☐	☐	☐	☐
Anpassung der Eingangsschnittstellen	☐	☐	☐	☐
Anpassung der Ausgangsschnittstellen	☐	☐	☐	☐
Entwicklung und Implementierung von Konvertoren	☐	☐	☐	☐
Umstellung Altdaten	☐	☐	☐	☐

Abb. F-8: Handlungsbedarf bei EWU-Anpassungen von DV-Anwendungen

Diese Tabelle ist stark verallgemeinert. Sie kann deshalb lediglich als Wegweiser dienen. Eine gründliche Untersuchung aller einzelnen DV-Anwendungen auf Betroffenheit, Handlungsbedarf und Anpassungsmöglichkeiten in der jeweilig vorliegenden Konstellation ist unabdingbar. Wir kommen darauf bei der Behandlung des »Euro-Reengineering« zurück.

Zunächst noch einige Hinweise zu den in der Tabelle aufgeführten Maßnahmen:

Währungskennzeichen müssen stets dann eingeführt werden, wenn die währungsmäßige Unterscheidung von Beträgen in Programmen und Datenbasis erforderlich ist.

Wenn eine Umstellungsvariante gewählt wird, bei der eine dauerhafte Speicherung von neuen Währungsbeträgen (i.d.R.: Euro-Beträge) in der Datenbasis erfolgen soll, muß die **Datenbasis** um die entsprechenden **Betragsfelder** erweitert werden.

Bei Änderungen der Datenstrukturen ist allgemein sicherzustellen, daß die zugreifenden **Programme** die Daten lesen, selektieren und währungsgerecht weiterverarbeiten können.

Dialogprogramme müssen gewährleisten, daß zu erfassende bzw. am Bildschirm auszugebende Beträge währungsmäßig eindeutig identifizierbar dargestellt werden. **Batch**-Programme, i.d.R. komplexe Verarbeitungsprogramme, müssen die währungsgerechte Verarbeitung sicherstellen. **Report**-Programme, worunter wir einfach strukturierte Auswertungsprogramme (Dialog und/oder Batch) zusammenfassen, müssen die jeweiligen Währungen in den Reports durch Kennungen oder getrennte Darstellungen transparent machen.

Der Umstellungsbedarf bei Programmen zur **Ablaufsteuerung** und anderen **System**programmen im weitesten Sinne hängt von der jeweiligen Anwendungsarchitektur und der gewählten Umstellungsvariante ab.

Bei der Anpassung der **Schnittstellen** muß davon ausgegangen werden, daß die jeweils vor- /nachgelagerten Systeme einer Euro-bedingten Anpassung unterliegen. Somit sind in allen Varianten die Eingangs- und Ausgangsschnittstellen anzupassen.

Die zu implementierenden **Konverterfunktionen** sind variantenspezifisch auszulegen:

Variante 1	Kein Konverter, organisatorische Lösung
Variante 2	Kein Konverter, Umrechnung durch bestehende Programme
Variante 3	Euro-Konverter für Verarbeitung von Haus- und Transaktionswährung
Variante 4	Euro-Konverter und Schnittstellen für währungsmäßig redundante Datenbestände
Variante 5	Multi-Währungs-Konversion, Darstellung von Beständen und Sichten in mehreren Währungen

Die **Umstellung** des **Altdatenbestandes** ist variantenabhängig vorzunehmen.

In der Doppelwährungsphase kann ein **Wechsel** zwischen den **Varianten** 1 bis 3 erfolgen. Die beiden übrigen Varianten sind grundsätzlich anders angelegte Umstellungsverfahren, die nach der Implementation nicht ohne weiteres wieder zur Disposition gestellt werden können. Zu bedenken ist auch, daß die Variante 5 einen klaren Schritt in Richtung **Mehrwährungsfähigkeit** darstellt. Mit Blick auf die Amortisation des Umstellungsaufwands kann diese Alternative an Attraktivität gewinnen.

Exkurs: Rundungsdifferenzen

Umrechnung und Rundung von Währungsbeträgen im Zusammenhang mit dem Euro sind gemäß den verbindlichen Regelungen des Europäischen Rates vorzunehmen.

Die Umrechnung von **nationaler Währung** in den **Euro** wird über einen unwiderruflich fixierten Umrechnungsfaktor erfolgen, der auf 6 signifikante Stellen lautet. In Falle der DM sind dies eine Stelle vor dem Komma und 5 Nachkommastellen. In unseren nachfolgenden

Beispielen legen wir einen Kurs des Euro von DM 1,91919 zugrunde. Umgerechnete Beträge werden auf zwei Nachkommastellen kaufmännisch gerundet.

Die Umrechnung zwischen **zwei nationalen Währungen** erfolgt zwingend über den Euro. Die Ursprungswährung wird mit dem Umrechnungsfaktor in Euro umgerechnet und auf 3 Nachkommastellen gerundet. Der sich dabei ergebende Betrag wird mit dem entsprechenden Umrechnungsfaktor in die Zielwährung umgerechnet (vgl. auch Abbildung F-2).

Durch diese Verfahren entstehen **zwangsläufig Rundungsdifferenzen**, die nachvollziehbar dokumentiert werden müssen. Es lassen sich horizontale und vertikale Rundungsdifferenzen unterscheiden.

Horizontale Rundungsdifferenzen treten bei der Umrechnung von DM in Euro auf.

Beispiel:

DM 300,00 / 1,91919 = Euro 156,31595 = Euro 156,32

Vertikale Rundungsdifferenzen treten beim Vergleich der Umrechnung von Einzelposten von DM in Euro auf der einen Seite und der gemeinsamen Umrechnung der aufsummierten Einzelposten in Euro auf der anderen Seite auf.

Beispiel:

DM 100,00 / 1,91919	=	Euro 52,11
DM 85,00 / 1,91919	=	Euro 44,29
DM 35,00 / 1,91919	=	Euro 18,24
DM 180,00 / 1,91919	=	Euro 93,79
DM 400,00	=	Euro 208,43
DM 400,00 / 1,91919	=	Euro 208,42
Differenz:		Euro 0,01

Entstehungsorte für derartige Differenzen sind alle Aufzeichnungen aus Abrechnungssystemen, die Einzelposten, Summen und Salden aufweisen: Eingangs- /Ausgangsrechnungen, Belege, Journale, Konten, Primanoten etc. Der kumulierte Umfang der Differenzen wird von den verarbeiteten Mengengerüsten beeinflußt.

Buchungstechnisch sind auftretende Differenzen durch die Bildung von Rundungsdifferenzenposten und Buchung auf Ausgleichskonten zu behandeln. Die DV-technische Behandlung erfolgt durch Bildung von Differenzenposten zu den gespeicherten Datenelementen und nachträgliche Anpassungsbuchungen. Erprobte Verfahren für derartige Buchungen sind in vielen DV-Anwendungssystemen z.B. in den Bereichen Rechnungseingang und Währungsbuchungen bereits im Einsatz.

Der Umgang mit maschinell unterstützten Kontroll- und Abstimmverfahren dürfte sich beim Auftreten von Rundungsdifferenzen demgegenüber als schwieriger erweisen. Hier müssen gegebenenfalls Toleranzen eingebaut werden, die nicht zugleich die Wirksamkeit dieser Verfahren beeinträchtigen. In diesem Zusammenhang kann der Neuaufbau kompletter Datenbestände zur Erzeugung konsistenter, in Euro umgerechneter Datenbestände erforderlich werden.

Nachfolgend einige Hinweise zur Minimierung von Umrechnungsdifferenzen:

- Minimierung der Anzahl der Umrechnungen.

Umrechungen von nationaler Währung in Euro sollten durch geeignete organisatorische und technische Maßnahmen auf ein unverzichtbares Minimum reduziert werden.

- Einheitliche Umrechnungsverfahren.

Für DV-Anwendungssysteme sollte ein einheitliches Umrechnungsverfahren entwickelt werden. Es muß in allen Konvertern, Umrechnungsroutinen etc. verwendet werden. Geeignet dafür sind Software-Bausteine, die einheitlich aufgebaut, modularisiert, gekapselt und mit Standard-Schnittstellen ausgestattet sind. Sie können dann in allen relevanten Systemen verwendet werden.

- Umrechnung von Einzelbeträgen, nicht von Summen.

Soweit möglich, sollten verdichtete Werte Bottom-up aufgebaut werden. Die Verwendung von Summen, d.h. vorverdichteten Beträgen sollte vermieden werden.

- Keine Rückrechnung umgerechneter Beträge.

In der Doppelwährungsphase sollten die Abrechnungsverfahren so ausgelegt werden, daß Rückrechnungen nur in unvermeidbaren Fällen erfolgen müssen. Sofern Hauswährung und Abwicklungswährung mit Geschäftspartnern systematisch voneinander abweichen, sollten für die externe Abrechnung stets die Ursprungsbeträge in der Abwicklungswährung verwendet werden.

- Keine Verwendung abweichender Umrechnungsmethoden.

Die von der EU vorgegebenen Umrechnungsmethoden sollten ohne jede Abweichung implementiert werden. Der (offizielle) Hinweis, daß grundsätzlich auch andere Methoden zulässig sind, wenn sie zum gleichen Ergebnis führen, sollte aus systematischen Gründen nicht beachtet werden.

3.3 Euro-Reengineering

3.3.1 Ausgangssituation

Technisch gesehen, kann die Euro-Umstellung als Reengineering von DV-Anwendungen aufgefaßt werden, d.h. als grundlegende Umgestaltung zur Erreichung einer neuen funktionellen Entwicklungsstufe. Soweit aufgrund der gewählten Euro-Strategie erforderlich, wird dies mit dem Reengineering von Geschäftsprozessen verbunden. Ausgangspunkt dieser Überlegungen kann ein **Szenario** mit folgenden Bedingungen sein:

- Die im Unternehmen eingesetzte Individualsoftware soll – wenn überhaupt – nur nach eingehender Analyse und Schätzung des für die Umstellung auf Euro erforderlichen Aufwands durch Standardsoftware bzw. Outsourcing von DV-Diensten ersetzt werden.
- Es existiert ein Anforderungskatalog für die Euro-Umstellung.
- Genaue Analysen des betriebswirtschaftlichen Funktionsumfangs der Anwendungen und der technischen Seite der DV-Anwendungen (Programme/ Datenbasis) sind erforderlich.

Während die betriebswirtschaftliche Seite der Untersuchung zumindest teilweise ohne Werkzeuge zur Geschäftsprozeßanalyse abgewickelt werden kann, ist dies bei den Programmen und der Datenbasis ab einem gewissen Umfang nicht mehr möglich. Hier müssen DV-gestützte Werkzeuge eingesetzt werden, die aus einer Analyse der Programme (einschließlich Interdependenzen/Referenzierungen) den Reengineering-Bedarf näherungsweise ermitteln. Fortgeschrittene technische Plattformen dieser Art stellen darüber hinaus auch Funktionalitäten für die Änderung von Programmen und Datenbasis bereit und unterstützen die Umstellung einschließlich Konfigurationsmanagement.

Die Koexistenz von Standardsoftware (z.B. Back-Office-Anwendungen) und Individualsoftware (operative Anwendungen) steht nicht im Widerspruch zu diesen Überlegungen. Oftmals werden sich Kombinationen aus Individualsoftware für operative Anwendungen und Standardsoftware für administrative Funktionen finden, bei deren Umstellung teilweise getrennte Wege zu gehen sind. Die nachfolgend dargestellten Überlegungen konzentrieren sich auf Individualsoftware.

3.3.2 Euro-Inventur und /-Detailanalyse

Als erster Schritt in Reengineering-Projekten ist zunächst eine Euro-Inventur durchzuführen, auf deren Grundlage dann eine Detailanalyse aufsetzt. Abschließend kann dann der Umstellungsplan mit den einzelnen Maßnahmen entwickelt werden.

Die **Inventur** der **DV-Anwendungen** muß mehreren Anforderungen gerecht werden. Ablauffähige Programme, Anwendungen und Datenhaushalte müssen vollständig aufgenommen und den entsprechenden Geschäftsprozessen zugeordnet werden. Die Datenströme und Schnittstellen müssen auch hinsichtlich ihrer wechselseitigen Abhängigkeiten untersucht werden.

Ergebnis der Euro-Inventur ist die Identifikation der Umstellungsobjekte, ihrer wechselseitigen Abhängigkeiten und die Abgrenzung von Zusammenhängen für Teilumstellungen. Im Bereich DV-Anwendungen stellen die bei der Euro-Inventur ermittelten ablauffähigen Programme die Ausgangsbasis für die im Verlauf weiterer Untersuchungsschritte noch genauer zu identifizierenden echten »Umstellungskandidaten« dar.

In der **Detailanalyse** sollte eine Untersuchung der **Nutzung ablauffähiger Programme** erfolgen, um »totes Gehölz« zu ermitteln. Praktische Erfahrungen zeigen, daß ein bestimmter Anteil von Programmen niemals genutzt wird und deshalb aus dem weiteren Vorgehen ausgeschlossen werden kann.

Im Folgeschritt müssen dann die zu den ablauffähigen Programmen gehörigen **Quellprogramme** ermittelt werden. Danach ist erstmals eine zusammenfassende Sicht auf Geschäftsprozesse, Anwendungen, Programme und Datenbasis möglich.

An dieser Stelle sind erste **Vollständigkeitskontrollen** erforderlich. In komplexen DV-Umgebungen, die nicht ständig unter einem strikten Konfigurationsmanagement geführt worden sind, werden einzelne Quellprogramme fehlen. In diesen Fällen muß eine Neuentwicklung erfolgen. Weiterhin können Programme auftauchen, deren Quellcode zwar vorhanden ist, die aber in nicht mehr verwendeten Programmiersprachen geschrieben sind. Sofern eine Programmkonversion mit Standardwerkzeugen nicht möglich ist, muß hier ebenfalls neu programmiert werden.

Die identifizierten Quellprogramme sind näher zu untersuchen. Der Euro-spezifische **Änderungsbedarf** (Anzahl der zu ändernden Programmzeilen, Lines of Code, LOC) ist zu bestimmen. Geeignete Suchbegriffe sind Wert- und Betragsfelder, Währungskennzeichen etc. Die manuelle (visuelle) Code-Inspektion ist wegen der Mengengerüste dabei nur in

Ausnahmefällen anwendbar. Üblicherweise wird ein mehrfach zu durchlaufendes maschinelles **Scan-Verfahren** eingesetzt werden müssen. Die Trefferraten liegen bei derartigen Verfahren bemerkenswert hoch (> 90%), manuelle Nacharbeiten und mehrfach zu wiederholende Testläufe werden jedoch nicht zu vermeiden sein (vgl. auch Abbildung F-9).

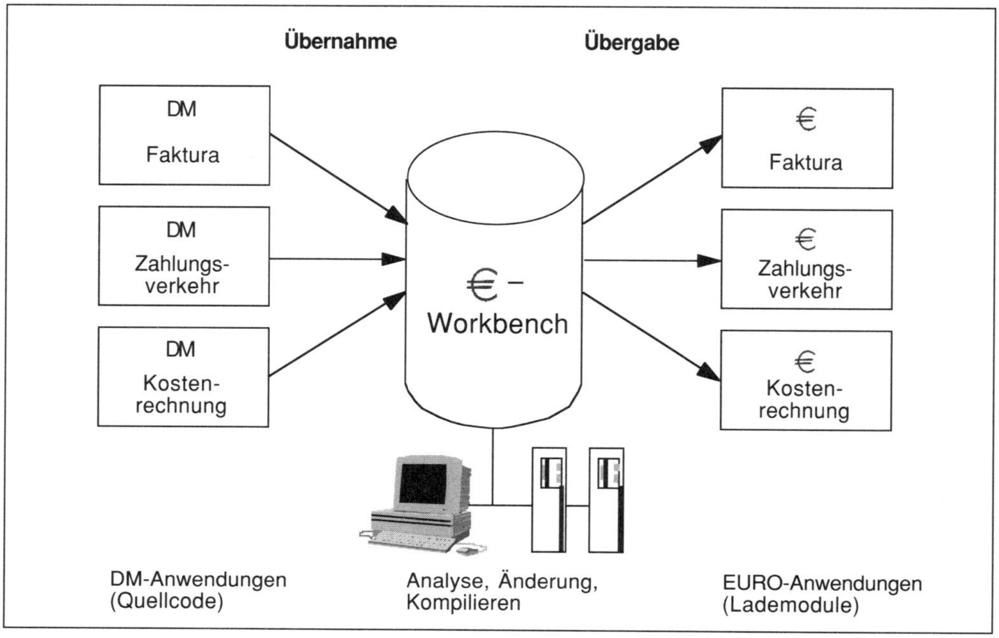

Abb. F-9: Technische Programmanalyse

Nach diesem Arbeitsgang können weitere Objekte ohne Änderungsbedarf ausgeschieden werden und es kann eine fundierte Schätzung des Änderungsaufwands erfolgen.

Im Folgeschritt sind Prioritätenentscheidungen bezüglich der Frage erforderlich, ob die Euro-Umstellung wesentlich über **funktionelle Änderungen** (Programmänderungen) dargestellt werden soll, um Änderungen in der Datenbasis auf ein Minimum zu begrenzen, oder ob **Änderungen der Datenbasis** (unter Einschluß der entsprechenden Programmänderungen) der Vorzug gegeben werden soll. Diese Frage ist nicht allgemein entscheidbar. Wir empfehlen daher, sich im Rahmen eines Pilotprojekts bzw. einer Testumstellung in einem abgegrenzten Bereich hierüber Klarheit zu verschaffen.

Die **Untersuchungsergebnisse** sind zu **dokumentieren** und bilden in dieser Form die Grundlage für den Maßnahmenplan. In der Darstellung der Analyseergebnisse müssen daher Alternativen deutlich gemacht und qualitativ wie quantitativ begründet werden.

Dieses Verfahren wird insbesondere bei einer zentralistisch ausgerichteten DV effizient einsetzbar sein und zu einer vollständigen Bestandsaufnahme führen. **Insellösungen** auf Abteilungsebene, **individuelle PC-Anwendungen** etc. müssen gesondert adressiert werden. Dabei sind vor allem diejenigen Anwendungen zu berücksichtigen, die Schnittstellen zu den zentralen Systemen aufweisen. Ideallösungen für diese Bereiche existieren nicht, oftmals werden Neuentwicklungen unvermeidlich sein.

Begleitet werden müssen diese Schritte von einer Erhebung der verwendeten Formulare und Organisationsanweisungen sowie einer Zusammenstellung der verfügbaren Dokumentationselemente.

3.3.3 Weitere technische Aspekte

Bei der Behandlung der Umstellungsvarianten und der entsprechenden Lösungsmöglichkeiten haben wir bereits auf einzelne technische Anforderungen hingewiesen. Zur Abrundung der entscheidungsrelevanten Informationen werden nachfolgend einige diesbezügliche Fragen vertieft.

3.3.3.1 Umstellung der Datenbasis

Die Umstellung der Datenbasis ist mit dem Abschluß der Doppelwährungsphase zwingend erforderlich. Die DM als Buchwährung wird per 31. Dezember 2001 verschwinden. Dies hat mehrere Konsequenzen.

Bei den meisten während der Doppelwährungsphase eingeschlagenen Wegen zur Abrechnung von Geschäftsvorfällen in Euro müssen die noch in DM geführten Datenbestände zu einem Stichtag in Euro konvertiert werden. Für diese Aufgabe müssen **Konversionsprogramme** entwickelt werden. Diese Programme werden zum Umstellungszeitpunkt eingesetzt, stellen Teile der Datenbasis oder auch die gesamte Datenbasis auf Euro um und werden danach nicht mehr benötigt. Sie sollten aus Performancegründen als Batch-Programme ausgelegt werden, wie es bei der Migration von Datenbeständen üblich ist.

Ein weiterer wesentlicher Punkt bei der Umstellung von Anwendungen ist die **Erweiterung der Datenbasis**, um die Speicherung von Währungsbeträgen und Währungskennzeichen zu ermöglichen. Die hierbei einzuschlagenden Wege sind abhängig von der jeweiligen Form der Datenhaltung und vom erforderlichen Änderungsaufwand. Bei einer programmunabhängigen Datenhaltung in Datenbanken wird dieses Verfahren leichter anwendbar sein als bei einer programmabhängigen Datenorganisation. Hier wird sich eine Anpassung von einzelnen Programmfunktionen unter Beibehaltung der bestehenden Datenbasis anbieten. Zusätzliche Währungsinformationen könnten dabei für die Dauer der Doppelwährungsphase in gesonderten (statistischen) Datenbeständen geführt werden.

3.3.3.2 Änderung von Programmfunktionen

Sofern Unternehmen die Doppelwährungsphase nicht durch rein organisatorische Maßnahmen überbrücken, etwa die (manuelle) Umrechnung von Euro-Geschäftsvorfällen in DM, sind Programmänderungen **unvermeidlich**.

Viele Anwendungssysteme verfügen bereits über Funktionen zur Erfassung und **Verarbeitung von Fremdwährungsbeträgen**, die entsprechend genutzt werden können. Wenn dies nicht der Fall ist, sollten zusätzliche Funktionalitäten konzipiert werden, die Euro-spezifische Ausprägungen aufweisen. Dadurch wird künftig die Abwicklung von Geschäftsvorfällen in Währung möglich und einen dauerhafter Zusatznutzen erzielt.

Als **Euro-spezifisch** können Abrechnungsverfahren gelten, die das Geschäftspartner- oder Geschäftsarten-abhängige automatisierte Handling von Euro-Abrechnungen erlauben. Dies ist insbesondere für Massengeschäftsvorfälle von großer Bedeutung, bei denen manuelle Einzelzuordnungen nicht wirtschaftlich darstellbar sind. Wir hatten bereits auf die Bedeutung von differenzminimierenden Umrechnungsverfahren in diesen Bereichen hingewiesen.

Programmfunktionen mit Euro-Features müssen für alle **Entry- /Exit Points** der entsprechenden DV-Anwendungen realisiert werden: Erfassungsdialoge, Listen und sonstige Auswertungen, Datenaustausch über DFÜ und andere Schnittstellen, z.B. Batch-Übernahme von Daten. Besondere Aufmerksamkeit ist dabei der Anpassung von **Masken** und **Listen** zu widmen. Die Informationsqualität von Systemen entscheidet sich abschließend an diesen Schnittstellen zum Anwender, die ein sicheres Arbeiten unter den neuen Bedingungen erlauben müssen. Darüber hinaus fällt in diesem Bereich ein erheblicher Teil des (DV-) Umstellungsaufwands an, der auch bei Einsatz von Masken- und Listgeneratoren nicht zu unterschätzen ist.

3.3.3.3 Big-Bang oder Inkrementalverfahren

Mit Blick auf den zeitpunktbezogenen Umstellungsumfang innerhalb der Doppelwährungsphase werden zwei Positionen vertreten.

Die vollständige und schlagartige Umstellung auf den Euro (Big-Bang) wird von den Teilen der Wirtschaft favorisiert, die aufgrund ihrer Geschäftsprozesse Probleme bei der Abwicklung der Geschäfte in zwei technischen Währungen sehen. Hier treffen sich so heterogene Bereiche wie die Börsen (Kursnotierungen) und der Einzelhandel (doppelte Preisauszeichnung, Bargeldhandling). Die andere Position (Inkrementalverfahren) stellt demgegenüber auf die Umstellungsplanung des jeweiligen Unternehmens ab, optimiert den Umstellungszeitpunkt für die entsprechenden Abläufe und deckt zwischenzeitlich die Abwicklung von Geschäften in Euro in genau dem Umfang ab, der für die weiterhin erfolgreiche Positionierung des Unternehmens im Markt erforderlich ist.

Diese Betrachtungsweisen haben Auswirkungen in Bezug auf Änderungen der Programmfunktionen bzw. der Datenbasis: Die Big-Bang-Lösung erfordert gleichzeitig die unmittelbare Konversion der Datenbasis und Änderungen der Programmfunktionen. Eine Inkremental-Lösung wird versuchen, Modifikationen der Datenbasis zunächst auf das unvermeidbare Minimum zu beschränken und durch Änderungen/Erweiterungen von Programmfunktionen die Euro-Fähigkeit der eingesetzten Software sicherzustellen. Zu dem vom Unternehmen als optimal erachteten Zeitpunkt erfolgt dann die restliche Umstellung einschließlich der Konversion der Datenbestände.

Bei beiden Herangehensweisen müssen natürlich Datenkonversionen durchgeführt und Programmfunktionen angepaßt werden. Die Möglichkeiten zur **zeitlichen Verteilung des Aufwands** stellen sich jedoch jeweils anders dar.

3.3.3.4 Nutzung neuer Informationssysteme

Exemplarisch für die Nutzung neuer Informationssysteme bei der Euro-Umstellung wird nachfolgend die Nutzung eines Data Warehouse dargestellt.

Data Warehouse-Lösungen wurden in jüngerer Zeit verstärkt zur Verbesserung der Informationsqualität für die Endbenutzer implementiert. Unmittelbar zielen diese Anwendungen auf flexiblere Möglichkeiten der Berichterstattung und eine verbesserte Nutzung der in operativen Datenbeständen enthaltenen Informationen zur Unternehmenssteuerung ab. Es ist jedoch auch denkbar, ein Data Warehouse als Instrument für die Euro-Umstellung zu nutzen.

Derartige Systeme können bei der Euro-Umstellung als temporärer »bypass«, als zusätzliche Plattform im Umstellungsprozeß genutzt werden. Die Austauschbeziehungen zwischen dem Data Warehouse und den übrigen Systemen sind – technisch gesehen – etabliert und können z.B. für den Nachweis von Euro-Geschäftsvorfällen, für Konversionsprozesse und für die Anlage einer neuen, erweiterten Datenbasis genutzt werden.

Die Betrachtungsweise eines Data Warehouse als reines Informationssystem, welches von Produktionssystemen entkoppelt ist, würde sich in diesem Zusammenhang (vorübergehend) verschieben. Operative/Back-Office-Systeme würden teilweise eine reine Informationsfunktion (DM-Geschäftsvorfälle) und das Data Warehouse eine produktive Aufgabe (Abwicklung von Euro-Geschäften) übernehmen. Vorteile eines solchen Verfahrens sind die verbesserte Ressourcennutzung und der Einsatz der neuesten Technologie bei der Umstellung. Ein dauerhafter Zusatznutzen ist möglich.

3.3.4 Umsetzung, Test und Implementation

Die **Umsetzung** der im Maßnahmenplan zur Euro-Umstellung festgelegten Änderungen kann hier nicht allgemein betrachtet werden, weil sich die unternehmensspezifischen Vorgehensweisen allein aufgrund der Gegebenheiten in der DV (Rechner, Betriebssysteme, Anwendungsportfolios, Datenbasis, Programmiersprachen etc.) stark voneinander unterscheiden werden.

Für **Tests** und Testverfahren gilt, daß Umfang und Tragweite der Euro-Umstellungsprojekte ein sehr sorgfältiges Vorgehen erfordern. Tests in einer nicht strikt separierten Testumgebung mögen in der Praxis bei Änderungen mit überschaubaren Auswirkungen im Einzelfall tolerierbar sein. Derartige Verfahren scheiden im Zusammenhang mit dem Euro aus. Diese Forderung begründet sich durch die komplexen Auswirkungen des Euro auf das gesamte DV-Anwendungsportfolio.

Es ist daher erforderlich, eine gesonderte Testumgebung zu etablieren, mit einer produktionskompatiblen Datenbasis auszustatten und ein formalisiertes Testmanagement durchzuführen. Die übliche Testsystematik mit der Festlegung von Testobjekten, Testumfang, Modultest, Integrationstest, Massentest und Qualitätssicherung ist durchzuhalten. Ein gesondertes Testmanagement ist von einer bestimmten Projektgröße an sinnvoll. Die Einbettung in ein Freigabeverfahren, in das die Fachabteilungen eingebunden sind, ist sicherzustellen. Schnittstellen und sonstige Verknüpfungen der einzelnen Anwendungen sind besonders zu beachten.

Die **Implementation** der Euro-Lösungen sollte durch ein wirksames Konfigurationsmanagement unterstützt werden. Insbesondere eine schrittweise Anreicherung von DV-Anwendungen mit Euro-Funktionalitäten ist ohne strikte Versionierungen mit erheblichen Risiken behaftet, die durch Testverfahren allein nicht abgefangen werden können.

3.4 Standardsoftware und Outsourcing-Dienste

Durch die **Einführung von Standardsoftware** versuchen viele Unternehmen möglichen Problemen bei der Euro-Umstellung zu entgehen. Der Vorteil dieses Verfahrens besteht darin, daß der Hersteller die Euro-Fähigkeit der Software sicherstellen muß. Darüber hinaus werden auch neue gesetzliche Anforderungen und zukünftige Markterfordernisse mit berücksichtigt.

Wenn ein Unternehmen bereits Standardsoftware einsetzt, sind deren Euro-Fähigkeit sowie der Abdeckungsgrad der geplanten Euro-Strategie des Unternehmens abzuklären. Zugleich ist die Terminplanung für die Umstellung mit dem Softwarehaus abzustimmen.

Bei der Neueinführung von Standardsoftware ist eine professionelle Softwareauswahl erforderlich, die das verfügbare Angebot umfassend sichtet und beurteilt. Bei der Fortführung des Einsatzes einer bereits bestehenden Lösung kann ein auf die Euro-spezifischen Aspekte begrenztes Verfahren ausreichend sein. Für **Outsourcing-Dienste** gelten diese Grundsätze entsprechend.

Die veröffentlichten Überlegungen[2] zweier maßgeblicher Anbieter für Standardsoftware bzw. Outsourcing-Dienste in Deutschland lassen folgende Elemente für Übergangsszenarien zum Euro erkennen:

Die SAP AG als Anbieter von Standardsoftware wird für die Doppelwährungsphase Euro-Funktionalitäten in neuen Releases ihrer Software bereitstellen. Konversionsprogramme für die Umstellung der Datenbestände auf den Euro werden ebenfalls geliefert. Ausgehend von der Unterscheidung zwischen Hauswährung, in der die Bücher geführt werden und Transaktionswährung, in der die Geschäftsvorfälle abgewickelt werden, soll die Verarbeitung von Geschäftsvorfällen in Euro analog zur bereits möglichen Fremdwährungsverarbeitung erfolgen. Für die debitorische und kreditorische Geschäftspartner-Abwicklung ist die Hinterlegung der ursprünglichen Währungsbeträge vorgesehen. Im Personalwesen soll die währungsunabhängige Rückrechnungsfähigkeit gewährleistet werden.

Diese Funktionalitäten sollen durch ein Reporting in DM und Euro ergänzt werden. Darüber hinaus sollen Konvertierungs-Pakete zur Unterstützung der Anwender bei der eigenständigen Umstellung bereitgestellt werden. Zur Planung und Durchführung der Umsetzung ist daneben auch eine Service-Lösung vorgesehen.

Bei der Umstellung (der Hauswährung) auf die Währungseinheit Euro wird eine Umstellung der Datenbestände zu einem Stichtag empfohlen. Durch Umstellungsprogramme erfolgt eine Umrechnung aller relevanten Beträge der Datenbank. Aus Performancegründen ist ein Stichtag nach Abschluß eines Geschäftsjahr vorgesehen. Eine Parallelführung des Rechenwerks ist nicht geplant. Bei der Umrechnung auftretende Rundungsdifferenzen werden nachgewiesen. Soweit aus Konsistenzerwägungen erforderlich, erfolgt ein Neuaufbau von Datenbeständen.

Die DATEV e.G. als Anbieter von Outsourcing-Lösungen strebt ebenfalls eine Euro-Lösung an. Die Erfassung von Geschäftsvorfällen soll wahlfrei in DM, Euro oder gemischt möglich sein. Es erfolgt eine programmseitige Umrechnung in die jeweils andere Währung.

---

2 Würth, Hans-Joachim (SAP), Die Weichen sind gestellt, in: SAP-Info Nr. 53_3/97; Puka, Klaus (DATEV), Europäische Währungsunion..., Präsentation 1997; Ewald, Jürgen (DATEV), Der »Euro« – Eine Herausforderung für die Software, in: Wirtschaftsinformatik, 38 (1996).

Der Rückgriff auf die Quellwerte ist möglich. Listen, Reports etc. sollen parallel in DM und Euro angeboten werden. Formulare werden in DM und Euro gestaltet.

Als Basiswährung eines Rechenwerks sind DM oder Euro möglich. Die Abwicklung/Erfassung der Geschäftsvorfälle kann in der jeweiligen »Alternativwährung« erfolgen. Die Anwender sind bezüglich der Wahl des Umstellungszeitpunkts frei.

Auswertungen, die für Nachweisungen erstellt werden, die aus Gründen der Ordnungsmäßigkeit der Buchführung erforderlich sind, werden in Basiswährung erstellt. Die übrigen Auswertungen werden entweder in DM oder in Euro ausgefertigt, teilweise werden beide Währungen gezeigt.

Die Datenbasis wird zur Vermeidung von Abstimmproblemen und aus Performance-Gründen in Basiswährung mit (statistischen) Währungsfeldern geführt. Die Werte werden bei der Erfassung in die Basiswährung umgerechnet, gebucht und in Basiswährung geführt. Auswertungen in Euro werden durch Umrechnung aus der Basiswährung erzeugt. Zur Vermeidung von Rundungsdifferenzen erfolgt dabei gegebenenfalls ein vollständiger Neuaufbau der Auswertung in Euro. Bei Bankkonten und im Bereich Personenkonten ist eine erweiterte Abwicklung (z.B. Mahnungen) in Euro möglich. Zeitreihen in Euro werden jeweils temporär durch Konversion aufgebaut.

Für alle am Markt angebotenen Lösungen, sowohl für Standardsoftware als auch Outsourcing-Lösungen gilt, daß der Nachweis der vorgesehenen Euro-Fähigkeiten erst noch zu erbringen ist. Ausreichende Prüfungen bei der Auswahl der Lösung durch die anwendenden Unternehmen sind daher unabdingbar.

4 Ausblick

Die Herausforderung der in den Unternehmen eingesetzten Informationstechnologie durch den Euro erweisen sich als mehrdimensional.

Zunächst geht es um die **technische Transformation bestehender DV-Anwendungen**. Die Systeme müssen dahingehend geändert werden, daß sie die Abrechnung von Geschäftsvorfällen in Euro und nationaler Währung für die Dauer der Doppelwährungsphase erlauben. Alle Datenbestände und Programme müssen spätestens zum Ende der Umstellungsperiode vollständig auf die neue Währung umgestellt werden. Diese Arbeiten sind aufwendig und erfordern einen erheblichen Analyse- und Realisierungsaufwand. Grundsätzlich handelt es sich jedoch um Umstellungsaufgaben, die – mit anderer Zielsetzung – bekannt sind und von den DV-Abteilungen sicher beherrscht werden.

Komplexere Aufgabenstellungen ergeben sich, wenn die Umstellung auf den Euro mit der **strategischen Repositionierung von Unternehmen** verbunden werden soll, um die Chancen, des neuen, einheitlichen Währungsgebiets zu nutzen. In diesem Fall muß die Transformation bestehender und die Entwicklung neuer Geschäftsprozesse in strategisch wichtigen Bereichen **durch geeignete DV-Anwendungen unterstützt** werden. Es wird dabei in vielen Fällen nicht möglich sein, die bestehenden Systeme lediglich funktional anzureichern und auszubauen. Die Anforderungen können einen Komplexitätsgrad aufweisen, der nur durch Neuentwicklungen bzw. den Einsatz von entsprechenden Standardsoftware-Bausteinen abgedeckt werden kann. In diesem Zusammenhang muß die Beherrschung der grundlegenden technischen Umstellungsmaßnahmen durch die Unternehmen vorausgesetzt werden. Nur bei Erfüllung dieser Bedingung kann man an weiterführende Fragestellungen herangehen, ohne die Geschäftsgrundlage, die Fähigkeit zur Abwicklung von Geschäftsvorfällen in Euro, zu gefährden.

Im Verlauf der Umstellungsprojekte können sich **neue Arbeitsteilungen innerhalb der Unternehmen und zwischen Unternehmen und externen Dienstleistern** ergeben. Die Dezentralisierungstendenzen, welche die Entwicklung im DV-Bereich von Unternehmen in den letzten Jahren geprägt haben, werden sich unter dem Zwang zu einem einheitlichen Vorgehen bei der Umstellung auf den Euro möglicherweise wieder etwas zurückbilden. Outsourcing-Lösungen und Standardsoftware könnten in noch stärkerem Maße als in der Vergangenheit zur Lösung der Umstellungsprobleme herangezogen werden. Softwarehäuser und Beratungsunternehmen werden bei der Wahrnehmung der zeitlich begrenzten Aufgabe der Umstellung mit Blick auf unternehmenseigene Ressourcen und die Variabilität der entsprechenden Kosten eine wesentliche Rolle spielen.

*Heinz T. Petermann**

G. Industrie- und Handelsunternehmen vor der Einführung des Euro

* Wirtschaftsprüfer/Steuerberater/CPA Dr. Heinz T. Petermann, KPMG Deutsche Treuhand-Gesellschaft AG Wirtschaftsprüfungsgesellschaft, Frankfurt am Main

1 Bedeutung des Euro für Handel und Industrie

1.1 Der Stand der Vorbereitungen

Der Einzelhandel hat sich nach Einschätzung des Hauptverbandes des deutschen Einzelhandels (HDE) sowie der Bundesarbeitsgemeinschaft der Mittel- und Großbetriebe des Einzelhandels (BAG) mit der Einführung des Euro noch nicht eingehend auseinandergesetzt, weil die Rahmenbedingungen noch unklar und die Folgen für ihr Geschäft noch nicht absehbar seien. Insbesondere aufgrund von Zweifeln bezüglich des Zeitplanes würden Investitionsentscheidungen aufgeschoben, bis ein verbindlicher Rechtsrahmen existiere. Einer DIHT-Unternehmensbefragung im Frühjahr 1997 zufolge haben 88 % der Groß- und Einzelhändler noch nicht damit begonnen, Vorbereitungen im Zusammenhang mit der Einführung des Euro zu treffen, obgleich 62 % den Beginn der Endstufe der EWU zum 1. Januar 1999 für wahrscheinlich halten.[1]

Der Handel ist, ähnlich den Banken, direkter Partner des Verbrauchers. Die im täglichen Kundenkontakt erworbene Vertrauensfunktion soll durch die Umstellung auf die neuen Gegebenheiten nicht beeinträchtigt werden.

Eine weitere Besonderheit des Handels besteht darin, daß dieser durch den z.T. hohen Grad an Kassenverkehr und anderen Erfassungseinrichtungen mit erheblichen Umrüstaktionen bzw. Ersatzinvestitionen konfrontiert wird. Weitere Folgekosten wie z.B. Aufwendungen für die Weiterbildung sind zu erwarten.

Auch die Industrie ist – ebenso wie der Handel – durch die Währungsumstellung stark betroffen. Neben den Bereichen Rechnungswesen, Organisation und Finanzierung sind aber auch die Unternehmensbereiche Beschaffung, Absatz und Produktion in die Überlegungen mit einzubeziehen.

1.2 Herausforderungen für Industrie- und Handelsunternehmen

Aus der Euro-Einführung resultieren für Industrie und Handel sowohl Risiken als auch Chancen. Der Möglichkeit einer günstigeren Warenbeschaffung steht stärkerer Wettbewerb auf der Absatzseite gegenüber. Nach einer kritischen Abwägung der Chancen und Risiken, die eine einheitliche Währung mit sich bringt, kommt das »Industrieforum EWU« zu dem Schluß, daß die Vorteile für die Industrie eindeutig überwiegen.[2]

Folgende Haupteinflußfaktoren und Folgen für Industrie- und Handelsunternehmen lassen sich im Zusammenhang mit der Währungsumstellung erwarten:[3]

- Höhere Markttransparenz,
- Verschärfter Wettbewerb,
- Verminderung wechselkursbedingter Wettbewerbsverzerrungen,
- Geringere Transaktions-, Umtausch- und Kurssicherungskosten,

1 Vgl. Handelsblatt vom 8./9. 1997, S. 45.

2 Vgl. Bundesverband der Deutschen Industrie e.V. (BDI) 1996.

3 Vgl. Association for the Monetary Union of Europe, S. 13 ff.

- Zunehmende Konzentrationstendenzen,
- Sicherere Kalkulationsgrundlagen für die Planung,
- Notwendige Produktionsumstellungen,
- Standortanpassungen,
- Anpassung des Controlling und Berichtswesens,
- Veränderung der Informations- und Kommunikationsmechanismen,
- Veränderung der Marketingaktivitäten,
- Einheitlicher Kapitalmarkt / Finanzierungseffekte.

Die Einführung der Währungsunion erschöpft sich in ihren Folgen nicht in einem rein technischen Umsetzungsvorgang, wie dies etwa durch die Reform der Postleitzahlen erfolgt ist. Auch ist die Währungsumstellung keine Währungsreform oder vergleichbar mit der Einführung der DM in der ehemaligen DDR. Technisch gesehen ist die Einführung des Euro lediglich eine Umrechnung der Geldwerte in eine andere Währung, wobei das Vermögen wie auch die Schulden ohne Veränderung der Werte umgestellt werden. Der reale Wert ändert sich nicht.[4]

Der Übergang auf den Euro bedeutet aber auch die Möglichkeit der Neuausrichtung innerhalb der Märkte sowie der Modernisierung im Bereich der DV, dem Zahlungsverkehr, der Verwaltung und dem Controlling. Bereits während der Übergangsphase besteht beispielsweise die Chance, sich dem Kunden als kompetenter Ansprechpartner in allen Fragen des Euro zu präsentieren und damit Image und Marktposition zu verbessern. Eine aktive Informationspolitik zur Euro-Einführung kann so zum Instrument der Kundenbindung werden.

Vor diesem Hintergrund empfiehlt sich für die Umstellung ein offensives Vorgehen, das aus dem passiv Betroffenen einen aktiven Gestalter werden läßt. Ein erster Schritt ist die Verbindung der Währungsumstellung mit anderen strategischen Vorhaben und die Einbindung aller Fachbereiche des Unternehmens.

Strategisches Ziel muß dabei die Neuausrichtung innerhalb des veränderten Marktes unter den veränderten Wettbewerbsbedingungen sein. Der hieraus resultierende Handlungsbedarf betrifft fast alle Bereiche eines Unternehmens.

Zur Organisation der Umstellung ist allgemein zu fordern, daß sie nicht als isoliertes Thema der DV-Abteilung begriffen werden darf, sondern als ein bereichsübergreifendes Projekt interpretiert werden muß. Dabei muß die Planung und Durchführung sachlich differenziert, klar nach Kompetenzen und Verantwortlichkeiten abgegrenzt und durch Zeitvorgaben einer wirksamen Fortschrittskontrolle zugänglich gemacht werden.

Gerade für mittelständische Unternehmen ergeben sich aus einer frühzeitigen Umstellung auch Chancen gegenüber Großunternehmen dadurch, daß Währungsrisiken bzw. Aufwendungen für Kurssicherungsmaßnahmen im Bereich der EWU wegfallen. Bei Großunternehmen hat der Wegfall der Aufwendungen im Rahmen der globalen Absicherungsaktivitäten eine relativ geringere Bedeutung.

Je stärker ein Unternehmen export- bzw. importorientiert ist, desto größer wird das Interesse an einer frühen schnellen Währungsumstellung sein. Viele Großunternehmen haben ein deutliches Interesse an einer frühzeitigen Währungsumstellung bekundet. Das bedeutet, daß auch die kleineren Zulieferer möglichst zeitgleich ihre Umstellung vornehmen sollten. Teil-

4 Vgl. Hirschburger U. / Zahorka H-J. (1996), S. 45 ff.

weise besteht diese Notwendigkeit auch aufgrund technischer Sachzwänge wie beispielsweise die Nutzung des Electronic Data Interchange.

Die Umstellungsprobleme sind in ihrer Gewichtung in Abhängigkeit von der Branche und der Handelsform (Kaufhaus oder stationärer Verkauf, Versandhandel, Automatenhandel etc.) z.T. unterschiedlich. Gemeinsam bleibt jedoch das Ziel, den Übergang auf den Euro unter Wahrung der strategischen Belange möglichst kostengünstig zu vollziehen. Insbesondere wird zu klären sein, wie eine Minimierung dieser Kosten zu erreichen ist.

Die zentralen Gesichtspunkte aus obigen Ausführungen lassen sich in Schlüsselfragen verdichten.

Schlüsselfragen zu den Herausforderungen des Handels und der Industrie

- Wurde eine Strategie festgelegt, um für die EWU gerüstet zu sein?
- Ist der strategische Ansatz durch mehr oder weniger Initiative und Risikobereitschaft geprägt?
- Welche Arbeitshypothesen/Szenarien sind zugrunde zu legen?
- Welche (rechtliche) Rahmenbedingungen liegen der Strategie zugrunde?
- Wer verfolgt die Veränderung der Rahmenbedingungen?
- In welchen Bereichen erfolgt die Umsetzung?
- Wie, wann, von wem und mit welchen Mitteln soll die Umsetzung erfolgen?
- Bestehen organisatorische Vorkehrungen zur Abgrenzung der Verantwortlichkeiten und zur abgestimmten Durchführung/einheitlichen Kommunikation?
- Mit welchen Instrumentarien kann die Umsetzung verfolgt werden?

2 Auswirkungen des Euro auf die betrieblichen Funktionsbereiche

Die folgende Grafik veranschaulicht die verschiedenen Unternehmensbereiche die durch die Euro-Einführung beeinflußt werden.

Die Auswirkungen auf die betrieblichen Funktionsbereiche werden an anderer Stelle in diesem Buch bereits für die Bereiche:

- Unternehmensstrategie,
- Rechnungswesen und Bilanzierung,
- Informationsverarbeitung,
- Steuern und Recht sowie
- Treasury und Finanzierung

in besonderen Aufsätzen behandelt. Aus diesem Grund sollen die folgenden Ausführungen die direkten und indirekten Einflüsse auf die Bereiche Absatz, Beschaffung und Produktion behandeln. Aufgrund der engen Verbindung zwischen dem Konsumenten und dem Handel und damit dem Warenverkauf sollen die erwarteten oder möglichen Effekte im betrieblichen Vertriebs- und Absatzbereich vor den übrigen Bereichen betrachtet werden.

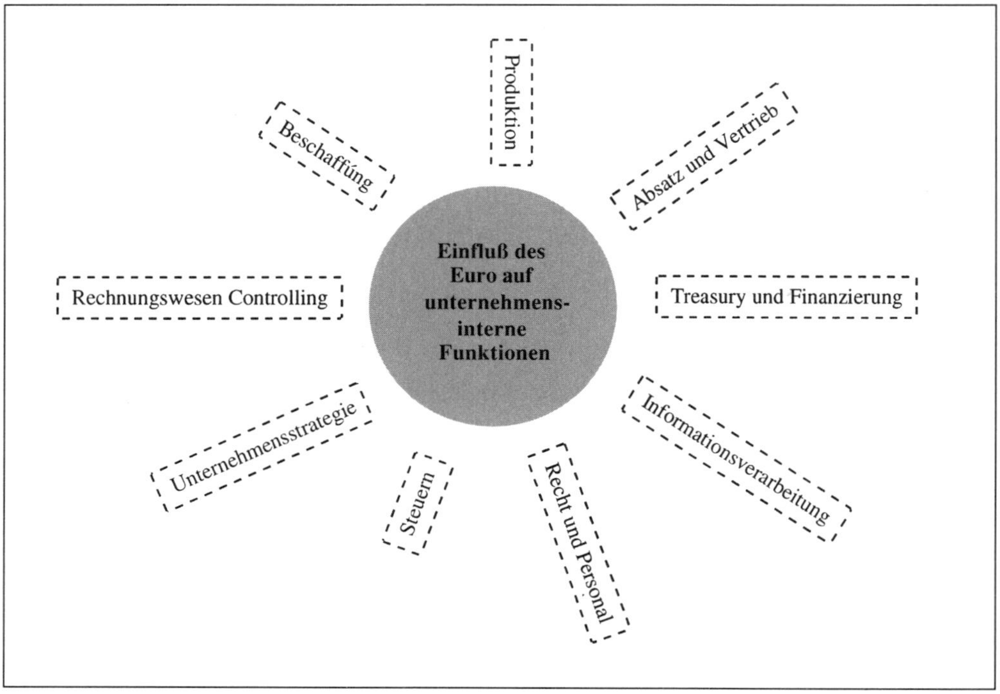

Abb. G-1: Euro und unternehmensinterne Funktionen

2.1 Auswirkungen der Währungsunion auf den Absatz und Vertrieb

Neben den Kreditinstituten ist wohl der Handel von der Umstellung der Währung auf den Euro wegen der Fülle der Zahlungsvorgänge, die durch dessen Kassen fließen, am stärksten betroffen.

Obgleich eine Reihe strategischer Überlegungen zur Euro-Einführung und dem daraus resultierenden Handlungsbedarf für alle Gruppen zutrifft, sind vor allem Konflikte zwischen Industrie- und Handelsunternehmen zu erwarten. Soweit nämlich erhöhte Aufwendungen des Handels nicht über erhöhte Preise an den Endverbraucher weitergegeben werden können, sind entsprechend harte Verhandlungen zu erwarten.

Bei den Auswirkungen der Währungsumstellung auf den Absatz- und Vertriebsbereich von Unternehmen muß daher grundsätzlich zwischen dem

- Handel und der
- Industrie

unterschieden werden.

Auf die Auswirkungen der Euro-Einführung auf die übrigen Industrieunternehmen wird in diesem Beitrag gesondert eingegangen.

Die nachfolgende Darstellung veranschaulicht die wesentlichen Einflußfaktoren der Währungsumstellung auf den betrieblichen Absatz und Vertrieb:

Externe Einflußfaktoren

- Märkte
- Verbraucher
- Wettbewerber
- Transport und Logistik
- Termine

Absatz und Vertrieb

Interne Einflußfaktoren

- Produktgestaltung
- Angebotspreise
- Vertriebswege
- Marketingstrategie
- Fakturierung

Abb. G-2: Einflußfaktoren im Bereich Absatz und Vertrieb

Erst mit der Währungsunion vollendet sich der europäische Binnenmarkt, welcher den Wettbewerb drastisch erhöhen wird. Genauso wie sich für Deutschland neue Märkte öffnen, wird der deutsche Markt für Wettbewerber aus dem Ausland (sowohl aus EU- als auch aus Nicht-EU-Ländern) interessant. Dies macht ein Europa-Marketing notwendiger denn je.

Zum strategischen Marketing gehört damit neben der Einschätzung der Teilnehmerländer insbesondere die Entwicklung von Szenarien zu den Binnenmarktaktivitäten der Wettbewerber, den Veränderungen der Vertriebsgebiete bis hin zu Fragestellungen über Adaption oder Neuentwicklung von Produkten.[5]

Die eigentliche strategische Bedeutung besteht aber in der Notwendigkeit, sich auf die veränderten Marktbedingungen einzulassen und sich als Unternehmen im »Euro-Europa« neu zu definieren. Eine Marktsegmentierung innerhalb nationaler Grenzen ist unter den neuen Bedingungen nicht mehr ausreichend. Die Währungsunion bietet Gelegenheit aber auch die Notwendigkeit, Vertriebsgebiete neu zu definieren, Distributionskanäle und -systeme zu ändern bzw. anzupassen oder neue Vertriebskooperationen einzugehen. Dazu sind einerseits Informationen zur Nachfrage in den möglichen Märkten, zu Wettbewerbern und zu eigenen Chancen zu sammeln, und andererseits die Möglichkeiten im Produktangebot sowie zu logistischen Bedingungen auszuloten.

Bei der Entscheidung über eine neue Vertriebsorganisation ist etwa zu überlegen, ob es weiterhin möglich und sinnvoll ist, Vertriebsniederlassungen in den verschiedenen Ländern unterschiedlich zu behandeln oder ob nationale Niederlassungen überhaupt noch Sinn machen.[6]

Handlungsdruck ergibt sich vor allem aus der notwendigen Einführung bzw. Neuordnung europäischer Sortimente und aus der Notwendigkeit zu einer einheitlichen Preis- und Konditionenpolitik. Der Euro wird vorhandene Tendenzen verstärken und dazu führen, daß europäische Strategien schneller umgesetzt werden. Bei den Markenartikelherstellern ergeben sich z. B. insbesondere die folgenden Handlungsfelder:

5 Vgl. Bunk, B. (1996), S. 28.
6 Schlote, S. (1997), S.179.

- Reaktion auf Konzentrationsprozesse,
- Reaktion auf Preis- und Konditionendruck,
- Neufestlegung von Schwellenpreisen,
- Bereinigung von Sortimenten (regionale und überregionale bzw. europäische Marken).

Der Konzentrationsprozess im Handel hat bereits in den vergangenen Jahren zu einer Reihe von Unternehmenszusammenschlüssen geführt (z.B. Karstadt und Hertie oder Kaufhof und Horten, um nur einige zu nennen). Abgeleitet aus dieser Machtposition, die sich durch weitere Konzentrationen noch verstärken wird, ist mit zunehmendem Druck auf die Industrie zu rechnen.

Vor diesem Hintergrund ist die Industrie derzeit bestrebt, die Preise in Europa anzugleichen, um Arbitragegewinne aus (Re-)Importen zu begrenzen und zu verhindern, daß der Handel die Preise auf Basis des niedrigsten europäischen Niveaus vereinheitlicht.[7]

2.1.1 Auswirkungen auf Preise und Konditionen

Trotz der erkennbaren Konzentrationsprozesse ist nicht zu folgern, daß es innerhalb der EU für das gleiche Produkt nur einen Preis geben wird. Zu erwarten ist eher ein Preiskorridor, welcher sich durch die Arbitragekosten definiert und durch Produkt- bzw. Markendifferenzierungen sowie Vertriebskonzepte und unterschiedliche Transportkosten ausweitet. Auch durch die unterschiedliche Besteuerung (Unterschiede bestehen z.B. bei den Mehrwertsteuersätzen aber auch der Besteuerung von sog. Luxusartikeln) des Endverbrauchers wird ein einheitlicher Produktpreis kurzfristig nicht zu erwarten sein.

Die erhöhte Markttransparenz vermindert die Möglichkeiten zur Preisdifferenzierung innerhalb der EU, denn eine einheitliche Währung wird die bestehenden versteckten Preisunterschiede für gleiche Produkte offenlegen. Signifikante Preisunterschiede bestehen traditionell etwa bei Pharmaprodukten[8] und im Kfz-Handel.

Die Angebote für die Lieferung eines Konsumgutes könnten z.B in den verschiedenen Ländern wie folgt aussehen:

EU-LAND	Preis in Landeswährung	Preis in EURO
Frankreich	FRF 781	120
Österreich	ATS 1.418	117
Niederlande	NLG 272	129
Deutschland	DM 225	118

Da die Unterschiede nach der Umstellung auf den Euro offensichtlich werden, sind Tendenzen zur Annäherung der Preise zu erwarten. Allerdings rechnet der Verband der Markenarti-

---

7 FAZ, 11.02.1997, S. 11.
8 FAZ, 25.07.1997, S. 20.

kelhersteller mit nur wenig Einfluß auf die Preise, da Querimporte des Handels nach dessen Einschätzung nur ab einem Preisgefälle von 5 bis 10 % zu erwarten seien.[9]

Im Konsumgüterbereich ist mit einem Ausnutzen von Arbitragevorteilen insbesondere bei Marken mit hohem Standardisierungsgrad und bei hochpreisigen Produkten zu rechnen, aber auch bei Produkten mit niedrigen Preisen, bei denen die Preisspreizung jedoch relativ hoch und die Transportkosten relativ niedrig sind, sowie in grenznahen Gebieten. Der Druck zum Abbau von Preisspreizungen betrifft dabei auch Nahrungsmittel und sonstige Artikel des täglichen Bedarfs. Der Shopping-Tourismus wird diese Tendenz verstärken.

Bei den sich innerhalb des Binnenmarktes neu eröffnenden Vertriebsmöglichkeiten sind aber auch neue rechtliche Rahmenbedingungen (sowohl einzelstaatliches als auch EU-Recht) zu beachten, beispielsweise Verbraucherschutzvorschriften. Zu nennen ist hier etwa die EU-Richtlinie über den Verbraucherschutz bei Vertragsabschlüssen im Fernabsatz. Diese soll die Käufer unter anderem vor der Forderung nach Zahlung nicht bestellter Waren und vor aggressiven Verkaufsmethoden schützen.[10] Die Richtlinie enthält u.a. Bestimmungen darüber, in welchem Stadium dem Kunden welche Informationen und in welcher Weise zu vermitteln sind, wobei für die Übermittlung der Informationen wiederum andere einschlägige Gemeinschaftsvorschriften zu beachten sind.[11]

2.1.2 Bereinigung von Sortimenten (regionale und überregionale bzw. europäische Marken)

Mit dem einheitlichen Wirtschaftsraum werden weitere Rationalisierungen der betrieblichen Funktionen wie auch des Warensortiments einhergehen.[12] Es ist zu erwarten, daß

- eine weitere Konzentration auf Kernsortimente erfolgt, die europaweit einheitlich beworben und vertrieben werden können,
- Randsortimente ausgedünnt werden, um die Komplexität in der Supply Chain zu reduzieren,
- bestimmte Marktsegmente mit Produktdifferenzierungen und Nischenangeboten bearbeitet werden, solange ausreichende Erträge erwirtschaftet werden können.

Insgesamt werden die Produkte europäischer werden, was auch für die Designabteilungen von Industrieunternehmen und Werbeagenturen neue Herausforderungen bedeutet.

2.1.3 Neufestlegung von (Schwellen)-Preisen in Euro

Zu den strategischen Herausforderungen im Rahmen des Übergangs auf den Euro gehört es, einen Ausgleich zwischen der Tendenz zur Preisvereinheitlichung und den angestrebten Renditezielen zu finden.[13]

---

9 Blick durch die Wirtschaft, 18.06.1997, S. 1.
10 Blick durch die Wirtschaft, 13.6.1997, S. 10.
11 Z. B. Richtlinie 84/450/EWG des Rates, (1984).
12 So auch Münzberg, H. (1997), S. 9.
13 Bunk, B. (1996), S. 28.

Mit einer schlichten Umrechnung ist es in den Fällen nicht getan, wo aus verkaufspsychologischen Gründen mit Schwellenpreisen gearbeitet werden muß (z.B. Euro 1,99). Wenn Aufrundungen am Markt nicht durchsetzbar sind und Abrundungen vermieden werden sollen, dann bleibt nur die Variation der Menge des Artikels bzw. der Größe der Verkaufseinheit, um zu neuen Signalpreisen zu gelangen.[14] Dies ist jedoch mit zusätzlichen Kosten für die Umstellung der Verpackungen etc. verbunden.[15] In diesem Fall kann allerdings nicht ohne weiteres beliebig variiert werden, weil z.B. die Fertigverpackungsverordnung verbindliche Werte für Nennfüllmengen von Fertigpackungen mit Lebensmitteln und bestimmte Maßbehältnisse vorschreibt.[16]

Die Problematik der Schwellenpreise betrifft insbesondere preissensible Artikel. Ergibt sich beispielsweise bei einem DM-Preis von 7,99 eines Artikels ein angenommener Euro-Preis von 4,16, so ist davon auszugehen, daß der Markt mit der Einführung neuer Euro-Signalpreise reagieren wird, die diesen unterschreiten, also zum Beispiel Euro 3,99, wie dies beispielsweise die größte französische Supermarktkette »Leclerc« bereits angekündigt hat.[17] Ohne Variation der Füllmenge kann dies zu erheblichen Verlusten bei Mengenartikeln führen.

Bei der Preisfestsetzung muß immer auch das Preisempfinden des Kunden berücksichtigt werden, d.h. wenn sich nach der Umrechnung ein befremdlich wirkender Preis ergibt, dann sind auch in diesen Fällen Anpassungen vorzunehmen bzw. Maßnahmen zu ergreifen. Verschärft wird dieser Effekt dadurch, daß sich durch die Umrechnung auf den Euro auch die absoluten Preisunterschiede zwischen Waren unterschiedlicher Qualität verringern. So muß z.B. beachtet werden, daß Kunden die Qualität von Produkten geringer einschätzen könnten, nur weil z.B. ein Anzug anstelle von DM 450 jetzt nur noch Euro 234 kostet und der Preisunterschied zum qualitativ höherwertigen Produkt anstelle von DM 100 nur noch Euro 52 beträgt.

Im Zuge der vorzunehmenden Preisglättungen müssen die bisherigen Mischkalkulationen überprüft werden.

Da sich bei all den Erfordernissen zur Bestimmung neuer Verkaufspreise Preiserhöhungen nicht immer vermeiden lassen, ist es wichtig, diese so nachvollziehbar zu gestalten, daß die Akzeptanz des Kunden weitgehend erhalten bleibt.

2.1.4 Probleme der (doppelten) Preisauszeichnung

Obgleich die Großunternehmen tendentiell eine frühzeitige Umstellung auf den Euro anstreben und auch die Zulieferer möglichst früh in der Lage sein sollten, ihre Preise in Euro auszuzeichnen, kann die Umstellung der Fakturierung aber auch erst später als geplant möglich sein, wenn marktbestimmende Abnehmer oder eine Vielzahl von Abnehmern dies verlangen.[18]

Obgleich der Euro bereits ab dem 1. Januar 1999 für unbare Zahlungen verwendet werden kann, sind Barzahlungen erst nach Einführung der neuen Münzen und Banknoten ab dem 1. Januar 2002 möglich. Für eine Zeitspanne von maximal sechs Monaten (bis spätestens zum

---

14 Capital 5/1997, S. 56 f.

15 Bergische Wirtschaft, (1997), S. 29.

16 DIHT, (1997), S. 15.

17 Bunk, B. (1996), S. 28.

18 Heller M. (1997), S. 16.

30. Juni 2002) werden DM und Euro gleichberechtigt als gesetzliche Zahlungsmittel gelten.[19] Der Euro wird mit Beginn der Bargeldumtauschphase gesetzliches Zahlungsmittel sein, womit die Annahmepflicht verbunden ist.[20] Bis die Umtauschphase abgeschlossen ist, werden mithin zwei Bargeld-Währungen im Umlauf sein.

Eine der Hauptsorgen des Handels ist die technische Abwicklung der Währungsumstellung verbunden mit einer doppelten Preisauszeichnung. Für den Handel wirft dies eine Vielzahl organisatorischer Probleme auf. Sämtliche Preisauszeichnungen und Kassenbons müßten die doppelte Menge an Informationen ausweisen. Dafür wären kostspielige Investitionen notwendig, die nach der kurzen Bargeldumtauschphase wertlos würden. In einigen Bereichen erscheint die Umsetzung auch faktisch unmöglich (z.B. Tankstellen). Bei Preisaktionen sind unter Berücksichtigung der geplanten EU-Richtlinie zur Grundpreisangabe je Maßeinheit (etwa den Preis je Kilogramm) sogar acht, bei zusätzlicher Pfandangabe sogar zehn Preisangaben erforderlich, ganz zu schweigen von den negativen Auswirkungen auf die Warenpräsentation.[21]

In der EU-VO 235 und der EU-VO 109-E[22] sind Bestimmungen über die Preisauszeichnung nicht enthalten. Auch in den EU-Richtlinien über den Schutz der Verbraucher bei der Angabe der Lebensmittelpreise und der Preise von anderen Erzeugnissen als Lebensmitteln ist keine Pflicht zur doppelten Preisauszeichnung enthalten.[23] Die derzeitige deutsche Preisangabeverordnung verlangt eine Preisauszeichnung in dem gültigen gesetzlichen Zahlungsmittel. Das Bedürfnis einer doppelten Preisauszeichnung ergibt sich infolge des Umstandes, daß es während der Bargeldumtauschphase eine Währung mit der Ausprägung von zwei unterschiedlichen gesetzlichen Zahlungsmitteln gibt.

Einer Umfrage des DIHT zufolge lehnt die überwiegende Mehrheit der Unternehmen eine Preisauszeichnungspflicht in zwei Währungen ab und verlangt stattdessen eine Übergangsregelung, die branchenspezifisch flexible Optionen eröffnet.[24] Der DIHT schlägt daher vor:

- mit der gesetzlichen Preisauszeichnungspflicht in Euro übergangsweise (ab 1. Januar 2002) zusätzlich die Preisangaben in DM vornehmen zu können und umgekehrt,
- bis zur gesetzlichen Preisauszeichnungspflicht in Euro eine solche auch schon vorher (vor dem 1. Januar 2002) freiwillig zuzulassen.

DIHT wie auch BAG und HDE plädieren gegen eine Parallelwährungsphase und gegen eine gesetzliche Verpflichtung zur doppelten Preisauszeichnung.[25]

Für den Fall einer kurzfristigen Umstellung (sog. »Big Bang«), die von maßgeblichen Handelunternehmen[26] bevorzugt wird, wurde von einem verbandsübergreifenden Initiativkreis immer noch ein Aufwand für die DV-Umstellung einschließlich Kassen-, Waagen- und Warenwirtschaftssysteme, Preisauszeichnung, Buchhaltung, Bestandsbewertung und Mitarbeiterschulung von rd. DM 10 Mrd. errechnet.[27]

19 Artikel 15 der EG-Ratsverordnung vom 13. Februar 1997 über die Einführung des Euro.
20 ASWWU (1997).
21 Die geplante EU-Richtlinie wurde vom Ministerrat noch nicht beschlossen.
22 Die Texte beider Verordnungen sind in Anlage 2 diese Buches abgedruckt.
23 Vgl. Schneider, Uwe H.(1997), S. 1265.
24 Blick durch die Wirtschaft, vom 3.09.1996, S.9.
25 Bunk, B. (1996), S. 28.
26 Koch, B. (1997), S. 15.
27 Bunk, B. (1996), S. 28.

Den Verfechtern einer doppelten Preisauszeichnung, die aufgrund fehlender Transparenz bei einem »Big Bang« verdeckte Preiserhöhungen erwarteten, begegnet der Einzelhandel mit dem Hinweis auf den Ausgleich durch die Marktkräfte.[28]

Bei bestimmten Branchen, z.B. der Touristik und im Versandhandel, kann sich die Notwendigkeit einer doppelten Preisauszeichnung auch deshalb ergeben, weil Kataloge zu ihrer Erstellung eine längere Vorlaufzeit benötigen und auch für einen vorher festgelegten längeren Zeitraum Gültigkeit besitzen sollen.

Der europäische Dachverband des Groß-, Einzel- und Außenhandels (EuroCommerce) ist wegen der Weihnachtszeit, die verbreitet mit der Inventur und dem Winterschlußverkauf zusammenfällt, gegen den 1. Januar 2002 als Stichtag für die Einführung der neuen Währung und plädiert stattdessen für einen Zeitpunkt im Februar oder März.[29]

Hinsichtlich der Auswirkungen durch die Einführung des Euro sind für den Funktionsbereich Absatz vor allem die folgenden Schlüsselfragen zu stellen:

Schlüsselfragen im Bereich des betrieblichen Absatzes und Vertriebs

- Welche absatzrelevanten Verträge und Vereinbarungen bestehen?
- Sind diese zentral verfügbar, um eine Prognose künftiger Auswirkungen auf den Absatz daraus abzuleiten?
- Wie stellen sich die Verträge und Vereinbarungen bei Umrechnung auf den Euro dar?
- Wird man die Kunden frühzeitig über den Zeitpunkt informieren, ab dem die Verkaufsgeschäfte in Euro abgewickelt werden sollen?
- Gibt es im Kundenkreis besondere Präferenzen zur Zahlungsabwicklung, die zu beachten sind?
- Ist es möglich, den Kunden Preislisten in Euro und Landeswährung zur Verfügung zu stellen; kann diese Maßnahme im Übergangszeitraum das Vertrauen der Kunden positiv beeinflussen?
- Sind Maßnahmen der Werbung und Kundeninformation (Prospekte, Preislisten) in deren Inhalt und Umfang auf den angestrebten Umstellungstermin zugeschnitten?
- Können für einen gewissen Übergangszeitraum Sonderkonditionen an Hauptabnehmer bezüglich einer Kreditierung gewährt werden?
- Können sich vor allem für neue Produkte Hemmnisse durch gesetzliche oder andere Schranken wie Preiskontrollen, Patent- und Lizenzregelungen oder neu zu ordnende Vertretungsgebiete ergeben?
- Ist sichergestellt, daß Preisstrategien, soweit sie speziell auf einzelne Kunden bezogen sind, nur für diese Kunden zur Anwendung kommen und Verwechslungen ausgeschlossen sind?
- Wird mit den Kunden abgestimmt, ob eine Rechnungstellung in DM und/oder Euro erforderlich ist? Im bargeldlosen Zahlungsausgleich ist es möglich, daß der Schuldner z.B. eine Zahlung von seinem DM-Konto veranlaßt, die dem Gläubiger – entsprechend seiner Rechnungstellung – in Euro gutgeschrieben wird.
- Sind mit dem Controlling für Absatz und Vertrieb die Vorhaben abgestimmt, die neben externen Auswirkungen auch von interner Bedeutung sind?

28 Vierbuchen, R. (1996), S. 25.
29 Stabenow, M. (1997), S. 2.

2.2 Auswirkungen auf den Beschaffungsmärkten

Die wesentlichen Einflußfaktoren im Beschaffungsbereich lassen sich wie folgt darstellen:

Externe Einflußfaktoren		Interne Einflußfaktoren
• Märkte • Lieferanten • Preise und Konditionen • Transportwege • Termine	**Beschaffung**	• Lagerhaltung • Fertigung • Einkaufsabteilung • Wechselkursrisiko • Kalkulation

Abb. G-3: Einflußfaktoren im Bereich Beschaffung

Der erleichterte Marktzugang und die höhere Preistransparenz verschärfen den Wettbewerb und führen zu einem erhöhten Angebot an Waren und Dienstleistungen auf den Beschaffungsmärkten, die dadurch insgesamt attraktiver werden. Entsprechendes gilt für Transportleistungen.

Die Veränderungen des Beschaffungsmarktes gilt es für Rationalisierungen im Einkauf, der Logistik bis hin zur Lagerhaltung zu nutzen. Daneben sind die Beschaffungsmechanismen, die Standorte und Produktionsmethoden zu überprüfen und gegebenenfalls an die neuen Bedingungen anzupassen.

Der Druck auf dem Absatzmarkt wird zu Konditionsanpassungen zwischen Industrie und Handel führen. Beispielhaft seien hier die vom Handel zunehmend geforderten Preisnachlässe für den Aufbau ausländischer Niederlassungen genannt. Durch verbesserte Abstimmung der Logistik und der Datenströme zwischen Industrie und Handel wird der Handel zunehmend bestrebt sein, Lagerbestände abzubauen und Warenströme zu beschleunigen (sog. »Efficient Consumer Response«). Auch hierfür wurden vom Handel bereits pauschale Preisnachlässe verlangt. Eine optimierte Wertschöpfungskette setzt indes voraus, daß die Kosteneinsparungen demjenigen zugute kommen, der sie realisiert. Im Rahmen einer solchen Wertschöpfungsgemeinschaft müssen sich die Beteiligten gegenseitig Einblick in ihre Konditionen gewähren, was auch einen grundsätzlichen Wandel in der Mentalität bedeutet.

Die Aussage »im Einkauf liegt der halbe Erfolg« wird künftig sicher noch mehr als bisher an Bedeutung gewinnen. Die durch den Euro bedingte Preistransparenz wird erheblich verbesserte Vergleichsmöglichkeiten von Preisen am Markt zulassen.

Voraussetzung für die Selektion potentieller Zulieferer, Dienstleister und sonstiger Anbieter wird allerdings sein, den Kreis der in Frage kommenden Geschäftspartner sorgfältig zu untersuchen. Ziel ist es, bereits vorhandene Geschäftsbeziehungen mit künftig möglichen Alternativen vergleichbar zu machen. Dazu ist es empfehlenswert, die künftige Marktposition der Lieferanten einzuschätzen, um nur Geschäftsbeziehungen mit zuverlässigen Partnern einzugehen. Es bietet sich an, möglichst frühzeitig zu überprüfen, inwieweit die verbesserte Preistransparenz zu günstigeren Beschaffungen (z.B. durch Einholung von Angeboten in

Euro) genutzt werden kann.[30] Ebenso sollte untersucht werden, ob der Beitritt zu einer Beschaffungsorganisation Vorteile bringt, um deren Marktmacht zu nutzen.

Es ist zu erwarten, daß nach Einführung des Euro bei einer Reihe von Anbietern die Intention besteht, zusätzliche Chancen in ihrem Markt wahrzunehmen und daher für den Einstieg in eine akzeptable Geschäftsbeziehung auch die Bereitschaft zu Konzessionen und Zugeständnissen vorhanden ist.

Sofern Entscheidungen zugunsten neuer Partner gefallen sind, müssen deren Konditionen, ebenso wie Veränderungen der Beziehungen zu Stammlieferanten, berücksichtigt werden.

Durch die Optimierung des Beschaffungswesens ergeben sich desweiteren Möglichkeiten zur Verbesserung der Lagerhaltung. Im Rahmen der Europäisierung und Ökologisierung des Wettbewerbs wird eine »Just in Time«-Belieferung angestrebt werden, die eine Umstellung der Logistik von Warenbestandslägern zu Warenverteilzentren erforderlich macht.[31] Da insbesondere bei Großunternehmen eine frühzeitige Umstellung zu erwarten ist, sollte mit den Lieferanten eine rechtzeitige Abstimmung des Umstellungstermins erfolgen.

Neben den Kriterien »Preise und ihre Gestaltung« (Boni, Rabatte, Skonti) sind auch die Beschaffungsnebenkosten, wie sie sich aus den Lieferbedingungen ergeben, in die Vergleiche einzubeziehen. Darüber hinaus sind selbstverständlich Informationen zu Qualitätsmerkmalen, Garantien, Lieferbereitschaft und Vertriebswegen wie bisher zur Abrundung eines Gesamtbildes nicht zu vernachlässigen.

Da infolge des gestiegenen Wettbewerbs auch verminderte Transportkosten zu erwarten sind, empfiehlt es sich ferner, die bisherigen Frachtabkommen zu überprüfen und gegebenenfalls neue Frachtabkommen auszuhandeln.

In der Übergangszeit ist es sicherlich empfehlenswert, sowohl Angebote in der Landeswährung als auch in Euro anzufordern. Das schafft die Möglichkeit, ohne eigene Umrechnungsarbeit Vergleichbarkeiten, z.B. mit Preislisten in nur einer Währung, zu schaffen. Im Zusammenhang mit gestellten Anfragen sollte bei den Anbietern zugleich festgestellt werden, zu welchem Zeitpunkt deren Umstellung auf den Euro vorgesehen ist.

Obgleich von der EU-Kommision nicht für notwendig gehalten, wird in der Regel der Einbau von sogenannten Euro-Klauseln in internationale Verträge empfohlen, um Anfechtungsrisiken auszuschließen. Die EU-VO 235 enthält in Art. 3 eine Regelung zur Kontinuität von Verträgen. Bestehende Verträge sollen danach wirksam bleiben. Inwieweit sich diese Regelungen aber in den einzelnen Ländern auf die Auslegung des nationalen Schuldrechts auswirken, ist noch unklar. Es besteht damit die Gefahr, daß das Fehlen einer Euro-Klausel in Einzelfällen zum Anlaß genommen werden könnte, in bestehende Verträge einzugreifen.

Zur Vorbereitung auf durchzuführende Aktivitäten sollten die unten aufgeführten Schlüsselfragen entsprechend den jeweiligen Gegebenheiten des Unternehmens geprüft werden. Es erscheint ratsam, mit den einleitenden Aktivitäten und Maßnahmen so früh wie irgend möglich zu beginnen.

---

30 Bergische Wirtschaft, (1997), S.24.

31 Zentes, J. (1992)

Schlüsselfragen zur Beschaffung:

- Welche aktuellen und beschaffungsrelevanten Verträge und Vereinbarungen bestehen?
- Sind in den Verträgen Laufzeiten festgelegt, und welche der Termine können umstellungsrelevante Bedeutung haben?
- Sind Verträge und Vereinbarungen zentral verfügbar, um optimale Vergleichsgrundlagen zu schaffen?
- Wie stellen sich Verträge und Vereinbarungen in ihren Auswirkungen bei Umrechnung auf den Euro dar?
- Ist es möglich, von den wesentlichen Lieferanten Bestätigungen zu bestehenden Preisen und Konditionen auf Euro-Basis zu erlangen, sofern Interesse aus Sicht der Beschaffung an einer Fortführung besteht? Ist z.B. auch an eine Euro-Klausel gedacht worden?
- Sind die Plantermine für die Umstellung zwischen Lieferanten und Kunden gegenseitig zwecks weiterer Abstimmungen bekannt gemacht worden?
- Sieht das externe und interne Formularwesen der Beschaffungsseite für den Übergangszeitraum Angaben in nationaler Währung und in Euro vor?

2.3 Besonderheiten der Währungsumstellung für Industriebetriebe

Für die Industrie werden sich die schon erwähnten Interessenkollissionen mit dem Handel ergeben. Dies wird insbesondere dann der Fall sein, wenn am Ende der Produktion der Handel als Abnehmer steht. Dann ist zu erwarten, daß auch innerhalb dieser Kette der Handlungsdruck retrograd weitergeleitet wird; letztlich werden fast alle Industrieunternehmen in die Forderungen der Endstufe eingebunden. Als Ergebnis läßt sich auch hier ableiten, daß die Anforderungen der nachfolgenden Abnehmer bereits im Vorfeld intensiv zu ergründen und einzuschätzen sind, um eigene Maßnahmen aktiv einleiten zu können.

Dies gilt auch für die Investitionsgüterindustrie, obgleich hier i.d.R. der Handelsweg über Dritte nicht benötigt wird. Es ist aber zu erwarten, daß auch für Investitionsgüter, die auf mittlerem technischen Niveau gefertigt werden, neue Wettbewerber auftreten, die durch frühzeitige Nutzung transparenter Beschaffungspreise Vorteile und somit einen Vorsprung am Markt zu erlangen suchen. Da ein einmal verlorenes Kundenpotential nur mit großen Anstrengungen zurückzuholen ist, lohnen sich auch hier frühzeitige Recherchen hinsichtlich der möglichen Veränderungen.

Durch Bündelung internationaler Beschaffungsaktivitäten des Handels wird der Preis- und Konditionendruck für die Industrie noch zunehmen, das Auffinden unterschiedlicher Preise und Konditionen in verschiedenen Ländern wird zu Nachverhandlungen mit den Herstellern oder Lieferanten führen.

Insbesondere für die mittelständischen Hersteller können sich durch die Forderungen des Handels teilweise existenzbedrohende Gefährdungen ergeben. Eine Möglichkeit zur Verbesserung ihrer Position besteht in einer stärkeren Kooperation und Abstimmung untereinander.

Als Gegenmaßnahmen seitens der Hersteller bietet sich eine stärkere sachliche Produktdifferenzierung an, um die Preisunterschiede zu rechtfertigen. Weitere Ausweichmöglichkeiten bestehen für die Hersteller zunehmend in der Möglichkeit, über elektronische Vertriebskanäle, wie Internet oder Teleshopping den Handel zu umgehen. Eine Vergrößerung dieses Marktes wird sich durch die modernen Medien, wie z.B. Preisagenturen im Internet u. a., ergeben.[32]

Um die vielfältigen Veränderungen zu gestalten, sind rechtzeitige Abstimmungen des Handels mit der Industrie unumgänglich. Das heißt, der Handel nennt seine Anforderungen und die Industrie ist gefordert, entsprechende Lösungen herbeizuführen. So sind beispielsweise bei Variation der Mengen- und Verpackungseinheit zu bedenken, daß dies für die Industrie Änderungen im Produktionsablauf sowie erhebliche Investitionen bedeuten kann.

Zunächst erscheint es auch für Industrieunternehmen sinnvoll, den vorhandenen eigenen Kundenstamm zu untersuchen, denn insoweit liegen bereits Informationen aus der bisherigen Geschäftsbeziehung vor. Es sind dazu bestehende Verträge und Vereinbarungen kritisch dahingehend zu untersuchen, ob sich hieraus Schlüsse auf künftige Konflikte mit diesen Kunden ziehen lassen (Euro-Haltbarkeit)[33] und wie man diesen begegnen will. Ergänzend erscheinen Kontaktaufnahmen und Gespräche zu kritischen Abnehmern sinnvoll, um deren Einstellungen, Erwartungen und voraussichtliche Vorgaben kennenzulernen.

Bestehende, ebenso wie potentielle künftige Wettbewerber, müssen identifiziert werden, wobei Informationen über deren Absatz- und Preispolitik, der Produktgestaltung und ihre Qualitätsmerkmale gewonnen werden müssen. Bekommen wird man derartige Informationen im allgemeinen über Interessenverbände, auf Messen und Fachausstellungen.

Auch sind die Möglichkeiten einer eigenen Expansion auf ausländische Märkte auf ihre Realisierbarkeit zu überprüfen. Dazu bieten sich auch Kooperationen oder Zusammenschlüsse bzw. Joint-Ventures mit Wettbewerbern auf den angestrebten ausländischen Märkten an.

Im Rahmen solcher strategischer Vorbereitungen sind auch Einflüsse zu bedenken, die durch länderspezifische Vorschriften dem eigenen Expansionsbestreben entgegenstehen könnten. Es sind beispielsweise Bestimmungen zu Qualitätsnormen, Preisbindungen, Verpackungs- und Transportvorschriften, Umweltschutz, Entsorgungsverfahren und Produkthaftung zu beachten.

Kommt man zu dem Ergebnis, daß Absatzmöglichkeiten in wirtschaftlich sinnvollem Umfang auf anderen europäischen Märkten bestehen, sollten bereits vorhandene Kenntnisse sowie vertiefende Untersuchungen international operierender Marketing- Dienste oder Unternehmensberatungsgesellschaften zur Entscheidungsfindung herangezogen werden.

Auch mögliche Veränderungen im Kundenverhalten sind zu berücksichtigen, vor allem während der Bargeldumtauschphase. Es ist so z.B. durchaus denkbar, daß während oder bereits vor der Bargeldumstellung Bevorratungskäufe (z.B. lagerfähige Lebens- und Genußmittel) getätigt werden. Für solche Fälle muß die Produktionsplanung so koordiniert werden, daß Lieferengpässe vermieden werden. Dies ist wichtig, damit dem Endverbraucher die gewohnte Ware – auch in Zeiten der Spitzennachfrage – in ausreichenden Mengen angeboten und eine Veränderung des Konsumverhaltens (Erwerb von Substitutionsgütern) vermieden werden kann.

Problematisch ist dies dann, wenn Umstellungen im Erscheinungsbild der Ware notwendig werden. Das richtige Timing ist eine wichtige Frage. Davon ist wiederum die Planung der Produktionsumstellung abhängig.

---

32 Münzenberg, H.(1997), S. 11.

33 Verband Deutscher Maschinen- und Anlagenbau (VDMA 1996), S. 16f.

Die Frage nach dem voraussichtlichen Verbraucherverhalten kann jedoch ebenso zu der Prognose führen, daß sich eine abwartende Haltung einstellen wird. Diese Haltung ist für Produkte minderer Bedarfsdringlichkeit denkbar, wenn sich eine Tendenz zu günstigeren Preisen in Abhängigkeit einer verschärften Wettbewerbssituation für den Verbraucher abzeichnet.

Hinsichtlich der Veränderung des Verbraucherverhaltens wird man sich frühzeitig mit den Ergebnissen der einschlägigen Marktforscher sowie der Branchen- und Verbraucherorganisationen vertraut machen müssen. Tendenzen müssen rechtzeitig erkannt werden, damit sie für die eigene Planung genutzt werden können. Maßnahmen der Verkaufsförderung, Werbung und Öffentlichkeitsarbeit sind zu überlegen.

Neben all den notwendigen Entscheidungsfindungen besteht außerdem für die Industrie das Risiko, daß neue (europäische und wegen des größeren Wirtschaftsraumes auch nichteuropäische) Wettbewerber auf den eigenen angestammten Märkten auftauchen. Der Wettbewerb kann zu einer Veränderung der Marktanteile führen. Dabei werden Einflußfaktoren wie Löhne, Lohnnebenkosten, Transportkosten und Steuern in noch höherem Maße als bisher eine Rolle spielen.

Einflüsse dieser Art werden die Industrie zu intensiven Analysen zwingen. Es werden Überlegungen und Recherchen anzustellen sein, inwieweit Produktionsverlagerungen in andere Länder erforderlich werden, ob Produktbereinigungen im Sortiment möglich erscheinen oder ob durch andere oder neue Produkte Chancen am Markt bestehen. Durch Sensitivitätsanalysen ist zu ermitteln, welche Auswirkungen eventuelle Einbußen in bestimmten Märkten haben und inwieweit eine Kompensation durch Expansion in anderen Absatzbereichen möglich erscheint etc.

2.4 Auswirkungen im Bereich der Produktion

Aus der Einführung des Euro ergeben sich Produktionsbereich indirekt Effekte aus den Anforderungen der Bereiche Beschaffung und Absatz und Vertrieb.

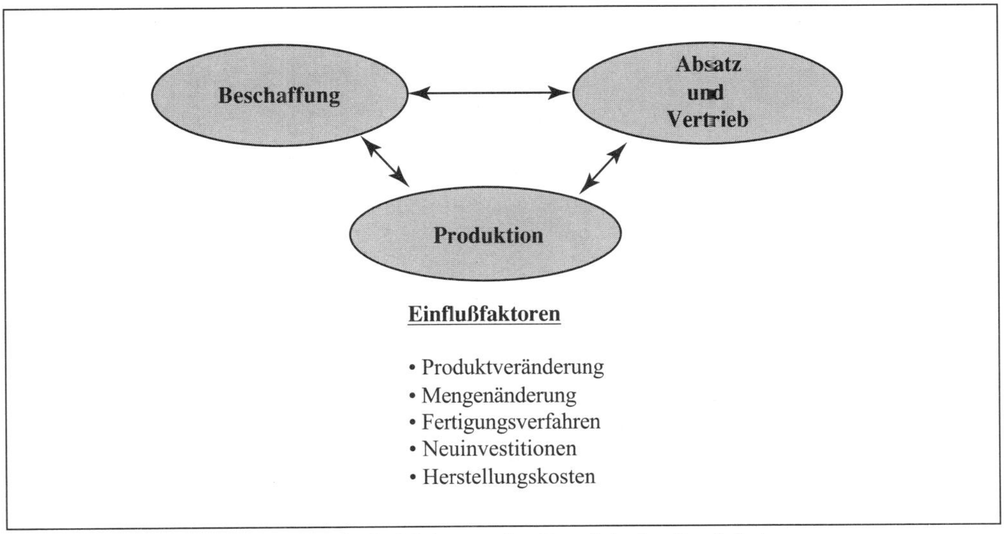

Abb. G-4: Einflußfaktoren im Bereich der Produktion

Das Bestreben, über eine erfolgversprechende Produkt- bzw. Preispolitik die Kaufentscheidung der Kunden zu beeinflussen, bedeutet in Anbetracht neuer Anforderungen auch Anpassungen der industriellen Produktion hinsichtlich Produktgestaltung und -qualität.

Auch innerhalb der industriellen Produktion werden Teilbereiche von den Strategien der Abnehmer betroffen sein. Als Generalnorm kann hier sicher gelten: Je größer die Handelsnähe der erzeugten Produkte ist, desto höher werden die Anforderungen an die Fertigungsmechanismen sein. Die Art des Produktes hat entscheidenden Einfluß darauf, ob damit zu rechnen ist, daß aufgrund der Währungsumstellung Produktionsanpassungen vorzunehmen sind.

Allerdings ist bei einer Reihe von Produkten, wie z.B. Kraftfahrzeugen, Computer etc., eine Produktionsumstellung als Auswirkung der Euroeinführung nicht zu erwarten. Allerdings können sich durchaus in der Kostenkalkulation und den Beschaffungspreisen durch European sourcing etc. Verschiebungen ergeben, die Rohmaterial, Produktionsmethode, Standort und Organisation betreffen können.

Neben diesen strategischen Fragen gilt es zu entscheiden, inwieweit aufgrund neuer Schwellenpreise die Verpackungen, Emballagen oder Abfüllgewichte geändert werden müssen. Dies gilt insbesondere auch für die Automatenverkaufseinrichtungen. In diesem Zusammenhang kann es darüber hinaus erforderlich werden, aufgrund unterschiedlicher Gewichts- und Mengenangaben länderspezifische Anpassungen vorzunehmen, soweit sich nicht ohnehin aufgrund gemeinschaftsrechtlicher Bestimmungen entsprechender Handlungsbedarf ergibt.

Für Änderungen im Produktionsbereich ist zu überlegen, ob »große Lösungen« mit hohem Investitionsbedarf erforderlich sind, oder ob sich Alternativen ergeben, die den gestellten Anforderungen ebenfalls gerecht werden. Man denke zum Beispiel an die Änderung von Packungsgrößen oder Mengenanpassungen. Für einige Produkte sind evtl. erhebliche Investitionen erforderlich für andere wird dies evtl. über schon vorhandene Dosiersysteme möglich sein. Auch für die individuelle Weiterverpackung, wie Transportkartons etc. sind evtl. Verpackungslinien vorhanden, die von ihrer technischen Gestaltung eine schnelle Umrüstung erlauben. In diesem Zusammenhang ist auch die Folgeverpackung zu berücksichtigen, damit optimale Füllungen oder Schichtungen für die innerbetrieblichen sowie die externen Transport (z.B. auf Paletten oder in Containern) gewährleistet sind.

Es wird die Notwendigkeit bestehen, daß bereits während der Planungsphase Informationen an die Produktionsleitung gegeben werden, die Vorgaben zu Veränderungen der künftig zu fertigenden Erzeugnisse enthalten. Dementsprechend ist der für die Produktion zuständige Stab zu Aussagen aufgefordert, ob und wie die Vorschläge anforderungsgerecht produktionstechnisch zu bewältigen sind.

Die Anpassung, Umstellung oder Erweiterung einer Produktion bedeutet unter Berücksichtigung des allgemein hohen Technisierungsgrades unserer Industrie, daß die Planung und deren Umsetzung bei Eingriffen in bestehende Systeme sowie die Installation neuer Systeme zeitaufwendig ist. So zeigt sich gerade bei Betrachtung der Produktion, wie entscheidend es sein wird, frühzeitig mit der Strategie und Planungsphase in allen betroffenen Bereichen zu beginnen. Hier sei nur auf die Beurteilung von Investitionsvorhaben und deren Finanzierung sowie das Erstellen neuer Kalkulationen und Planungen hingewiesen.

Daneben werden Fragen der richtigen Standortwahl erheblich an Bedeutung gewinnen. Durch die Preistransparenz werden Kostenunterschiede der Produktionsinputfaktoren der einzelnen Standorte in den EU-Ländern sichtbar und können Entscheidungen zur Produktionsverlagerung unterstützen.

Auch zum Bereich der Produktion sind Schlüsselfragen zu stellen, die jedoch individuell auf die aktuelle Situation abgestellt werden müssen.

Schlüsselfragen im Bereich der Produktion:

- Bietet der derzeitige Produktionsstandort die Möglichkeiten, anstehende Vorgaben zu bewältigen?
- Ergeben sich aus der Transparenz der Inputfaktoren und Kostenstruktur notwendige Standortänderungen?
- Bestehen Erweiterungsmöglichkeiten der Produktionsstätte?
- Wie stellt sich die Infrastruktur in Anbetracht künftiger Gegebenheiten dar?
- Welche Einflüsse können sich aus dem Personalmarkt und den Lohnkosten am derzeitigen Standort ergeben?
- Bieten sich überhaupt produktionstechnische Möglichkeiten an, die den neuen Marktanforderungen gerecht werden?
- Welche dieser Möglichkeiten läßt sich unter Würdigung wirtschaftlicher, qualitätsabhängiger, zeitlicher und sonstiger produktspezifischer Vorgaben am ehesten verwirklichen?
- Wie werden sich künftig die Produktionskapazitäten darstellen, und sind Engpässe bei Absatzsteigerungen vermeidbar?
- Sind bei Entscheidungen zu Produktbereinigungen frei werdende Kapazitäten anderweitig (z.B. für neue Produkte) sinnvoll zu nutzen?

3 Warenwirtschaft und automatisierte Informationsverarbeitung

Der sprunghaft gestiegenen Komplexität des Beschaffungs- und Absatzwesens kann nur mit entsprechend angepaßten Geschäftsprozessen begegnet werden. Dies verlangt eine optimale Unterstützung durch DV-Systeme und die zeitnahe Bereitstellung der jeweils entscheidungsrelevanten Informationen. Es gilt auf der Beschaffungsseite aus den transparenteren Bezugsmöglichkeiten die jeweils optimale zu identifizieren. Auf der Absatzseite muß auf die Marktentwicklung zeitnah reagiert werden können. Hierzu ist es notwendig, eine Vielzahl von Daten (z.B. Vergleichspreise von Konkurrenten) in der DV vorzuhalten.

Die Anforderungen an die Informationssysteme, wie insbesondere die Stammdatenverwaltung und die Aufbereitung entscheidungsrelevanter Daten, werden erheblich zunehmen. Hier stehen die Unternehmen vor der Entscheidung, diesen Herausforderungen mit einer neuen, integrierten Anwendungslandschaft zu begegnen oder in die vorhandenen Systeme zu investieren, um diese bestmöglich anzupassen. In jedem Fall sollten die Warenwirtschaftssysteme für den Datentransfer mit Lieferanten und anderen Beteiligten geöffnet sein, damit die Kosten der Datenerfassung minimiert werden.

Schwierigkeiten ergeben sich aufgrund der parallel in zwei Währungen zu verarbeitenden Daten während der Übergangsphase. Der Anpassungsbedarf ist gerade in diesem Bereich äußerst komplex, da die Systeme in der Regel nicht isoliert arbeiten, sondern in andere Systeme integriert sind.

Bezüglich der DV-Umstellung ergibt sich im Handel die Besonderheit, daß hier weniger Standardsoftware, sondern vermehrt Individualsoftware oder erheblich veränderte Standardsoftware zum Einsatz kommt und die Umstellung dadurch voraussichtlich aufwendiger, arbeits- und kostenintensiver sein wird. Moderne Warenwirtschaftssysteme müssen in der Lage sein, die Kalkulation, die Einkaufs- und Verkaufspreise, die Konditionen sowie die Margen europaweit und individuell für jeden einzelnen Standard abzubilden. Nur so ist eine effiziente Steuerung entsprechend den Kundenwünschen und Renditezielen des Unternehmens möglich. Dies wird zu erheblichen Investitionen in die Dateninfrastruktur führen müssen.

Da der Softwaremarkt in den letzten Jahren im Hinblick auf die Bedürfnisse des Handels Fortschritte gemacht hat, ist zu erwägen, ob die Umstellung gleich zur Einführung einer moderneren Software genutzt werden kann. Zumindest bietet es sich an, die Umstellung mit dem Anpassungsbedarf aufgrund des Jahrtausendwechsels zu verbinden.

Weitere Modernisierungsoptionen und -notwendigkeiten ergeben sich auch aufgrund der Tendenz zur Öffnung der Systeme gegenüber Dritten und der wachsenden Bedeutung des Elektronik Cash.

Schlüsselfragen im Bereich der DV und Warenwirtschaft:

- Kann die Lagerhaltung verbessert, können die Läger verkleinert werden?
- Gibt es neue, sinnvolle Kooperationsmöglichkeiten für den Einkauf?
- Können Harmonisierungsbestrebungen im Bereich der technischen oder qualitätssichernden Normungen (z.B. ISO) im Rahmen der Logistik und zur Qualitäts- und Preisbestimmung genutzt werden?
- Sind Vertragsanpassungen bei langfristigen, über das Jahr 1999 hinausgehenden Beschaffungsprojekten notwendig?
- Welche Verträge und sonstigen offiziellen Dokumente, Informationssysteme etc. sind auf die neue Währung umzustellen?
- Sind DV und Warenwirtschaftssysteme in der Lage, die veränderten Beschaffungsoptionen zu verwalten und lassen sie komplexere Auswertungen für Zwecke der zeitnahen Informationsauswertung oder Beschaffungsoptimierung mit variablen Parametern zu?
- Werden die DV-Systeme den veränderten Ansprüchen an das Controlling und Berichtswesen gerecht?
- Sind die Systeme in der Lage, parallel zwei Währungen zu verarbeiten bzw. kommt nur eine Stichtagslösung in Betracht?
- Welcher Handlungsbedarf ergibt sich unmittelbar aus der Umstellung unter Berücksichtigung vorhandener Schnittstellen, des Konvertierungsbedarfs, der Verwendung von Barcodes sowie ggf. der Notwendigkeit zur Schaffung zusätzlicher Dezimalstellen?
- Welche zusätzlichen Anpassungsmaßnahmen sind infolge der Verwendung eigener Software durchzuführen?
- Ist die Umstellung in sachlicher, zeitlicher, personeller und finanzieller Hinsicht geplant und abgestimmt?
- Ist die Umstellung der mittels DV abgewickelten Bestell- und Auftragsabwicklungssysteme mit den Kontrahenten abgestimmt?
- Ist es sinnvoll, die ohnehin notwendigen Anpassungsmaßnahmen mit weitergehenden Modernisierungen (z.B. Computerkassen) zu verbinden bzw. lohnt sich die isolierte Umstellung noch?

4 Zahlungsverkehr aus der Sicht der Unternehmen

4.1 Auswirkungen der Währungsunion auf den Zahlungsverkehr

Nach dem derzeitigen Szenario wird es für die Teilnehmerländer spätestens ab 1. Juli 2002 nur noch den Euro als gesetzliches Zahlungsmittel geben. Bereits ab 1. Januar 1999 können Bankkonten in Euro geführt und unbare Zahlungen in Euro abgewickelt werden, wobei während der dreijährigen Übergangszeit die DM einziges gesetzliches Zahlungsmittel bleibt.

Während der bislang noch unbestimmten Bargeldumtauschphase ergibt sich die Notwendigkeit, parallel zwei Bargeld-Währungen physisch und abrechnungstechnisch zu verwalten.

Aufgrund des erheblichen physischen Geldverkehrs, der von den Handelsgesellschaften zu bewältigen ist, sind Scannerkassen neu zu programmieren, die herkömmlichen Kassen-, Zahlungs- und Abrechnungssysteme, Preisauszeichnungsgeräte, Frankiersysteme, Waagen und andere Meß-, Lese- und Erfassungsgeräte sind umzustellen bzw. umzurüsten, automatische Geldzählmaschinen bedürfen einer Neukalibrierung. Bei Automaten müssen außerdem Umstellungen der mechanischen oder elektronischen Münzprüfgeräte vorgenommen werden.

Für die physische Verwaltung ist es sowohl vorstellbar, daß innerhalb der gleichen Kasse getrennte Wechselgeldschubladen unterhalten werden, als auch, daß hierfür zwei getrennte Kassen Verwendung finden. Letzteres wird die wohl praxisrelevanteste Lösung sein, da die Kassen mit zwei Wechselgeldschubladen heute eine seltene Ausnahme sind und derzeit nicht erkennbar ist, daß für diese kurze Bargeldumtauschphase eine solche spezielle Kassenausstattung gefordert werden wird.

Weder Scanner- noch ECR-Kassen heutigen Typs sind bislang in der Lage, zwei Preisreihen nebeneinander auszudrucken. Bei Computerkassen bestehen Vorteile, da diese über die notwendige Software bereits verfügen. In Abhängigkeit vom technischen Stand der vorhandenen Geräte wird der Handel gezwungen sein, Neuanschaffungen durchzuführen.

Die Anzahl der neu anzuschaffenden Kassen hängt letztlich von den gesetzlich fixierten Anforderungen ab. Sollte, was nach heutigem Stand nicht unwahrscheinlich ist, kein Erfordernis zu einer doppelten Preisreihe auf den Kassenbon und keine Verpflichtung DM- Zahlern auch wieder DM-Bargeld zurückzugeben geschaffen werden, so wird die Bargeldaustauschphase zwar Mehraufwand an den Kassen aber nur vergleichsweise geringe Neuanschaffungen von Kassen erfordern.

Nach Einschätzung der BAG würde die Einführung von Systemen, die parallel zwei Währungen verwalten könnten (eine Notwendigkeit, die sich nur für eine kurze Übergangszeit ergibt), zu einer Belastung von DM 20 Mrd. führen.[34]

Diese Nachteile können durch die Einbindung in die Investitionspläne und Modernisierungseffekte nur zum Teil aufgefangen werden.

Die Verbände des Handels halten die Handhabung zweier gesetzlicher Zahlungsmittel für ausgeschlossen und haben sich für eine Stichtagsregelung (»Big Bang«) ausgesprochen.

34 Handelsblatt, 19.11.1996, S.17.

4.2 Verwendung elektronischer Zahlungsmittel

Tendentiell ist von einer Verminderung der Verwendung herkömmlicher barer Zahlungsmittel auszugehen. Eine Verschiebung ist z.B. durch den Einsatz elektronischer Geldbörsen, d.h. durch die um einen Speicherchip erweiterte Euroscheckkarte, zu erwarten.[35] Dies wird die Probleme bei der Bargeldumstellung erheblich reduzieren. Für den Handel hat dieses Verfahren daneben den Vorteil, daß damit ein Großteil der Telekommunikationskosten eingespart werden können, da diese Transaktionen offline erfolgen und im übrigen die Problematik der Vorhaltung von zwei Währungen wesentlich entschärft würde.[36] Das setzt jedoch voraus, daß die bei der Zahlung via elektronischer Zahlungsmittel derzeit noch in unterschiedlichster Höhe erhobenen Gebühren gesenkt werden, da sie derzeit i.d.R. vom Handel getragen werden müssen und dessen Kosten erhöhen.

Da anläßlich der Währungsumstellung ohnehin größere Ersatzinvestitionen vorzunehmen sind, bietet sich die Überlegung an, inwieweit anläßlich der Umrüstung bereits Vorrichtungen zur Akzeptanz moderner Zahlungsmittel, wie z.B. elektronischer Geldbörsen verwendet werden sollten. Die Kreditinstitute haben bereits damit begonnen, alle EC-Karten mit einem multifunktionalen Chip auszustatten. Bis zur Einführung des Euro werden alle existierenden Karten als »elektronische Geldbörsen« nutzbar sein.[37] Derzeit werden auf diese Form der elektronischen Zahlung aber auch noch Gebühren erhoben, welche die Marge des Händlers reduzieren.

4.3 Besonderheiten im Automatengeschäft

Von den 3,2 Mio münzbetriebenen Automaten innerhalb der EU stehen in Deutschland rd. 1,7 Mio mit einem Jahresumsatz von rd. 20 Mrd DM.[38]

In der Automatenindustrie besteht die Sorge, daß die Währungsumstellung erhebliche Kosten mit sich bringt. Obwohl der Anteil der mechanischen Münzprüfvorrichtungen zugunsten der elektronischen, die nur eine Softwareanpassung benötigen, in den letzten Jahren stark abgenommen hat, verbleiben nach Angaben der deutschen Automatenindustrie Umrüstungsinvestitionen in Höhe von rd. 600 Mio. DM.[39]

Bei der Umstellung besteht einerseits das technische Problem eines Parallelbetriebs, welches eigentlich für eine Umstellung über Nacht spricht. Andererseits bestehen angesichts der Vielzahl der Automaten organisatorische Schwierigkeiten, die Umstellung innerhalb kurzer Zeit zu bewerkstelligen. Die Automatenindustrie geht davon aus, daß die Umstellung in Deutschland einen Zeitraum von mehreren Monaten benötigen wird. Auch ist noch nicht geklärt, inwieweit sich im Falle eines Big Bang Probleme bei der Verteilung des Euro-Bargeldes und der gleichzeitigen Einziehung der Banknoten und Münzen ergeben. Eine Lösung dieser Problematik setzt eine Übergangszeit voraus, während der die Betreiber frei wählen können, welche Währung verwendet werden kann.

---

35 Lill U. (1997), S. 16.
36 FAZ, 16.03.1996, S. 19.
37 Deutscher Sparkassen- und Giroverband e. V. (1996), S. 16.
38 Bunk, B. (1996), S. 28.
39 Bunk, B. (1996), S. 28.

Während der Bargeldumtauschphase sollten wenigstens noch einige Kassen in der Lage sein, die alte Währung zu akzeptieren. Probleme werden sich aus der Vorhaltung von zwei Bargeld-Währungen dort ergeben, wo sinnvoll nur eine Kasse eingesetzt werden kann. Auf manuelle Nebenrechnungen scheint im Einzelfall nicht verzichtet werden zu können. Währungen anderer teilnehmender Mitgliedstaaten, die in DM umgerechnet werden müssen, sind in dieser Zeit wegen EU-VO 235 zuerst in Euro umzurechnen, und erst dann kann die Umrechnung in DM erfolgen.

Eine weitere Befürchtung besteht darin, daß europaweit erheblich weniger Euromünzen zur Verfügung stehen, so daß es außerdem allein deshalb zu Umsatzeinbrüchen kommen kann. Von der Automatenindustrie wird deshalb zusätzlich die 5 Euro Münze gefordert.[40]

Die technische Umrüstung setzt voraus, daß die Betreiber frühzeitig über Spezifikationen zur Beschaffenheit der neuen Münzen verfügen. Diesbezüglich bestehen jedoch noch Unsicherheiten. Nach Bekanntwerden der Umrechnungskurse zum 1. Januar 1999 sind die Automatenpreise neu zu runden. In Abhängigkeit davon ergibt sich ggf. die Notwendigkeit, die Packungen und Bestückungen anzupassen, was ebenfalls nur mit einer gewissen Vorlaufzeit möglich ist.

Die während der Bargeldumtauschphase ggf. bestehende Verpflichtung einer doppelten Preisangabe, ist für die Automatenindustrie ein nahezu unlösbares Problem.

Schlüsselfragen im Bereich der Zahlungsabwicklung

- Zu welchem Zeitpunkt (in der Zeit vom 1. Januar 1999 bis 1. Januar 2002) sollte unter Berücksichtigung der Pläne wesentlicher Geschäftspartner der Zahlungsverkehr umgestellt werden?
- Welche Investitionsentscheidungen sind bzgl. Kassensystemen etc. zu treffen, und wann sollten diese vor dem Hintergrund möglicher Lieferengpässe eingesetzt werden?

5 Kundenservice und Information

Durch den engen Kontakt mit dem Verbraucher ist der Handel in besonderer Weise gefordert, den Kunden dabei zu unterstützen, in der neuen Währung zu denken. Darin liegt andererseits gleichzeitig die Chance, sich als kompetenter Ansprechpartner zu erweisen und Verunsicherungen zu beseitigen.

Zur Umsetzung dieser Ziele dienen Informations- und Aufklärungsmaßnahmen und ggf. auch eine früher als gebotene doppelte Preisangabe. Primäres Ziel muß es sein, dem Kunden ein Gefühl für den Umgang mit der neuen Währung zu vermitteln und klarzustellen, daß damit grundsätzlich keine (versteckten) Preiserhöhungen verbunden sind.

Informationsveranstaltungen und Aufklärungsmaßnahmen können möglicherweise in Abstimmung mit anderen Händlern günstig und effektiv organisiert und durchgeführt werden.

40 Handelsblatt, 19.01.1996, S.19.

Außerdem kommt auch eine Einbettung von Informationsmaßnahmen in allgemeine Werbemaßnahmen in Betracht. Handlungsbedarf besteht auch im Rahmen von länger gültigen Serviceleistungen, wie z.B. Geschenkgutscheinen, Teilzahlungsvereinbarungen oder Kundenkarten.

In Abhängigkeit vom Grad der wirtschaftlichen und technischen Verflechtung (Electronic Data Interchange) ist es angezeigt, eine möglichst frühzeitige Abstimmung mit den Geschäftspartnern zum Umstellungstermin anzustreben.

6 Euro-Effekte im Bereich Personal und Organisation

Die Einführung des Euro beeinflußt nicht nur einzelne Funktionsbereiche der Unternehmen sondern aufgrund der umfänglichen Auswirkungen fast sämtliche Geschäftsprozesse. So ist neben der zentralen Umstellung im Bereich der Informationssysteme und der Datenverarbeitung auch die Notwendigkeit der zu überarbeitenden Formulare (z.B. für Reklamationen), Prospekte, Kataloge und Preislisten festzustellen und eine entsprechende Terminplanung mit den Druckereien vorzunehmen.

In jedem Bereich gilt es die Einflüsse frühzeitig abzuschätzen und entsprechende Maßnahmen einzuleiten. Neben den oben diskutierten Bereichen sind damit sowohl die Aufbau- als auch die Ablauforganisation betroffen. Hinsichtlich der Aufbauorganisation werden einzelne Abteilungen evtl. erheblich an Bedeutung verlieren, so möglicherweise die Treasury Abteilung hinsichtlich Devisenmanagement und Kurssicherung. Die Abteilung Einkauf wird Konditionen und Kalkulationen unter sichereren Bedingungen beurteilen können und vermehrt mehrsprachige Mitarbeiter benötigen. Vorteile können sich bei Finanzierungen aus dem Euro-Raum ergeben, soweit unterschiedliche Zinsniveaus ausgenutzt werden können.

Aus alledem folgt, daß die Organisation der Umstellung ständig in ihrem Ablauf überprüft und hinsichtlich der Indentifizierung der Inhalte und der zu treffenden Maßnahmen eine erstrangige Aufgabe des Managements darstellt.[41] Diese Aufgabe bedarf der uneingeschränkten Unterstützung durch die Geschäftsleitung. Wie die Aufgaben im einzelnen gelöst werden können, läßt sich nicht allgemeingültig sondern nur unternehmensindividuell entscheiden. Ohne eine gewisse Formalisierung und organisatorische Insitutionalisierung läßt sich ein solches Projekt nur schwerlich bewältigen.

Neben den organisatorischen Maßnahmen sind auch die eigenen Mitarbeiter frühzeitig und umfassend mit den Veränderungen vertraut zu machen. Insbesondere ist der Außendienst frühzeitig und eingehend zu informieren, zu schulen und mit Argumentationshilfen zu versehen, da er Kundenfragen zum Euro unmittelbar ausgesetzt ist.

Im Bereich der Zahlungsabwicklung ergibt sich der Schulungsbedarf, um Irrtümern und Mißbräuchen vorzubeugen. Unumgänglich ist etwa, daß das Kassenpersonal mit den neuen Münzen und Banknoten vertraut ist, zumal sich der Umgang mit dem neuen Bargeld zusätzlich noch dadurch erschwert, daß bis zum Einzug der deutschen Banknoten nochmals geänderte fälschungssichere Banknoten von der Deutschen Bundesbank herausgebracht worden

41 Verband der Chemischen Industrie e.V. (1996).

sind. Ferner sollten klare Kassenanweisungen im Hinblick auf die Umstellung gegeben werden (z.B. auch Kulanzverhalten oder Fälle der Rückabwicklung von Verkäufen).

Aufgrund der stärkeren internationalen Verflechtung kann es auch notwendig sein, die Fremdsprachenkenntnisse der Mitarbeiter zu verbessern.

Es empfiehlt sich, zu überprüfen, inwieweit die Umstellung auf den Euro mit zusätzlichen Maßnahmen zur weiteren Nutzung von Rationalisierungspotentialen verbunden werden kann.

Schlüsselfragen im Bereich Personal und Organisation

- Welche Schulungs- und Einführungsmaßnahmen sollten für die Kunden vorgesehen werden?
- Welche Schulungs- und Aufklärungsmaßnahmen sind für den Außendienst, den Verkaufsinnendienst, die Mitarbeiter des Einkaufs und des Zahlungsverkehrs geplant?
- Wie ist sichergestellt, daß alle bis zum endgültigen Übergang eintretenden Änderungen der (rechtlichen) Rahmenbedingungen ausgewertet und berücksichtigt werden?
- Ist sichergestellt, daß über alle notwendigen Investitionen rechtzeitig entschieden wird, die Aufträge rechtzeitig vergeben werden und die benötigten Mittel zur Verfügung stehen?

Literaturverzeichnis

Arbeitsstab Wirtschafts- und Währungsunion (ASWWU 1997): Zwischenbericht des Arbeitsstabes Wirtschafts- und Währungsunion beim Bundesministerium der Finanzen zur Einführung des Euro in Gesetzgebung und öffentlicher Verwaltung vom 28.4.1997. BT-Drucks. 13/7727 vom 6.5.1997.

Association for the Monetary Union of Europe: European Union, Managing the changeover to the single currency (ohne Ort und Jahr).

Bergische Wirtschaft Heft 3/1997: Die Tube Zahnpasta für 0,99 Euro.

Bergische Wirtschaft Heft 4/1997: Euro-Einführung: Die Märkte ändern sich.

Blick durch die Wirtschaft vom 3. September 1996: Die schwierige Preisauszeichnung bei der Einführung des Euro in Deutschland.

Blick durch die Wirtschaft vom 18. Juni 1997: Der Konditionenstreit... »Euro«-Bonus und ECR-Kompensationen bleiben umstritten.

Bundesverband der Deutschen Industrie e.V. (BDI 1996): DER Euro Chance für die Deutsche Industrie.

Bunk, B. (1996): Vorbereitung auf die Währungsunion, der Euro und ihr Marketing. In: Absatzwirtschaft, Nr. 12 vom 10. Dezember 1996.

Capital (1997): Countdown für die Deutsche Industrie, Heft 5/1997.

Deutscher Industrie- und Handelstag (DIHT 1997): »Euro im Handel«.

Deutscher Sparkassen- und Giroverband e.V (1996): Von der D-Mark zum Euro / Der Nutzen einer gemeinsamen Währung in Europa, Bonn, April 1996.

Europäische Kommission (1995): Eine Währung für Europa. Grünbuch über praktische Fragen des Übergangs zur einheitlichen Währung, KOM (95) 333 endg. v. 31.5.1995.

Frankfurter Allgemeine Zeitung vom 11. Februar 1997: Die Markenartikelindustrie fühlt sich vom Handel unter Druck gesetzt.

Frankfurter Allgemeine Zeitung vom 16. März 1996: Sparkassen zeigen die Vorteile elektronischen Kleingelds.

Frankfurter Allgemeine Zeitung vom 18. August 1997: Europa sieht in der neuen Währung beträchtliche Chancen.

Frankfurter Allgemeine Zeitung vom 25. Juli 1997: Schering nutzt die Gelegenheit zu einem gründlichen Hausputz.

Handelsblatt vom 19. Januar 1996: Automatenindustrie / Branche sorgt sich um Euro-Münzen.

Handelsblatt vom 19. November 1996: Hohe Kosten bei Übergangsphase mit doppelter Währung befürchtet.

Handelsblatt, vom 8./9. August 1997: Händler wissen noch nicht, was sie mit dem Euro erwartet.

Heller M. (1997): Stihl muß Rücksicht auf Lieferanten und Fachhändler nehmen. In: Frankfurter Allgemeine Zeitung, Nr. 183 vom 9.8.1997.

Hirschburger U. / Zahorka H-J. (1996): Der Euro, So reagieren Unternehmen und Verbraucher auf die Europäische Währungsunion, Stuttgart 1996.

Koch, B. (1997): Die Metro wünscht sich für die Währungsumstellung den Big Bang. In: Frankfurter Allgemeine Zeitung, vom 20. August 1997.

Lill U. (1997): Europa sieht in der neuen Währung beträchtliche Chancen. In: Frankfurter Allgemeine Zeitung vom 18. August 1997.

Münzenberg, H. (1997): Der Euro beschleunigt den Strukturwandel. In: Blick durch die Wirtschaft, Nr. 147, vom 4. August 1997.

Münzenberg, H. (1997): Neue Preisschwellen... Die Auswirkungen des Euro auf Marketing und Vertrieb. In: Blick durch die Wirtschaft vom 7. April 1997.

Schlote, S. (1997): Die Währungsunion beschert den meisten Unternehmen einen größeren Wirtschaftsraum, aber auch mehr Wettbewerb und neue Konkurrenten. In: Manager Magazin, Nr. 4 vom 1. April 1997.

Schneider, Uwe H. (1997): Doppelte Preisauszeichnung bei Einführung des Euro? In: Der Betrieb, Heft 25 vom 20. Juni 1997.
Stabenow, M. (1997): Der Handel setzt auf einfacheres EU-Regelwerk »Manifest des europäischen Handels«. In: Blick durch die Wirtschaft, vom 16. Januar 1997.
Verband der Chemischen Industrie e.V (1996): Europäische Währungsunion – Wirtschaftspolitische Bewertung / Praktische Umsetzung in den Unternehmen. Schriftenreihe des Betriebswirtschaftlichen Ausschusses und des Finanzausschusses, Frankfurt am Main, Juli 1996.
Verband Deutscher Maschinen- und Anlagenbau (VDMA 1996): Von der D-Mark zum Euro.
Vierbuchen, R. (1996): Keine Erhöhung der Preistransparenz erwartet. In: Handelsblatt, Nr. 252 vom 31.Dezember 1996.
Zentes, J. (1992): Euro-Logistik des Handels. In: Management Info Wirtschaft 1997.

Verordnungen und Richtlinien

Richtlinie 84/450/EWG des Rates vom 10. September 1984 über die Angleichung von Vorschriften auf dem Gebiet der irreführenden Werbung.
Richtlinie 97/7/EG des europäischen Parlaments und Rates vom 20.5.1997 über den Verbraucherschutz bei Vertragsabschlüssen im Fernabsatz. In: Blick durch die Wirtschaft vom 13. Juni 1997.
Verordnung (EG) Nr. 1103/97 des Rates vom 17. Juni 1997, über bestimmte Vorschriften im Zusammenhang mit der Einführung des Euro, Abgedruckt in Anlage 2.

*Jörg Hashagen**

H. Finanzsteuerung von Unternehmen nach der Einführung des Euro

* Wirtschaftsprüfer/Steuerberater Jörg Hashagen, KPMG Deutsche Treuhand-Gesellschaft AG Wirtschaftsprüfungsgesellschaft, Frankfurt am Main

6 Fazit und stichwortartige Darstellung wesentlicher Aspekte
- 6.1 Zusammenfassung der Ergebnisse
- 6.2 Stichwortartige Darstellung der wesentlichen Aspekte bei der Analyse des Einflusses des Euro auf die Finanzsteuerung
  - 6.2.1 Allgemeines
  - 6.2.2 Überlegungen zum Management von Währungsrisiken
  - 6.2.3 Derivate
  - 6.2.4 Asset/Liability Management
  - 6.2.5 Zahlungsverkehr

1 Einführung

Das Europäische Währungsinstitut, die Bundesbank sowie die Kreditwirtschaft arbeiten gegenwärtig intensiv an der Umsetzung der Europäischen Währungsunion. Dabei gilt es nicht nur in Deutschland, sondern auch in allen anderen Staaten der EU die monetäre Infrastruktur für einen einheitlichen Währungsraum zu schaffen und zwar unabhängig davon, ob die betreffenden Staaten bereits von Anfang an oder erst zu einem späteren Zeitpunkt der Währungsunion beitreten werden.

Die nachfolgenden Ausführungen sollen einen Überblick geben über die Auswirkungen der Einführung des Euro auf die Finanzsteuerung von Unternehmen, die nicht originär im Finanzdienstleistungsbereich tätig sind. Dabei werden zunächst allgemeine Aspekte der Währungsrisiken, der Entwicklung der Kapitalmärkte und der Märkte für derivative Finanzinstrumente sowie Fragen des Zahlungsverkehrs in einem einheitlichen Währungsraum dargestellt. Daran anschließend werden die Auswirkungen auf die einzelnen Bereiche der Finanzsteuerung diskutiert und Lösungsalternativen – wo bereits möglich – aufgezeigt sowie ein Katalog zu adressierender Fragen aufgestellt.

2 Währungsrisiken in einem einheitlichen Währungsraum?

2.1 Allgemeine Aspekte

Im Zusammenhang mit der Einführung des Euro werden insbesondere die Auswirkungen des Wegfalls von Währungsrisiken innerhalb des neu entstehenden einheitlichen Währungsraumes der Teilnehmerstaaten diskutiert. Darüber hinaus ist aber auch die neue Währungsrisikoqualität des Euro im Verhältnis zu den Währungen der sogenannten Pre-Ins, d.h. den EU-Staaten welche in der ersten Runde noch nicht dabei sind, und allen anderen Fremdwährungen zu beachten.

Insgesamt gesehen besteht gegenwärtig noch eine erhebliche Unsicherheit hinsichtlich der Auswirkungen der EWU. Teilweise werden zwei grundlegend unterschiedliche Betrachtungsebenen miteinander vermischt, nämlich die der betriebswirtschaftlich orientierten Währungsrisikosteuerung und die der Umstellung der Rechnungslegung und Buchführung während der 2. Phase der Währungsunion.

Mit Festlegung der Teilnehmerstaaten und der unwiderruflichen Fixierung der Wechselkurse am 1. Januar 1999 können keine Wechselkursverschiebungen zwischen den Währungen der Teilnehmerstaaten mehr auftreten. Alle Währungen der Teilnehmerländer stehen dann in einem festen Austauschverhältnis zum Euro und sind gesetzlich als Untereinheiten desselben definiert.

Völlig unabhängig davon vollzieht sich die Umstellung der Rechnungslegung und Buchführung während der Übergangsphase vom 1. Januar 1999 bis zum 31. Dezember 2001. In diesem Zeitraum müssen Unternehmen ihren individuellen Weg zum Euro – abhängig vom Grad der Betroffenheit – selbst finden. Diese Umstellung ist jedoch bereits in einem Umfeld zu vollziehen, in dem Währungsrisiken im Verhältnis der Teilnehmerstaaten untereinander keine Rolle mehr spielen.

Viel bedeutender als die im allgemeinen Kontext lediglich theoretisch zu führende Diskussion über den richtigen Zeitpunkt der Umstellung ist jedoch die Frage nach dem Ausmaß der Währungsrisiken im Zusammenhang mit der Einführung des Euro. Auch diese Frage hat eine stark individuelle Komponente, die allgemeingültig nicht beantwortet werden kann.

Letztlich hängt der Umfang der Währungsrisiken, denen ein Unternehmen ausgesetzt ist, von dessen Beschaffungs- und Absatzmärkten sowie den Kontraktwährungen ab und ist deshalb ebenfalls nur individuell im Rahmen einer Betroffenheitsanalyse zu bestimmen.

2.2 Auswirkungen der Währungsrisiken auf Unternehmen

Betrachtet man den Einfluß der EWU auf die Währungsrisiken denen Unternehmen in der Zukunft ausgesetzt sein werden, so sind grundsätzlich zwei, wenn nicht drei Phasen zu unterscheiden, die recht unterschiedlich auf Unternehmen einwirken können:

- **erste Phase**
  Gefahr nachhaltiger Instabilität der Wechselkurse potentieller Teilnehmerländer im Vorfeld der Währungsunion
- **zweite Phase**
  Positionierung des Euro im Verhältnis zu den anderen wesentlichen Weltwährungen (USD/YEN) und Entstehung neuer Märkte für neue und/oder angepaßte Finanzprodukte mit neuen Marktusancen. Diese Phase kann den Zeitraum bis zur endgültigen Umstellung auf den Euro spätestens zum 30. Juni 2002 umfassen.
- **dritte Phase**
  Stabilisierung der Märkte in dem neuen Umfeld

Nachfolgend soll nur auf die erste und zweite Phase eingegangen werden.

In der **ersten Phase**, bevor die Teilnehmerstaaten festgelegt und die Umtauschrelationen fixiert werden, kann es immer wieder zu Spekulationen hinsichtlich einer Verschiebung oder gar des Scheiterns der EWU kommen. Werden diese von maßgeblicher Seite vorgebracht, kann dies zu erheblichen Turbulenzen an den Devisenmärkten führen.

Gleichfalls kann es im unmittelbaren Vorfeld der Festlegung der Teilnehmerstaaten zu massiven Spekulationen gegen die Währungen einzelner Länder kommen, deren Auswirkungen auf die Wechselkurse nur durch entsprechend konzertierte Notenbankinterventionen aufgefangen werden könnten.

Die weitere Entwicklung in der **zweiten Phase** wird wesentlich von der Akzeptanz des Euro an den internationalen Kapitalmärkten und der Währungspolitik der Europäischen Zentralbank abhängen.

Im günstigsten Fall wird der Euro eine internationale Reservewährung wie es der US-Dollar heute ist. Eine der möglichen Folgen könnte sein, daß alle wichtigen Rohstoffe zukünftig neben oder anstatt einer US-Dollar Notierung in Euro an den internationalen Warenbörsen notiert würden.

Auf der Beschaffungsseite für Rohstoffe könnte dies nicht nur für börsengehandelte Produkte zu einer erheblichen Entschärfung der Währungsrisikoproblematik für Unternehmen führen. Die Abhängigkeit der Europäer von der Kursentwicklung des US-Dollar – eine aus amerikanischer Sicht zuweilen als sehr komfortabel empfundene Situation – würde bei einem solchen Szenario weitgehend verschwinden.

Synoptische Darstellung möglicher Szenarien der Währungsentwicklung:

Zeit	**Kernländer bilden EWU zum 1.1.1999**	**Aufweichen der Konvergenzkriterien – Erweiterte EWU zum 1.1.1999**	**EWU wird verschoben**	**EWU scheitert – Aufhebung des EWU-Vertrages**
bis 1998	DM tendiert leicht schwächer gegenüber Kernländern, Angleichung der Zinsen	DM tendiert schwach, steigende DM-Zinsen	DM tendiert fest, Europawährungen mit erhöhten Volatilitäten	DM tendiert fest , weitere EWS-Krise, USD schwach, DM-Zinsen niedrig
1998	DM tendenziell erholt, erhöhte Volatilität bei Nichtteilnehmerländern, DM-Zins steigend	DM stabil in Europa, USD und CHF fest, DM-Zins stabil	USD tendiert fest, DM schwach, DM-Zinsen steigen	DM in Europa tendenziell überbewertet, USD fest
1999	Euro tendiert fest gegenüber USD, Nichtteilnehmerländer schwächer gegenüber Euro, Zinsen höher gegenüber Euro	Euro tendiert schwach gegenüber dem USD	Europäische Währungen, insbesondere DM, tendieren schwach gegenüber dem USD	Möglicher Abwertungswettlauf in Europa, USD fest

Abb. H-1: Mögliche EWU-Szenarien und die möglichen Auswirkungen auf die Geld- und Devisenmärkte

Als ein wesentlicher Vorteil der EWU wird allgemein die Reduktion oder gar der Wegfall von Kurssicherungskosten in den Vordergrund gestellt. Dies verwundert in einer stark von Rohstoffimporten abhängigen Volkswirtschaft, die darüber hinaus einen wesentlichen Teil ihrer Erträge im Export erwirtschaftet, nicht weiter. Inwieweit diese Effekte jedoch bei dem einzelnen Unternehmen eintreten, ist stark abhängig von der individuellen Struktur operativer und investiver Cash-Flows in den Währungen der potentiellen Teilnehmerländer.

2.3 Welche Einsparungspotentiale bestehen bei den Kurssicherungskosten?

Im Einzelfall kann es, wie langfristig angelegte empirische Untersuchungen zu belegen versuchen, durchaus zu Szenarien kommen, in denen die Devisenterminkurse im langfristigen historischen Durchschnitt bei einzelnen Währungen über den Devisenkassakursen zum jeweiligen Fälligkeitstag gelegen haben.

Dies würde dazu führen, daß z.B. Exporteure mit offenen Fremdwährungsforderungen, wenn sie diese zum Devisenterminkurs absichern im langfristigen Durchschnitt bei Vermeidung des Wechselkursrisikos sogar noch einen Kurssicherungserlös verglichen mit der Situation ohne Kurssicherung erzielen würden. Umgekehrt würden in einem solchen Szenario Kurssicherungskosten dann bei Unternehmen auftreten, die eine offene Fremdwährungsverbindlichkeit haben und diese durch ein Devisentermingeschäft absichern.[1]

Es erscheint jedoch zweifelhaft, daß die Devisenterminkurse für alle potentiellen Teilnehmerländer aus der Sicht der DM langfristig über den Devisenkassakursen gelegen haben. Denn wenn dieser Zusammenhang generell Gültigkeit haben würde, so würden in einer Wirtschaft mit einem hohen Exportüberschuß und entsprechenden Fremdwährungszahlungsströmen durch die Einführung der Währungsunion tendenziell Kursicherungserlöse zurückgehen. Der Effekt wäre als genau das Gegenteil von dem, was allgemein prognostiziert wird; anstatt eines Wegfalls von Kurssicherungskosten würden tendenziell Kurssicherungserlöse wegfallen.

Problematisch ist bei stark verallgemeinenderen langfristigen Betrachtungen darüber hinaus, daß sich Umsatzzyklen häufig in sehr kurzen Zeitspannen mit zudem geringen Margen vollziehen und damit bereits geringe Wechselkursschwankungen sich mit einem erheblichen Hebeleffekt negativ auf die Nettoergebnisse von Unternehmen auswirken können, auch wenn sich diese negativen Effekte langfristig möglicherweise wieder ausgleichen. Zudem stellt sich bei jedem Unternehmen die Struktur der Fremdwährungszahlungsströme vor dem Hintergrund seiner spezifischen Ausrichtung anders dar. Der Wegfall der Währungsrisiken beim Leistungsaustausch mit Geschäftspartnern in den Teilnehmerländern kann damit durchaus zu einer erheblichen Entlastung bei den Kurssicherungskosten führen.

Faßt man den Begriff der Kurssicherungskosten noch etwas weiter und bezieht auch die Personal- und Sachkosten (z.B. EDV-Unterstützung, Informationsversorgung, etc.) mit in das Kalkül ein, so läßt sich zumindest für Unternehmen, die ausschließlich in den zukünftigen Teilnehmerländern sowohl auf der Beschaffungs- wie auch auf der Absatzseite agieren, eine möglicherweise deutliche Kostenentlastung prognostizieren.

Auch auf diesem Gebiet ist jedoch die Euphorie kein guter Ratgeber. Vielmehr sollte in einer individuell sehr differenzierten Analyse untersucht werden, inwieweit zumindest kurzfristige Kostenentlastungen tatsächlich eintreten können.

Häufig befinden sich – auch bei großen international agierenden Unternehmen – noch selbst entwickelte Systeme zur Unterstützung des Währungsrisikomanagements im Einsatz. Diese genügen in der Regl nicht mehr den Anforderungen eines modernen Finanzmanagements an Informationsqualität, Aktualität und Datensicherheit.

Werden diese Systeme im Zusammenhang mit der EWU oder auch der Umstellung auf das Jahr 2000 durch moderne flexible integrierte Standardanwendungen abgelöst, so ist dies zunächst mit einem erheblichen Investitionsaufwand und einer korrespondierenden Personalressourcenbindung verknüpft. Das scheinbar vorhandene Kostensenkungspotential wird dadurch möglicherweise – zumindest kurzfristig – erheblich relativiert.

Ein weiterer im Rahmen der Einführung der EWU häufig angeführter Vorteil aus der Sicht eines in allen Bereichen mit dem Ausland verbundenen Unternehmens ist die Erhöhung der Planungs- und Kalkulationssicherheit durch ein sinkendes Wechselkursrisiko. Dem mag man mit Blick auf die Währungen der Teilnehmerstaaten durchaus zustimmen.

---

1 Döhring, J. (1997), S. 117 ff.

Aber auch dieser Vorteil stellt sich nicht kostenlos ein. Eines muß allen Marktteilnehmern deutlich bewußt werden; ein einheitliches Währungsgebiet bedeutet auch mehr Kostentransparenz und die bisher durch Währungsverschiebungen überdeckten komparativen Kostenvor- bzw. -nachteile werden unmittelbar klar hervortreten und mehr noch als bisher zu wettbewerbsbildenden bzw. -bestimmenden Faktoren werden.

Im Rahmen einer in diesem Zusammenhang notwendig werdenden strategischen Neuausrichtung von Unternehmen wird möglicherweise die Beschaffungspolitik geändert, Produktionsstandorte verlegt und mit neuen oder optimierten Produkten neue Absatzmärkte auch außerhalb der Teilnehmerstaaten der EWU erschlossen.

Damit wiederum sollte zukünftig auch in Ländern agiert werden, die heute und voraussichtlich auch in Zukunft nicht zu den Teilnehmerstaaten der EU zählen werden (z.B. osteuropäische Staaten, Afrika, Südamerika und Länder des asiatisch-pazifischen Raumes). Daraus resultieren Anforderungen an eine zunehmende Professionalisierung der Währungsrisikosteuerung und der diese unterstützenden Anwendersysteme.

Aus diesem Szenario lassen sich auch unmittelbar die Qualifikationsanforderungen an die zukünftigen Treasurer ableiten. Hier werden sicherlich gut ausgebildete, in globalen Zusammenhängen denkende Persönlichkeiten benötigt, die an den internationalen Kapitalmärkten zu Hause sind. Vereinzelt zu hörende Stimmen, daß Industrie, Handel und öffentliche Haushalte im Rahmen der Professionalisierung ihrer Treasurybereiche schon diejenigen Händler absorbieren werden, die in den Kreditinstituten durch den Wegfall des Devisenhandels in den EWU Teilnehmerwährungen freigesetzt werden, ist wohl eher Wunschdenken der betroffenen Kreise. Für den einfachen, produktbezogenen »An Dich – Von Dir«-Händler wird in diesem Umfeld sicherlich nur ein eingeschränktes Aufnahmepotential vorhanden sein.[2]

Zusammenfassend kann daher wohl konstatiert werden, daß einer differenzierten Betrachtung der zukünftigen Anforderungen an eine professionelle unternehmerische Währungsrisikosteuerung der Vorzug vor einer eher euphorischen Berechnung von Kostensenkungspotentialen in diesem Segment des Treasury zu geben ist. Dabei soll jedoch nicht verschwiegen werden, daß im Einzelfall kurzfristig erzielbare Kostensenkungen durchaus eine bedeutende Rolle spielen können.

Grundsätzlich bleibt es jedoch bei den bisher schon erprobten Verfahren der Währungsrisikosteuerung. Allerdings sind die gerade in jüngster Zeit etablierten mathematisch/statistischen Methoden (z.B. VAR[3] Verfahren auf Basis historischer Simulationen oder Varianz/Kovarianz Modelle) in einem sich radikal verändernden Umfeld wieder auf den Prüfstand der Praxisrelevanz zu stellen. Eine konzeptionelle Weiterentwicklung dieser Verfahren wird in diesem Zusammenhang notwendig werden. Dies betrifft insbesondere die in ihrer Eintrittswahrscheinlichkeit und Zeitstruktur schwer zu prognostizierenden Kursveränderungen in zu Beginn der Währungsunion möglicherweise noch stark schwankenden Devisenmärkten.

---

2 Kunert, M. (1996).

3 VAR = Value at Risk
Der Value at Risk Ansatz ist ein mathematisch statistisches Verfahren zur Berechnung eines potentiellen Risikobeitrages (Value at Risk) eines einzelnen Finanzinstrumentes oder Portfolios unter Zugrundelegung der Marktentwicklungen der Vergangenheit. Die grundlegende Aussage besteht darin, daß mit einer vorgegebenen Wahrscheinlichkeit innerhalb eines vorgegebenen Zeitraums ein durch Änderungen markpreisbildender Faktoren (z.B. Wechselkurse) zu erwartender maximaler Verlust errechnet wird.

2.4 Investitionsrisiken

Neben den eher am operativen Geschäft orientierten kurz- und mittelfristigen Cash-Flows trägt die EWU zu einer deutlichen Reduzierung des mit Auslandsinvestitionen verbundenen langfristigen Währungsrisikos bei. Mithin sind Investitionen und die daraus resultierenden Cash-Flows in Teilnehmerstaaten der EWU zukünftig nicht mehr Bestandteil langfristiger Sicherungsüberlegungen im Hinblick auf Währungsrisiken.

Dies betrifft jedoch nicht nur Investitionen in Kapitalbeteiligungen oder Investitionen in Produktionsanlagen, Vertriebsstrukturen etc., sondern auch Investitionen in Finanzprodukte wie Schuldverschreibungen, Aktien und Fondsprodukte. Ebenfalls können Versicherungsprodukte, insbesondere im Bereich der Lebensversicherungen, nunmehr in der Währungsunion bei ausländischen Versicherungsunternehmen ohne die Belastung von Währungsrisiken direkt zu den jeweils lokalen Bedingungen kontrahiert werden. Ob dies allerdings aus deutscher Sicht unter Berücksichtigung von Aspekten des Verbraucherschutzes und eines anderen rechtlichen Umfeldes für den Kunden, z.B. bei der Gestaltung betrieblicher Altersversorgungsmodelle tatsächlich einen Vorteil darstellt, bedarf zumindest der kritischen Analyse.

3 Wie werden derivative Finanzinstrumente als Vehikel des Risikotransfers von der Einführung des Euro beeinflußt?

3.1 Marktentwicklung

Derivative Finanzinstrumente werden durch die Einführung des Euro im Hinblick auf die Produktgestaltung nachhaltig beeinflußt werden. Dies betrifft sowohl aufgrund des tendenziell langfristigen Charakters bereits bestehende Kontrakte als auch im Vorfeld der EWU noch abzuschließende Kontrakte sowie die Entwicklung neuer Finanzprodukte nach Einführung des Euro. Die EWU wird sich somit nachhaltig auf die Märkte für derivative Finanzinstrumente sowohl im Hinblick auf die Marktvolumina, deren Struktur, die gehandelten Instrumente sowie die Methoden des Risikomanagements auswirken.

Generell wird – im Gegensatz zu den Märkten für Währungsinstrumente – im Rahmen der zu erwartenden Flexibilisierung der Finanzsteuerung von Unternehmen eine Erweiterung der Produktvielfalt und der Handelsvolumina in derivativen Finanzinstrumenten erwartet. Dies wird insbesondere deswegen prognostiziert, weil, bedingt durch die tendenziell zurückgehende Bedeutung von Währungsrisiken, zumindest für den Kreis der Teilnehmerstaaten Aspekte der Flexibilisierung, der Effizienzsteigerung sowie Kostenaspekte der unternehmerischen Finanzsteuerung mehr in den Mittelpunkt des Interesses rücken werden als bisher.

In diesem Zusammenhang wird insbesondere eine Zunahme der Bedeutung von auf den individuellen Bedarf zugeschnittenen OTC-Zinsderivaten bei sogenannten »Endverbrauchern« einerseits und der Zunahme von standardisierten börsenmäßig gehandelten Produkten andererseits vorhergesagt. Diese Entwicklung wird sich vor dem Hintergrund der technischen Möglichkeiten einer sich rasant entwickelnden Informationstechnologie vollziehen, bei der die schnelle Preisermittlung selbst komplexer Produkte kein technisches Problem mehr darstellen wird.

Kehrseite dieser Medaille ist die Erwartung, daß sich in einem einheitlichen Währungsgebiet eine weitere Konzentration und Spezialisierung der professionellen Finanzdienstleister, (Kreditinstitute, Kapitalanlagegesellschaften, Broker, etc.) in den Finanzmärkten einstellen wird. Dies wird unter anderem daraus abgeleitet, daß ein spezialisiertes Know-How in vergleichsweise kleinen und damit ineffizienten lokalen währungsgebundenen Märkten nicht mehr benötigt wird. Andererseits wird die an der Kapitalkraft von Finanzdienstleistern orientierte Fähigkeit Risiken zu übernehmen, diese durch fortschrittliche Financial Engineering Techniken bedarfsgerecht zu strukturieren und wieder zu vermarkten an Bedeutung zunehmen.

Damit wird das Risikotragfähigkeitspotential von Banken eine bedeutende Rolle spielen. Parallel dazu zeichnen sich Bestrebungen zum Aufbau von Spezialinstituten zur Erlangung von Effizienzvorteilen und Optimierung der Zubringerfunktion für andere Finanzdienstleistungen (Global Custody Banks, Zahlungsverkehrsbanken etc.) ab, wobei hier weit über die EWU hinaus reichende Aspekte der globalen Positionierung von Finanzdienstleistern eine immer größere Bedeutung erlangen. Ebenfalls werden Plazierungspotentiale und folglich der Marktzugang zu breiten Investorenkreisen in europäischem, wenn nicht globalem Maßstab eine zentrale Rolle spielen, welche die heutige Struktur der Finanzdienstleister nachhaltig verändern werden. Daß diese Entwicklung bereits in vollem Gange ist, zeigen die jüngsten Bankenfusionen in Deutschland, aber auch konzeptionell differenziert die Entstehung eines neuen global agierenden Allfinanzdienstleisters in der Schweiz (CreditSuisse/Winterthur).

3.2 Technische Aspekte

In technischer Hinsicht sind Methoden zu entwickeln, die insbesondere den Einfluß der EWU auf bestehende Kontrakte kanalisieren und die Finanzmärkte vor einem Chaos der vorzeitigen Auflösung einer Vielzahl von Kontrakten bewahren, da diese in einer im voraus nur schwer abschätzbaren Weise durch die Währungsunion beeinflußt werden.

Die Verbände professioneller Marktteilnehmer (z.B. ISDA – International Swap Dealers Association) sowie eine durch die Europäische Kommision eingesetzte Expertengruppe sind gegenwärtig bestrebt, die potentiellen Auswirkungen zu analysieren und vertragliche Regelungsvorschläge zu entwickeln. Dabei sind die Umstellungsmaßnahmen hinsichtlich der materiellen und rechtlichen Auswirkungen und der Anpassung von Marktusancen in einem vertretbaren Rahmen zu halten.
Die folgenden Aspekte stehen dabei im Zentrum der Erwägungen:

- Anpassung bestehender vertraglicher Vereinbarungen
- Annäherung von kurz- und langfristigen Zinsen
- Umwandlung von ECU in Euro
- Preisbildungs- und -feststellungsmechanismen
- Zinstagekonventionen
- Rundungen
- Geschäftstagekonventionen.

Nachfolgend werden einige der genannten Problemkreise näher erläutert, da diese auch eine unmittelbare Relevanz für das Tagesgeschäft haben können. Vorausgeschickt sei jedoch, daß es sich hier um Überlegungen handelt, die gegenwärtig noch kontrovers diskutiert werden.

3.3 Vertragliche Vereinbarungen

In einem die bestehenden Kontrakte beeinflussenden Umfeld substantieller Veränderungen der Marktusancen des zukünftigen einheitlichen Euro-Marktes erscheint es als ein pragmatischer Weg, bereits bestehende Verträge auf Basis allgemeiner Empfehlungen bilateral im gegenseitigen Einvernehmen anzupassen. Im Vorfeld der Währungsunion sollten desweiteren bis zum Vorliegen neuer Rahmenverträge noch abzuschließende Kontrakte mit Klauseln versehen werden, die eine Anpassung an veränderte Marktusancen erlauben. Dies ist z.B. dann erforderlich, wenn die zukünftige und die gegenwärtig vereinbarte Tagesbasis für die Zinsberechnung von Finanzinstrumenten voneinander abweichen (z.B. actual/365 versus actual/actual).

3.4 Entwicklung der Zinsstrukturen

Für einen relativ reibungslosen Übergang auf den Euro ist es weiterhin erforderlich, daß sich die kurz- und langfristigen Zinsen der Teilnehmerstaaten zumindest bei den öffentlichen Schuldverschreibungen einander annähern und zum Umstellungszeitpunkt in eine nahezu einheitliche Euro Zinsstruktur einmünden.

Voraussetzung hierfür ist wiederum die unbegrenzte Konvertibilität der bis zur Festlegung der Teilnehmerstaaten und Umtauschrelationen noch bestehenden unabhängigen nationalen Währungen. Hinsichtlich der Entwicklung der Zinsen öffentlicher Anleihen der Teilnehmerstaaten ist eine bonitätsabhängige differenzierte Entwicklung der Zinsen jedoch durchaus zu erwarten, wobei der Aufschlag auf einen risikofreien Zinssatz auch für öffentliche Anleihen als unabhängiger – das Adressenausfallrisiko des Emittenten – widerspiegelnder marktpreisbildender Faktor für Finanzinstrumente schärfer hervortreten wird als dies in der Vergangenheit der Fall war.

Gleichfalls geht man davon aus, daß sich eine einheitliche europäische – risikofreie – Swapkurve herausbildet. Dies ist letztlich die Voraussetzung dafür, Zahlungen aus öffentlichen Anleihen der Teilnehmerstaaten aber auch allen anderen Finanzinstrumenten zu diskontieren, damit gleichnamig und für Investitionsentscheidungen vergleichbar zu machen.

3.5 Verhältnis von ECU zu Euro

Fest steht, daß die ECU im Verhältnis von 1:1 auf den Euro umgestellt wird. Da zu erwarten ist, daß aufgrund der Konvergenzkriterien der Euro die härtere Währung im Vergleich zur ECU sein wird, ist gleichfalls zu erwarten, daß die Zinssätze vergleichsweise niedriger liegen werden, als dies gegenwärtig für die ECU der Fall ist. Die 1:1 Verknüpfung hat jedoch bereits dazu geführt, daß die ECU Zinssätze sich gleichfalls rückläufig entwickeln. Schuldner, die ihren Kapitaldienst und Zinsen in ECU erbringen müssen, könnten daher geneigt sein, diese Entwicklung zum Anlaß für eine vorzeitige Kündigung ihrer Verpflichtungen zu nehmen.

3.6 Preisfindung

Die gegenwärtig im OTC Markt z.B. durch Reuters oder Telerate bereitgestellten Preise können aufgrund von Veränderungen im geldpolitischen Instrumentarium der Europäischen Zentralbank, der Illiquidität einzelner Marktsegmente etc. (z.B. central bank overnight rates, LIBOR, etc.) überflüssig werden bzw. ganz verschwinden, während andere Quotierungen wie z.B. individuelle oder branchenbezogene Spreads neu erscheinen werden. Ebenfalls werden geldpolitische Eckzinssätze, wie der Diskontsatz, im Inland durch z.B. den Zinssatz für Wertpapierpensionsgeschäfte (Repo-Satz) ersetzt werden müssen. Dies ist insofern problematisch, als sich bereits bestehende Kontrakte auf entsprechende Quotierungen beziehen und diesen durch die Marktveränderungen die Basis entzogen wird.

Für die kurzfristigen Geldmarkttransaktionen bestehen gegenwärtig Überlegungen zur Schaffung eines länderübergreifenden »EURIBOR« (Euro Interbank Offered Rate) auf Basis einer actual/360 Tage Zinskonvention.

Der Einfluß des Euro auf die Preisfeststellung von bereits bestehenden Kontrakten in langfristigen Finanzinstrumenten ist bis dato noch nicht hinreichend untersucht worden. In diesem Bereich sind jedoch ganz erhebliche Auswirkungen sowohl im Hinblick auf die Anwendbarkeit der bisherigen Methoden als auch hinsichtlich der materiellen Auswirkungen für die Risikosteuerung sowie auf die Bilanzierung und Bewertung zu erwarten.

Dies betrifft insbesondere gegenwärtig gebräuchliche Optionspreismodelle, die ohne entsprechende Modifikationen nur noch eingeschränkt einsetzbar sein dürften. Deutlich wird dies am Beispiel der Kursschwankungserwartung (Volatilität) für FX-Optionen in zwei Währungen aus Teilnehmerstaaten. Die Volatilität wird spätestens mit Einführung des Euro 0 sein. Dies kann aber schon vorher eintreten, wenn die Märkte die Realisierung der EWU bereits antizipieren.

Andererseits können im Vorfeld noch plötzliche Zweifel am pünktlichen Termin der Einführung bzw. der Realisierung auftreten. Dies kann zu ganz erheblichen, in Höhe und Struktur nicht antizipierbaren Volatilitätsausschlägen und damit gravierenden Auswirkungen auf das gegenwärtig übliche Methodengerüst des Risikomanagements sowie die daraus abgeleiteten Ergebnisse führen. Die Existenz einzelner Optionskonstruktionen ist darüber hinaus grundsätzlich in Frage zu stellen, wie z.B. Average Rate Optionen oder Lookback Optionen.[4, 5]

3.7 Weitere Aspekte

Über die oben angestellten Überlegungen hinaus sind ebenfalls noch Regelungen hinsichtlich der Behandlung von Rundungsdifferenzen sowie möglicherweise europaeinheitliche Geschäftstagekonventionen festzulegen, die gegenwärtig länderspezifisch unterschiedlich gehandhabt werden.

---

4 Peshkoff, A. (1997).
5 Witte, W. (1996), S. 382 f.

3.8 Einfluß der Datendiskontinuität auf das Risikomanagement

Für die Risikosteuerung stellt die Diskontinuität der Daten ein zentrales Problem dar. Mit der Einführung des Euro sind natürlich sämtliche auf historischen Zeitreihenanalysen aufbauenden Risikosteuerungsmethoden auf den Prüfstand zu stellen, da diese für in die Zukunft gerichtete Prognosen nicht mehr herangezogen werden können. Dies betrifft insbesondere die Währungs- und Zinsrisikosteuerung im Verhältnis zu den bedeutenden Drittwährungen (USD, YEN) sowie den »Pre-In« Währungen, da die Akzeptanz des Euro auf den Kapitalmärkten und der Einfluß der Zins- und Währungspolitik der EZB sowie die Reaktion der Märkte hierauf noch nicht abzuschätzen sind. Darüber hinaus dürften aktuelle Preisschwankungen an den Finanzmärkten im Vorfeld der Währungsunion und deren Auswirkungen auf die Forwardstrukturen sowohl bei den Zinsen als auch bei den Volatilitäten kaum mehr aus historischen Entwicklungen hinreichend erklärbar sein. Damit kommt der Risikosteuerung auf Basis von Streßszenarien kurzfristig eine erheblich größere Bedeutung zu.

4 Euro und Kapitalmärkte

4.1 Grundlegende Aspekte

Bereits heute macht das Kapital nicht mehr vor Landesgrenzen halt. Finanzdispositionen können grundsätzlich in sekundenschnelle durchgeführt werden. Insofern entsteht durch die Realisierung der EWU kein grundsätzlich neuer Kapitalmarkt. Die EWU führt jedoch dazu, daß die EU im Konzert der international führenden Wirtschaftsgebiete – Amerika und Asean Pacific – einen mit ihrem wirtschaftlichen Gewicht korrespondierenden stärkeren Kapitalmarkt erhält. Dies wiederum ist verbunden mit der Chance, daß der Euro neben dem USD eine internationale Reservewährung wird.

Zu erwarten ist ein größerer, leistungsfähigerer europäischer Kapitalmarkt. Dieser wird durch ein größeres Volumen, hohe Liquidität und nachhaltige Effizienzsteigerungen gekennzeichnet sein. Voraussetzung ist jedoch die Entwicklung europaweiter rechtlicher, technischer und informatorischer Standards. Die dabei auftretenden Probleme sind den bereits oben im Zusammenhang mit den Derivaten beschriebenen Aspekten ähnlich.

Erstmals wird Kreditnehmern die gesamte Produktpalette an Finanzdienstleistungen der EWU-Finanzmärkte ohne Wechselkursrisiken zur Verfügung stehen. Es wird erwartet, daß dies gleichfalls eine Abnahme rein spekulativ motivierter Kapitalverschiebungen nach sich ziehen wird und damit zu einer weiteren Stabilisierung der Kapitalmärkte beitragen dürfte.

Der Weg dorthin führt jedoch noch durch eine schwierige Übergangsphase zunächst im Vorfeld der EWU und in der Transformation selbst. Im Vorfeld der EWU wird das Vertrauen in die Realisierung der EWU nur durch zielgerichtete Aktivitäten im politischen Raum sowie durch eine zweifelsfreie effiziente Koordination der Aktivitäten der nationalen Notenbanken untereinander zu festigen sein. Die sollte insbesondere der Vorbeugung und Verhinderung von spekulativen Attacken auf einzelne Währungen im Vorfeld der EWU und daran anschließend auf die Währungen potentieller »Pre-Ins« dienen.

Vor diesem Hintergrund sind auch die Diskussionen in den potentiellen Teilnehmerländern hinsichtlich der Gestaltung der Inanspruchnahme der Kapitalmärkte zur Finanzierung öffentlicher Haushalte zu sehen. Zum gegenwärtigen Zeitpunkt ist davon auszugehen, daß die Regierungen der Teilnehmerländer Emissionen von öffentlichen Anleihen ab dem 1. Januar 1999 in Euro vornehmen werden. Hinsichtlich der bereits bestehenden Emissionen ist nach den Erwartungen der ISDA und einer durch die Europäische Kommission eingesetzten Expertengruppe davon auszugehen, daß die potentiellen Teilnehmerländer zunehmend dazu übergehen werden, eine entsprechende Umstellung auf den Euro vorzunehmen.

Diese Umstellung ist jedoch noch mit einer Reihe von länderspezifischen rechtlichen Problemen behaftet. So ist z.B. unklar, ob bei bereits bestehenden Emissionen lediglich eine Umstellung der Nominalwerte vorgenommen werden kann oder ob auch die Anleihebedingungen geändert werden müssen. Die ISDA hat in diesem Zusammenhang ein Konzept zur Harmonisierung von Anleihebedingungen auf europäischer Ebene vorgelegt. Gegenwärtig existieren jedoch noch länderspezifische Regelungen die dem Entstehen eines einheitlichen tiefen und effizienten europäischen Kapitalmarktes entgegenstehen. Fraglich ist insbesondere inwieweit die Regierungen der Teilnehmerländer bereit sein werden, individuelle Bestimmungen zugunsten eines einheitlichen europäischen Standards aufzugeben. Ein entsprechender Konsens ist gegenwärtig noch nicht abzusehen.

4.2 Entwicklung einzelner Kapitalmarktsegmente

Neben den eher allgemeinen Aspekten ist mit Einführung einer einheitlichen europäischen Währung zunächst für alle Segmente mit einer erheblichen Volumenerhöhung zu rechnen, sind doch die Märkte für Aktien, festverzinsliche Wertpapiere und Geld in den Ländern Europas weitgehend zersplittert. Selbst die größeren Märkte in Europa können gegenwärtig hinsichtlich der Markttiefe kaum mit den Märkten in den USA oder Japan konkurrieren. Somit wird der Größeneffekt eines der bedeutsamsten Ergebnisse der Währungsunion sein.

Es sei in diesem Zusammenhang jedoch deutlich darauf hingewiesen, daß die Währungsunion in globalem Maßstab lediglich eine Aufholjagd ist, um das Niveau in anderen Weltregionen überhaupt erst zu erreichen. Eine noch viel größere Aufgabe erwartet uns im daran anschließenden Auf- und Ausbau der europäischen Kapitalmärkte im globalen Wettbewerb.

Konkrete Entwicklungen der Euro-Zinsen oder der Aktienkurse zu prognostizieren ist gegenwärtig ein eher spekulatives Unterfangen. Die nachfolgende Kurzübersicht über die möglichen Entwicklungen in unterschiedlichen Szenarien verdeutlicht nachhaltig, daß sinnvolle Prognosen und daraus ableitbare Handlungsmuster zum jetzigen Zeitpunkt kaum möglich sind.

Hinsichtlich der für Unternehmen wichtigen Entwicklung einzelner Kapitalmarktsegmente erwarteten Marktteilnehmer gegenwärtig die folgenden Szenarien.

4.3 Aktienmärkte

Grundsätzlich wird sich aus der Sicht der Anleger im Zusammenhang mit Erwägungen der Risikooptimierung durch Diversifikation nicht viel ändern. Was sich jedoch schon deutlich abzeichnet ist, daß sich allgemein eine Veränderung der Asset-Allocation der Investoren ein-

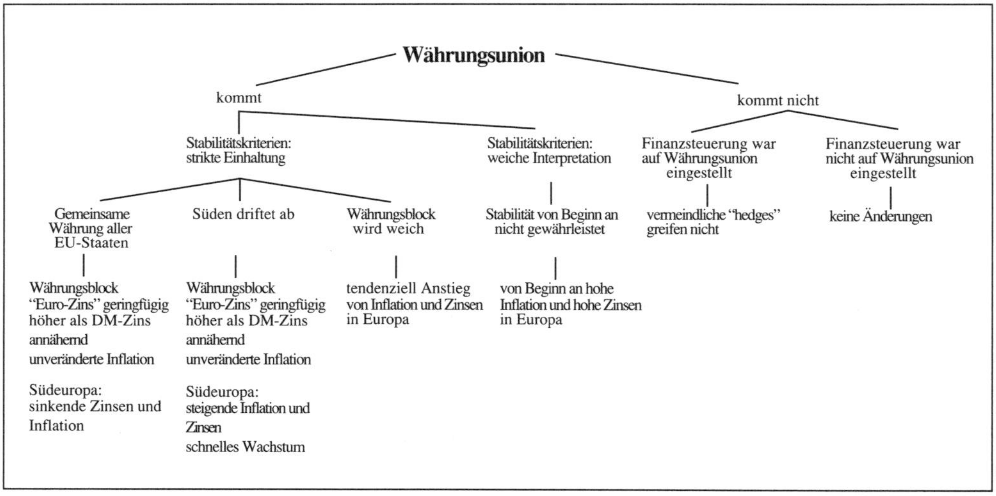

Abb. H-2: Synoptische Darstellung möglicher Szenarien der Zinsentwicklung

stellen wird. Während sich gegenwärtig Anleger, die in Europa investieren möchten, häufig zunächst an geographischen Kriterien orientieren, d.h. in einen englischen oder deutschen Markt investieren, wird zukünftig eine eher branchenorientierte Allokationsweise dominieren. Die Investitionen werden demnach eher in bestimmte Sektoren, wie z.B. Bankensektor, Telekommunikationssektor, Einzelhandel, etc. fließen. Diese Veränderungen werden sicherlich zu signifikanten Veränderungen der Märkte selbst führen und wie immer wird es Gewinner und Verlierer geben. Legt man diese Erwägungen zugrunde, so läßt sich daraus ableiten, daß im Trend branchenorientierte Unternehmensgruppen von dieser Entwicklung potentiell profitieren werden, während branchenundifferenziert strukturierte Gruppen tendenziell auf der Schattenseite der Entwicklung stehen könnten.

4.4 Anleihemärkte

Die für die Aktienmärkte häufig in den Mittelpunkt gestellten positiven Aspekte internationaler Diversifikation scheinen für die Anleihemärkte nicht unmittelbar übertragbar. Mit einer internationalen Diversifikation bei Anleihen ist automatisch auch ein Wechselkursrisiko verbunden, welches in der Regel nicht durch einen entsprechenden zusätzlichen Ertrag aufgewogen wird. Ausnahmen wie das Investment in italienischen Anleihen vor einigen Jahren sind hier wohl eher die Ausnahme von der Regel. Somit wird im Anleihemarkt die internationale Diversifikation, zumindest wenn es um sehr große Volumina geht, primär auch aus dem Blickwinkel der Vermeidung einer Risikokonzentration auf bestimmte Emittenten gerade in kleinen Märkten vorgenommen.

Versucht man die Entwicklung in einem einheitlichen Euro-Anleihemarkt zu prognostizieren, so fällt bei der Betrachtung von Investoren im zukünftigen Euro-Währungsraum zunächst auf, daß diese, ohne den Währungsraum zu verlassen, eine wesentlich breitere Basis für die Risikoselektion erhalten werden. Damit reduziert sich zumindest die Notwendigkeit international zu diversifizieren und damit Währungsrisiken in Kauf zu nehmen. Auch große Marktteilnehmer, die gegenwärtig aufgrund der Zersplitterung und des geringen Volumens der Märkte nicht bereit sind, in europäischen Papieren zu investieren könnten zukünftig in einem einheitlichen Kapitalmarkt eine bedeutende Rolle spielen.

Diesen Erwägungen tragen die Empfehlungen der durch die Kommission der Europäischen Gemeinschaften eingesetzten Expertengruppe bereits Rechnung. Durch die Expertengruppe wurde unter anderem die Umstellung aller bereits umlaufenden öffentlichen Schuldverschreibungen nach einheitlichen Regeln empfohlen. Diese umfassen unter anderem die Umrechnung in Euro nach einheitlichen Regeln unter Beibehaltung der bestehenden Anleihekonventionen, während Neuemissionen nach einheitlichen europäischen Konventionen erfolgen sollten.[6]

Faßt man die Marktvolumina der europäischen Märkte zusammen, so ergibt sich allein daraus schon ein Marktvolumen welches allen Belastungen und Ineffizienzen zum Trotz dem des amerikanischen Kapitalmarktes rein rechnerisch sehr nahe kommt.

Eine wichtige Voraussetzung für effiziente Kapitalmärkte ist deren Transparenz für potentielle Investoren. Transparenz ist hierbei jedoch nicht mit dem Bekanntheitsgrad einzelner bedeutender Marktteilnehmer im Finanzdienstleistungsbereich wie auch in den übrigen Wirtschaftsbereichen zu verwechseln. Transparenz gründet sich vielmehr auf für Investoren nachvollziehbare Entscheidungskriterien bei der Bemessung des Preises für ein Investment.

Ein klar nachvollziehbares Kriterium ist das emittentenspezifische Rating, welches nach Auffassung nahezu aller Marktteilnehmer unmittelbar die Spreads, d.h. den Aufschlag auf den »risikolosen« Zinssatz, bestimmen wird. Voraussichtlich werden sich daher zwischen dem Rating und den Spreads wesentlich signifikanter als bisher eindeutige Beziehungen herausbilden. Neuere Verfahren zur Steuerung von Adressenausfallrisiken bauen mit breiter Akzeptanz im Markt bereits auf diesen Zusammenhängen auf (z.B. Credit Metrics von J.P. Morgan).

Die Weiterentwicklung dieser analytischen Verfahren und deren Einbindung in die Preisbildungsprozesse am Kapitalmarkt wird es zukünftig auch Adressen minderer Bonität und/oder mit geringeren Transaktionsvolumina gestatten, direkt die Kapitalmärkte in Anspruch zu nehmen.

4.5 Auswirkungen auf das Asset und Liability Management von Unternehmen

4.5.1 Liability Management

Für deutsche Unternehmen, die im internationalen Vergleich in der Regel höher fremdfinanziert sind als ihre Wettbewerber in anderen Ländern, stellt sich die Frage nach den Auswirkungen der EWU vornehmlich im Zusammenhang mit dem Finanzierungs- und Liquiditätsmanagement. Auch hier ist wieder zu differenzieren in Einflüsse, die sich aus der Einführung des Euro auf bestehende Finanzierungsstrukturen ergeben, sowie in zukünftige Trends in der Gestaltung der Finanzierung in einem größeren Kapitalmarkt.

6 EU-Kommission (1997), S. 9 ff.

Im Rahmen einer Betroffenheitsanalyse ist für die gesamte bestehende Finanzierungsstruktur der Einfluß der durch die EWU ausgelösten Entscheidungen hinsichtlich der strategischen Neuausrichtung des Unternehmens zu untersuchen. Dies betrifft sowohl die Liquiditätsplanung in allen Fristigkeitsbereichen als auch bestehende Zinsbindungen, die über den Zeitpunkt der Einführung der EWU hinausreichen.

Hinsichtlich der Liquiditätsplanung sind mögliche Änderungen des Mittelbedarfs insbesondere im mittel- und langfristigen Bereich im Zusammenhang mit Investitionsentscheidungen zu quantifizieren, die schon im Vorfeld der EWU aber auch danach durch die Anpassung des Unternehmens an ein neues Umfeld auftreten können. Alternative Formen der Kapitalbeschaffung sind vor dem Hintergrund eines sich verändernden europäischen Kapitalmarktes zu untersuchen.

Diese Untersuchung muß auch die Analyse der gegenüber den voraussichtlichen EWU-Teilnehmerländern bestehenden Zinsrisiken umfassen. Auf dieser Basis kann dann entschieden werden, ob oder inwieweit bestehende offene Positionen aus originären oder derivativen Geschäften durchgehalten, wenn möglich vorzeitig glattgestellt oder abgesichert werden können.

Soweit bereits bestehende Finanzierungsstrukturen betroffen werden, empfiehlt die ISMA (International Securities Market Association) im Zusammenhang mit bereits umlaufenden Schuldverschreibungen eine Redenominierung, d.h. den Umtausch der auf DM lautenden Anleihen in Euro-Anleihen, wegen der damit verbundenen Kosten und möglicherweise rechtlichen und technischen Probleme, zu vermeiden. Weiterhin sind – so die Empfehlung – diese Anleihen jedoch ab dem 1. Januar 1999 auf Basis der festen Umtauschrelationen in Euro abzuwickeln. Alle DM-Cash-Flows wie Zinszahlungen und Tilgungen sollten daher von Beginn an grundsätzlich in Euro bewirkt werden. Das Recht der Emittenten bzw. der Investoren auf Zahlung in der Ursprungswährung bleibt davon jedoch unberührt.

Dennoch kann es notwendig werden, DM-Anleihen auf Euro umzustellen. In diesem Fall sollte neben der Schaffung eindeutiger rechtlicher Rahmenbedingungen – was eine Aufgabe des Gesetzgebers wäre – die Redenominierung bei nicht verbrieften Anleihen lediglich buchtechnisch erfolgen und eine Stückelung von 1.000 Euro vorgesehen werden. Die 1.000 Euro Stückelung wird entsprechend dem bereits gegenwärtig für ECU-Anleihen geltenden Standard als kleinste handelbare Einheit vorgeschlagen. Durch dieses Verfahren eventuell entstehende Spitzen wären entsprechend bar auszugleichen.

Wird noch vor der Währungsunion die Begebung von Anleihen geplant, deren Rückzahlung erst für einen Zeitpunkt nach der Einführung der EWU vorgesehen ist, so sollten in die Anleihebedingungen Klauseln aufgenommen werden, welche die Art der Umstellung auf den Euro verbindlich regeln.[7] Diese Überlegungen werden zukünftig auch für mittelständische Unternehmen zunehmend interessant werden.

Ein Trend, der sich in letzter Zeit häufig bei öffentlichen Vortragsveranstaltungen unter Beteiligung von Finanzmanagern großer und mittlerer vornehmlich international agierender Unternehmen identifizieren läßt, ist der Wunsch nach einer stärkeren Flexibilisierung der unternehmerischen Refinanzierungs- und Liquiditätspolitik. Hierbei hat man vornehmlich die direkte Inanspruchnahme der Kapitalmärkte im Auge, wobei den Banken die Rolle von Arrangeuren und Placing Agents zugewiesen wird. Von unmittelbarem Interesse sind in die-

---

7 Hunziker, T./Langton, J. (1997), S. 48f.

sem Zusammenhang, wohl auch vor dem Hintergrund der gegenwärtigen Zinslandschaft, kurzfristige Instrumente wie Commercial Papers oder Medium Term Notes.

Hinsichtlich der Liquiditätssteuerung bedeutet dies, daß überschüssige Liquidität unmittelbar zur Schuldentilgung eingesetzt werden kann und damit die Bedeutung der Problematik der rentablen Anlage überschüssiger Liquidität in den Hintergrund tritt.

Nun setzt natürlich eine solche Finanzierungspolitik einen zu jedem Zeitpunkt aufnahmefähigen sowie auch gegen zumindest moderate Ratingschwankungen unempfindlichen Kapitalmarkt voraus, der die jederzeitige Anschlußfinanzierung durch Neuaufnahme oder Prolongation von z.B. CP-Programmen ermöglicht. Da dies offenbar noch nicht als gegeben erachtet wird, kommt man gegenwärtig ohne eine langfristige Bankkreditlinie, quasi als Stand-By Fazilität, zur Abdeckung des Anschlußfinanzierungsrisikos offenbar noch nicht aus.

Wie bereits oben erwähnt, setzt die Möglichkeit der Inanspruchnahme von Kapitalmärkten jedoch Transparenz voraus, die unter anderem in einem von allen Markteilnehmern akzeptierten Ratingverfahren für die Unternehmen ihren Ausdruck finden kann.

Hier besteht gerade für deutsche mittelständische Unternehmen noch erhebliches Potential zur Optimierung der Kommunikation mit bestehenden und potentiellen Investoren sowie Ratingagenturen, um ein der individuellen Unternehmensgröße, Performance und Marktstanding angemessenes Rating zu erhalten. Die bloße Jahresabschlußpublizität reicht hier wohl nicht mehr aus. Vielmehr ist die Entwicklung einer maßgeschneiderten Investor-Relations-Politik das Gebot der Stunde.

Neben der Optimierung der Fremdfinanzierung sollte man jedoch auch nicht die mit der Entstehung eines europäischen Kapitalmarktes einhergehenden Veränderungen der Aktienmärkte, d.h. die Möglichkeit der Schaffung von Eigenkapital durch die Begebung von Aktien außer Betracht lassen, auch wenn sich dies nicht unmittelbar aufdrängt.

Gegenwärtig sind die großen kontinentaleuropäischen Börsen im Wettbewerb der Finanzplätze bestrebt, durch die Schaffung neuer Marktsegmente auch mittelständischen Unternehmen den Gang an die Börse mit erheblich geringeren administrativen, regulativen und damit kostenintensiven Hürden zu eröffnen. Es bleibt jedoch abzuwarten, ob diese neuen Möglichkeiten der Aktienemission auf ein nachhaltiges Interesse breiter, auch privater, Investorenkreise treffen werden.

Die Deutsche Börse hat mit dem »Neuen Markt«, der in eine europäische Initiative anderer europäischer Börsenbetreiber eingebunden ist, ein neues Marktsegment geschaffen, welches kleinen und mittleren innovativen Unternehmen branchenunabhängig ermöglicht, sich Kapital über die Ausgabe von Aktien zu beschaffen. Voraussetzungen hierfür sind allerdings die internationale Ausrichtung und die Bereitschaft zu einer aktiven Investor-Relations-Politik. Dieses Konzept beinhaltet neben den klassischen Börsendienstleistungen, wie der Organisation des Handels und der Gewährleistung der Preisqualität im Handel ebenfalls umfangreiche Unterstützung in der Ausgestaltung einer zielgerichteten Investor-Relations-Politik auf europäischer Ebene. Gerade für mittelständische Unternehmen entsteht damit ein neues Kapitalmarktsegment, was bei der Neugestaltung der Unternehmensfinanzierung durch die Einführung des Euro ebenfalls in das Kalkül mit einbezogen werden sollte.

4.5.2 Asset Management

Auf der Anlageseite sehen wir uns wieder mit dem Wechselkursrisiko- und dem Zinsrisiko konfrontiert. Hinsichtlich der Wechselkursrisiken wird auf den vorangegangenen Abschnitt verwiesen, wobei sich insbesondere bei den Finanzanlagen aufgrund des potentiellen Wegfalls von Währungsrisiken einzeltransaktionsbezogene Einsparungen bei den Hedgingkosten ergeben können.

Bei den Zinsrisiken wird es zumindest zu Vereinfachungseffekten dahingehend kommen, daß nicht mehr die Zinsstrukturkurven der einzelnen Teilnehmerländer überwacht werden müssen, sondern nur noch eine Euro-Zinsstrukturkurve.

Auch im Rahmen des Asset Management sollten jedoch die Potentiale eines größeren Kapitalmarktes nicht aus den Augen verloren werden. Neben den oben genannten allgemeinen Aspekten ist hier sicher noch die Weiterentwicklung mancher heute noch kostenintensiver Produktinnovationen zu erwarten. Dies betrifft die gegenwärtig stark vorangetriebenen ABS (Asset Backed Securities) Produkte, die sich durchaus als flexible Produktvarianten im Rahmen der Gestaltung der Finanzierungs- und/oder Bilanzstrukturpolitik etablieren könnten.

5 Welchen Einfluß hat der Euro auf den Zahlungsverkehr und das Cash Management ?

5.1 Bedeutung des Zahlungsverkehrs für die Realisierung der Währungsunion

Die Organisation des Zahlungsverkehrs stellt für die Realisierung und Akzeptanz des Euro, für die Entwicklung eines Euro-Geld- und Kapitalmarktes, bis hin zur Gewährleistung einer kostengünstigen Abwicklung der landes- und länderübergreifenden Zahlungen einen der zentralen Aspekte dar. Ohne ein effizientes europäisches Zahlungsverkehrssystem ist letztlich eine europäische Geldpolitik ebenso wenig denkbar wie ein finanzplatzübergreifender europäischer Kapitalmarkt.

In diesem Zusammenhang schwirren Begriffe wie »TARGET«, »EAF 2«, »EBA« und das Problem der Integration der privatwirtschaftlichen Zahlungsverkehrsnetze in ihrem Miteinander oder kompetitiven Gegeneinander durch die Wirtschaftspresse, ohne daß sich für den Kunden solcher Dienstleistungen bereits ein klares Konzept abzeichnet.

Neben dem System TARGET »Trans-European Automated Real-Time Gross Settlement Express Transfer System« welches dem Echtzeit Großbetragszahlungsverkehr zwischen den nationalen Notenbanken dient, existiert in Deutschland darüber hinaus das durch die Landeszentralbank in Hessen betriebene »EAF 2« »Elektronische Abrechnung Frankfurt«. Dieses wiederum bildet zusammen mit dem sogenannten elektronischen Schalter der Deutschen Bundesbank ein Großbetragszahlungssystem für die inländischen Banken auf Brutto- und Nettobasis und soll zukünftig ebenfalls eurofähig sein.

Weiterhin existiert ein europäisches Großbetragszahlungssystem »EBA« »ECU Banking Association«, welches zunächst den privaten Banken zur Abwicklung des grenzüberschreitenden ECU Zahlungsverkehrs diente und unter der Aufsicht des EWI nun zu einem grenzüberschreitenden Euro Zahlungssystem ausgebaut wird. Dabei geht man seitens des EWI davon aus, daß das TARGET überwiegend für den Interbanken-Zahlungsverkehr genutzt wird, während das EBA-System überwiegend dem kommerziellen Großbetragszahlungsverkehr im Wettbewerb mit nationalen Systemen wie EAF 2 dienen wird.[8]

Gegenwärtig haben aber auch einzelne Großbanken oder Institutsgruppen (Sparkassen- und Genossenschaftsverbände) damit begonnen, eigene grenzüberschreitende Euro-fähige Zahlungsverkehrs- und Clearingsysteme aufzubauen und dabei das Ziel, grenzüberschreitende Zahlungsverkehrs- und Clearingdienstleistungen gruppenintern bereits zum 1. Januar 1999 anbieten zu können.[9] Allgemein herrscht jedoch noch eine gewisse Unsicherheit darüber, wie letztlich unterhalb der Ebene der Großbetragszahlungssysteme ein grenzüberschreitender Euro-Zahlungsverkehr aussehen könnte und welche Auswirkungen sich daraus letztlich für die Liquiditätssteuerung der Unternehmen – außer der noch recht allgemein gehaltenen Erwartung erheblicher Kosteneinsparungspotentiale – ergeben können.

Letztlich muß der Zahlungsverkehr oder besser der Transfer von Geldbeträgen zwischen Parteien in einem Wirtschaftssystem, das hohe Ansprüche an die Kommunikation und die diese unterstützenden Techniken stellt, den sehr hohen Anforderungen der Geld- und Kapitalmärkte hinsichtlich Sicherheit, Effizienz, Aktualität und der Kosten genügen.

Die Entwicklung eines solchen Systems erfordert erhebliche Investitionen, die eine kritische Masse an Transaktionsvolumina für den wirtschaftlichen Erfolg zwingend voraussetzen. Es wird daher dem Wettbewerb in den ersten Jahren nach der Umstellung überlassen bleiben entsprechende Systeme zu entwickeln. Dabei wird sich der Wettbewerb nicht auf bestehende Kreditinstitute beschränken, sondern sich auch auf » ..den Einstieg neuer Wettbewerber, die mit modernster Technik und ohne die Belastungen der Vergangenheit an optimalen Standorten operieren können«, erstrecken[10].

Analysiert man die Ausgangslage, so läßt sich konstatieren, daß die Unternehmen inzwischen an einen hochgradig effizienten, in der Regel kostengünstigen Zahlungsverkehrsservice im Inland unter Einsatz modernster DV-Technik gewöhnt sind. Dies läßt sich nicht nur für Deutschland feststellen, sondern auch für viele andere europäische Länder. So wird durch die Entkopplung von Auftrags- und Kontowährung im Inland dem Kunden die Möglichkeit eröffnet, Zahlungsaufträge (Lastschriften, Überweisungen, Schecks) in der Übergangsphase wahlweise in DM oder Euro unabhängig von der Kontowährung des Unternehmens zu erteilen. Hinsichtlich des grenzüberschreitenden Zahlungsverkehrs besteht jedoch häufig eine große Lücke zwischen den Erwartungen der Unternehmen und den Angeboten der Kreditinstitute hinsichtlich Preis und Transfergeschwindigkeit.

Unmittelbar einsichtig ist jedoch, daß eine dauerhafte Verbesserung der grenzüberschreitenden Zahlungsverkehrsdienstleistungen bis hin in den Bereich der privaten Kunden eine wesentliche Voraussetzung für die nachhaltige Verwirklichung eines einheitlichen Marktes in der EWU ist und zwar nach den gleichen Grundprinzipien, wie sie bereits heute für den DM-Raum oder andere Länder gelten. Der Wirtschaftsraum USA hat diese Probleme nicht mehr. Insofern gilt es hier ebenfalls zunächst einen im globalen Maßstab bestehenden Nachteil aufzuholen und nicht einen Vorteil zu gewinnen.

Die Diskussion über eine Vereinheitlichung des internationalen Zahlungsverkehrs ist so alt wie dieser selbst. Die Entwicklung des »S.W.I.F.T.«-Systems (S.W.I.F.T steht für Society

8 Raymond, R. (1997), S. 595 ff.
9 Endres, M. (1997), S. 600f.
10 Endres, M. (1997), S. 602.

for Worldwide Interbank Financial Telekomunikation) ist eines der Ergebnisse des Bestrebens nach Beschleunigung und Sicherheit im internationalen Zahlungsverkehr, zumindest unter Kreditinstituten.

Aufgrund der hohen strategischen Bedeutung und auch geldpolitischer Überlegungen der nationalen Notenbanken ist es jedoch bisher nicht zu institutsübergreifenden Standards gekommen. Bislang standen einer europaweiten Standardisierung der Zahlungsverkehrssysteme wettbewerbspolitische Überlegungen im Wege, die zu einer weitgehenden Abschottung der nationalen Märkte geführt haben und dem sogenannten »Correspondant«-Banking einen kleinen aber ertragreichen Nischenplatz im Korb der Bankdienstleistungen bescherten. Andererseits verursachen die konzerninternen länderübergreifenden Clearingaktivitäten auch bei Banken im Rahmen einer dezentral organisierten Serviceerbringung erheblichen organisatorischen Aufwand, der an die Kundschaft weitergereicht wird.

Bisher war es nicht möglich zumindest innerhalb des privaten Kreditgewerbes in der EU einen Konsens zu erzielen, so daß derzeit »...europaweit rd. 60 Zahlungsverkehrssysteme unnötige Kosten (verschlingen)«.[11] In diesem Zusammenhang kann die EU Richtlinie vom 27. Januar 1997 über grenzüberschreitende Überweisungen eine erhebliche Bedeutung erlangen, werden dort doch Standards festgelegt, welche die Geschäftsbanken in Europa zukünftig zu beachten haben.[12]

Dies betrifft insbesondere umfangreiche Verpflichtungen der Kreditinstitute zur vorherigen und nachfolgenden Information über die Konditionen für grenzüberschreitende Überweisungen. Darüber hinaus bestehen umfangreiche Schadensersatzpflichten bei Nichteinhaltung von Übertragungsfristen, der weisungsgemäßen Ausführung sowie bei der Nichtabwicklung von Überweisungsaufträgen.

Im Gegensatz zu der gegenwärtig noch herrschender Unsicherheit der Strukturierung des europäischen Zahlungsverkehrs ist das Ziel und die Erwartungshaltung der Marktteilnehmer im Nichtbankenbereich bereits klar definiert. Mit der Einführung des Euro werden diese von den Finanzdienstleistern die gleichen, nunmehr grenzüberschreitenden Dienstleistungen im Zahlungsverkehr erwarten, wie sie diese heute bereits für den inländischen Zahlungsverkehr gewöhnt sind. Insbesondere die industrielle Kundschaft wird solche Zahlungsverkehrssysteme erwarten, um ihre Treasury-Funktionen im Cash Management stärker zentralisieren zu können, als dies bisher der Fall ist.

Zukünftig wird daher die kommerzielle Kundschaft immer weniger geneigt sein, für Transfers zwischen Frankfurt und Brüssel einen höheren Preis zu bezahlen als zwischen Frankfurt und München. So ist zukünftig nach Beseitigung etwaiger rechtlicher Hindernisse ein europäisches Lastschriftverfahren durchaus denkbar. Gleichfalls wird die Kontenkonzentration auf supranationaler Basis als Cash Management Dienstleistung möglich werden. In diesem Bereich sind sicher erhebliche Kosteneinsparungspotentiale vorhanden. Voraussetzung ist allerdings, daß die Zahlungsverkehrssysteme europaweit integriert werden.

---

11 BDI (1996), S.5.
12 Europäisches Parlent (1997).

5.2 Cash Management

5.2.1 Buchgeld

Das Cash Management in Unternehmen wird von der Einführung des Euro konkret zunächst durch die Einführung neuer Zahlungsverkehrsvordrucke sowie durch die Einführung von zwei Betragsfeldern im Datensatzformat für den Datenträgeraustausch mit den inländischen Kreditinstituten beeinflußt. Die entsprechenden DV-technischen Änderungen werden in der Regel durch die Einführung neuer Programm-Releases vollzogen.

Dies gilt zunächst jedoch nur für den Zahlungsverkehr im Inland. Für Transfers ins Ausland werden wie bisher Umformatierungen auf den jeweiligen Standard notwendig sein. Um die aus der Einführung des Euro erwachsenden Rationalisierungs- und Einsparpotentiale wirklich ausschöpfen zu können, ist jedoch ein einheitliches internationales Format notwendig. Gegenwärtig bietet sich hier nur der Einsatz des EDIFACT Standards für die Datenübermittlung auch für den Zahlungsverkehr zwischen Unternehmen und Kreditinstituten an. Es wird erwartet, daß Kreditinstitute erste EDIFACT Anwendungen bereits im Laufe des Jahres der mittelständischen Kundschaft anbieten werden.[13]

Ebenfalls bedeutsam sind jedoch die potentiellen Veränderungen in der Bankenpolitik der Unternehmen. Gegenwärtig ist davon auszugehen, daß viele Unternehmen ihre Bankenpolitik grundlegend überdenken werden. Häufig arbeiten Unternehmen neben einer oder wenigen Banken im Inland auf den relevanten Auslandsmärkten mit den lokal jeweils führenden Banken zusammen.

Im Ergebnis hat sich der zentrale Treasury Bereich mit einer Vielzahl von Bankverbindungen und der entsprechenden Disposition der Konten in verschiedenen Währungen auseinanderzusetzen, was insgesamt zeitaufwendig und ineffizient ist.

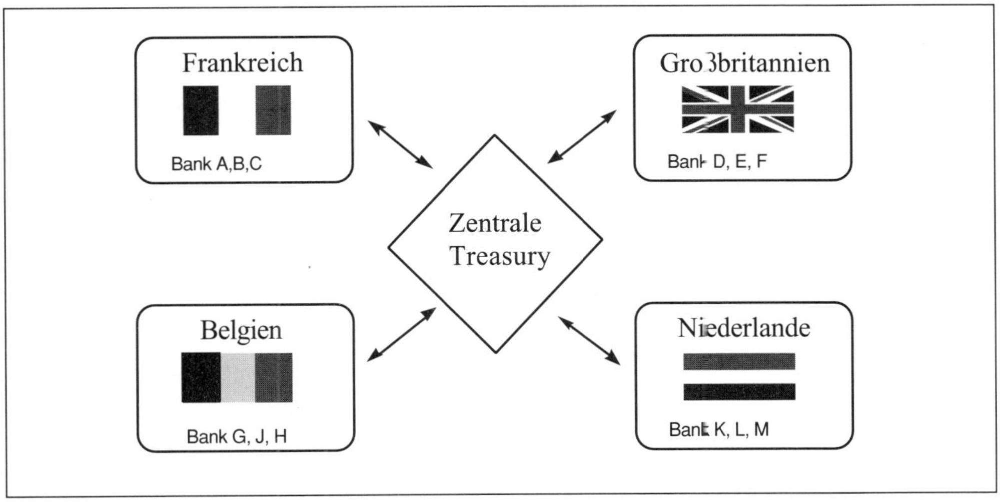

Abb. H-3: Europäische Bankverbindungen – Aktuelle Situation

13 BDI (1997).

Voraussetzung für die Realisierung entsprechender Kosteneinsparungspotentiale ist daher zum einen die Reduzierung der Bankkonten und damit der internen Dispositionskosten sowie der externen Provisionen und Gebühren. Zum anderen müssen die Anzahl der Einzeltransaktionen und damit die Transaktionskosten gesenkt werden. Weiterhin führt der Wegfall der nationalen Währungen nahezu automatisch zum Wegfall der Währungsmargen aus der Konvertierung von Original-Cash-Flows in andere Währungen.

Ziel sollte es daher sein, zumindest für Zwecke des Cash Managements die gegenwärtig existierenden Bankverbindungen auf wenige europäische Bankverbindungen zu reduzieren. Wesentlich für die Auswahl solcher Bankverbindungen unter Cash Management Gesichtspunkten ist die Möglichkeit, eine Euro-Kontenkonzentration über alle gruppenangehörigen Unternehmen nach einem einheitlichen technischen Standard durchführen zu können.

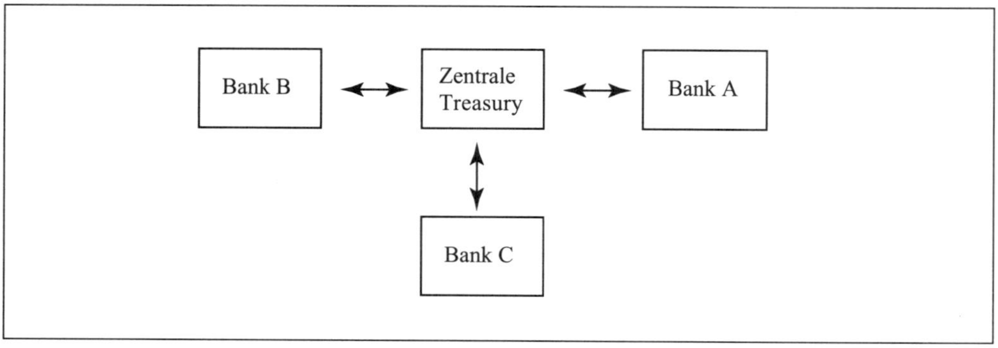

Abb. H-4: Europäische Bankverbindung nach Einführung der EWU

Realisiert werden kann dieses Ziel, indem man sich grundsätzlich auf einige oder im Rahmen des Cash Management auch auf nur eine Bank (-engruppe) konzentriert und sich von den bisherigen lokalen Bankverbindungen im EWU-Ausland löst. Voraussetzung ist jedoch, daß sich Banken identifizieren lassen, die deckungsgleich mit den Geschäftsaktivitäten im europäischen Ausland ebenfalls eine starke lokale Präsenz selbst haben oder diese über Kooperationspartner darstellen können. Darüber hinaus sollte bei diesen Erwägungen an den Grenzen Europas nicht haltgemacht werden, sondern auch die globale Präsenz des Bankpartners in das Kalkül mit einbezogen werden.

5.2.2 Bedeutung der Bargeldumstellung

Die Umstellung des Bargeldes ab dem 1. Januar 2002 wird die Unternehmen unterschiedlich berühren. Im Zeitraum vom 1. Januar 2002 bis längstens zum 30. Juni 2002 wird das nationale Bargeld durch den Euro ersetzt, d.h. in dieser Periode sind von einer Währung zwei unterschiedliche Bargeldsorten im Umlauf. Während in allen Bereichen des Einzelhandels sowie der Automatenwirtschaft mit erheblichen Belastungen zu rechnen ist, werden Unternehmen mit nur geringem Bargeldverkehr hiervon kaum berührt.

Damit werden bei allen Unternehmen mit einem umfangreichen Barzahlungsverkehr Investitionen in technische Einrichtungen der Bargeldentsorgung (z.B. mehrwährungsfähige

Kassensysteme, Automaten, Sicherheitsvorkehrungen, etc.) notwendig werden. Zumindest werden jedoch, sofern keine technische Lösung angestrebt wird, zusätzliche Personalressourcen für die getrennte Bargeldbearbeitung eingesetzt werden müssen. Für diese Bereiche sind bereits zu Beginn der Übergangsphase entsprechende Maßnahmen einzuleiten.

In erheblichem Umfang werden hiervon Unternehmen betroffen sein, die ihren Vertrieb über Automaten betreiben. Diesen dürften erhebliche Umstellungskosten entstehen.

6 Fazit und stichwortartige Darstellung wesentlicher Aspekte

6.1 Zusammenfassung der Ergebnisse

In den vorausgegangenen Ausführungen ist deutlich geworden, daß die Einführung der Währungsunion die Finanzsteuerung der Unternehmen in allen Kernbereichen nachhaltig beeinflußt. Im Rahmen einer detaillierten Betroffenheitsanalyse sind daher sämtliche Implikationen zu untersuchen. Insbesondere die häufig ins Feld geführten Einsparungspotentiale bei den Kurssicherungskosten und im Cash Management lassen sich nur auf Basis detaillierter Analysen erheben und realisieren.

Ebenso deutlich wurde, daß wir uns zumindest mittelfristig in eine Phase der Unsicherheit der Finanzmärkte hineinbewegen. Dies betrifft sowohl die Zeitspanne im Vorfeld der Währungsunion als auch die erste Zeit nach der Umsetzung, quasi die »Kinderstube« eines europäischen Finanzmarktes. Diesem Umstand muß in der Ausgestaltung der Risikoerfassungs- und Risikosteuerungsmechanismen in Unternehmen durch die Entwicklung geeigneter Methoden Rechnung getragen werden.

Die nachfolgende Zusammenfassung von zu adressierenden Aspekten bei der Einstellung der Finanzsteuerung der Unternehmen auf die Währungsunion soll hierzu eine erste Hilfestellung geben.

6.2 Stichwortartige Darstellung der wesentlichen Aspekte bei der Analyse des Einflusses des Euro auf die Finanzsteuerung

6.2.1 Allgemeines

- Untersuchung der operativen und strategischen Konsequenzen für den Bereich der Finanzsteuerung
- Durchführung einer Betroffenheitsanalyse mit den nachfolgenden Fragestellungen
  - Kalkulation und Budgetierung der Kosten der Währungsumstellung im Treasury-Bereich
  - Einleitung von Gesprächen mit Hausbanken und Geschäftspartnern hinsichtlich zukünftiger Abwicklungs- und Umstellungsmodalitäten.

- Innerbetriebliche Aufklärung der Mitarbeiter über die Umstellungsmaßnahmen und Konsequenzen

6.2.2 Überlegungen zum Management von Währungsrisiken

- Strukturierung der Auslandsforderungen bzw. -verpflichtungen aus dem operativen Geschäft über das Jahr 1998 hinaus mit Partnern in den
  - voraussichtlichen Teilnehmerstaaten
  - späteren Teilnehmerstaaten
  - sonstigen Ländern Europas
  - außereuropäischen Ländern
- Untersuchung möglicher Kompensationseffekte
- Analyse der Währungsrisiken bei operativen und strategischen Finanzanlagen
- Quantifizierung der Währungsrisiken mit voraussichtlichen EWU-Teilnehmerländern und Entscheidung über individuelle Sicherungsgeschäfte bis zur Währungsunion
- Untersuchung offener Positionen im Hinblick auf die Notwendigkeit/Möglichkeit einer vorzeitigen Glattstellung
- Einleitung organisatorischer und personeller Anpassungsmaßnahmen
- Überprüfung der Risikosteuerungsverfahren auf Praxisrelevanz insbesondere in der Phase bis 1999 und in der Übergangsphase bis 2001

6.2.3 Derivate

- Überprüfung der für Hedgezwecke abgeschlossenen Derivate auf Bestand/Wirksamkeit nach Einführung der EWU
- Untersuchung offener Positionen im Hinblick auf die Notwendigkeit/Möglichkeit einer vorzeitigen Glattstellung
- Prüfung der Möglichkeit der Aufnahme von klarstellender Klauseln in bestehende, bzw. neu abzuschließende Kontrakte
- Überprüfung der bestehenden Risikosteuerungsverfahren auf Praxisrelevanz insbesondere in der Phase bis 1999 und in der Übergangsphase bis 2001

6.2.4 Asset/Liability Management

- Untersuchung der Liquiditäts- und Zinsbindungsfristen bei der Unternehmensfinanzierung und dem Portfoliomanagement
- Planung der Umstellung umlaufender Schuldverschreibungen
- Berücksichtigung des Mittelbedarfs aus den Umstellungsinvestitionen bei der Gestaltung der Unternehmensfinanzierung
- Prüfung der Möglichkeit der Aufnahme von klarstellenden Klauseln in bestehende, bzw. neu abzuschließende Kontrakte
- Untersuchung der Möglichkeiten (Kosten/Nutzen) einer Substitution der klassischen Bankfinanzierung durch die direkte Inanspruchnahme des Kapitalmarktes

6.2.5 Zahlungsverkehr

- Festlegung der unternehmensinternen Umstellung auf den Euro
- Klärung der erforderlichen Änderungen beim Datenträgeraustausch
- Schaffung der technischen und organisatorischen Vorkehrungen zur Sicherstellung der Abwicklung des Zahlungsverkehrs wahlweise in Euro oder DM
- Umsetzung der neuen Zahlungsverkehrsvordrucke in den Datenformaten, sofern keine Standardsoftware eingesetzt wird
- Untersuchung der Möglichkeit des Einsatzes standardisierter Formate im elektronischen Zahlungsverkehr
- Überprüfung der gegenwärtigen Kontenverbindungen
- Straffung der Kontenverbindungen mit dem Ziel der länderübergreifenden Optimierung des Cash-Management auf Basis eines einheitlichen technischen Standards
- Prüfung des Einflusses der Bargeldumstellung und Planung entsprechender Maßnahmen

Literaturverzeichnis

Bundesverband der deutschen Industrie e.V. (BDI 1996): Euro Service Finanz- und Risikomanagement. In: Euro-Service, Dezember 1996, S. 5

Bundesverband der deutschen Industrie e.V. (BDI 1997): Euro Service Zahlungsverkehr. In: Euro-Service Juni 1997

Döhring, J. (1997): Vermeidung von Kurssicherungskosten durch Gründung einer Europäischen Währungsunion. In: Kreditwesen 1997, S. 117ff.

Endres, M. (1997): Der Euro aus technischer und geschäftspolitischer Sicht einer Großbank. In: Kreditwesen 1997, S. 600f.

Europäisches Parlament und Rat der EU (1997): Richtlinie 97/5/EG vom 27. Januar 1997 über grenzüberschreitende Überweisungen, Abl. der EG Nr. L 43, S. 25-30 vom 14. Februar 1997

Kommission der Europäischen Gemeinschaften (1997): Auswirkungen des Euro auf die Kapitalmärkte, Mitteilung der Kommission vom 2. Juli 1997, Kom (97) 337 end.

Hunziker, T./Langton, J. (1997): ISMA's Recommendations for EMU. In: Treasury, April 1997, S. 48f.

Kunert, M. (1996): Treasury/Neue Generation von Finanzmarktspezialisten. Der Euro führt zu einem Umbruch. In: Handelsblatt vom 7. November 1996

Peshkoff, A. (1997): Evaluating the Implications of European Monetary Union on the derivatives Markets and Industry. Vortrag Global Derivatives Conference, Paris 1997

Raymond, R. (1997): An overview of the payment systems in euro in Stage Three of EMU. In: Kreditwesen 1997, S. 595ff.

Witte, W. (1996): Auswirkungen der Währungsunion auf die Kapitalmärkte und Konsequenzen für das Treasury einer Großbank. In: Österreichische Sparkassenzeitung 1996, S. 382f.

*Karl-Heinz Lemnitzer/Lothar Stein**

I. Kreditinstitute und der Euro

Ein Überblick

---

* Wirtschaftsprüfer/Steuerberater Dr. Karl-Heinz Lemnitzer, KPMG Deutsche Treuhand-Gesellschaft AG Wirtschaftsprüfungsgesellschaft, Frankfurt am Main
Wirtschaftsprüfer/Steuerberater Lothar Stein, KPMG Deutsche Treuhand-Gesellschaft AG Wirtschaftsprüfungsgesellschaft, Frankfurt am Main

2.5 Meldewesen
    2.5.1 Grundsätzliche Änderungen im Meldewesen
    2.5.2 Umstellungen bei den einzelnen Meldungen

3 Auswirkungen auf ausgewählte Spezialkreditinstitute
  3.1 Kapitalanlagegesellschaften
    3.1.1 Auswirkungen auf das Fondsmanagement
    3.1.2 Auswirkungen auf sonstige interne Abläufe
    3.1.3 Auswirkungen bei der Depotbank
  3.2 Hypothekenbanken
    3.2.1 Darlehensgeschäft
    3.2.2 Refinanzierung

1 Auswirkungen auf Kreditinstitute im Allgemeinen

1.1 Vorbereitung auf die Europäische Währungsunion

Bei der EWU kommt den Banken eine besondere Rolle zu, weil sie bei der Währungsumstellung zwischen dem Staat bzw. der Zentralbank und den Endverbrauchern stehen. Sie werden deshalb insbesondere eine Mittlerfunktion zwischen Staat und Verbraucher übernehmen müssen, die sich nicht nur auf den physischen Umtausch der Banknoten und Münzen beschränken, sondern auch die faktische Umstellung der Konten ihrer Kunden einschließlich eventuell erforderlicher Beratungsgespräche umfassen wird. Sie müssen deshalb in der Lage sein, während der Übergangsphase die Konten ihrer Kunden in DM oder Euro zu führen. Gleichzeitig werden sie maßgeblich an der Europäisierung der gemeinsamen Währung beteiligt sein.

Die Europäisierung der Finanzdienstleister durch die gemeinsame Währung hat für die Banken aber auch eine strategische Dimension. Durch die Einführung einer gemeinsamen europäischen Währung – verbunden mit dem Wegfall der nationalen Währungen – werden viele überregional tätige Banken ihren Standortvorteil verlieren. Das wird zu größerem Wettbewerb und zu stärkerem Preisdruck innerhalb Europas führen.

Die Währungsumstellung erfordert bei den Banken in zweifacher Hinsicht ein besonderes Augenmerk. Zum einen müssen sie sich mit den eigenen Umstellungserfordernissen auseinandersetzen und zum anderen aber auch ihre Kunden informieren.

Durch die Umstellung des Zahlungsverkehrs zwischen den Zentralbanken und die wahrscheinlich frühzeitige Umstellung der Kapitalmärkte auf den Euro[1] sowie die Notwendigkeit, den Kontoinhabern ab 1. Januar 1999 die Kontoführung wahlweise in DM oder Euro zu ermöglichen, sind Banken praktisch gezwungen, ihre internen Vorbereitungen weitgehend noch im Jahr 1998 abzuschließen. So haben sie im Gegensatz zu den meisten anderen Unternehmen also nicht die Möglichkeit, ihre Umstellungen erst am Ende der Übergangszeit vorzunehmen. Dadurch und aus Wettbewerbsgründen werden sie gezwungen, eine Vorreiterrolle zu spielen und in vielen Teilbereichen Pionierarbeit zu leisten, was die Umstellungskosten, welche sie nicht direkt an ihre Kunden weitergeben können, tendenziell erhöht.

1.2 Änderungen in der Organisation der Bank

Die wohl weitreichensten Umstellungserfordernisse werden sich voraussichtlich in den Bereichen Handel und Zahlungsverkehr ergeben. Desweiteren werden von der EWU die Bereiche Kredit- und Wertpapiergeschäft sowie Rechnungs- und Meldewesen tangiert.

Durch die Einführung des Euro und dem sich daraus ergebenden Wegfall des Währungsrisikos wird der Devisenhandel mit den nationalen Währungen der teilnehmenden Mitgliedsstaaten wegfallen. Darunter fallen auch alle Termingeschäfte, die insbesondere zur Absicherung von eigenen Vermögensgegenständen und Schulden der Bank sowie mit Kunden zur

---

1 Vgl. z.B. Artikel 5 (Änderungen von Vorschriften auf dem Gebiet des Börsenrechts) und Artikel 6 (Gesetz zur Umstellung von Schuldverschreibungen auf Euro) des Regierungsentwurfs zum Euro-Einführungsgesetz (EuroEG-E).

Kurssicherung von deren Warenlieferungen oder Kapitalzahlungen abgeschlossen wurden. Der Handel mit anderen Währungen, wie z.B. mit USD, wird voraussichtlich durch eine Konsolidierung geprägt sein, die größere Volumina der einzelnen Geschäfte bei gleichzeitigem Rückgang der Anzahl der Geschäfte zur Folge haben wird. Der sich daraus ergebende Konsolidierungsprozeß auf den Kapitalmärkten verbunden mit stärkerem Wettbewerb zwischen den Banken drängt kleine Banken in Nischen oder verdrängt sie im ungünstigsten Fall aus dem Markt.

Gleichzeitig muß insbesondere auch der Wertpapierhandel auf Marktveränderungen ausgerichtet werden. Die einheitliche europäische Währung und der Wegfall des Währungsrisikos werden auf den nationalen Märkten zu einem größeren Angebot an Euro-Wertpapieren gegenüber Wertpapieren in den bisherigen nationalen Währungen führen. Für bestimmte Wertpapiere wird es dadurch aber auch zu einem Anstieg der gehandelten Volumina kommen, so daß sich die Transaktionen auf wenige Märkte/Börsen konzentrieren werden. Mit diesem Konzentrationsprozeß wird eine Verschärfung des Wettbewerbs verbunden sein, der bei den Banken zu einer strategischen Neuausrichtung ihrer Handelsabteilungen führen muß.

Doch nicht nur im Handel werden Änderungen in der Organisation erforderlich sein. Ein weiterer Bereich ist der Zahlungsverkehr, der für eine Übergangszeit praktisch zwei nationale Währungen verarbeiten muß. Auch in der Kreditabteilung werden umfangreiche Änderungen bei der Kreditvergabe und -verwaltung notwendig.

Ebenso führt das parallele Nebeneinander von Euro und DM dazu, daß die Banken ihren Kunden sowohl Konten in Euro als auch in DM führen müssen. Dazu kann es bei einzelnen Banken erforderlich werden, daß sie bestimmte Buchungen doppelt bzw. parallel durchführen müssen, weil die hierfür genutzten DV-Programme nicht mehrwährungsfähig sind.

Auch für die eigene Buchhaltung der jeweiligen Bank stellt sich die Frage der internen Umstellung auf Euro. Sie stellt sich, weil die Transaktionen mit anderen Banken, wie z.B. beim Geldhandel voraussichtlich sehr schnell, diejenigen mit Privatkunden aber eher spät auf Euro umgestellt werden. In dieser Zeit werden die Banken verschiedene Dienstleistungen sowohl in DM als auch Euro anbieten, was nicht nur zu einer Ausdehnung der Dienstleistungspalette, sondern auch zu erhöhtem Aufwand in der Organisation führen wird.

Anhand dieser Teilaspekte wird deutlich, daß bei den Banken vielfältige Änderungen notwendig werden. Deshalb hat der Bundesverband deutscher Banken frühzeitig einen sehr detaillierten Fragenkatalog erstellt, der den Banken Hilfestellung bei der Umstellung geben soll.[2] Dieser Leitfaden umfaßt u.a. die Bereiche Inlandszahlungsverkehr, Auslandsgeschäft, Kartengestützte Systeme, Rechnungswesen, Aktiv- / Passivgeschäft, Geld- und Devisengeschäft sowie Wertpapiergeschäft und enthält eine Vielzahl von Detailmaßnahmen innerhalb der einzelnen Bereiche.

Die Vielfalt der Änderungen führt auch dazu, daß die bei den Banken entstehenden Umstellungskosten vergleichsweise hoch sind. Diese hohen Kosten ergeben sich insbesondere dadurch, daß einzelne Umstellungsmaßnahmen bereits vor dem 1. Januar 1999 abgeschlossen sein müssen und in der Übergangsphase Doppelbelastungen durch die Bearbeitung von DM und Euro entstehen.

---

2 Vgl. Bundesverband deutscher Banken (1996a). Der Fragenkatalog ist insbesondere für dessen Mitglieder bestimmt und ist nicht im Buchhandel erhältlich.

1.3 Information der Bankkunden

Einer der wichtigsten Bestandteile des Dienstleistungsangebotes der Banken ist die Information und Beratung der Kunden. Diese erfolgt im Regelfall im Rahmen eines individuell ausgestalteten Kundengesprächs. Bei Themen von allgemeinem Interesse nutzen die Banken häufig das Medium des Kundenrundschreibens bzw. der Broschüre, deren Inhalte für ausgewählte, besonders betroffene Kunden noch in Informationsveranstaltungen vertieft werden. Zu diesen Themengebieten mit allgemeinem Interesse zählt seit längerem auch die EWU. Hier sind insbesondere die Anpassungs- und Umstellungserfordernisse für die Firmen- und Gewerbekunden aber auch die in unterschiedlicher Weise ausgerichteten Euro-induzierten Anlageinteressen der Privatkunden von Relevanz.

Bei den Informationsveranstaltungen bewegen sich die Banken regelmäßig auf einer Gratwanderung zwischen Information über die EWU, den eigenen Produkten sowie möglichen Empfehlungen einerseits und dem Eindruck einer »Verkaufsveranstaltung« bei den Besuchern andererseits. Deshalb müssen die Banken darauf achten, daß sie die Kunden vor dem Hintergrund der teilweise noch sehr emotional ausgestalteten Berichterstattung in den Medien nicht verunsichern und den Eindruck von teilweise unseriöser und primär eigennützig ausgerichteter Information vermeiden. Denn nur mit möglichst neutraler Information können sie das Vertrauen der Kunden erhalten und diese dazu animieren, sich rechtzeitig und mit möglichst großer Effizienz mit der Euro-Thematik auseinanderzusetzen.

2 Auswirkung auf ausgewählte Geschäftsbereiche

2.1 Handel

2.1.1 Veränderung der Rahmenbedingungen

Unabhängig von der Einführung des Euro wird im Handel eine weitere Technisierung mit stärkerer Nutzung elektronischer Medien einsetzen oder vorangetrieben werden. So werden z.B. international tätige Banken am Ende des Geschäftstages noch offene Devisenpositionen an andere Niederlassungen in entfernten Ländern weitergeben, die damit weiter handeln. Dadurch wird ein globaler Handel rund um die Uhr stattfinden. In diesem Handel werden voraussichtlich wenige Währungen prozentual den Löwenanteil einnehmen, während kleinere Währungen weiter an Bedeutung verlieren werden.

Neben den Devisen werden auch die Aktien von Gesellschaften in Euro-Mitgliedsstaaten hinsichtlich ihrer Währung eine Angleichung erfahren, die den Aktiengesellschaften eine größere Käuferschicht für ihre Anteilscheine eröffnen wird. Auf Euro lautende Aktien werden einfacher in Europa zu plazieren sein, da sie in Zukunft Anlagen mit nur bonitätsinduziertem Risiko, jedoch ohne Währungsrisiko sein werden. Das gleiche gilt natürlich auch für Rentenwerte, bei denen der Aspekt des Währungsrisikos von jeher eine relativ große Rolle im Vergleich zum Kursrisiko spielte. Das bedeutet z.B. für viele institutionelle Anleger eine größere Auswahl an Wertpapieren. Damit lassen sich ihre Portefeuilles auch unter Performance-Gesichtspunkten besser strukturieren. Solche institutionellen Anleger mit längerfristig ausgerichteten Anlagestrategien sind z.B. Lebensversicherungsgesellschaften, Pensionskassen und Kapitalanlagegesellschaften.

Die Globalisierung der Märkte wird in Zukunft auch zu einer Vereinfachung der grenzüberschreitenden Abwicklung der Handelsgeschäfte führen, was die Anzahl und das Volumen dieser Geschäfte expandieren läßt. Ein wichtiger Schritt in diese Richtung wird der schnellere und grenzüberschreitende Zahlungsverkehr mit TARGET[3] sein. Die Banken müssen deshalb schon heute entsprechende Vorbereitungen treffen, um ihre eigenen Zahlungsverkehrssysteme an das ausschließlich auf Euro-Basis konzipierte System TARGET anzupassen.

Aufgrund der einheitlichen Währung werden aber auch Änderungen bei den gehandelten Produkten zu verzeichnen sein. So werden sich z.B. derivative Finanzinstrumente in Euro herausbilden, die speziell auf den Euro-Markt und die Bedürfnisse der Marktteilnehmer zugeschnitten sein werden. Sie werden sich als individuelle Vereinbarung, in der Regel zwischen zwei Partnern in der Form von OTC-Produkten[4] oder als standardisierte Produkte, die an Börsen gehandelt werden, entwickeln.

2.1.2 Veränderung der internen Organisation

Der Wegfall des Devisenhandels mit Euro-Währungen[5] wird bei den Banken Personal freisetzen. Gleichzeitig wird die oben beschriebene Konzentration auf den Märkten zu einer weiteren Reduzierung der notwendigen Personalkapazitäten führen. Diese Entwicklungen müssen in der strategischen Ausrichtung der Handelsabteilungen berücksichtigt werden. So gilt es bereits heute, Devisenhändler auf die Veränderungen im Aktien- oder Rentenhandel sowie im Handel mit den damit verbundenen Derivaten vorzubereiten. Gerade im Bereich der Derivate waren bei den Banken in der Vergangenheit deutliche Steigerungsraten im Volumen zu verzeichnen, ein Trend der wahrscheinlich auch noch in nächster Zukunft anhalten wird.

Die Vergleichbarkeit der Rentenwerte und der Aktien könnte in der Übergangszeit erschwert werden, wenn für die Umstellung unterschiedliche Zeitpunkte gewählt würden. Um das nebeneinander von Kursen in Euro und den bisherigen nationalen Währungen zu vermeiden, streben die Kapitalmärkte und insbesondere die Börsen einen »Big-Bang« zu einem möglichst frühen Zeitpunkt an. Dadurch sollen nicht nur die Transparenz der Börsennotierungen gewährleistet, sondern auch der frühzeitigen Europäisierung der Märkte Vorschub geleistet werden.

---

3 Zu TARGET vgl. gesonderten Abschnitt 2.3.1.

4 OTC = Over the Counter.

5 Der Anteil der EWS-Währungen an den gesamten Devisenumsätzen beträgt in Deutschland ca. 25%. Vgl. Fischer-Erlach (1997), S. 107.

2.2 Kreditgeschäft

Bei dem Kreditgeschäft besteht ein besonderes Interesse der Banken, das Vertrauensverhältnis zum Kunden zu erhalten und auszubauen. Deshalb ist es für beide Beteiligten wichtig, daß im Zusammenhang mit der Euro-Umstellung notwendige Maßnahmen rechtzeitig mitgeteilt und abgestimmt werden. Daneben sind bei den Banken aber auch vielfältige interne Änderungen erforderlich, die frühzeitig bestimmt und vorbereitet werden müssen.

2.2.1 Änderungserfordernisse im Kundengeschäft

Bei bestehenden Kreditverträgen zwischen Bank und Kreditnehmer bedarf es im Grundsatz keiner Änderung, da aufgrund des in EU-VO 235 niedergelegten Prinzips der Vertragskontinuität[6] die einzelnen Vertragsbestandteile und Konditionen weiterhin Gültigkeit haben. Nicht zwingend erforderlich, aber aufgrund der »Optik« empfehlenswert, ist die Neufestlegung der Kreditlinien auf runde Euro-Beträge, wenn das Konto in Euro geführt wird.

Bei besicherten Krediten kann es, insbesondere zusammen mit anderen anstehenden Änderungen empfehlenswert sein, die Sicherungsnominalwerte anzupassen. Das trifft z.B. für bestehende Grundschulden und Hypotheken zu, auch wenn diese weiterhin auf DM lauten können. Diese werden nach der Übergangszeit, auch ohne formelle Umstellung im Grundbuch, automatisch als Euro-Grundschulden interpretiert. Klarheit muß hingegen bei variablen Sicherheiten, wie z.B. bei Zessionen, Verpfändungen oder Sicherungsübereignungen, geschaffen werden, da die laufenden Bestandsmeldungen des Kreditnehmers entweder explizit mit der Währungsbezeichnung versehen oder zu einem vorher abzustimmenden Zeitpunkt auf Euro umgestellt werden müssen. Ohne eine klare Regelung ist es sonst nahezu unvermeidlich, daß Zahlen in Euro als DM bzw. DM- als Euro-Zahlen interpretiert werden könnten, was Mißverständnisse fördern und das gegenseitige Vertrauensverhältnis belasten könnte.

2.2.2 Bankinterne Umstellungserfordernisse

2.2.2.1 Kredite an Firmenkunden, Gewerbetreibende und Freiberufler

Neben der laufenden Beobachtung der Kontoführung ist die Überwachung der wirtschaftlichen Verhältnisse und damit das frühzeitige Erkennen einer Bonitätsverschlechterung eine der wichtigsten Aufgaben des Kreditsachbearbeiters. Die Informationen über die Bonität erhält die Bank in der Regel aus dem Jahresabschluß oder der Einnahmen-Überschußrechnung des Kreditnehmers, der nach bankeinheitlichen Verfahren und im Normalfall mit Hilfe von DV-Standardprogrammen analysiert wird. Diese Analysen bauen überwiegend auf der Berechnung von Kennzahlen auf, die im Zeitablauf verglichen und deren Veränderungen untersucht werden.

---

6 Artikel 3 EU-VO 235.

Für die Banken, welche die von Kunden eingereichten Jahresabschlüsse mit DV-technischer Unterstützung analysieren, ist es empfehlenswert, die Umstellung auf den Euro zu einem einheitlichen Zeitpunkt vorzunehmen. Gleichzeitig sollten auch die Vorjahreszahlen umgestellt werden, sofern sie für zukünftige Analysen benötigt werden. Zur Vermeidung der vielfältigen Umrechnungsarbeiten können automatische Umrechnungsprogramme eingesetzt werden, welche die Eingabe in DM und die Verarbeitung und Speicherung in Euro ermöglichen. Diese Konvertoren können sowohl bei der Umstellung der historischen Daten als auch bei der laufenden Erfassung als Vorstufe zu der anschließenden Verarbeitung eingesetzt werden.

Sofern bei der Analyse der wirtschaftlichen Verhältnisse Kennzahlen in der Form von Relationszahlen (z.B. Umsatzrendite, Eigenkapitalquote, Verschuldungsgrad) ermittelt werden, ist eine Umstellung auf den Euro nicht erforderlich. Anpassungen sind hingegen bei Kennziffern in DM (z.B. Bilanzsumme, Eigenkapital, Betriebsergebnis, Jahresüberschuß) notwendig. Für welchen rückwirkenden Zeithorizont diese Umstellung erfolgen soll, muß jede Bank individuell entscheiden.

In der Übergangszeit und auch noch in der ersten Zeit danach müssen die Banken davon ausgehen, daß die vom Kreditnehmer eingereichten Jahresabschlüsse zumindest teilweise noch auf DM lauten. Dies wird insbesondere bei kleineren und mittleren Banken der Fall sein, deren Kundenstamm sich überwiegend aus national ausgerichteten kleineren oder mittelständischen Unternehmen zusammensetzt. Diese Kunden werden häufig aufgrund der hohen Bargeldtransaktionen oder der direkten Verwertbarkeit der Zahlen für Meldungen/Erklärungen an den Fiskus bzw. die Sozialversicherung ihre Buchhaltung bis zum 31. Dezember 2001 in DM führen. Auch noch nach der Übergangszeit müssen die Banken davon ausgehen, daß Jahresabschlüsse in DM eingereicht werden, die Bilanzstichtage bis einschließlich 31. Dezember 2001 betreffen, da die Steuererklärungen für Veranlagungszeiträume bis einschließlich 2001 bei der Finanzbehörde möglicherweise in DM abgegeben werden müssen, auch wenn sie später eingereicht werden.[7]

Zur Information über die aktuellen wirtschaftlichen Verhältnisse fordern die Banken neben den Jahresabschlüssen regelmäßig auch laufende betriebswirtschaftliche Auswertungen von ihren Kreditnehmern ein. Die Währung dieser Auswertungen wird im Regelfall der Buchhaltungswährung entsprechen, die jedoch nicht mit der Währung des letzten bei der Bank vorliegenden Jahresabschlusses identisch sein muß. Im Falle unterschiedlicher Währungen wird ein Vergleich mit den letzten Jahresabschlußzahlen aufwendiger für die Bank, so daß wieder die DV-gestützte Umrechnung gefragt sein wird. Für hierfür notwendige Software-Module könnte frühzeitig das Anforderungsprofil fixiert und die Programmierung zentral vorgenommen werden, so daß möglichst hohe Standardisierung und Effizienz erreicht wird.

Neben den Anpassungserfordernissen in der laufenden Kreditverwaltung muß bei den Banken auch berücksichtigt werden, daß durch die geänderten Zuständigkeiten für die Geldpolitik das Instrument der Diskontpolitik von der Deutschen Bundesbank auf die Europäische Zentralbank übertragen wird. Inwieweit diese von diesem Gebrauch machen wird, kann derzeit noch nicht eingeschätzt werden. Deshalb könnte bei den Banken die Diskontierung von Handelswechseln und der Rediskont bei der Deutschen Bundesbank bzw. der jeweiligen

---

7 Vgl. ASWWU (1997), S. 9.

Landeszentralbank in Zukunft an Bedeutung verlieren. Der Handelswechsel als solcher wird seine Bedeutung für die Kreditinstitute jedoch nicht verlieren. Es wird in Zukunft lediglich zu einer Veränderung der Verwendungsmöglichkeiten kommen. Besteht heute bei den Banken noch die Möglichkeit, bestimmte Handelswechsel zum Rediskont bei der Deutschen Bundesbank einzureichen, so werden sie in Zukunft möglicherweise als Sicherheit für bestimmte Geschäfte, wie z.B. Repo-Geschäfte eingesetzt werden können.[8]

2.2.2.2 Kredite an Privatpersonen

Die Kreditvergabe an Privatpersonen erfordert aufgrund der Größenordnung regelmäßig einen höheren Standardisierungsgrad, zumal die Vermögens- und Ertragsverhältnisse der Privatkunden im Normalfall keinen größeren Schwankungen unterliegen, was sich positiv auf die Sicherheit bei der Einschätzung des Risikos auswirkt. Die Banken sind deshalb nicht in dem Umfang wie bei den Firmenkunden auf aktuelle Informationen zu den wirtschaftlichen Verhältnissen angewiesen. Zur Information werden zwar auch Vermögensnachweise (z.B. Vermögensaufstellungen) sowie Einkommensnachweise (z.B. Verdienstbescheinigungen oder Einkommensteuerbescheide) eingeholt.

Da die Banken jedoch erst ab einem Kreditbetrag von TDM 250[9] verpflichtet sind, Unterlagen zu den wirtschaftlichen Verhältnissen des jeweiligen Kreditnehmers einzuholen und auszuwerten, steht die Überwachung der Kredite bis TDM 250 im Ermessen der jeweiligen Bank. Je nach Art und Gesamtvolumen dieser Kredite versuchen die Banken über standardisierte, möglichst DV-gestützte Überwachungssysteme das Kreditausfallrisiko zu minimieren.

Solche Überwachungssysteme werden deshalb z.B. im Massengeschäft von Teilzahlungs- oder Hypothekenbanken eingesetzt. Diese Systeme ordnen die Kredite aufgrund standardisierter Bewertungsverfahren vorher definierten Risikoklassen zu. Diese Einstufung wird regelmäßig überprüft und Veränderungen bei der Eingruppierung dokumentiert. In die Systeme fließen oft noch Informationen aus DV-gestützten Mahnsystemen ein, die bei der Bonitätsbeurteilung berücksichtigt werden.

Solche Systeme sind in der Praxis meist sehr komplex und von einem hohen Integrationsgrad, so daß hier die Euro-Umstellung zu einem längerfristigen und aufwendigen Prozeß werden kann, der nur durch frühzeitige Vorbereitung optimal gestaltet werden kann.

2.3 Zahlungsverkehr

2.3.1 Das Zahlungsverkehrssystem TARGET

Artikel 4 EU-VO 109-E schreibt vor, daß ab 1. Januar 1999 der Euro »die Recheneinheit der Europäischen Zentralbank (EZB) und der Zentralbanken der teilnehmenden Mitgliedsstaaten« sein wird. Um diese Anforderungen umzusetzen, wurde für den Zahlungsverkehr innerhalb der nationalen Zentralbanken und der EZB das System TARGET entwickelt.

---

8 Zur Art der möglichen Kategorie der Sicherheiteneinstufung vgl. EWI (1997), S. 21 ff.

9 Vgl. § 18 KWG (Gesetz über das Kreditwesen).

TARGET steht für Trans-European Automated Real-Time Gross Settlement Express Transfer System. TARGET soll zeitgleich mit dem Euro eingeführt und ausschließlich in Euro ausgeführt werden. Durch dieses System soll ein reibungsloser EU-weiter Zahlungsverkehrsablauf für Großbeträge sichergestellt und die Umsetzung einer einheitlichen europäischen Geldpolitik durch die EZB gefördert werden.

Ziel des Systems ist die möglichst schnelle Weiterleitung der Beträge von einer nationalen Zentralbank zu einer anderen. Die Weiterleitung soll am gleichen Tag, möglichst innerhalb weniger Sekunden erfolgen. Weiterhin sollen die Probleme im Auslandszahlungsverkehr aufgrund unterschiedlicher Zahlungsverkehrssysteme in den einzelnen Ländern zumindest innerhalb der teilnehmenden Mitgliedsstaaten beseitigt werden. Die schnelle Weiterleitung großer Zahlungen und das tägliche Clearing innerhalb der nationalen Zentralbanken verschafft der EZB einen zeitnahen Überblick über die im Umlauf befindliche Geldmenge und unterstützt damit deren Politik zur Geldmengensteuerung.

TARGET baut auf kompatiblen Echtzeit-Brutto-Systemen (RTGS-Systeme = Real-Time Gross Settlement Systems) auf, die bei den nationalen Zentralbanken und bei der EZB implementiert sein werden und die über sogenannte Interlinking-Systeme miteinander verbunden sein werden. Diese nationalen RTGS-Systeme dienen bei den nationalen Zentralbanken auch zur Abwicklung des nationalen Zahlungsverkehrs und stellen somit die Schnittstelle für Inhaber von LZB-Konten (hauptsächlich Kreditinstitute) dar. In Deutschland soll dieses RTGS-System auf der Basis des »Elektronischen Schalters« (ELS) der Deutschen Bundesbank entwickelt werden, in den bisher die Abwicklungsverfahren des »Eiligen Zahlungsverkehrs« und des Auslandszahlungsverkehrs eingebunden sind.[10] Für die Interlinkingsysteme soll zumindest für die Testphase und die erste Zeit nach der Einführung das Netz der S.W.I.F.T. (Society for Worldwide Interbank Finacial Telecommunication) genutzt werden.[11]

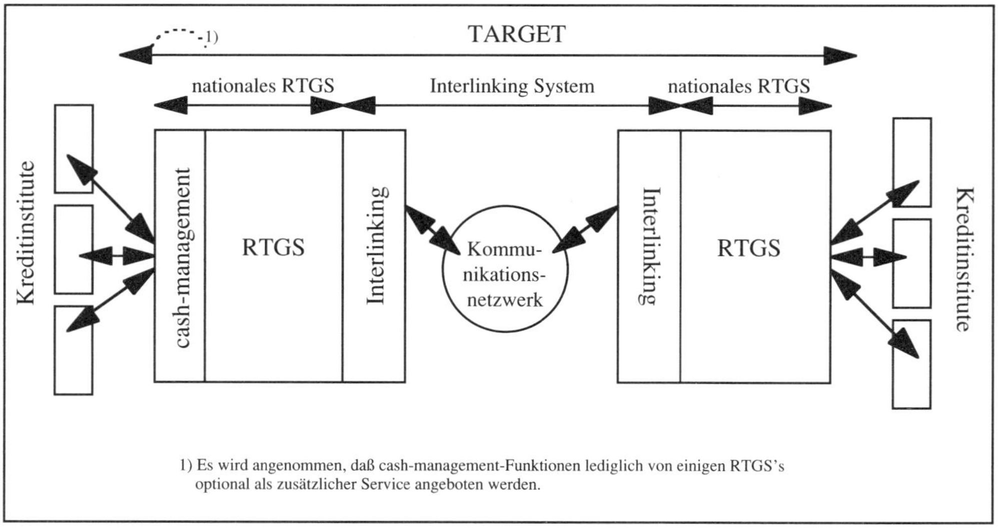

Abb. I-1: Die Struktur des TARGET-Systems (Quelle: EWI (1996a))

10 Vgl. Deutsche Bundesbank (1996), S. 20.

11 Vgl. Deutsche Bundesbank (1997b), S. 5.

Zur Förderung eines fairen Wettbewerbs werden die Preise für die Nutzung von TARGET einheitlich auf Basis der entstehenden Kosten festgelegt.[12] Durch diese Vereinheitlichung können die Banken davon ausgehen, daß die Preise für Zahlungen in das »Euro-Ausland« wahrscheinlich mittelfristig sinken werden, was zu einer Kostenreduktion führen würde.

Zusammen mit der Einführung des TARGET-Systems wird auch die Betriebszeit der nationalen RTGS-Systeme verlängert werden. In Deutschland bedeutet das eine Ausdehnung für die nationale Zahlungsverkehrsabwicklung von bisher 7 Stunden auf zukünftig 11 Stunden (7:00 Uhr bis 18:00 Uhr).[13] Das wird dazu führen, daß die Banken innerhalb der Zahlungsverkehrsabteilung eine längere Betriebsbereitschaft sicherstellen müssen, um damit wettbewerbsfähig zu bleiben. Eine ausgedehnte Betriebsbereitschaft wird weiterhin durch die Gewährleistung der Funktionsfähigkeit an bestimmten nationalen Feiertagen notwendig werden. Nach dem derzeitigen Stand werden wohl nur der 25. Dezember und der 1. Januar als einzige europaweite Feiertage für den Betrieb von TARGET ausscheiden. An allen sonstigen Feiertagen sollen grenzüberschreitende Zahlungen via TARGET möglich sein.

Im Regelfall wird die Betriebsbereitschaft durch eine Flexibilisierung der Arbeitszeit möglich sein, verbunden mit dem Einverständnis der jeweiligen Mitarbeiter die Anwesenheit der mindestens erforderlichen Mitarbeiterzahl sicherzustellen. Die Banken sollten deshalb bereits in 1998 die entsprechenden Regelungen festlegen sowie die Vereinbarungen mit den Mitarbeitern treffen.

Aufgrund der langen Öffnungszeiten der Zahlungsverkehrssysteme ist derzeit davon auszugehen, daß alle bei den Banken bis ca. 17:00 Uhr eingehenden Aufträge noch am gleichen Tag verarbeitet und gebucht werden.[14] Die verlängerten Betriebszeiten für den Zahlungsverkehr werden eventuell auch dazu führen, daß der gesamte Geld- und Devisenhandel zwischen den Banken noch auf den Nachmittag ausgedehnt wird, was eventuell zu einer Ausweitung des Geschäftsvolumens führen könnte.

Die Beschleunigung des europaweiten Zahlungsverkehrs wird aber nicht nur Vorteile haben. Durch die gemeinsame Währung und die schnelle Zahlungsverkehrsabwicklung werden Kunden außerhalb des Euro-Raums nicht im bisherigen Umfang Geschäftsbeziehungen zu Banken in jedem Land unterhalten müssen. Voraussichtlich wird für die einzelnen Kunden ein mittelbarer oder ggf. auch unmittelbarer Zugang zu TARGET für die Zahlungsverkehrsabwicklung im Euro-Raum ausreichen. Dies wird zu einem Rückgang der Bankverbindungen eines international tätigen Unternehmens in EWU-Ländern führen und damit bei den Banken einen verstärkten Wettbewerb um diese Kunden auslösen. Bei diesem Rennen werden voraussichtlich Banken mit leistungsfähigen Systemen und günstigstem Preis-Leistungsverhältnis langfristig vorne sein.

2.3.2 Auswirkungen auf den Inlandszahlungsverkehr

Die Umstellung des Großbetragszahlungsverkehrs der nationalen Zentralbanken auf TARGET zwingt die Kreditinstitute aus Gründen einer möglichst einfachen und sicheren Zahlungsverkehrsabwicklung zur Anpassung ihrer Systeme. Das bedeutet ab 1. Januar 1999 in der Praxis eine vollständige Umstellung des Zahlungsverkehrs in der EWU auf den Euro.

---

12 Vgl. Deutsche Bundesbank (1996), S. 21.
13 Vgl. Deutsche Bundesbank (1997b), S. 6.
14 Vgl. Deutsche Bundesbank (1997b), S. 6.

2.3.2.1 Das Zwei-Betrags-Konzept in der Datensatzbelegung im DTA-Zahlungsverkehr

Um beim Zahlungsverkehr rechtzeitig die Umstellungsaktivitäten in geregelte und einheitliche Bahnen zu leiten, haben sich die Spitzenverbände des Kreditgewerbes und die Deutsche Bundesbank in einer bereits am 16. August 1996 in Kraft getretenen »Rahmenvereinbarung über die Abwicklung des zwischenbetrieblichen Inlandszahlungsverkehrs zur Einführung der Euro-Währung«[15] über das grundsätzliche Vorgehen geeinigt. Diese Rahmenvereinbarung ist die Basis für das Umstellungsprocedere und die Abwicklung des Inlandszahlungsverkehrs bis zum Abschluß der EWU, also spätestens am 1. Juli 2002.

Aufgrund dieser Rahmenvereinbarung werden die Kreditinstitute ihren Kunden ab 1. Januar 1999 die alternative Verwendung von DM und Euro ermöglichen. Das betrifft nicht nur das Wahlrecht zur Führung der jeweiligen Konten in DM oder Euro sowie die Wahl des Zeitpunkts der Umstellung, sondern auch die freie Wahl von DM oder Euro bei Überweisungen, Schecks und Lastschriften, unabhängig von der Währung in der das Konto des Kunden geführt wird. Durch diese Entkopplung von Auftrags- und Kontowährung sind die Kunden nicht gezwungen, in der Übergangszeit jeweils ein Konto in DM und zusätzlich ein Konto in Euro zu führen. Die Ausübung des Rechts zur Wahl der Auftragswährung kann z.B. dann sinnvoll sein, wenn der Auftraggeber einer Überweisung sicherstellen will, daß ein bestimmter Betrag auf dem Konto des Empfängers gutgeschrieben wird, was folgendes Beispiel verdeutlichen soll:

> Kunde K erhält von Handwerker H eine Rechnung über genau DM 1.000,00. Der Kunde K kann von seinem Euro-Konto nun wahlweise eine Überweisung über DM 1.000,00 oder – bei einem angenommenen Umrechnungskurs von DM 1,91919 je Euro – über Euro 521,05 ausstellen. Sollte der Kunde K auf seiner Überweisung Euro 521,05 eintragen, würden beim Empfänger, der sein Konto noch in DM führt, (Euro 521,05 x 1,91919 =) DM 999,99 gutgeschrieben werden. Auch bei einer Erhöhung des Überweisungsbetrags auf Euro 521,06 würden dem Handwerker H nicht genau DM 1.000,00, sondern (Euro 521,06 x 1,91919 =) DM 1.000,01 gutgeschrieben.
>
> Stellt Kunde K seine Überweisung aber über DM 1.000,00 aus, wird der auf Euro umgerechnete Betrag auf dem Euro-Konto des K belastet. Für die Weiterleitung zur Bank des Empfängers H transformiert die Bank von K den Betrag zwar auch in Euro, erfaßt im Datensatz aber als zusätzliche Information für das Empfängerinstitut, daß der Auftrag ursprünglich auf DM 1.000,00 lautete. So kommen bei der Bank zwar Euro 521,05 an, die dann aber unter Einbeziehung der Zusatzinformation über den ursprünglichen Auftrag auf genau DM 1.000,00 umgerechnet werden. So werden dem Handwerker H DM 1.000,00 pfenniggenau gutgeschrieben.

Die Kreditinstitute haben aufgrund der Rahmenvereinbarung vom 16. August 1996 das sogenannte Zwei-Betrags-Konzept im DTA- Zahlungsverkehr im Wege einer neuen Datensatzbelegung umgesetzt, die bereits ab dem 7. September 1998 von den Banken genutzt werden kann und ab 1. Januar 1999 für alle Beteiligten bindend wird. In der Übergangszeit vom 7. September bis zum 31. Dezember 1998 sind die Datenfelder für den Euro noch mit den

15 Vgl. Bundesverband deutscher Banken (1996).

DM-Beträgen zu belegen.[16] In den Datensätzen für den beleglosen Datenträgeraustausch ist ein Feld für den Betrag in DM (Feld C 9), ein Feld für den Betrag in Euro (Feld C 12) und ein Feld für die Kennzeichnung der Auftragswährung (Feld C 17a) enthalten. Für das obige Beispiel würde die Belegung dieser drei Felder wie folgt aussehen:

Feld C 9 (= DM-Feld): 1.000,00
Feld C 12 (= Euro-Feld): 521,05
Feld C 17a (Auftragswährung): Leerzeichen für DM.

Für Aufträge in Euro würde Feld 17a mit Kennzeichen »1« belegt.

Bislang konnte in Feld C 12 eine interne Referenznummer eingegeben werden. Seit 1. Juli 1997 ist dieses Feld leer zu lassen und mit Beginn der EWU mit den neuen Angaben zu versehen.

Zur Abgrenzung der Währung DM von Euro auf den Aufträgen des Kunden wurden die Vordrucke bereits zum 1. Juni 1997 umgestellt und in den neuen Formularen ein Leerfeld für »DM« oder »Euro« eingeführt. Dieses Feld muß ab der Einführung des Euro zwingend ausgefüllt werden.

Spätestens ab der Einführung des Euro werden die Banken zur Information der Kontoinhaber eingehende und ausgehende Zahlungen sowie Salden auf den Kontoauszügen grundsätzlich in beiden Währungen ausweisen. Die Angaben zu den Beträgen, die nicht der Kontowährung entsprechen, werden regelmäßig in der Bemerkungsspalte ausgedruckt. Die Kontoauszüge können beispielsweise in Zukunft wie folgt aussehen:

Musterbank AG | Kontoauszug Nr. 6 | vom 25.03.99

Buchungstag / Text		Wert	Soll	Haben
		Alter Kontostand DM:		4.614,80
2802	ÜBERWEISUNG; MEIER, KLAUS; MIETE MÄRZ	2802	1.500,00	
0403	ÜBERWEISUNG; VERSICHERUNGS AG 1234567890123; 125,00 EURO	0403	239,90	
0603	SCHECK 200,00 EURO	0703		383,84
1403	GEHALT; SCHULZE GMBH; 2.349,65 EURO	1403		4.509,42
2003	LASTSCHRIFT; SPORTVEREIN	2003	100,00	
		Neuer Kontostand DM :		7.668,16

Musterkunde	Bankleitzahl	Kontonummer
	999 999 99	0123456789

Annahme: 1 Euro = 1,91919 DM

angelehnt an: Bundesverband deutscher Banken (1997a)

Abb. I-2 Muster eines Kontoauszuges mit Angaben in DM und Zusatzinformationen in Euro

16 Vgl. Bundesverband deutscher Banken (1997b), S. 3.

2.3.2.2 Umsetzungserfordernisse bei den Banken

Zwischenzeitlich sind bei den Banken diese Änderungen bereits zu einem großen Teil umgesetzt und entsprechende Vorbereitungen für ausstehende Restarbeiten getroffen. Dennoch werden diesen aus der Umsetzung in der Praxis noch erhebliche Aufwendungen erwachsen. Sie werden bis zum Ende der Übergangsphase anfallen und insbesondere durch folgende Umstellungserfordernisse im Inlandszahlungsverkehr verursacht:

- Anpassung der DV an die neue Datensatzbelegung
- Ausgabe geänderter Zahlungsverkehrsvordrucke
- Umstellung automatischer Lesegeräte auf die geänderten Vordrucke
- Vorbereitung der automatischen Lesegeräte auf das neue Euro-Pictogramm, welches Kunden ggf. anstelle der Abkürzung EUR verwenden werden.
- Information der Kunden, die ihren Zahlungsverkehr mit der Bank bereits über DTA (File-Transfer über Modem, Magnetband, Diskette) abwickeln
- Vorbereitung für eine gesonderte Verarbeitung von DM- und Euro-Aufträgen, die getrennt in separaten logischen Dateien eingereicht werden müssen
- Einrichten der DV auf die Verarbeitung von DM- und Euro-Datenträgern
- Einrichten zusätzlicher Kontrollstellen zur Sicherstellung der richtigen und getrennten Verarbeitung der eingereichten DM- und Euro-Aufträge
- Vorbereitung auf fehlerhaft oder hinsichtlich des Währungsfeldes unvollständig ausgefüllte Vordrucke
- Einstellen auf eine höhere Anzahl an Reklamationen als Reaktion auf fehlerhafte Buchungen, weil z.B. ein DM-Betrag als Euro-Betrag oder ein Euro-Betrag als DM-Betrag gekennzeichnet wurde
- Umstellen der Kontoauszüge, da diese mehr Informationen aufnehmen müssen
- Ggf. Anpassung der Kontoauszugsdrucker an geänderte Kontoauszugsformate
- Anpassung der Erfassungsmasken im Homebanking

Zur Wahrung ihrer Funktion als Dienstleister in Geldangelegenheiten und zur Reduzierung der Kosten für diese Umstellungserfordernisse werden die Banken ihre Kunden wahrscheinlich über die Änderungen im Zahlungsverkehr umfassend informieren. Dies wird zum einen durch Informationsbroschüren, aber auch durch Informationsveranstaltungen erfolgen, sofern diese nicht schon im Vorfeld der EWU durchgeführt wurden. Gleichzeitig müssen die Banken aber auch ihre eigenen Mitarbeiter schulen, damit sie den Kunden kompetente Auskunft erteilen können.

Den größten Aufwand wird wahrscheinlich die DV-technische Umsetzung verursachen. Das wird insbesondere die Anpassung des DV-gestützten Zahlungsverkehrs an die neue Datenfeldbelegung, aber auch die Bereitstellung der erforderlichen Ressourcen für die Bearbeitung der bei der Bank eingehenden Datenträger sein.

2.3.3 Auswirkungen auf den Auslandszahlungsverkehr

2.3.3.1 Auslandszahlungsverkehr innerhalb der Europäischen Union

Der Wegfall des Währungsrisikos und die zunehmende Preistansparenz wird nach der Einführung des Euro voraussichtlich zu einem Anstieg der grenzüberschreitenden Handels- und Dienstleistungsgeschäfte führen. Das hat das Europäische Parlament und den Rat der Europäischen Union veranlaßt, eine Richtlinie über grenzüberschreitende Überweisungen – der bedeutensten Form des grenzüberschreitenden Kleinbetragszahlungsverkehrs – zu erlassen, die am 14. Februar 1997 in Kraft getreten ist und nach dem Willen der Europäischen Union bis August 1999 in nationales Recht umgesetzt werden soll.[16] Diese Richtlinie, die im Vorfeld der EWU mit dem Ziel erlassen wurde, die Dienstleistungen im Bereich der grenzüberschreitenden Überweisungen zu verbessern, legt Mindestanforderungen für die Ausführung, insbesondere hinsichtlich deren Qualität fest. Sie gilt für Überweisungen von weniger als ECU 50.000 und regelt die Informationspflichten der Kreditinstitute gegenüber den Kunden, die Verpflichtungen zur Einhaltung vorgegebener oder individuell für die Ausführung zugesagter Fristen und die begrenzte Haftung für Schäden, die dem Auftraggeber durch nicht vereinbarungsgemäß durchgeführte grenzüberschreitende Überweisungen entstanden sind.

Die Umsetzung dieser Richtlinie wird voraussichtlich dazu führen, daß aus organisatorischer Sicht voraussichtlich ein dreigeteilter Auslandszahlungsverkehr entstehen wird, bei dem zwischen Zahlungen in Länder mit Euro-Währung, Zahlungen in EU-Staaten ohne Euro-Währung und Zahlungen in die übrigen Länder unterschieden wird.

In der Praxis wird mit der Umsetzung dieser EU-Richtlinie der bislang mit der sogenannten Euroüberweisung abgewickelte Massenzahlungsverkehr für Kleinbeträge bis DM 5.000, der derzeit nicht den Meldevorschriften nach § 59 Abs. 1 Außenwirtschaftsverordnung (AWV) unterliegt,[17] neu geregelt. Im Rahmen der Harmonisierung ist es denkbar, daß Zahlungen in andere EU-Staaten in Zukunft nur noch bei Überschreitung der Grenze von ECU 50.000 nach den Vorschriften der Außenwirtschaftsverordnung zu melden sein werden, während Zahlungen in andere Staaten bei Überschreitung der bisherigen Grenzen anzuzeigen sind. Es ist zu hoffen, daß die Umsetzung in nationales Recht in Deutschland noch rechtzeitig vor der Einführung des Euro erfolgt und somit die erhoffte Ausdehnung des Volumens des grenzüberschreitenden Zahlungsverkehrs unterstützt wird.

2.3.3.2 Auslandszahlungsverkehr mit Staaten außerhalb der Europäischen Union

Bei dem Zahlungsverkehr mit Ländern, die weder an der EWU teilnehmen noch Mitglieder der Europäischen Union sind, wird sich im Ergebnis am wenigsten ändern. Die Banken sollten jedoch davon ausgehen, daß Großkunden außerhalb der Europäischen Union die gemeinsame Währung Euro dazu nutzen werden, ihre Schnittstellen zum Euro-Raum zu reduzieren und auf eine oder wenige Banken zu beschränken. Für die Kunden werden dann insbesondere diejenigen Banken von Interesse sein, welche die Leistungen im Zahlungsverkehr günstig anbieten und über ein Netz mit Filialen in vielen oder ggf. allen Euro-Staaten verfügen.

---

16 Vgl. Amtsblatt der Europäischen Gemeinschaften Nr. L 43 vom 14. Februar 1997, S. 25 ff.
17 Vgl. § 59 Abs. 2 Nr. 1 Außenwirtschaftsverordnung.

Diese möglichen Konzentrationsbestrebungen werden insbesondere die Zahlungsverkehrsgroßkunden für die Durchsetzung von Sonderkonditionen und Preissenkungen nutzen. Das wird zwar zu keiner generellen Reduzierung der Preise im Auslandszahlungsverkehr führen, ein Rückgang und Annäherung in Richtung der Preise des Inlandszahlungsverkehrs sollte jedoch bei den Banken einkalkuliert werden. Mit einer vollständigen Angleichung an den Inlandszahlungsverkehr ist aufgrund des noch vergleichsweise hohen manuellen Bearbeitungsanteils als Folge der noch uneinheitlichen Basisdaten in absehbarer Zeit nicht zu rechnen.

2.4 Wertpapierverwahrung und -verwaltung

2.4.1 Ausgewählte Aspekte zu den Änderungen bei Wertpapieren durch die Einführung des Euro

Zur Erzielung eines möglichst positiven Effekts durch die Einführung des Euro gehen die Bestrebungen in Richtung einer raschen Umstellung aller verwalteten Wertpapiere zu einem möglichst frühen Zeitpunkt. So plant die deutsche Bundesregierung derzeit nicht nur ab 1. Januar 1999 die Emissionen neuer Anleihen, sondern auch die Altschulden auf Euro umzustellen. Die Umstellung soll in einem »Gesetz zur Umstellung von Schuldverschreibungen auf Euro« geregelt werden, welches zur Zeit nur als Entwurf vorliegt.[18]

Dieses Gesetz sieht eine Umstellung aller auf DM lautenden und als Bundesanleihen, Bundesobligationen und Bundesschatzanweisungen gehandelten Buchschulden des Bundes, die nach dem 19. Januar 1999 zur Rückzahlung fällig werden, auf Euro mit Wirkung zum 1. Januar 1999 vor.[19] Zur Anpassung an eine frühzeitige Umstellung an den Börsen werden voraussichtlich auch DM-Schuldverschreibungen von Emittenten mit international gehandelten Rentenwerten frühzeitig umgestellt werden. Die Umstellung kann jedoch nur bis zum Ablauf der Übergangsfrist erfolgen, da die Papiere danach umgestellt werden müssen.[20]

Die Umstellung der Rentenwerte erfordert regelmäßig keine Umstempelung der Urkunden, da die aufgedruckten Nennwerte dividiert durch den fixierten Umrechnungskurs zum Euro einen Nennwert in Euro ergeben und die alten Urkunden weiterhin gelten.[21] Das ist eine Erleichterung für die Emittenten, da sie voraussichtlich den mit der Verwahrung und Verwaltung der Wertpapiere betrauten Stellen die Kosten aus der Umstellung ersetzen müssen.[22]

Vor dem Hintergrund der geplanten frühzeitigen Umstellung der Börsen auf Notierungen in Euro planen die meisten börsennotierten Aktiengesellschaften eine frühzeitige Umstellung ihrer Aktien auf den Euro. So wollen fast alle DAX 100-Unternehmen ihr Grundkapital im Laufe der Übergangszeit auf Euro umstellen.[23]

---

18 Vgl. Artikel 6 (Gesetz zur Umstellung von Schuldverschreibungen auf Euro) EuroEG-E; abgedruckt in Anlage 3 dieses Buches.

19 Vgl. Art. 6, § 1 EuroEG-E.

20 Vgl. Art. 6, § 10 EuroEG-E.

21 Vgl. Art. 6, § 7 EuroEG-E.

22 Vgl. Art. 6, § 9 EuroEG-E.

23 Vgl. Begründung zum Entwurf eines Gesetztes zur Einführung des Euro, Erläuterungen zu Art. 3 § 2 Nr. 3 Buchstabe b (§ 3 Abs. 5 EGAktG-E) EuroEG-E.

Für die Umstellung auf den Euro kommt zur Glättung der sich bei der Umrechnung voraussichtlich ergebenden krummen Aktiennennbeträge insbesondere eine Kapitalerhöhung aus Gesellschaftsmittel in Frage. Diese kann jedoch bei einer bisherigen Stückelung von DM 5 je Aktie in Abhängigkeit des Umrechnungskurses zur einer Kapitalerhöhung von über 20% führen. Bei 50-DM-Aktien beträgt die erforderliche Kapitalerhöhung nur ein Zehntel und somit bis zu rd. 2 %. Reicht das vorhandene gesellschaftseigene Kapital nicht aus oder ist sie wegen der Größenordnung nicht erwünscht, so kommt als Alternative die Kapitalherabsetzung in Frage.

Da die Kapitalveränderung teilweise zu unerwünschten Ergebnissen führt, soll deshalb noch vor Einführung des Euro das Aktiengesetz dahingehend geändert werden, daß Aktien nicht mehr zwingend auf einen bestimmten Nennbetrag lauten müssen, sondern als sogenannte Stückaktie einen nennwertlosen Bruchteil des Grundkapitals repräsentieren können.[24] Durch eine Umstellung des Aktienkapitals auf Stückaktien wäre die Umstellung auf den Euro hinfällig, da die Stückebezeichnung währungsneutral ist.

2.4.2 Grundlagen für die Umstellung der verwahrten Wertpapiere

Zum Dienstleistungsangebot der Banken gehört unverändert die Aufbewahrung der Wertpapiere der Kunden. Die Verwahrung erfolgt grundsätzlich bei den Wertpapiersammelbanken bzw. Kassenvereinen der jeweiligen Staaten oder in den hauseigenen Tresoren der Banken. Neben den Kundenwertpapieren führen die Banken auch Depots für ihre eigenen Wertpapierbestände, die getrennt von den Kundenpapieren aufzubewahren sind.

Die Umstellung der einzelnen Depots auf den Euro wird sowohl bei dem jeweiligen Kassenverein als auch bei den Banken direkt zu Aufwendungen führen. Diese können nur dann möglichst gering gehalten werden, wenn die einzelnen Verwahrer frühzeitig die Rahmenbedingungen für die Umstellung der Wertpapiere und des Wertpapierhandels auf den Euro kennen und darauf aufbauend ihre Umstellungsaktivitäten steuern können.

Neben dem Zeitpunkt der Umstellung ist ferner entscheidend, ob die Wertpapiere verbrieft sind oder nicht und ob eine Umstellung überhaupt notwendig ist. Sofern die Urkunden nicht umgestellt werden, wie dies z.B. bei stückelosen oder bei kurz- und mittelfristigen Rentenwerten zu erwarten ist, wird sich die Umstellung fast vollständig auf die Buchhaltung beschränken. Größeren Aufwand wird die sogenannte Umstempelung der Urkunden erfordern, die jedoch voraussichtlich in den meisten Fällen nicht notwendig werden wird.[25] Die kostenintensivste Lösung wird der Austausch der effektiven Stücke sein. Hier wird neben dem Austausch der alten gegen die neuen Urkunden auch eine Anpassung der Stücke- und Nummernverzeichnisse notwendig werden.

Die hierdurch induzierten Kosten werden die Banken zu einem großen Teil an die Emittenten bzw. Depotinhaber weitergeben können, sie müssen jedoch die erforderlichen Personalressourcen vorhalten.

---

24 Vgl. Bundesministerium der Justiz, Entwurf einer gesetzlichen Regelung über die Zulassung nennwertloser Aktien vom 4. Juni 1997.

25 Vgl. Art. 6, § 7 EuroEG-E.

2.4.3 Technik der Umstellung der Depotbuchhaltung

Bei der Depotbuchhaltung müssen sich die Bestände der einzelnen Wertpapiere je Gattung auf den Sachdepots und den Personendepots ausgleichen. Auch die einzelnen Stückelungen der Wertpapiere lassen sich genau zuordnen. Diese Unterteilung der Depots nach unterschiedlichen Kriterien führt dazu, daß bei der Umstellung – in Abhängigkeit von der Umstellungsmethode – unterschiedlich hohe Umrechnungsdifferenzen entstehen können.

Bei der Umstellung der Wertpapiere kann unterschiedlich verfahren werden. Grundsätzlich kann zwischen einer Umstellung auf Basis der einzelnen Wertpapiere und einer Umstellung auf der Basis der Depotkonten unterschieden werden.

Bei dem ersten Verfahren werden die Wertpapiere einzeln umgerechnet. Dabei kann die Umrechnung auf der Basis der effektiv verwahrten Stücke oder auf der Basis der kleinsten Untereinheit erfolgen, was folgendes Beispiel verdeutlichen soll:

Unter der Annahme eines fixierten Umrechnungskurses von DM 1,91919 je Euro würde die Umrechnung von nominal DM 1.000,00 zu Euro 521,05 und nominal DM 5.000,00 zu Euro 2.605,27 führen. Angenommen es seien insgesamt 1000 Urkunden über DM 1.000,00 und 200 Urkunden über DM 5.000,00, also insgesamt nominal DM 2.000.000,00 umzustellen, dann würde sich nach der Umstellung folgendes Bild in Euro ergeben:

1000 x 521,05	=	Euro	521.050,00
200 x 2.605,27	=	Euro	521.054,00
		Euro	1.042.104,00

Die direkte Umstellung von DM 2.000.000,00 würde zu Euro 1.042.106,31, einem um Euro 2,31 höheren Betrag führen.
Auf der Basis der kleinsten Stückelung würde sich ein Betrag von 2000 x 521,05 = Euro 1.042.100,00 ergeben.

Anhand dieses Beispiels wird deutlich, daß bei Emissionen mit größerem Volumen die Differenzen sehr schnell ansteigen können. Diese Methode ist deshalb nicht empfehlenswert.[26]

Bei der Umstellung auf Basis der Depotkonten werden nicht die einzelnen Wertpapiere, sondern das Sachdepot in einer Summe umgestellt. Das würde bei obigem Beispiel zu einem Bestand auf den Sachdepots von genau bzw. bei mehreren Lagerstellen von fast genau Euro 1.042.106,31 führen. Nach dem gleichen Verfahren würden dann auch die Personendepots umgestellt. Entstehende Rundungsdifferenzen würden nur wenige Cent betragen und könnten ggf. über das Depot für den Eigenbestand ausgeglichen werden. Mit diesem Verfahren werden nur die Umrechnungsdifferenzen aus der einmaligen Umstellung minimiert.

26 Zu dem gleichen Ergebnis kommt auch eine der EU-Kommission eingesetzte Expertengruppe, die in ihrem Bericht zu den »Auswirkungen des Euro auf die Kapitalmärkte« vom 2. Juli 1997 die »von unten nach oben«-Methode (Bottom-up-Methode) der »von oben nach unten«-Methode (Top-down-Methode) vorziehen (vgl. EU-Kommision (1997), Punkt 1.3.1.

2.4.4 Zeitpunkt der Umstellung der Depotbuchhaltung

2.4.4.1 Umstellungszeitpunkt beim Kassenverein

In Deutschland werden die girosammelfähigen und an der Börse gehandelten Wertpapiere überwiegend durch die Deutsche Kassenverein AG, Frankfurt am Main (DKV), eine Tochtergesellschaft der Deutsche Börse AG, Frankfurt am Main, verwahrt. Sie unterhält nur Depotkonten für Kreditinstitute und ist an allen deutschen Börsenplätzen mit Niederlassungen präsent. Von den Teilnehmern am Börsenhandel können die dort getätigten Geschäfte regelmäßig direkt im DV-System der DKV erfaßt werden, so daß nach der anschließenden Verbuchung der Geschäfte sofort die Umbuchungen auf den Depotkonten der DKV erfolgt. Durch diese Verfahrensweise werden zwar die Personendepotkonten der Kreditinstitute aber regelmäßig nicht die Sachdepots der Wertpapiere bewegt. Somit können die Wertpapiere an den örtlichen Börsen gehandelt werden, ohne daß die Stücke im Tresor bewegt werden müssen.

Durch diese Konzentration der Verwahrung, insbesondere von börsengehandelten Wertpapieren hat die Umstellung bei der DKV eine Schlüsselposition und wird wahrscheinlich zusammen mit der Umstellung im Börsenhandel erfolgen. Aus Praktikabilitätsgründen wird eine Umstellung mit der Einführung des Euro Anfang Januar oder Ende Januar /Anfang Februar 1999 angestrebt. Die Unsicherheiten bei der Umstellung zum 1. Januar 1999 sind zum einen die nicht auszuschließenden zeitlichen Verzögerungen der Bekanntgabe der unwiderruflich fixierten Umrechnungskurse und zum andern die noch für den DM-Jahresabschluß 1998 erforderlichen Abstimmungsarbeiten der DKV. Hierdurch könnte zu wenig Zeit für die eigentliche Umstellung verbleiben, weil die Börse voraussichtlich wieder am Montag, den 4. Januar 1999 öffnet. Bei einer Umstellung zum Monatsultimo Januar 1999 könnten der eigentlichen Umstellung umfangreichere Vorbereitungen vorausgehen.

2.4.4.2 Umstellungszeitpunkt bei der Verwahrung im eigenen Tresor

Die Verwahrung im eigenen Haus wird nicht in dem Maße von externen Faktoren bestimmt, wie bei der DKV. Deshalb kann hier die Umstellung zusammen mit der Umstellung des übrigen Rechnungswesens erfolgen. Weicht der Umstellungszeitpunkt von dem Zeitpunkt der Umstellung bei den einzelnen Lagerstellen ab, kann es bei der Bank vorübergehend zu zusätzlichem Abstimmungsaufwand kommen.

2.5 Meldewesen

2.5.1 Grundsätzliche Änderungen im Meldewesen

Zur Durchführung der Geldpolitik und insbesondere zur Geldmengensteuerung sind die Zentralbanken auf möglichst aktuelle Daten aus dem Bankensektor angewiesen. In Deutschland hat die Deutsche Bundesbank dafür ein detailliertes und umfassendes Meldewesen implementiert, welches sich im wesentlichen aus der monatlichen Bilanzstatistik, dem Auslandsstatus, der Kreditnehmerstatistik und aus Sondermeldungen bestimmter Brachen zusammensetzt. Mit dem Übergang der primären Verantwortung für die Geldpolitik auf die Europäische Zentralbank (EZB) mit Beginn der EWU stellt sich die Frage nach deren Informationsmedien. Zunächst war in diesem Zusammenhang unklar, inwieweit die EZB ein eigenes Meldesystem implementiert oder ob und inwieweit sie auf bestehende Meldungen aufbaut.

Zwischenzeitlich steht fest, daß die EZB kein eigenes Meldesystem einführen wird, sondern primär auf die von den nationalen Zentralbanken erhobenen Daten zurückgreifen wird. Dazu werden diese ihr Meldewesen an die veränderten Anforderungen der EZB anpassen, die sich im wesentlichen aus den vom EWI aufgestellten statistischen Anforderungen für die Währungsunion ergeben.[27] Vor diesem Hintergrund hat die Deutsche Bundesbank im Frühjahr 1997 ihre Meldeformulare auf die Anforderungen an die Währungsunion angepaßt und die Verbände mit Schreiben vom 9. April 1997 darüber informiert. Bereits im Vorfeld hatte die Deutsche Bundesbank die Kreditwirtschaft darüber unterrichtet, daß sie weiterhin für das Meldewesen der Kreditinstitute zuständig ist.[28] Die Kreditinstitute können ihre Meldungen einheitlich in DM oder Euro erstatten und nach freier Wahl innerhalb der Übergangszeit von der Berichterstattung in DM auf die Berichterstattung in Euro umstellen.[29] Der Übergang von Euro-Meldungen zurück zu DM-Meldungen ist nicht vorgesehen.

Die Meldungen haben grundsätzlich nach dem bisherigen Muster auf ggf. angepaßten Meldeformularen zu erfolgen, die den Banken zwischenzeitlich vorliegen. Mit Beginn der EWU entfallen danach einzelne Sonderanlagen zur Bilanzstatistik, die wöchentliche Kurzmeldung zum Auslandsstatus und die monatliche Kreditzusagenstatistik.[30]

Inwieweit nach der Übertragung der Verantwortung für die Geldpolitik von der Deutschen Bundesbank auf die EZB noch Meldungen bzw. Angaben zur Einhaltung von Mindestreserveguthaben eingefordert werden, hängt vom Einsatz der Mindestreserve als geldpolitisches Instrumentarium durch die EZB ab.[31] Bis zur Klärung und der Festlegung zu Details sind die diesbezüglichen Formulare und Angaben in anderen Formularen noch nicht endgültig.

2.5.2 Umstellungen bei den einzelnen Meldungen

Die monatliche Bilanzstatistik und der monatliche Auslandsstatus sind weitgehend in der bisherigen Form abzugeben. Formal wurden wegen des neuen Terminus der »Monetären Finanziellen Institute« die Begriffe »Kreditinstitute« und »Kunden« durch »Banken« (=MFI) und »Nichtbanken« (= Nicht-MFI) ersetzt. Die Währungsangabe erfolgt durch einen Währungsschlüssel (DM = 000; Euro = 888).

Bei der Bilanzstatistik ist ferner zur berücksichtigen, daß die Meldungen bisher auf der Basis von Ursprungslaufzeiten erfolgen mußten. Vor dem Hintergrund der EU-Harmonisierung sollen für Geschäftsjahre, die nach dem 31. Dezember 1997 enden, die Angaben in dem

---

27 Zu den statistischen Anforderungen vgl. Europäisches Währungsinstitut (1996b).

28 Vgl. Deutsche Bundesbank (1997a).

29 Vgl. Deutsche Bundesbank (1997a).

30 Vgl. Deutsche Bundesbank (1997a).

31 Grundsätzlich soll die Mindestreserve auch von der EZB eingesetzt werden. Diese sieht zumindest der Entwurf einer Verordnung über Mindestreserven vor (Vgl. Deutsche Bundesbank (1997c), S. 14 ff.

Jahresabschluß auf Restlaufzeiten basieren.[32] Bei der Bilanzstatistik der Deutschen Bundesbank ist jedoch voraussichtlich auch weiterhin eine Angabe in Ursprungslaufzeiten erforderlich, was eine Doppelverarbeitung bei den Banken erforderlich macht.

Der monatliche Auslandstatus wurde vom Prinzip her beibehalten, der Umfang für Meldungen über den Auslandstatus der Auslandstöchter wurde aber reduziert.

Bei der Kreditnehmerstatistik und der Regionalstatistik wurden die Formulare an die geänderten Bedingungen angepaßt. Die Zinsstatistik, die Emissionsstatistik, die Depotstatistik und die Statistik über Kapitalanlagegesellschaften werden unverändert fortgeführt.

Bei den sonstigen Meldungen, wie z.B. den Grundsätzen und den Anzeigen im Kreditgeschäfts, sind noch keine grundlegenden Vorgaben an die Kreditinstitute herangetragen worden. Es ist davon auszugehen, daß hier keine neuen Grundprinzipien angewendet werden, so daß die Banken hier voraussichtlich ebenfalls ein Wahlrecht zum Übergang von Meldungen in DM auf Meldungen in Euro haben werden.

Besonders werden hier die Großkreditanzeigen nach § 13 KWG, die jährliche Sammelaufstellung der Großkredite und die vierteljährliche Meldung der »Millionenkredite« nach §14 KWG betroffen sein.

3 Auswirkungen auf ausgewählte Spezialkreditinstitute

3.1 Kapitalanlagegesellschaften

Bei Kapitalanlagegesellschaften (KAG) ist im Vorfeld der Währungsunion ein verstärkter Mittelzufluß festzustellen, der auf mehrere Ursachen zurückzuführen ist. Einer der Gründe ist das fehlende Vertrauen in die Stabilität der neuen Währung Euro. Die Zuflüsse sind insbesondere bei Sondervermögen zu verzeichnen, die in Immobilien, Aktien oder außereuropäischen Fremdwährungsanleihen investieren. Die Nachfrage der KAG´s wirkt sich positiv auf die Kurs- und Wertentwicklung der Anlagewerte aus, so daß weitere Anleger angezogen werden, was einen gewissen Dynamisierungsprozess in Gang setzt.

3.1.1 Auswirkungen auf das Fondsmanagement

Der größere Mittelzufluß geht auch einher mit den Erwartungen der Anleger auf eine angemessene und möglichst überdurchschnittliche Redite. Um diese Erwartungen erfüllen zu können, müssen sich die KAG´s auf eine Veränderung auf den Kapitalmärkten einstellen und sich ergebende Vorteile systematisch nutzen. Deshalb müssen die Anlagestrategien den veränderten Bedingungen angepaßt werden. Die Änderungen betreffen insbesondere die Zusammensetzung der Sondervermögen bis hin zu neuen Fondsbezeichnung, ggf. verbunden mit entsprechenden Anpassungen bei den Vertragsbedingungen.

---

32 Vgl. § 9 i.V.m. § 39 Abs. 2 RechKredV.

Die Zusammensetzung der Fonds wird vor allem durch die größeren und liquideren Kapitalmärkte beeinflußt werden. Durch die unwiderrufliche Fixierung der Wechselkurse fällt das Währungsrisiko innerhalb der Euro-Anlagen weg, so daß Fonds, die bislang auf Anlagen in DM beschränkt waren, nun grundsätzlich wesentlich mehr Anlagemöglichkeiten (z.B. Anlagen in französischen Staatsanleihen) bei gleichzeitiger Angleichung der Renditen haben. Voraussetzung ist jedoch, daß die Anleger vorher auf die mögliche Anlage im Ausland hingewiesen werden, da sie ggf. bei den Fonds auf Anlagen in Deutschland vertrauen.

Die Fondsmanager haben dann auch die Möglichkeit einer ausgewogeneren Portefeuillezusammensetzung. So gibt es in Deutschland einen vergleichsweise liquiden Markt für Pfandbriefe, während der Markt für Industrieanleihen ein relativ geringes Volumen aufweist. Dagegen hat der Markt für Industrieanleihen in Frankreich und den Niederlanden einen wesentlich größeren Anteil am nationalen Kapitalmarkt.[33] Auf den Aktienmärkten wird sich ein ähnliches Bild zeigen. Für Anlagen in Aktien von Gesellschaften in EWU-Mitgliedsstaaten wird dann nur noch die Bonität und der erwartete Gewinn bzw. das Kurs-Gewinnverhältnis entscheidend sein.

Die Konzentration der Kapitalmärkte in Europa wird auch zu einer Veränderung des Fondsangebotes führen. Die bislang teilweise auf einem Länderkonzept aufgebauten Fondsstrukturen werden innerhalb Europas wahrscheinlich, insbesondere bei den Aktienfonds, in ein branchenorientiertes Anlagekonzept umstrukturiert werden.[34] Die Folge wird sein, daß vermehrt neue Fonds aufgelegt und ausländische KAG´s ihre Fonds zunehmend auf dem deutschen Markt plazieren werden. Daneben ist es wahrscheinlich, daß Fonds, bei denen die Bezeichnung «Euro« oder eine nationale Währungseinheit Bestandteil des Namens sind, umbenannt werden müssen. Die Fondslandschaft wird sich daher in den nächsten Jahren, zumindest auf den ersten Blick stark verändern.

Änderungen auf dem Fondsmarkt können nur dann zu einer positiven Resonanz bei den Anlegern führen, wenn sie frühzeitig über die anstehenden Änderungen und deren Gründe informiert werden. Als Medium für den Informationstransfer bieten sich die Rechenschaftsberichte oder Informationsblätter der einzelnen Fonds an. Euro-Informationsveranstaltungen, wie sie bei den Geschäftsbanken üblicherweise durchgeführt werden, sind nur bei Inhabern von Spezialfondsanteilen denkbar, bei Publikumsfonds steht die große Anzahl und die Anonymität der Anleger solchen Vorhaben entgegen.

Der größere und liquidere Euro-Kapitalmarkt wird auch verstärkt für institutionelle Anleger außerhalb Europas attraktiver werden, da die bisherigen nationalen Märkte meist ein zu geringes Volumen hatten, um größere Transaktionen durchzuführen ohne die Folge wesentlicher Kursveränderungen zu riskieren. Darüber hinaus werden die Märkte durch eine Notierung in einer einzigen Währung transparenter, was sich positiv auf die Wirkung der Marktkräfte und den Wettbewerb auswirken wird. Gleichzeitig wird es voraussichtlich zu einer Konsolidierung auf dem Euro-Kapitalmarkt kommen, da ein großer liquider Markt tendenziell zu größeren Emissionsvolumen führen wird. Diese Tendenzen werden noch mehr dazu führen, daß Kleinanleger nicht mehr in der Lage sein werden, einen ausreichende Marktübersicht für eigene Anlageentscheidungen zu erreichen, so daß hier zukünftig mit einem weiteren Mittelzufluß bei den Fonds zu rechnen ist.

---

33 Vgl. Europäische Investment-Vereinigung, (1997), S. 24.
34 Vgl. Europäische Investment-Vereinigung (1997), S. 54.

3.1.2 Auswirkungen auf sonstige interne Abläufe

Das Wachstum bei den verwalteten Sondervermögen zwingt die KAG´s zur Anpassung ihrer internen Ressourcen. Neben diesem Ausbau werden die Anpassungen an den Euro und an die Jahrtausendwende notwendig, was für die KAG´s ebenfalls eine besondere Herausforderung darstellt.

Bei der Umstellung der Hauptbuchhaltung und des Jahresabschlusses gelten die allgemeinen Regeln. Besonderheiten ergeben sich für die Fondsbuchhaltung, in der die einzelnen Sondervermögen mit unterschiedlichen Stichtagen umgestellt werden müssen. Dabei stellt sich insbesondere die Frage nach dem Umstellungszeitpunkt, die Zulässigkeit der Umstellung zwischen zwei Stichtagen und die Notwendigkeit der parallelen Verarbeitung von DM und Euro. Weitere Themengebiete sind in diesem Zusammenhang die Umstellung historischer Daten, wie z.B. Umsatzstatistiken, oder die tägliche Ermittlung der Anteilspreise bei Publikumsfonds.

Im Zusammenhang mit der Umstellung der Fondsbuchhaltung geht die Europäische Investment-Vereinigung davon aus, daß diese für eine »parallele« Verarbeitung von DM oder Euro ausgelegt sein sollte,[35] obwohl ein gesetzliches Erfordernis hierfür nicht besteht. In einem solchen System wäre dann auch eine Umstellung auf den Euro vergleichsweise einfach, da einmalig nur die systemimmanenten DM-Beträge in Euro-Beträge geändert und DM-Beträge dann im System auf Euro umgerechnet werden müßten. Eine Umstellung zu einem Zeitpunkt zwischen zwei Stichtagen ist u.E. zulässig und problemlos möglich, in der Praxis aber regelmäßig aufwendiger.

Durch den größeren und liquideren Markt wird es immer schwieriger, überdurchschnittliche Renditen bei durchschnittlichem Risiko zu erzielen, da die Anpassungsprozesse wesentlich schneller als in kleineren Märkten ablaufen. Dadurch wird es für die Fondsmanager immer wichtiger, Trends frühzeitig zu erkennen, was verläßliche Vergangenheitsdaten voraussetzt.

3.1.3 Auswirkungen bei der Depotbank

Ein Großteil der Fondsverwaltung und der Aufsicht obliegt der Depotbank. Diese muß insbesondere die Anforderungen an die Abwicklung, die Verwahrung, die Verwaltung und die Bewertung von Fonds erfüllen. Besonders sind hier die Umschreibung der Anteilscheine, die Überwachung der Anlagegrenzen und die Anteilwertberechnung zu nennen.

---

35 Vgl. Europäische Investment-Vereinigung, (1997), S. 40.

3.2 Hypothekenbanken

3.2.1 Darlehensgeschäft

Die von Hypothekenbanken gewährten Kredite sind regelmäßig durch ihren hohen Sicherheitsgrad und die Langfristigkeit der Vertragsbindungen gekennzeichnet. Das erfordert bei den Hypothekenbanken eine frühzeitige Anpassung an zukünftige Entwicklungen, wie sie die Einführung des Euro beispielsweise darstellt. Bereits bei heutigen Vertragsabschlüssen sollten die Hypothekenbanken bei dem Darlehensnehmer einen eventuellen Zeitpunkt für die Umstellung des Darlehenskontos von DM auf Euro sowie die Umstellung der Tilgungspläne ansprechen und ihn über das Prinzip der Vertragskontinuität informieren. So können die Hypothekenbanken bereits heute Ihren Darlehensnehmern Unsicherheiten bezüglich der Euro-Umstellung nehmen und das gegenseitige Vertrauen auf- und ausbauen.

Mit Darlehensnehmern in Staaten außerhalb der EU, für die die EU-VO 235 keine Bindungswirkung entfaltet, kann bei neuen Vertragsabschlüssen der Grundsatz der Vertragskontinuität vereinbart werden. Hierfür bieten sich Währungsgleitklauseln im Vertrag an. Solche Klauseln sollten aber hinsichtlich der Aufnahme in den Vertrag vorher mit der Rechtsabteilung oder dem rechtlichen Berater abgestimmt werden.

3.2.2 Refinanzierung

Bei den Hypothekenbanken zeichnen sich die Forderungen durch ihre relativ hohe Sicherheit aus. Diese wird durch Kreditvergaben an öffentliche Schuldner, wie z.B. Kommunen oder grundpfandrechtlich gesicherte Kredite, erreicht. Deshalb haben diese Banken die Möglichkeit, Schuldverschreibungen zu emittieren, die durch diese sicheren Forderungen gedeckt sind und deshalb zu einem vergleichsweise geringen Zinssatz am Markt plaziert werden können. Um die Emissionskosten relativ gering zu halten, werden die Emissionen mit vergleichsweise langer Laufzeit und mit immer größerem Volumen ausgestattet, was an den in letzter Zeit auf den Markt gekommenen »Jumboanleihen« zu erkennen ist. Diese Schuldverschreibungen sind, wie alle anderen von den Hypothekenbanken herausgegebenen Wertpapiere innerhalb der Übergangszeit von DM auf Euro umzustellen. Im Hinblick auf die eventuell notwendige »Umstempelung« von Urkunden ist bei Neuemissionen mit langer Laufzeit bereits heute zu überlegen, ob auf die Urkunden eine Euro-Gleitklausel aufgenommen werden soll.

Die Umstellung, die wahrscheinlich in Anpassung an den Kapitalmarkt möglichst früh erfolgen wird, verursacht Umstellungskosten, die es zu minimieren gilt. Aus diesem Grund und um eine größere Fungibilität der herausgegebenen Wertpapiere zu erreichen, sollten die Hypothekenbanken prüfen, ob einzelne Emissionen zusammengelegt und somit die Einzelemissionen an den wachsenden Kapitalmarkt angepaßt werden können.

Literaturverzeichnis

Arbeitsstab Wirtschafts- und Währungsunion (ASWWU 1997): Zwischenbericht des Arbeitsstabes Wirtschafts- und Währungsunion beim Bundesministerium der Finanzen zur Einführung des Euro in Gesetzgebung und öffentlicher Verwaltung vom 28. April 1997. BT-Drucks. 13/7727 vom 6. Mai 1997.

Bundesverband deutscher Banken (1996a): EWU-Organisation – Leitfaden für die Währungsumstellung in der Bank, nicht veröffentlichter Fragenkatalog für die Umstellung bei Banken.

Bundesverband deutscher Banken (1997a): Europäische Währungsunion (EWU); Kontoführung und Kontoauszuggestaltung der Deutschen Bundesbank in Stufe 3a der EWU. In: Der Bankenverband informiert Nr. 7/1997, S. 179-180.

Bundesverband deutscher Banken (1997b): Vorbereitung für den Euro, Sonderrundschreiben vom 3. Juni 1997.

Deutsche Bundesbank (1996): TARGET – ein WWU-weites Echtzeit-Brutto-Zahlungssystem der Zentralbanken. In: Deutsche Bundesbank, Informationsbrief zur Europäischen Wirtschafts- und Währungsunion Nr. 1, S. 19-24.

Deutsche Bundesbank (1997a): Vorbereitung der Bankenstatistik auf die Anforderungen für die Währungsunion, Schreiben der Deutschen Bundesbank an die Spitzenverbände der deutschen Kreditinstitute vom 9. April.

Deutsche Bundesbank (1997b): Stand der Vorbereitungen für das WWU-weite Echtzeit-Brutto-Zahlungssystem TARGET. In: Deutsche Bundesbank, Informationsbrief zur Europäischen Wirtschafts- und Währungsunion Nr. 8, S. 5-9.

Deutsche Bundesbank (1997c): Entwürfe für Rechtsverordnungen über Mindestreserven, über die Erhebung statistischer Daten und über die Verhängung von Sanktionen durch die EZB. In: Deutsche Bundesbank, Informationsbrief zur Europäischen Wirtschafts- und Währungsunion Nr. 8, S. 11-18.

EU-Kommission (1997): Auswirkungen des Euro auf die Kapitalmärkte, KOM (97) 337 endg. vom 2. Juli 1997.

Europäische Investment-Vereinigung (1997): Auswirkungen der Einführung des Euro auf den Investmentfondsmarkt und die Investmentgesellschaften, Stand: Mai 1997.

Europäisches Währungsinstitut (EWI 1996a): First Progress on the TARGET Projekt, Frankfurt am Main, 1996.

Europäisches Währungsinstitut (EWI) 1996b): Die statistischen Anforderungen für die Währungsunion, Frankfurt am Main, 1996.

Europäisches Währungsinstitut (EWI 1997): Die einheitliche Geldpolitik in Stufe 3, Frankfurt am Main 1997.

Fischer-Erlach, P. (1997): Auswirkungen der Europäischen Währungsunion auf den Devisenhandel in Deutschland. In: Zeitschrift für das Kreditwesen, 50. Jg. 1997, S. 107-108.

*Lothar Horbach/Markus Mehren**

J. Die Auswirkungen der EWU auf die Versicherungswirtschaft

* Wirtschaftsprüfer/Steuerberater Dr. Lothar Horbach, KPMG Deutsche Treuhand-Gesellschaft AG Wirtschaftsprüfungsgesellschaft, Köln
Markus Mehren, KPMG Deutsche Treuhand-Gesellschaft AG Wirtschaftsprüfungsgesellschaft, Köln

1 Themenstellung und Abgrenzung

Unabhängig von der Frage, welche Mitgliedstaaten die in Artikel 109 j des Vertrages von Maastricht festgelegten Konvergenzkriterien letztendlich erfüllen werden, stehen auch Versicherungsunternehmen (VU) vor der Notwendigkeit, sich mit den Konsequenzen der EWU beschäftigen zu müssen, wobei aufgrund der Komplexität der Beziehungen von VU zur Umwelt eine Vielzahl von Aspekten zu beachten ist. Diese Komplexität soll die folgende Abbildung veranschaulichen, die am Beispiel der Zahlungsströme die Beziehungen zu den verschiedenen Marktteilnehmern skizziert.

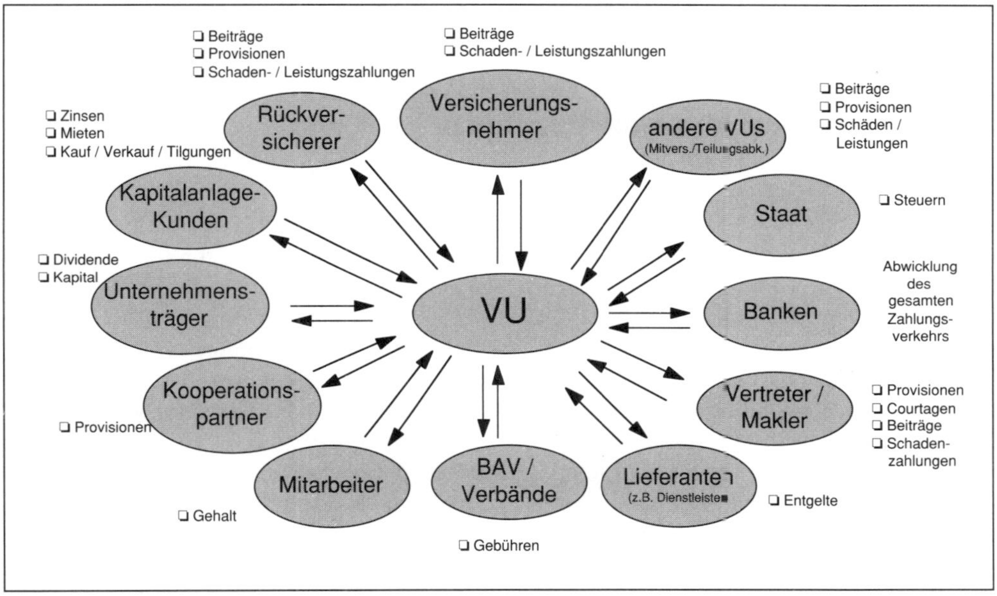

Abb. J-1: Das Umfeld eines VU am Beispiel der Zahlungsströme

Es lassen sich zunächst folgende wesentliche Fragestellungen aus Sicht der VU festhalten:

- Welche Umstellungserfordernisse ergeben sich aus rechtlicher Sicht (z.B. Änderungen von Allgemeinen Versicherungsbedingungen (AVB), Tarifen, Klauseln und Geschäftsplänen)?
- Welche Umstellungserfordernisse ergeben sich aus betriebsorganisatorischer und dv-technischer Sicht?
- Welche Spielräume stehen einem VU hinsichtlich Zeitpunkt und Methode der Umstellung auf die Einheitswährung Euro zur Verfügung?
- Welche Bereiche eines VU sind im einzelnen von der EWU betroffen (z.B. auch Rechnungslegung und Kapitalanlagen)?
- Welche Erwartungen oder auch Befürchtungen existieren bei den unterschiedlichen Kundengruppen eines VU und wie kann der Vertrieb und die Presse- und Öffentlichkeitsarbeit hierauf reagieren?

Im folgenden werden die versicherungsspezifischen Aspekte der genannten Fragestellungen aufgegriffen und Handlungsalternativen für VU aufgezeigt. Hinsichtlich der allgemeinen Fragestellungen kann auf verschiedene weitere Kapitel dieses Buches verwiesen werden. Zunächst wird ein grober Überblick über die rechtlichen Rahmenbedingungen der EWU und die hieraus resultierenden Konsequenzen für VU gegeben.

2 Umstellungserfordernisse der Versicherungsunternehmen aus rechtlicher Sicht

2.1 Rechtliche Rahmenbedingungen

2.1.1 EU-Verordnungen

Die **EU-VO 235**, die bereits am 20. Juni 1997 in Kraft getreten ist, und für alle EU-Staaten rechtliche Wirkung entfaltet, hat im wesentlichen die Vertragskontinuität, die Umrechnungs- und Rundungsregeln sowie das Verhältnis des ECU zum Euro zum Inhalt.[1] Auch für VU ergeben sich somit aus der EU-VO 235 unmittelbare Konsequenzen beispielsweise hinsichtlich der Umrechnung von Versicherungsbeiträgen, Versicherungssummen und Selbstbeteiligungen sowie hinsichtlich der Weitergeltung von bestehenden Versicherungsverträgen, in denen auf den Begriff »Deutsche Mark« Bezug genommen wird.

Die **EU-VO 109-E**, die hinsichtlich des Wortlautes feststeht und die nur für EWU-Teilnehmerländer gelten und am 1. Januar 1999 in Kraft treten wird, regelt im wesentlichen die Einzelheiten ab dem 1. Januar 1999 bis zur Vollendung der EWU.[2] Dieser Zeitraum ist im wesentlichen charakterisiert durch das Prinzip » kein Zwang – keine Behinderung«[3], d.h. es besteht kein Verpflichtung, aber auch kein Verbot, den Euro zu verwenden. Die entscheidenden Fragen für VU lauten somit, wann der bestmögliche Umstellungszeitpunkt auch im Hinblick auf unterschiedliche Kundenstrukturen ist, und ob die Umstellung gleitend oder für alle Systeme zu einem Zeitpunkt im Rahmen einer sogenannten Big-Bang-Lösung durchgeführt wird.

2.1.2 Nationale Rechtsgrundlagen sowie Verlautbarungen und Anordnungen der Aufsichtsbehörde

Entsprechend den Vorgaben auf dem EU-Gipfel in Madrid im Dezember 1995 hat die Bundesregierung am 24. September 1997 einen bereits überarbeiteten Entwurf eines Gesetzes zur Einführung des Euro (Euro-Einführungsgesetz – EuroEG) verabschiedet, welches die we-

---

1 Der Text der EU-VO 235 ist als Anlage 2a am Schluß dieses Buches abgedruckt.

2 Diese Verordnung wird erst verabschiedet, wenn die Teilnehmerländer feststehen. Der Text ist in Anlage 2b am Ende des Buches abgedruckt.

3 Vgl. Europäischer Rat (1995), Tz. 9.

sentlichen gesetzlichen Anpassungserfordernisse im Vorfeld der EWU enthalten soll. Es enthält neben allgemeinen Änderungen insbesondere auf dem Gebiet des Gesellschaftsrechts und des Bilanzrechts auch Anpassungen versicherungsspezifischer Vorschriften wie z.B. die Änderungen des Versicherungsaufsichtsgesetzes (VAG) oder der Verordnung über die Rechnungslegung von Versicherungsunternehmen (RechVersV)

Bei den Regelungen des EuroEG ist zunächst zu unterscheiden zwischen echten Neuregelungen und solchen, die lediglich gesetzliche Bezugnahmen auf eine bestimmte Währung ändern. Bei letzteren ist zu unterscheiden zwischen Vorschriften, die vielfältige Bezugnahmen auf die Rechnungseinheit ECU beinhalten, und Vorschriften, in denen konkrete DM-Beträge aufgeführt sind.

Die Neuregelungen werden hauptsächlich das Gesellschafts- und das Bilanzrecht betreffen und grundsätzlich alle Unternehmen betreffen. Wesentliche versicherungsspezifische Neuerungen sind hier nicht enthalten.

Bei den Bezugnahmen auf bestimmte Währungen fallen in die erste Gruppe der ECU-Angaben beispielsweise § 53 c Abs. 2 S. 2 VAG sowie § 61 Abs. 2 RechVersV[4], in denen jeweils Regelungen über die Festlegung des Gegenwertes zu Beträgen in Europäischen Rechnungseinheiten getroffen sind. Aufgrund des in der EU-VO 235 festgelegten paritätischen Verhältnisses von ECU und Euro[5] sowie der zum 1. Januar 1999 festzulegenden Umrechnungskurse der nationalen Währungseinheiten gegenüber dem Euro, können diese Vorschriften in Zukunft entfallen.

Unmittelbarer Anpassungsbedarf besteht dagegen bei nationalen Gesetzen und Verordnungen, in denen Bezugnahmen auf einen DM-Betrag enthalten sind.[6] Dabei ist wiederum zu unterschieden zwischen solchen Beträgen, bei denen die Unternehmen ein Wahlrecht zum Übergang auf ggf. glatte Euro-Beträge haben und solchen, bei denen diese Optionsmöglichkeit nicht eingeräumt werden muß.

Zu den Regelungen, die Wahlrechte für einen Ausweis in DM oder Euro vorsehen, zählen insbesondere die Formblätter und die Muster, bei denen ab dem 1. Januar 1999, in Anpassung an die vorgesehenen allgemeinen Änderungen beim Jahresabschluß[7] Angaben in DM oder Euro zugelassen werden.[8]

Regelungen mit Änderungen spezifischer DM-Angaben, wie z.B. Beträge für Bußgelder und Zwangsmaßnahmen sind bisher nicht vorgesehen, so daß hier eine Änderung mit Ablauf der Übergangszeit zu erwarten ist. Im versicherungsspezifischen Bereich sind hier im wesentlichen betroffen:

---

4 Vgl. Artikel 4, § 3 Abs. 2 Nr. 2 EuroEG bzw. Artikel 14 Nr. 1 EuroEG.

5 Artikel 2 Abs. 1 EU-VO 235: »Jede Bezugnahme in einem Rechtsinstrument auf die ECU im Sinne des Artikels 109 g des Vertrags und in der Definition der Verordnung (EG) Nr. 3320/94 wird durch die Bezugnahme auf den Euro zum Kurs von 1 Euro für 1 ECU ersetzt.« Somit entsteht auch in den EG-Versicherungsrichtlinien, in denen vielfältige Bezugnahmen auf den ECU enthalten sind, hierdurch kein Anpassungsbedarf.

6 Vgl. Schneider / Sünner (1996), S. 818. Hiernach beläuft sich der Änderungsbedarf auf nahezu 4000 Gesetze und Verordnungen.

7 Ab 1. Januar 1999 soll der Jahresabschluß grundsätzlich in Euro erstellt werden, sofern er wahlweise in der Übergangszeit nicht noch in DM erstellt wird (vgl. Artikel 4, § 1 Nr. 1 und § 2 zu Artikel 42 EGHGB-E des EuroEG).

8 Vgl. Artikel. 4 § 3 Abs. 2 Nr. 3 EuroEG.

HGB[9]	§ 341 n Abs. 3
VAG[10]	§ 93 Abs. 2, § 144 Abs. 2, § 144 a Abs. 2, § 144 b Abs. 2
RechVersV[11]	§ 61 Abs. 1 Nr. 4, Anlage zu § 29 RechVersV Abschnitt I Nr. 1 und Abschnitt II Nr. 3 Abs. 1
BerVersV[12]	§ 3 Abs. 2, § 4 Abs. 2 S. 1, § 11 Abs. 2, § 27 Nr. 1 - 4, § 28 Nr. 1 und 4, Anlage 2 Abschnitt A Nr. 7, 11, 24, 25, 41, 44, 46, 48, 50, 51, 58-63, Abschnitt C Nr. 3.3.3. sowie sämtliche Formblätter, Nachweise und Muster
PflVG[13]	§ 12 Abs. 2 S. 3, Abs. 6 S. 4, Anlage zu § 4 Abs. 2
KfzPflV[14]	§ 5 Abs. 3 S. 1, § 6 Abs. 1 und 3
KapVO[15]	§ 1 Abs. 2 und 3
DeckRV[16]	§ 2 Abs. 1 und § 3
bkVReV[17]	§ 1
PKewBV[18]	§§ 1, 2

Neben den genannten Gesetzen und Verordnungen sind zudem zahlreiche zur Zeit noch gültige Verlautbarungen und Anordnungen der Aufsichtsbehörde anpassungsbedürftig. Aufzuführen ist hier beispielsweise BAV-Rundschreiben R 1/94 über die namensbezogenen Meldung von Veruntreuungen ab einem Grenzwert von 10.000,- DM[19].

Sofern in den aufgeführten Vorschriften konkrete Betragsangaben vorhanden sind, wird es bei einer reinen Umrechnung von DM in Euro zu dem zum 1. Januar 1999 festzulegenden Umrechnungskurs im Regelfall zu »krummen« Euro-Beträgen kommen.

---

9 Handelsgesetzbuch (HGB).

10 Gesetz über die Beaufsichtigung der Versicherungsunternehmen (Versicherungsaufsichtsgesetz – VAG).

11 Verordnung über die Rechnungslegung von Versicherungsunternehmen (RechVersV).

12 Verordnung über die Berichterstattung von Versicherungsunternehmen gegenüber dem Bundesaufsichtsamt für das Versicherungswesen (BerVersV).

13 Gesetz über die Pflichtversicherung der Kraftfahrzeughalter (PflVG).

14 Verordnung über den Versicherungsschutz in der Kraftfahrzeug-Haftpflichtversicherung (KfzPflV).

15 Verordnung über die Kapitalausstattung der Versicherungsunternehmen.

16 Verordnung über die Rechnungsgrundlagen für die Deckungsrückstellungen (DeckRV).

17 Verordnung über die Rechnungslegung bestimmter kleinerer Versicherungsvereine auf Gegenseitigkeit im Sinne des § 53 des Versicherungsaufsichtsgesetzes (bkVReV).

18 Verordnung zur Bestimmung von Pensionskassen als Unternehmen von erheblicher wirtschaftlicher Bedeutung (PKewBV).

19 Vgl. Präve (1996), S. 13.

Bei der Anpassung der genannten Vorschriften sollte jedoch aus Gründen der Akzeptanz und Praktikabilität[20] eine Glattstellung der Euro-Beträge vorgenommen werden.[21] Neue »runde« Euro-Beträge sind nicht im Wege der Umrechnung, sondern nur durch Neufestsetzung erreichbar. Hierbei ist zu berücksichtigen, daß eine Neufestsetzung einer solchen Vielzahl von Beträgen einen erheblichen politischen Abstimmungsbedarf mit sich bringen kann, so daß eine synchrone Neufestsetzung zu einem Stichtag kaum durchführbar sein wird.[22]

Weiterhin sollte die im Rahmen der Umstellung auf den Euro ohnehin erforderliche Anpassung der Vorschriften zum Anlaß genommen werden, eventuell nicht mehr zeitgemäße Betragsangaben entsprechend anzuheben.[23]

2.2 Änderungen von bestehenden Geschäftsplänen

Grundsätzlich darf gemäß § 13 Abs. 1 S. 1 VAG jede Änderung des Geschäftsplanes erst dann in Kraft gesetzt werden, wenn sie von der Aufsichtsbehörde genehmigt wurde. Sofern jedoch im Geschäftsplan lediglich eine Umstellung nach Maßgabe des festgesetzten Wechselkurses vorgenommen wird, liegt nach einhelliger Meinung keine genehmigungspflichtige Änderung vor.[24]

Genehmigungspflichtig ist eine Änderung vielmehr dann, wenn anläßlich der Einführung des Euro Anpassungen an Geschäftsplanbestandteilen vorgenommen werden, bzw. wenn Beträge nicht exakt umgerechnet sondern geglättet werden.[25] Aufzuführen sind hier insbesondere eine eventuelle Neufestlegung von:

- Grundkapital,
- Nennbetrag von Aktien,
- Vergütung von Aufsichtsratsmitgliedern,
- Verlustrücklage,
- Summen, bei deren Erreichung Geschäftsführungsmaßnahmen der Zustimmung des Aufsichtsrates bedürfen.

---

20 Vgl. Schneider / Sünner (1996), S. 817, 819.

21 Zu den verschiedenen Möglichkeiten der Glattstellung auf »runde« Summen für VU im Rahmen der Anpassung der Allgemeinen Versicherungsbedingungen siehe vertiefend Abschnitt 3.1.3. dieses Kapitels.

22 Vgl. ASWWU (1997), S. 21.

23 Vgl. Präve (1996), S. 12. Die Mindestversicherungssummen in der Kraftfahrzeug-Haftpflichtversicherung wurden erst zum 1. Juli 1997 angehoben. Vgl. Dritte Verordnung zur Änderung der Mindesthöhe der Versicherungssummen in der Pflichtversicherung für Kraftfahrzeughalter vom 26. Mai1997. In: Bundesgesetzblatt 1997, Heft 33, S. 1241. Die Deckungssummen betragen nun 5 Millionen DM für Unfälle mit bis zu zwei Verletzten oder Getöteten, 15 Mio DM bei Unfällen mit drei und mehr Verletzten oder Getöteten, 1 Million DM für Sachschäden und 100.000 DM für Vermögensschäden. Auch hier besteht somit im Rahmen der Euro-Einführung Anpassungsbedarf hinsichtlich zu erwartender »krummer« Euro-Beträge.

24 Vgl GdV (1997), S. 16; Präve (1996), S. 14. Unabhängig von der Frage der Genehmigungspflicht können Informationspflichten bestehen.

25 Vgl. Präve, Peter (1996), S. 14. Zur Problematik der Glattstellung von Beträgen siehe auch vertiefend Abschnitt 2.3.2 dieses Kapitels.

Zu der Neufestlegung des Grundkapitals sowie des Nennbetrages der Aktien sei verwiesen auf die Ausführungen von Feyerabend/Steck.[26]

Genehmigungs- oder zumindest anzeigepflichtige Sachverhalte im Sinne des § 13 Abs. 1 VAG ergeben sich ebenso bei Anpassungen von AVB und Tarifen, denen genehmigungspflichtige Geschäftspläne zugrundeliegen. Dies ist im wesentlichen bei bestimmten Pensions- und Sterbekassen[27] sowie hinsichtlich der vor dem 29. Juli 1994 abgeschlossenen Versicherungsverträge von Lebensversicherungen (Altbestand)[28] der Fall.

2.3 Informationspflichten gegenüber dem Versicherungsnehmer

2.3.1 Aufklärungs- und Beratungspflichten vor Abschluß von Verträgen

Aufklärungs- und Beratungspflichten vor Abschluß von Versicherungsverträgen beziehen sich grundsätzlich auf das eigentliche Versicherungsprodukt. Somit entsteht allein durch die Einführung des Euro keine Rechtspflicht, den VN über das normale Maß hinaus zu beraten, da sich das eigentliche Versicherungsprodukt durch die EWU im Regelfall nicht ändert. Dennoch kann gerade im Bereich der Lebensversicherung eine verstärkte Beratung des VN im Hinblick auf Vor- und Nachteile dieser Anlageform im veränderten Umfeld der EWU angebracht sein.[29]

Entscheidend ist, daß Hinweise in Angeboten, Antragsformularen, Werbematerialien und ähnlichem – unabhängig von der Frage einer Rechtspflicht zur Erteilung solcher Hinweise – richtig sein müssen; ansonsten besteht eine Haftung des Versicherers nach allgemeinen Grundsätzen.

Eine konkrete Beratungspflicht wird immer dann entstehen, wenn das Versicherungsprodukt so konstruiert ist, daß sich ein wesentlicher Teil der Renditeerwartung aus Anlagestrategien ergibt, die das Vorhandensein verschiedener Währungen voraussetzen.[30] Dem Kunden ist hier zu erläutern, inwieweit sich seine Erwartungen hinsichtlich der Teilnahme an bestimmten wirtschaftlichen Entwicklungen bei Wegfall der von ihm gewählten unterschiedlichen Währungen aufgrund der EWU in der Zukunft noch erfüllen lassen.

2.3.2 Informationspflichten bei Änderung bestehender Verträge

Die EWU und die damit einhergehende Umstellung von der nationalen Währungseinheit auf den Euro wird zweifellos Auswirkungen auf bestehende Versicherungsverträge haben. Es stellt sich in diesem Zusammenhang die Frage, inwieweit hieraus Informationspflichten für den Versicherer resultieren und in welcher Form die Informationen zu erbringen sind.

---

26 Vgl. Feyerabend/Steck, Beitrag C. Rechtliche Aspekte der Einführung des Euro, Gliederungspunkt 4.3.

27 § 5 Abs. 3 Nr. 2, 2. Hs. VAG, § 156 a Abs. 3 S. 1 VAG, §§ 1, 2 PKewBV.

28 § 11 c VAG, Artikel 16 § 2 S. 2 Drittes Durchführungsgesetz/EWG zum VAG.

29 Siehe hierzu vertiefend die Erläuterungen über die Anforderungen an den Vertriebsbereich in Abschnitt 3.3.1. dieses Kapitels

30 Vgl. GdV (1997), S. 17f.

Informationspflichten gegenüber dem Versicherungsnehmer können sich im Rahmen der Einführung des Euro zunächst aus §10 a VAG iVm. Teil D Abschnitt II Nr. 2 Anlage VAG ergeben. Hiernach sind die gemäß Teil D Abschnitt I Nr. 1 Buchstabe c bis e und Nr. 2 Buchstabe a bis e Anlage VAG bei Abschluß von Versicherungsverträgen zu erteilenden Verbraucherinformationen immer dann auch während der Laufzeit der Versicherungsverträge zu erteilen, wenn sie sich aus Änderungen von Rechtsvorschriften ergeben.

Im wesentlichen können sich hier Informationspflichten ergeben im Zusammenhang mit:

- Angaben über Art, Umfang und Fälligkeit der Leistung des Versicherers gemäß Teil D Abschnitt I Nr. 1 c) der Anlage zum VAG (z.B. Versicherungssummen, Deckungssummen, Entschädigungsgrenzen, Selbstbehalte, Bezugnahmen auf nationale Referenzzinssätze),
- Angaben über die Prämienhöhe einschließlich eventueller Nebengebührenabreden gemäß Teil D Abschnitt I Nr. 1 e) der Anlage zum VAG,
- bei der Lebensversicherung sowie bei der Unfallversicherung mit Prämienrückgewähr Angaben über die Höhe der Rückkaufswerte sowie über den Mindestversicherungsbetrag für eine Umwandlung in eine prämienfreie Versicherung gemäß Teil D Abschnitt I Nr. 2 b) und c) der Anlage zum VAG.
- In der Literatur wird die Einführung des Euro grundsätzlich als Anwendungsfall des Abschnitts II Nr. 2 der Anlage zum VAG angesehen. Somit wäre nach dem reinen Wortlaut des VAG eine Informationspflicht gegenüber dem VN hier zu bejahen, da die Anpassung der genannten Punkte aufgrund der Währungsumstellung auf Rechtsvorschriften fußt.[31]

Es wird jedoch auch eine abweichende Auffassung vertreten: Gemäß Artikel 14 EU-VO 109-E ist eine Bezugnahme in am Ende der Übergangszeit bestehenden Rechtsinstrumenten auf nationale Währungseinheiten als Bezugnahme auf die Euro-Einheit entsprechend dem jeweiligen Umrechnungskurs zu verstehen. Folgt man der Argumentation, daß hiermit keine Änderungen der Rechtsvorschriften vorgenommen werden, sondern lediglich eine Art gesetzestechnische Umdefinition, so ergibt sich keine Mitteilungspflicht für das VU.[32]

Daneben wird von Vertretern der letzten Auffassung angeführt, daß die Vorschrift des § 10 a VAG dahingehend interpretiert werden könnte, daß hier nicht rein formelle sondern nur materielle Änderungen angesprochen werden sollen, zu denen die bloße Ersetzung der Währungsbezeichnung und die Umrechnung zu einem festgelegten Wechselkurs nicht zu zählen ist.

Welche der beiden Ansichten am Ende die zutreffende ist, wird sich im Zweifel erst durch gerichtliche Entscheidung klären lassen. Der zunehmende Gedanke des Verbraucherschutzes könnte hier die Tendenz zur Einräumung weitgehender Informationsrechte für den VN mit sich bringen.

Die Diskussion hat prinzipiell eher akademischen Charakter, da die Praxis bereits zeigt, daß es schon aus geschäftspolitischen Gründen (Wettbewerb, Werbung, Marketing) geboten

---

31 So auch Präve (1996), S. 19. Die Verordnungen des Europäischen Sekundärrechts werden unmittelbar in den Mitgliedstaaten gelten, ohne daß es einer Transformation auf nationaler Ebene bedarf. Vgl. Artikel 6 EU-VO 235 und Artikel 17 EU-VO 109-E.

32 Vgl. GdV (1997), S. 16f.

sein kann, den VN ausführlich über die vorgenommenen Anpassungen im Rahmen der Währungsumstellung zu informieren.

Außerdem wird es in vielen Bereichen nicht bei der bloßen Umrechnung zum festgelegten Wechselkurs bleiben. Vielmehr werden »krumme« Euro-Beträge aus psychologischen Gründen geglättet werden müssen. Spätestens dann ist jedoch eine materielle Änderung mit Auswirkungen auf die einzelnen Versicherungsverträge gegeben, die eine Informationspflicht begründet. Es stellt sich dann lediglich die Frage, in welcher Form und zu welchem Zeitpunkt die Information an den VN zu erbringen ist.

In diesem Zusammenhang könnte die Ausstellung eines Nachtrages erforderlich sein.

Die in § 3 Abs. 1 Versicherungsvertragsgesetz (VVG) enthaltene grundsätzliche Pflicht zur Ausstellung eines Versicherungsscheines könnte so ausgelegt werden, daß analog hierzu eine Verpflichtung zur Ausstellung eines Nachtrages besteht, wenn sich gesetzliche Rahmenbedingungen ändern, die eine Anpassung von Angaben im Versicherungsschein erforderlich machen.[33]

In § 3 Abs. 2 VVG sind die Anlässe zur Verpflichtung der Erstellung einer Ersatzurkunde genannt,[34] wobei in § 3 Abs. 4 VVG auch in diesen Fällen dem VN unabhängig von einem etwaigen Verschulden die Kosten der Ersatzurkunde auferlegt werden. Die abschliessende Aufzählung des § 3 Abs. 2 VVG bezieht sich jedoch lediglich auf inhaltlich unveränderte Verträge. Wenn dagegen eine Glattstellung »krummer« Euro-Beträge vorgenommen wird, ist eine materielle Änderung gegeben, die die Verpflichtung zur Erstellung eines Nachtrages – und gegebenenfalls eine darüberhinausgehende vertragsrechtliche Verpflichtung zur Einholung des Einverständnis des VN – nach sich zieht.[35]

Bei derartigen materiellen Anpassungen werden keine Spielräume in der Weise bestehen, daß beispielsweise die Beifügung der Änderungsmitteilung erst zum nächsten ohnehin anfallenden Schreiben an den VN erfolgt. Vielmehr erscheint die unverzügliche Erstellung eines Nachtrags zum Versicherungsschein zwingend geboten.

Es wird in der Literatur darüberhinaus auch die Auffassung vertreten, daß auch bei rein formellen Änderungen die Erstellung eines Nachtrages geboten ist, ohne daß Spielräume hinsichtlich der Form oder des Zeitpunkts der Informationserbringung bestehen.[36]

---

33 Vgl. Präve (1997), S. 301. Es wird die Ausstellung eines Nachtrages auch bei einer reinen Umrechnung der nationalen Währungseinheit ohne Erhalten eines entsprechenden Entgeltes vom VN mit Verweis auf die höchstrichterliche Rechtsprechung zu Gebührenklauseln für Bankleistungen verlangt.

34 § 3 Abs. 2 S. 1 VVG: »Ist ein Versicherungsschein abhanden gekommen oder vernichtet, so kann der Versicherungsnehmer von dem Versicherer die Ausstellung einer Ersatzurkunde verlangen.«

35 Siehe hierzu vertiefend die Erläuterungen in Abschnitt 2.4 dieses Kapitels.

36 Vgl. Präve (1996), S. 19f.

2.4 Glattstellung von Beträgen in Allgemeinen Versicherungsbedingungen

2.4.1 Ausgangslage

In Allgemeinen Versicherungsbedingungen (AVB) und Klauseln sind an vielen Stellen bisher »glatte« Signalbeträge – wie beispielsweise Versicherungssummen, Entschädigungsgrenzen und Selbstbehalte – enthalten, die in der Regel bei bloßer Umrechnung der nationalen Währungseinheit in Euro nach dem festgelegten Wechselkurs »krumm« werden und somit ihre Signalwirkung verlieren. Es scheint einsichtig, daß auf Dauer ein Selbstbehalt in Höhe von Euro 338,68[37] in der Fahrzeugvollversicherung dem VN schwer zu vermitteln sein wird. Ähnlich verhält es sich mit Versicherungssummen und Entschädigungsgrenzen in verschiedenen Versicherungszweigen, die bisher auf volle 1.000,- DM oder sogar auf volle 100.000,- DM lauteten.

In Artikel 4 der EU-VO 235 sind exakte Umrechnungs- und Rundungsregeln enthalten. Die Umrechnungskurse werden demnach ausgedrückt als Wert der einzelnen nationalen Währungen (mit sechs signifikanten Stellen) pro einem Euro. Die Kurse werden bei der Umrechnung nicht gerundet oder um eine oder mehrere Stellen gekürzt, da dies zu erheblichen Wertverkürzungen und damit zu Wettbewerbsverzerrungen führen würde.[38] Artikel 5 EU-VO 235 besagt zudem, daß die nach dem in Artikel 4 beschriebenen Umrechnungsverfahren erhaltenen Euro-Beträge auf den nächstliegenden Cent[39] entsprechend den nationalen Rechtsvorschriften und Gepflogenheiten auf- oder abzurunden sind. Somit tritt an Stelle eines jeden »runden« DM-Betrages zunächst ein durch europäisches Recht klar definierter Euro-Betrag mit zwei Nachkommastellen.[40]

Hieraus ergibt sich, daß bei bloßer Umstellung der Signalbeträge nach den Vorschriften der EU-VO 235 selbst bei bisher auf volle DM 100.000,- lautenden Beträgen der entsprechende Euro-Betrag auf zwei Dezimalstellen genau anzugeben wäre. Dies kann jedoch nicht im Sinne der Handhabbarkeit beim Versicherungnehmer und beim VU sein. Die bisher vorhandenen »glatten« Beträge erfüllen vielmehr traditionell ein wichtiges, für den VN leicht begreifbares Merkmal des ohnehin für ihn oft komplizierten Produktes Versicherungsschutz. Außerdem können auch technische Probleme auftreten, wenn eine eventuell veraltete DV die für eine exakte Angabe von Versicherungssummen erforderlichen Programmstellen nicht vorsieht. Es wird daher in verschiedenen Bereichen erforderlich sein, derartige Signalbeträge im Rahmen einer Glattstellung neu festzusetzen.

Wesentliche Probleme ergeben sich hier für die VU vor allem hinsichtlich der Vertragskontinuität bei Änderungen zu bestehenden Versicherungsverträgen. Weiterhin sind in ver-

---

37 Es wurde beispielhaft von einer Selbstbeteiligung von DM 650,- und einem Wechselkurs von 1,91919 DM pro 1 Euro ausgegangen.

38 Vgl. Borries /Repplinger-Hach (1996), S. 495.

39 Ein Euro ist in 100 Cent unterteilt.

40 Vgl. ASWWU (1997), S. 21. Es bleibt jedoch abzuwarten, ob der nationale Gesetzgeber zumindest Regelungen für die Bereiche trifft, bei denen auch bisher Rundungen vorgenommen wurden. So wird beispielsweise die Versicherungsteuer auf nur eine Stelle nach dem Komma gerundet.

schiedenen AVB Vorschriften enthalten, die auch bisher schon Glattstellungen auf volle TDM – beispielsweise nach laufenden Anpassungen in Anlehnung an einen Preisindex – vorsahen.[41] Hier entstehen Sonderprobleme.

2.4.2 Das Problem der Vertragskontinuität

Die Versicherer haben bei neu abzuschliessenden Verträgen grundsätzlich die Möglichkeit, vertragliche Regelungen vorzusehen, die auch nach Einführung des Euro »glatte« Summen beinhalten. Problematisch ist jedoch die Änderung von AVB oder anderen vertraglichen Grundlagen zu bestehenden Versicherungsverträgen.

Die Vertragskontinuität wird in der EU-VO 235 nur deklaratorisch geregelt, da dies nach Ansicht der Europäischen Kommission keine Frage des Währungsrechts, sondern des Schuldrechts der einzelnen Mitgliedstaaten ist.[42] Gemäß Artikel 3 EU-VO 235 bewirkt die Einführung des Euro weder eine Veränderung von Bestimmungen in Rechtsinstrumenten oder eine Schuldbefreiung, noch rechtfertigt sie die Nichterfüllung rechtlicher Verpflichtungen oder gibt einer Partei das Recht, ein Rechtsinstrument einseitig zu ändern. Dies gilt vorbehaltlich etwaiger Vereinbarungen der Parteien. Auch nach nationalem Schuldrecht gibt die bloße Umstellung von DM auf Euro grundsätzlich keiner Vertragspartei das Recht, sich aus bestehenden Verträgen zu lösen oder eine einseitige Anpassung zu verlangen.[43]

Rundungsanpassungen – wie z.B. Glattstellungen –, die über die technische Umrechnung gemäß Artikel 4 der EU-VO 235 hinausgehen, bedürfen somit grundsätzlich der Zustimmung des VN,[44] es sei denn, daß sie lediglich einen Vorteil für den VN enthalten.[45]

Bei einer Glattstellung, die den VN lediglich begünstigt, besteht für den Versicherer zwar eine Informationspflicht aufgrund der vorgenommenen materiellen Änderung, er braucht jedoch nicht damit zu rechnen, daß der VN eine gegen seine eigenen Interessen gerichtete Entscheidung treffen könnte.[46] In diesem Fall ist das Schweigen des VN somit als Zustimmung zu werten.[47] Zu beachten ist jedoch, daß sich weder im Leistungs- noch im Prämienbereich eine irgendwie geartete Benachteiligung des VN ergeben darf. Wenn beispielsweise eine Versicherungssumme (VS) auf einen »glatten« Euro-Betrag aufgerundet wird, so daß der VN durch die Erweiterung der Deckung zunächst begünstigt ist, ergibt sich durch eine proportionale Anhebung der Prämie zwar keine Verschlechterung des Preis-Leistungsverhältnisses, aber im Prämienbereich isoliert betrachtet eine Benachteiligung des VN, die ein Zustimmungserfordernis mit sich bringt.

---

41 Dies betrifft im wesentlichen die Hausratversicherung (§ 16 Nr. 1 a VHB 92), die Unfallversicherung (Besondere Bedingungen Zuwachsleistung 96) sowie Klausel 1701 zur Versicherung beweglicher Sachen in der gewerblichen Versicherung. Vgl. zur Hausratversicherung Abschnitt 3.1.3.4. dieses Kapitels.

42 Vgl. Schmidhuber/Steinki (1996), S. 27.

43 Vgl. Schmidhuber /Steinki (1996), S. 27.

44 Vgl. Frankfurter Allgemeine Zeitung vom 23. Mai 1997 »Die Verbraucher haben nichts zu befürchten«; Präve (1996), S. 20.

45 Vgl. Präve (1992), S. 224.

46 Vgl. Präve (1992), S. 224.

47 Vgl. Seybold (1989), S. 1233; Schirmer, (1986), S. 539.

Eine eindeutige Begünstigung des VN liegt vielmehr nur dann vor, wenn Versicherungssummen und Entschädigungsgrenzen nach oben bzw. Selbstbehalte nach unten korrigiert werden, ohne daß eine entsprechende Anpassung der Prämie erfolgt.

Die Frage des Zustimmungserfordernisses des VN stellt sich weiterhin bei Vorhandensein von Bedingungsänderungsklauseln. Diese sind zunächst in einigen älteren AVB vorhanden, die noch aus der Zeit der aufsichtsbehördlichen Genehmigungspflicht für AVB stammen.[48]

Das Bundesaufsichtsamt für das Versicherungswesen (BAV) veröffentlichte im Jahre 1994 zudem eine Klausel als genehmigt, die Bedingungsanpassungen unter bestimmten Voraussetzungen für zulässig erklärte[49]. Diese Klausel lautete auszugsweise:

> » Der Versicherer ist berechtigt, bei Änderung von Gesetzen, auf denen die Bestimmungen des Versicherungsvertrages beruhen ...... einzelne Bedingungen mit Wirkung für bestehende Verträge zu ergänzen oder zu ersetzen......«.[50]

Die Klausel wurde jedoch im Jahr 1996 vom Landgericht Düsseldorf wegen Unvereinbarkeit mit dem Gesetz über die Allgemeinen Geschäftsbedingungen (AGBG) für unwirksam erklärt.[51] Wegen der rechtlichen Unsicherheit in Bezug auf Bedingungsanpassungsklauseln sowie der damit eventuell verbundenen außerordentlichen Kündigungsrechte für den VN sollte seitens der Versicherungswirtschaft aus Vorsichtsgründen darauf verzichtet werden, solche Klauseln als alleinige Grundlage für Glattstellungen in bestehenden Verträgen heranzuziehen.

Es stellt sich somit grundsätzlich die Frage, welche Handlungsalternativen sich hinsichtlich der Glattstellung von »krummen« Euro-Beträgen bieten.[52] Dies ist im folgenden nach Versicherungszweigen differenziert behandelt.

2.4.3 Schaden-/Unfallversicherung

Im folgenden wird die Problematik der Glattstellung von »krummen« Beträgen in den AVB für wesentliche Bereiche der Schaden-/Unfallversicherung aufgezeigt. Grundsätzlich sind in der Schaden-/Unfallversicherung nur im Leistungsbereich Signalbeträge vorhanden, glatte Prämien sind auch unabhängig von der Einführung des Euro die Ausnahme.

Anlage 1 zu diesem Kapitel enthält konkrete Beispiele mit Handlungsalternativen zu ausgewählten Versicherungszweigen und -arten.

---

48 So z.B. § 17 ALB, § 18 MBKK, § 18 MBKT, § 9 a AKB. Eine Geltung solcher Änderungsvorbehalte für das Neugeschäft nach Wegfall der aufsichtsrechtlichen Bedingungskontrolle wurde für nicht wahrscheinlich gehalten. Vgl. Präve, (1992), S. 221.

49 VerBAV (1994), S. 58.

50 Die Klausel wird beispielsweise in § 10 a ARB 1994, in § 17 AUB 94 sowie in § 9 b AKB verwendet.

51 LG Düsseldorf, Urteil vom 3.4.1996 (AZ 12 O 394/95). In: VersR 1996, S. 874 – 877. Gegen diese Entscheidung wurde allerdings Berufung eingelegt.

52 Siehe hierzu auch Wagner, Fred: Auswirkungen der europäischen Währungsunion auf die Produktgestaltung, in: Vers. Wirtschaft, 52. Jahrgang 1997, S. 884-893.

- **Versicherungssummen:**

  In der Vollwertversicherung besteht ein proportionaler Zusammenhang zwischen VS und Prämie. Es ist daher bei einer möglichen Aufrundung der VS auf einen »glatten« Euro-Betrag zu beachten, daß im Prämienbereich eine Benachteiligung des VN entsteht, sofern die Prämie weiterhin als %-Satz der VS errechnet wird. Bei einer Abrundung der VS ergibt sich jedoch eine Einschränkung der Versicherungsleistung. Überlegenswert wäre daher, eine Aufrundung der VS mit dem Verzicht auf einen geringen Prämienanteil zu verbinden, da Totalschäden bis zur Erreichung der VS eher die Ausnahme darstellen. Die VS setzt jedoch nicht nur die maximale Entschädigung fest, sondern bestimmt auch den Beginn der Unterversicherung, so daß sich auch bei Teilschäden eine höhere Leistungsverpflichtung für den Versicherer ergeben kann. Weiterhin sind auch technische Probleme möglich, sofern die Prämie bisher als %-Satz der VS ermittelt wurde.

  Einen Sonderfall stellt die Verbundene Wohngebäudeversicherung dar. Die überwiegende Anzahl der Verträge beinhaltet hier im Rahmen der gleitenden Neuwertversicherung als Ausgangspunkt für Prämien- und Leistungsberechnung eine in Mark ausgedrückte VS 1914. Diese Referenzgröße wird im Rahmen der Währungsumstellung unangetastet bleiben. Die Umrechnung auf die DM-Summe des jeweiligen aktuellen Jahres wird dann durch Ansatz eines Baukasten-Indexes ohnehin zu »krummen« Beträgen führen, so daß kein Handlungsbedarf für eine Glattstellung in Euro besteht.

- **Entschädigungsgrenzen:**

  Entschädigungsgrenzen existieren in den verschiedensten Versicherungszweigen und -arten der Schaden-/Unfallversicherung einerseits als generelle Deckungsbeschränkung und andererseits für spezielle Sachverhalte, wie beispielsweise die Vorsorgeversicherung in der Allgemeinen Haftpflichtversicherung.[53]

  Die Prämie steht hier nicht in einem proportionalem Zusammenhang zur Entschädigungsgrenze. Aus diesem Grunde bietet sich hier die Möglichkeit, die Deckungsbeschränkungen auf »glatte« Euro-Beträge aufzurunden und auf einen Prämienanstieg zu verzichten. Es eröffnet sich jedoch auch die Chance, materielle Änderungen durchzuführen, die gerade im Bereich der Haftpflichtversicherung ohnehin teilweise angebracht erscheinen. Die Zustimmung des VN vorausgesetzt, können deutliche Erhöhungen von Deckungssummen bzw. personenbezogenen Entschädigungsgrenzen mit nur einer geringen Prämienerhöhung verwirklicht werden, da Schäden oberhalb der derzeitigen Deckungssummen die Ausnahme bilden.

- **Selbstbeteiligungen:**

  Anpassungsbedarf besteht lediglich bei in absoluten Beträgen ausgedrückten Selbstbeteiligungen, wobei hier kein proportionaler Zusammenhang zwischen der Höhe der Selbstbeteiligung und der Prämie besteht. Aus Gründen der Vertragskontinuität scheint hier eine Abrundung der Selbstbeteiligung unter Beibehaltung der bisherigen Prämie naheliegend.

53 Siehe § 2 AHB oder auch § 19 VHB 92: Entschädigungsgrenzen in der Hausratversicherung für Schmuck, Wertsachen und Bargeld.

Dies bringt jedoch eine höhere Gefahrtragung des Versicherers bei gleicher Prämie mit sich. Bei einer Abrundung von Selbstbeteiligungen ergibt sich – im Gegensatz zur Aufrundung von Entschädigungsgrenzen – ein Anstieg der Zahlungsverpflichtung bei nahezu jedem Schaden, was für den gesamten Versicherungsbestand bei einem VU durchaus materielle Auswirkungen haben kann.

- **Konkrete Entschädigungsbeträge in der Summenversicherung**

  Bei Invaliditätsleistungen in der Unfallversicherung ist bei einer möglichen Aufrundung des Entschädigungsbetrages zu beachten, daß sich die Leistung des Versicherers auch bei Teilschäden erhöht, da gemäß der Gliedertaxe des § 7 Nr. 1 Abs. 2 AUB die jeweils zu zahlende Entschädigung als prozentualer Anteil der vereinbarten Invaliditätssumme zu ermitteln ist.

Bei Tagegeldleistungen sowohl in der Kranken- als auch in der Unfallversicherung, die bisher beispielsweise auf volle 10 DM lauteten, stellt sich analog zu einer Abrundung von Selbstbeteiligungen das Problem, daß von einer Steigerung der Leistungsverpflichtung für den Versicherer bei einer Aufrundung der Tagegeldleistung eine Vielzahl von Schäden betroffen sind. Zu beachten ist bei der Krankentagegeldversicherung zudem, daß eine Begrenzung des zu vereinbarenden Tagegeldes in Abhängigkeit des Durchschnittsverdienstes der letzten 12 Monate besteht, um eine Bereicherung zu vermeiden.[54] Eine Überschreitung dieser Begrenzung nur durch eine eventuelle Aufrundung wird jedoch vermutlich kaum praktische Auswirkungen haben.

Insgesamt ist hinsichtlich der Behandlung solcher Entschädigungsbeträge in der Summenversicherung unternehmensindividuell zu entscheiden, ob eine Aufrundung des Entschädigungsbetrages unter Verzicht auf eine Prämienanhebung in Frage kommt.

2.4.4 Das Sonderproblem der indexgebundenen Summenanpassung in der Hausratversicherung

§ 16 Nr. 1 a) der VHB 92 sieht eine Anpassung der VS entsprechend eines Indexes des Statistischen Bundesamtes unter Vornahme einer Aufrundung auf volle Tausend DM vor. Die Prämie wird aus der neuen VS berechnet.

Diese Aufrundungsregel würde nach Einführung des Euro ins Leere gehen. Grundsätzlich sollte eine Summenanpassung im Interesse des VN jedoch auch nach Einführung des Euro weitergeführt werden, da dies zur Erhaltung des inneren Wertes des Versicherungsschutzes dient. Es ist hier jedoch besonders schwierig, eine Handlungsalternative zu finden, die auch bei bestehenden Verträgen die Vertragskontinuität gewährleistet:

- Bei einer Aufrundung auf einen »glatten« Euro-Betrag ergibt sich für den VN eine höhere Prämie, da auf volle Tausend Euro im Durchschnitt wertmäßig stärker aufgerundet werden muß als auf volle Tausend DM.
- Eine genaue Umrechnung der auf volle Tausend DM gerundeten Summen ergäbe »krumme« Beträge, so daß der Sinn des § 16 Nr. 1a) VHB 92 nicht erreicht wäre.

---

54 Vgl. § 4 Nr. 2 MBKT.

- Eine genaue Umrechnung ohne jede Rundung würde den VN im Vergleich zur bisher vorgenommenen Aufrundung auf volle Tausend DM im Leistungsbereich benachteiligen. Dies träfe auch bei einer Abrundung auf einen »glatten« Euro-Betrag zu.

Insgesamt verbleiben dem Versicherer hier kaum Möglichkeiten, »glatte« Euro-Beträge unter Gewährleistung der Vertragskontinuität zu erreichen. Denn es ergeben sich entweder auf der Leistungs- oder auf der Prämienseite Benachteiligungen für den VN, die den Versicherer zwingen, die Zustimmung des VN einzuholen. Es bietet sich hier an, die Euro-Umstellung zum Anlaß zu nehmen, dem VN ein grundsätzlich überarbeitetes Produkt mit weiteren Vorteilen im Leistungsbereich anzubieten, und auf diesem Wege auch Argumente für die Zustimmung zu einer dadurch erforderlichen Prämienanpassung zu haben. Bei VN, die auch weiterhin auf den alten Bedingungswerken bestehen, werden »krumme« Euro-Beträge wohl hingenommen werden müssen.

2.4.5 Lebensversicherung

Im Gegensatz zur Schaden-/Unfallversicherung existiert das Problem der Glattstellung »krummer« Beträge in der Lebensversicherung sowohl im Prämien- als auch im Leistungsbereich. Der VN hat bei Abschluß des Vertrages grundsätzlich die Möglichkeit entweder die Höhe der VS oder die Höhe der monatlich zu leistenden Prämie vorzugeben; der jeweils andere Parameter ergibt sich aus den Tarifen des Versicherers und wird i.d.R. ohnehin »krumm« sein.

Das Problem der Vertragskontinuität stellt sich in der Lebensversicherung auf eine besondere Weise. Grundsätzlich wird die Prämie so kalkuliert, daß ihre Höhe über die Laufzeit des Vertrages konstant bleibt. Um das während der Laufzeit des Vertrages steigende Todesfall- und Erwerbsunfähigkeitsrisiko abzufangen, werden zu Beginn der Laufzeit höhere Risikobestandteile angesetzt als eigentlich erforderlich. Die Überschüsse werden als Beitrags-Dekkungsrückstellung der Deckungsrückstellung zugeführt.[55] Am Ende der Laufzeit wird der Überhang der Bedarfsprämie für das Todesfall- und Erwerbsunfähigkeitsrisiko über die konstante Prämie aus der Beitrags-Deckungsrückstellung entnommen.

Problematisch ist nun, daß bei Neukalkulation eines der Parameter (Prämie oder VS) für den Differenzbetrag zum bisherigen Parameter nur noch die Restlaufzeit des Vertrages zugrundegelegt wird. Hierbei macht sich im Risikogeschäft ein höheres Eintrittsalter und im Spargeschäft ein niedrigerer Zinseszinseffekt bemerkbar, so daß der Versicherungsschutz für den VN relativ gesehen teurer wird als zum eigentlichen Zeitpunkt des Vertragsabschlusses.[56]

---

55 Vgl. Boetius (1996), Tz. 592.

56 Es handelt sich hier um das gleiche Phänomen wie bei der dynamischen Lebensversicherung, wo bereits bei Vertragsabschluß vereinbart wird, daß ohne erneute Gesundheitsprüfung Prämien und Leistungen schrittweise erhöht werden. Auch hier wird bei der Kalkulation des Erhöhungsbetrages der VS zu jedem Erhöhungstermin ein höheres Eintrittsalter angenommen, so daß die Prämiensteigerung relativ gesehen immer höher sein wird als die Steigerung der VS.

Weiterhin entstehen bei einer Erhöhung im Normalfall zusätzliche Abschlußkosten, so daß insgesamt von einer ausschließlichen Begünstigung des VN nicht auszugehen ist. Im Hinblick auf die angesprochenen Probleme einer Glattstellung und auf die Tatsache, daß die tatsächliche Versicherungsleistung unter Einbeziehung der Überschußbeteiligung i.d.R. ohnehin »krumm« ist, liegt die Überlegung nahe, zumindest bei bestehenden Verträgen keine Glattstellung durchzuführen. Aus Wettbewerbsgründen könnte jedoch die Euro-Umstellung auch zum Anlaß genommen werden, höhere »glatte« Versicherungssummen ohne erneute Gesundheitsprüfung anzubieten und somit die Zustimmung der VN zu dieser Anpassung zu erhalten. Auch hier ist wieder die Problematik der neu entstehenden Abschlußkosten zu beachten.

Die Kalkulation neu abzuschließender Verträge kann grundsätzlich unter Zugrundelegung »glatter« Euro-Beträge erfolgen.

Eine Übersicht über möglichen Handlungsbedarf in verschiedenen Produktvarianten der Lebensversicherung gibt Anlage J-2 zu diesem Kapitel.

2.4.6 Zusammenfassung

Die Einführung des Euro bietet den VU einen Anlaß, ihre Produkte gründlich zu überarbeiten und über eine reine Glattstellung hinaus materielle Erweiterungen des Versicherungsschutzes vorzunehmen. Für neu abzuschliessende Verträge ist dies rechtlich unproblematisch, für bestehende Verträge ist der Vertriebsbereich gefordert, mit dem Argument der Verbesserung des Versicherungsschutzes auch die Zustimmung der VN zu den erforderlichen Prämienerhöhungen zu erlangen. In einigen Bereichen kann es unter der Zielsetzung einer rechtlich unkomplizierten Umsetzung auch sinnvoll sein, auf Prämienerhöhungen zu verzichten bzw. auf eine Glattstellung ganz zu verzichten.

2.5 Verträge nach Drittstaatenrecht

Die EU-VO 235 – und somit insbesondere die Kontinuitätsregel des Artikel 3 sowie die Rechenregeln des Artikel 4 – ist am 20. Juni 1997 in Kraft getreten. Sie gilt auch in den Mitgliedstaaten, die nicht oder zunächst nicht an der dritten Stufe der Währungsunion teilnehmen.[57] Als Drittstaaten sind somit nur Nicht-Mitgliedstaaten der Europäischen Union anzusehen. In diesen Staaten können Europäische Verordnungen kein Recht setzen, so daß sich das Problem der dauerhaften Sicherstellung der Vertragskontinuität immer dann stellt, wenn Verträge nach dem Recht des Drittstaates geschlossen worden sind. Eine generelle Lösung existiert hier nicht. Vielmehr wird eine Betrachtung des auf den jeweiligen Vertrag anwend-

---

57 Auch die EU-VO 109-E gilt gemäß Artikel 17 vorbehaltlich der Protokolle Nr. 11 und 12 sowie des Artikels 109 k Absatz 1 des EG-Vertrages in jedem Mitgliedstaat. Diese beruht jedoch im Unterschied zur EU-VO 235 auf Artikel 109 l Abs. 4 S. 3 des EG-Vertrages, der erst anwendbar ist, wenn die dritte Stufe der Währungsunion beginnt. Somit tritt die Einführungs-VO am 1. Januar 1999 in Kraft.

baren Sachenrechts unter Berücksichtigung der Grundsätze des internationalen Privatrechts erforderlich sein.[58]

Für deutsche VU stellt sich das Problem der Vertragskontinuität von Verträgen nach Drittstaatenrecht im wesentlichen im Rückversicherungsbereich sowie im Bereich der Großrisiken, da hier Rechtswahlfreiheit besteht.[59] Dagegen ist die Rechtswahlfreiheit für Massenrisiken mit Ausnahme der Korrespondenzversicherung[60] gemäß Artikel 9 Einführungsgesetz zum Versicherungsvertragsgesetz (EGVVG) stark eingeschränkt.

Eine Möglichkeit zur Sicherstellung des Fortbestandes von Verträgen nach Drittstaatenrecht stellt der Einbau von sogenannten Kontinuitätsklauseln dar. In einer solchen Klausel könnte festgehalten werden, daß die Ersetzung der Währung DM durch die Währung Euro zum offiziellen Umrechnungskurs am Umstellungsstichtag keiner Vertragspartei das Recht gibt, die Aufhebung des Vertrages, eine Änderung von vertraglichen Bestimmungen oder die Zahlung von Schadenersatz oder Strafgeldern zu verlangen. Zu bestehenden Verträgen sollten derartige Klauseln bereits jetzt vorgesehen werden, da es fraglich ist, ob völkerrechtliche Vereinbarungen zwischen der Europäischen Union und Drittländern über die Vertragskontinuität zustandekommen.

3 Umstellungserfordernisse aus betriebsorganisatorischer und DV-technischer Sicht

3.1 Problematik

Von der Einführung des Euro werden nahezu alle DV-technischen Anwendungen betroffen sein. Die VU stehen vor dem Problem, die Umsetzung im Hinblick auf die unterschiedlichsten Einflußfaktoren zu koordinieren. Zentrale Frage ist hier, in welchem Zeitraum und in welcher Weise die Umstellung auf den Euro durchgeführt wird, wobei die Entscheidungsfindung durch folgende Faktoren beeinflußt werden kann:

- Welche technischen Probleme entstehen bei den verschiedenen Handlungsmöglichkeiten des VU?
- Welche Kosten entstehen dann jeweils?
- Welche Erwartungen werden von den verschiedenen Kundengruppen an das VU gestellt?
- Welche Erwartungen werden seitens weiterer Koalitionäre des VU gestellt (BAV, öffentliche Verwaltung)?
- Welche politischen Vorgaben schränken die grundsätzlich möglichen Vorgehensweisen des VU ein?

---

58 Vgl. GdV (1997), S. 13.

59 Für Großrisiken gilt dies gemäß Artikel 10 EGVVG. Vgl. Imbusch (1993), S. 1063. Rückversicherungsverträge unterliegen dem VVG gemäß § 186 VVG ohnehin nicht.

60 Vgl. Prölss (1992), Anmerkung 5 a) zu Art. 9

Im folgenden Abschnitt werden verschiedene für das VU mögliche Szenarien für den Übergangszeitraum dargestellt.

3.2 Mögliche Übergangsszenarien

a) DM-Beibehaltung bis zur Endphase, dann Umstellung in einem Zug

Der gesamte Systemablauf wird bis zu einem Stichtag, spätestens dem 31. Dezember 2001, in DM geführt. Die Umstellung erfolgt dann in einem Zug, wobei zu beachten ist, daß die Endphase der Währungsumstellung vom nationalen Gesetzgeber verkürzt werden kann. Vorteilhaft wäre hier, daß die zur Verfügung stehende Vorbereitungszeit maximiert wird und daß ein relativ gesehen geringerer Änderungsaufwand hinsichtlich der DV anfällt als bei doppelter Bestandsführung. Nachteilig wirkt sich jedoch aus, daß zum Stichtag DV-technische Kapazitätsprobleme auftreten können. Weiterhin besteht die Gefahr, daß aufgrund des aus heutiger Sicht augenscheinlich späten Umstellungstermins strategische Entscheidungen verschoben werden, so daß die Vorbereitungen schließlich zu spät begonnen werden. Hieraus resultieren existenzielle Gefahren für das VU bei Terminüberschreitung.

Bis zur Umstellung können zudem keinerlei auf Euro lautende Informationen – beispielsweise in Policen, Angeboten oder sonstigen Schreiben – an den VN zur Verfügung gestellt werden. Unter dem Aspekt »kein Zwang – keine Behinderung« kann es den VU zwar zunächst nicht verwehrt werden, die Verträge weiterhin in DM zu führen; andererseits wird es abhängig von der Kundenstruktur insbesondere im gewerblichen oder industriellen Geschäft durchaus VN geben, die bereits während des Übergangszeitraums »Euro-Produkte« nachfragen.[61]

Allein aus Gründen der Wettbewerbsfähigkeit und des Kompetenzbeweises wird diese Möglichkeit für den Großteil der VU ausscheiden.

b) DM-Bestandsführung mit Euro-Information, dann Umstellung in einem Zug

Die Vertragsbestände werden wie bei a) bis zu einem Stichtag in der Endphase in DM geführt, in kundenorientierten Dialogsystemen sowie maschinell erstellten Schreiben an den VN werden jedoch Euro-Beträge zusätzlich informativ vorgesehen. Der DV-Aufwand zum Umstellungsstichtag wird ähnlich hoch sein wie bei a), zusätzlich entsteht jedoch höherer Aufwand bereits während des Übergangszeitraums wegen der erforderlichen Anpassung der informativen Betragsfelder. Der Vorteil gegenüber der Handlungsalternative a) liegt in der Möglichkeit der Informationsbereitstellung je nach Bedarf des VN. Mit der bloßen Informationsbereitstellung in Form von technischer Umrechnung existiert jedoch noch keine Möglichkeit, neue »Euro-Produkte« anzubieten. Eine Verarbeitung von »Euro-Produkten« wird sich in einem DM-Bestandsführungssystem schwierig gestalten. Auch ergibt sich analog zur

61 Vgl. beispielsweise Stellungnahme der Gerling Versicherungs-Gruppe. In: Süddeutsche Zeitung vom 10.02.1997: »Wir glauben, daß der private Kunde an der DM festhalten wird, solange er kann. Aber für unsere Industriekunden können wir nicht ausschliessen, daß sie bereits ab dem 1. Januar 1999 von uns verlangen werden, ihre Verträge in Euro zu führen und abzurechnen.«

Alternative a) die Gefahr, daß strategische Entscheidungen verschoben werden und die Vorbereitung der endgültigen Umstellung zu spät beginnt.

c) Euro-Bestandsführung mit DM-Information

Analog zur Alternative b) könnte auch bereits zum 1. Januar 1999 die Bestandsführung auf Euro umgestellt werden. Hier ist jedoch eine parallele informatorische Angabe von DM-Beträgen aus Wettbewerbsaspekten zwingend erforderlich; eine alleinige Angabe von Euro-Beträgen schon ab dem Jahr 1999 ist am Markt wahrscheinlich nicht durchsetzbar. Auch ansonsten bietet diese Alternative im Vergleich zu b) den Nachteil, daß die Vorbereitungszeit für die Umstellung sehr kurz ist. Andererseits bietet eine Euro-Bestandsführung dem VU Chancen, neue Euro-Produkte anzubieten, wobei sich bei der Verarbeitung der DM-Produkte wiederum Schwierigkeiten ergeben können.

d) Vertragsbezogene Führung der Bestände in DM oder Euro

Bei dieser Handlungsalternative wird je nach Wunsch des Kunden der Vertrag in DM oder Euro geführt, somit wird ein Mischbestand aufgebaut. Informationen an den Kunden lauten auf die jeweils gewählte Währung, die Schnittstellen in den Systemen werden jedoch weiterhin in DM bedient. Vorteilhaft im Vergleich zu den Alternativen a) bis c) ist im wesentlichen die Möglichkeit einer sukzessiven Umstellung der Verträge im Übergangszeitraum durch einen wachsenden Euro-Bestand – eventuell mit »Euro-Produkten« – und einen schrumpfenden DM-Bestand. Für die eindeutige Zuordnung der jeweiligen Verträge zur gewählten Währungseinheit ist jedoch zunächst die stichtagsbezogene Einfügung eines Kennzeichens erforderlich, welches von allen Programmen interpretiert werden kann. In der Endphase sind dann die bis dahin noch in DM geführten Bestände und die Systeme zeitnah zum 1. Januar 2002 umzustellen.

e) Führung des gesamten Bestandes in DM und Euro

Ab dem 1. Januar 1999 werden alle Bestände in beiden Währungen geführt, wobei die Druckausgaben je nach Wunsch des Kunden in DM oder Euro erstellt werden können. Dies ist DV-technisch die aufwendigste Handlungsalternative, andererseits bietet diese Möglichkeit die größte Flexibilität hinsichtlich Reaktionsvermögen auf Kundenbedürfnisse und auf das Verhalten der Konkurrenten. Darüberhinaus kann sich hieraus die Chance ergeben, aktiv neue »Euro-Produkte« anzubieten und sich dadurch Marktanteile zu sichern oder diese sogar auszubauen. Auf diese Weise kann die EWU zum Anlaß genommen werden, grundsätzliche Produktinnovationen durchzuführen und auf diese Weise »Pioniergewinne« zu erzielen.

Unabhängig von der Wahl des Übergangsszenarios hinsichtlich der Bestandsführung muß das VU bereits zu Beginn des Übergangszeitraums technisch in der Lage sein, Euro-bezogene Vorgänge zu bearbeiten. Unter dem Aspekt »kein Zwang – keine Behinderung« kann es keinem VN verwehrt werden, beispielsweise seine Beitragsrechnung mit einem auf Euro lautenden Überweisungsbetrag zu zahlen. Grundsätzlich ist es zwar Aufgabe der Banken, die vom VN gezahlten Beträge in die Währungseinheit des Kontoinhabers umzurechnen,[62] das VU muß jedoch zumindest in der Lage sein, sich beispielsweise bei Rückfragen unabhängig von der gewählten Währung mit dem VN im Dialog zu verständigen.

62 Vgl. den Beitrag von Lemnitzer/Stein, I. Kreditinstitute und der Euro. Ein Überblick.

Zu bedenken ist insgesamt, daß die Entscheidung bei der Wahl der Umstellungsalternative abhängig von einer unternehmensindividuellen Analyse des Kosten-/Nutzenverhältnisses gemacht werden sollte. Strategische Entscheidungen zur künftigen Vertriebs- und Produktpolitik sollten möglichst frühzeitig gefällt werden.

3.3 Doppelte Preisauszeichnung

Eine eventuelle Pflicht zur doppelten Preisauszeichnung könnte den Entscheidungsspielraum der VU bei der Wahl eines möglichen Übergangsszenarios stark einschränken. Da die Verordnungen des europäischen Sekundärrechts keinerlei Regelungen zur Preisauszeichnung enthalten, kann eine Pflicht zur doppelten Preisauszeichnung nur vom nationalen Gesetzgeber ausgehen. Die Bundesregierung beabsichtigt generell, während der Übergangsphase größtmögliche Preistransparenz und korrekte Umrechnung zu gewährleisten, um verdeckte Preisanhebungen zu vermeiden.[63] Nach der derzeitigen Rechtslage scheint jedoch ohne Änderung der Preisangabenverordnung (PAngVO) keine Pflicht zur doppelten Preisauszeichnung zu bestehen.[64] Eine eventuelle Schaffung von zusätzlichen nationalen Rechtsgrundlagen hätte einschneidende Auswirkungen auf die Versicherungswirtschaft:

- Im Gegensatz zum Einzelhandel beträfe eine doppelte Preisauszeichnungspflicht nicht nur die reinen Produktpreise sondern vielmehr alle von der Währungsumstellung betroffenen Beträge, also Versicherungsbeiträge, Versicherungssummen, Deckungssummen, Selbstbeteiligungen etc.
- Die Überlegungen hinsichtlich einer eventuell erforderlichen Glattstellung der Euro-Beträge würden wesentlich komplizierter und müßten zudem bereits zu Beginn des Übergangszeitraums abgeschlossen sein. Würde aus Zeitgründen auf eine Glattstellung der Euro-Beträge zunächst verzichtet, könnten technische Probleme beispielsweise wegen des erforderlichen Ausweises von Nachkommastellen bei Versicherungssummen entstehen.
- Von den angesprochenen Übergangsszenarien verblieben bei Pflicht zur doppelten Preisauszeichnung lediglich b), c) und e), wobei die obligatorische Angabe beider Währungen zusätzlichen Aufwand verursachen würde.
- Eine Pflicht zur doppelten Preisauszeichnung wäre im Hinblick auf die erforderlichen technischen Änderungen sowie auf die Umgestaltung aller Druckausgaben sehr kostenintensiv, was sich im Endeffekt auf das Beitragsniveau auswirken würde.

Die Versicherungswirtschaft stellt bereits heute die Forderung an die Politik, im Sinne der Planungssicherheit möglichst frühzeitig Klarheit in dieser Frage herbeizuführen. Bei den Überlegungen sollte die Intention der Europäischen Kommission Berücksichtigung finden, die ein Gleichgewicht zwischen den Interessen der Verbraucher und den Kosten für die Ent-

---

63 Vgl. ASWWU (1997), S. 23.

64 Vgl. Schneider (1997), S. 1265 und 1266. Begründet wird dies damit daß einerseits der Euro keine Fremdwährung sondern die alleinige supranationale Währung der teilnehmenden Staaten sein wird, und daß andererseits die Angabe der vertraglichen Rechnungseinheit – entweder DM oder Euro – die Kriterien Preiswahrheit und Preisklarheit hinreichend erfüllt.

wicklung und Einführung doppelter Preisauszeichnungssysteme verlangt.[65] Es sollte hierbei auch bedacht werden, daß eine Pflicht zur doppelten Preisauszeichnung eine zweimalige Umstellung – zunächst von DM auf DM und Euro, dann von DM und Euro auf Euro – erforderlich machen würde.

3.4 Weitere Aspekte der technischen Umstellung

a) Grundsätzliche Verfahrensumstellung

Bei jeder verwendeten Standardsoftware sind die individuell erforderlichen Anpassungen zu analysieren und zum Gegenstand eines Änderungsauftrages an den jeweiligen Software-Hersteller zu machen. Sämtliche selbsterstellte Programme sowie sämtliche Auswertungsmasken sind ebenfalls auf Anpassungsbedarf hin zu analysieren, wobei Prioritäten hinsichtlich des Alters und der Funktionalität sowie hinsichtlich der Anzahl der Schnittstellen zu anderen Systemen zu setzen sind. Die im Rahmen der Währungsumstellung erforderlichen Anpassungen können eventuell direkt mit Änderungen im Hinblick auf die Jahrtausendwende verbunden werden.

b) Beitragsinkasso

In Abhängigkeit von dem gewählten Übergangsszenario sind im Bereich des Beitragsinkassos Überlegungen erforderlich, in welcher Währung die Sollstellung erfolgt, welche Änderungen bei der Ausgestaltung von Rechnungen und Überweisungsträgern erforderlich sind und in welcher Währung der Lastschrifteinzug erfolgen soll. Bei vielen VU existiert zudem ein von den Banken unabhängiger Datenträgeraustausch – beispielsweise mit Vermittlern, Maklern oder Großkunden – , der auf einen eventuellen Anpassungsbedarf analysiert werden muß.

c) Schadenabwicklung

Wegen der Langfristigkeit der Schadenabwicklung muß eine Parallelität von Euro- und DM-Vorgängen hingenommen werden. Dies betrifft insbesondere:

- Die Verarbeitung von Euro-Rechnungen schon vor der Umstellung der Restrückstellung,
- die Verarbeitung von DM-Rechnungen auch nach der Umstellung der Restrückstellung,
- die Möglichkeit, auch auf der Leistungsabrechnung beide Währungen ausweisen zu können,
- die eindeutige Währungszuordnung von historischen Beständen, beispielsweise zur Ermöglichung von Korrekturen.

d) Formularwesen

Ein Großteil der Formulare des VU, wie beispielsweise Anträge, Versicherungspolicen, Formbriefe, AVB, Tarife und maschinelle Leistungsabrechnungen, müssen hinsichtlich der Betragsangabe auf die neue Währungseinheit umgestellt werden. Die Ausgestaltung kann

---

65 Vgl. Europäische Kommission (1995).

nur in Abhängigkeit von dem jeweils gewählten Übergangsszenario erfolgen, wobei die Angabe beider Währungen in ein und demselben Formular den größten Aufwand verursacht. Unabhängig davon bleibt abzuwarten, welche genauen Abkürzungen für Euro und Cent festgelegt werden. Zu präferieren wären im Sinne der Kostenersparnis zwei- oder dreistellige Abkürzungen ohne Verwendung von Sonderzeichen.[66]

e) Rückversicherung

Im abgegebenen Rückversicherungsgeschäft könnte es sich anbieten, die Abrechnungen in der Währung zu erstellen, in der auch die eigene Bilanz erstellt wird. Im Zweifel ist diese Entscheidung jedoch abhängig von der faktischen Marktposition des Rückversicherers. Zu beachten ist zudem, daß zum Zeitpunkt des Übergangs auf den Euro insbesondere die Vorjahresrückstellungen umgerechnet werden müssen.

Im übernommenen Rückversicherungsgeschäft müssen die technischen Möglichkeiten vorhanden sein, die Abrechnungen der Zedenten verarbeiten zu können, unabhängig davon, ob diese auf Euro oder auf DM lauten.

Sonderprobleme können sich im nicht-proportionalen Geschäft ergeben, wenn zu einem VN sowohl DM-Policen als auch Euro-Policen bestehen, die zur Maximalkontrolle zusammengeführt werden müssen.

f) Verhältnis der VU untereinander

Änderungsbedarf besteht auch hinsichtlich von Währungsangaben in Abkommen und Vereinbarungen von VU untereinander, wie beispielsweise:

- Teilungsabkommen,
- Arbeitsrichtlinien für das Beteiligungsgeschäft,
- Regreßverzicht der Feuerversicherer.

In diesem Bereich werden vermutlich Vorgaben des Gesamtverbandes der Deutschen Versicherungswirtschaft ergehen.

g) Abführung der Versicherungsteuer

Die Abführung der Versicherungsteuer wird voraussichtlich während des gesamten Übergangszeitraums noch in DM erfolgen müssen, da in der öffentlichen Verwaltung der Euro aus Kosten- und Machbarkeitsgründen erst zum 1. Januar 2002 eingeführt wird.[67]

h) Vergangenheitswerte

Bei zahlreichen für Controllingzwecke vorhandenen Statistiken stellt sich die Frage, ob und wann eine Umstellung dieser Auswertungen auf den Euro erfolgen sollte. Gerade hinsichtlich der Kalkulation von neuen »Euro-Produkten« ist zu prüfen, welche Vergangenheitswerte hierzu erforderlich sind, und wie weit in die Vergangenheit eine Umrechnung sinnvoll ist.

---

66 Zur Zeit ist es jedoch in der Diskussion, ein zusätzliches Sonderzeichen analog zum Dollar oder Yen einzuführen, daß ein symbolisiertes, gerundetes »e« dartellt. Vgl. Rupprecht, G. (1997), S. 310.

67 Vgl. ASWWU (1997), S. 11.

Übergreifend ist festzuhalten, daß bei allen DV-technischen Umstrukturierungen und Anpassungen die Grundsätze ordnungsmäßiger DV-gestützter Buchführungssysteme (GoBS)[68] und die hierin hinterlegten Anforderungen zu beachten sind. Dies erfordert ein klares Projektmanagement und einen straffen Zeitplan.

4 Umstellungserfordernisse für sonstige Bereiche des Versicherungsunternehmens

4.1 Vertrieb

4.1.1 Ausgangslage

Die Einführung der EWU stellt den Vertriebsbereich sowie die Öffentlichkeitsarbeit eines VU vor besondere Anforderungen, da sich die zur Zeit in Teilen der Bevölkerung herrschende Verunsicherung zum Thema Euro entscheidend auf das Kundenverhalten auswirken könnte.[69] Gerade im Bereich der privaten Altersversorgung besteht aufgrund der verbreiteten Skepsis zur Werthaltigkeit der Euro-Währung die Möglichkeit einer Abkehr vieler Kunden von der kapitalbildenden Lebensversicherung hin zu Sachwerten oder Vermögensanlagen in Drittwährungen, wie beispielsweise Schweizer Franken oder US-Dollar.[70] Für VU ist es daher von herausragender Bedeutung, die Kunden frühzeitig und umfassend über die Währungsunion aufzuklären, und durch kompetente und informierte Vermittler den Kunden die Skepsis gegenüber der weiterhin wichtigen Rolle der Lebensversicherung als Standbein der privaten Altersversorgung zu nehmen.

4.1.2 Öffentlichkeitsarbeit

Die zentrale Aufgabe der Presse- und Öffentlichkeitsarbeit eines VU besteht darin, Ängste der Kunden hinsichtlich einer mit der Währungsunion eventuell einhergehenden Geldentwertung zu zerstreuen, und somit das Vertrauen in die kapitalbildende Lebensversicherung als langfristige Anlageform zu stärken. Das derzeit bestehende Mißtrauen in großen Teilen der Bevölkerung resultiert im wesentlichen aus Informationsdefiziten und einer teilweise nicht sachgerechten Berichterstattung über die Konsequenzen der EWU in der Presse. Gerade in älteren Bevölkerungsschichten werden daher fälschlicherweise Parallelitäten der be-

---

68 Vgl. Zepf, G. (1996), S. 1259-1263; Schreiben des Bundesministeriums der Finanzen IV A 8 – S 0316 – 52/95 vom 7.11.1995: Grundsätze ordnungsmäßiger DV-gestützter Buchführungssysteme (GoBS).

69 Vgl. beispielsweise Wirtschaftswoche vom 31. August 1995.

70 Zu einer Beurteilung derartiger Alternativen siehe die Erläuterungen in Abschnitt 4 dieses Kapitels.

vorstehenden Währungsunion mit der teilweise selbst erlebten Währungsreform von 1948, die einen Verlust von Nominalwerten mit sich brachte, gezogen.

Die einzelnen VU sind hier jedoch auf die Zusammenarbeit der Wirtschaftsverbände und staatlichen Institutionen angewiesen. Ein von Seiten des Bundespresseamtes 1995 aktivierter Runder Tisch wird vor allem hinsichtlich der Fragen des Kreises der Beitrittstaaten und einer eventuellen Aufweichung der Konvergenzkriterien dazu beitragen müssen, die Diskussion zu versachlichen,[71] auch wenn verläßliche Aussagen zur Stabilität vor einer Entscheidung über diese Punkte schwerfallen.[72] Innerhalb der Versicherungswirtschaft kann ebenfalls nur ein gemeinsames Vorgehen sinnvoll sein, was auch seitens des GdV durch Erarbeitung eines Kommunikationskonzeptes gefördert wurde.[73]

4.1.3 Unterstützung der Vertriebskräfte

Auch bei den im Außendienst tätigen Mitarbeitern von VU können erhebliche Informationsdefizite und eventuell eine politische Voreingenommenheit gegenüber der EWU vorhanden sein. Kompetente und überzeugende Beratungsgespräche mit dem Kunden sind nur möglich, wenn die Vermittler selber informiert und von der weiterhin bestehenden Qualität ihres Produktes überzeugt sind. Aus diesem Grunde sind intensive Schulungen der Außendienstkräfte erforderlich. Zudem sollte den Vermittlern Informationsmaterial zur Verfügung gestellt werden, um Argumentationshilfen zu liefern.[74] Neben der sicherlich im Vordergrund stehenden Problematik des zurückhaltenden Abschlußverhaltens von Neukunden bei Lebensversicherungen stellt sich für den Außendienst auch die Aufgabe, Bestandskunden zu den Fragen der Währungsumstellung zu betreuen und zu informieren. Hier gilt es beispielsweise, Zustimmungserfordernisse bei Änderungen zu bestehenden Verträgen – z.B. im Rahmen der Glattstellung von »krummen« Euro-Beträgen[75] – zu erfüllen, oder überstürzte Kündigungen von VN wegen einer durch die Währungsunion verursachten Verunsicherung und einen damit verbundenen Anstieg der Stornoquote zu vermeiden.

4.1.4 Organisatorische Maßnahmen

Im Vertriebsbereich werden im Rahmen der Währungsumstellung umfangreiche organisatorische Maßnahmen erforderlich sein:

- Die Vertragsgestaltung mit dem Außendienst ist anzupassen. Hierbei sind im wesentlichen Provisions- und Gehaltsvereinbarungen, Regulierungs- und Deckungsvollmachten sowie die technische Abrechnung der Bezüge umzustellen. Im Bereich des angestellten Außendienstes ist eine Einschaltung der betriebsrätlichen Gremien erforderlich, im Be-

---

71 Vgl. GdV (1997), S. 59.
72 Siehe hierzu vertiefend Abschnitt 4 dieses Kapitels.
73 Vgl. GdV (1997), S. 60.
74 Zu beachten ist hierbei die Haftungsfrage bei falscher Beratung. Vgl. Abschnitt 2.3.1. dieses Kapitels.
75 Siehe hierzu Abschnitt 2.4.2. dieses Kapitels.

reich des selbständigen Außendienstes sind Fragen der Ausgleichsansprüche, Haftungsfreistellungs- und Regreßverzichtserklärungen in die Überlegungen miteinzubeziehen.[76]

- Die Vertriebs-Informationssysteme sind hinsichtlich aller hierin enthaltenen absoluten Zahlenwerte anzupassen. Dies betrifft beispielsweise Bestands- und Produktionsstatistiken, Akquisedaten sowie Vertriebsplanung und Controlling. Für die Anwender der Vertriebs-Informationssysteme können Schulungen erforderlich sein.
- Anträge, Tarife, Prospekte etc. müssen umgestaltet werden, wobei auch auf die Anpassung DV-mäßig hinterlegter Unterlagen, wie beispielsweise PC-gestützter Anträge, zu achten ist.[77]

4.2 Rechnungswesen

4.2.1 Organisatorische Auswirkungen

Durch die EWU entsteht Anpassungsbedarf in verschiedenen Teilbereichen des Rechnungswesens. Neben der Jahresabschlußerstellung betrifft dies vor allem die interne Rechnungslegung gegenüber dem BAV, die Nebenbuchhaltungssysteme, die Kostenrechnung sowie Planung und Controlling. Grundsätzlich sollte die Anpassung des Rechnungswesens in Anlehnung an das individuell gewählte Übergangsszenario durchgeführt werden. Bei einer sukzessiven Umstellung könnte das Rechnungswesen durch die Einfügung eines zweiten Buchungskreises für die Verarbeitung beider Währungen befähigt werden. Die aggregierten Beträge der vorgelagerten Fachbereiche könnten somit unabhängig von der im Fachbereich verwendeten Währung im Hauptbuch in die für die Bilanzierung relevante Währung umgerechnet werden. Entscheidend ist hier eine gründliche Prüfung der verwendeten Schnittstellen. Zudem muß sichergestellt werden, daß die Vorsysteme zumindest in der Weise mehrwährungsfähig sind, daß sie ein Währungskennzeichen beinhalten.

Neben der branchenübergreifenden Frage, wann der handelsrechtliche Jahresabschluß erstmalig in Euro aufzustellen ist oder aufgestellt werden kann,[78] stehen VU vor der zusätzlichen Aufgabe, ihrer Berichterstattungspflicht gegenüber dem BAV nachzukommen. Diese beruht auf der aufgrund der Verordnungsermächtigung des § 55 a VAG erlassenen BerVersV, in der eine Vielzahl von Formblättern und Nachweisungen vorgesehen sind. Aufgrund des noch bestehenden Änderungsbedarfes für den Verordnungsgeber sowie des generell späten Umstellungszeitpunktes der öffentlichen Verwaltung werden die VU voraussichtlich noch für die gesamte Dauer des Übergangszeitraums in DM zu berichten haben.

Sonderprobleme bei der Umstellung der unternehmensinternen Rechnungslegung können auftreten, wenn schon bisher erforderliche Auswertungen – wie Planungsrechnungen – nun getrennt nach DM- und Euro-Beständen erstellt werden sollen. Hier kann die Notwendigkeit entstehen, bisher verwendete standardisierte Formulare umzustellen.

---

76 Vgl. GdV (1997), S. 57.
77 Vgl. GdV (1997), S. 58.
78 Vgl. hierzu Lemnitzer / Stein, D. Auswirkungen der Währungsunion auf das Rechnungswesen.

4.2.2 Bilanzielle Auswirkungen

Aus der Einführung der EWU resultieren verschiedene bilanzielle Auswirkungen, bei denen es sich jedoch überwiegend um nicht-versicherungsspezifische Sachverhalte handelt, von denen auch Unternehmen anderer Branchen betroffen sind. Es kann hierzu auf die Erläuterungen von Lemnitzer/Stein in Kapitel D dieses Buches sowie auf die Stellungnahme des Hauptfachausschusses (HFA) zu diesem Thema[79] verwiesen werden. Auch der Wegfall einer Rückstellung für drohende Verluste aus der Neubewertung versicherungstechnischer Eingangsrückstellungen kann nach allgemeinen Aspekten betrachtet werden.

Erwähnung finden sollte lediglich der Wegfall von Rückstellungen für drohende Verluste bei fremdwährungsrelevanten Versicherungsgeschäften. Wenn die Versicherungsprämie unter Annahme einer bestimmten Währungsrelation bzw. eines bestimmten Wechselkurses kalkuliert wurde, kann die Bildung einer Rückstellung für drohende Verluste angebracht gewesen sein. Denkbar ist hier beispielsweise ein Feuerversicherungsvertrag eines deutschen VU für eine Fabrik in Frankreich, zu dem die Prämie in DM gemäß einem zu Vertragsbeginn zugrundegelegten Wechselkurs vereinnahmt wurde, zu dem eventuelle Schadenzahlungen jedoch in Francs zu erbringen sind. Falls der Franc gegenüber der DM stark ansteigt, droht auf der Leistungsseite ein Verlust in Höhe des Kursanstiegs, der die Bildung einer Rückstellung für drohende Verluste rechtfertigt. Unter der Annahme, daß beide Staaten an der Währungsunion teilnehmen, ist eine auf dieser Grundlage gebildete Rückstellung für drohende Verluste aus Kursschwankungen zumindest für den Anteil aufzulösen, der über das sich bei der Festlegung der Wechselkurse der beiden Währungen zum Euro ergebende Verhältnis – und somit auch über die Relation zueinander – hinausgeht.[80]

4.3 Kapitalanlagen

4.3.1 Entwicklung der Kapitalanlagetätigkeit der VU

Die Kapitalanlagetätigkeit im veränderten Umfeld der EWU wird entscheidend durch die Faktoren Geldwertstabilität, Zinsniveau und Kursentwicklung beeinflußt.

a) Geldwertstabilität:

Die Gefahr einer erhöhten Inflation direkt zu Beginn der EWU wird sich vermutlich in Grenzen halten. In den letzten Jahren haben sich die Inflationsraten der voraussichtlichen Teilnehmerländer aneinander angenähert und auf einem niedrigen Niveau eingependelt. Abhängig ist die zukünftige Entwicklung sicherlich vom Kreis der Teilnehmerländer. Sollte beispielsweise Italien aus politischen Gründen trotz Verfehlung der Konvergenzkriterien zu den Teil-

---

79 Vgl. IDW (1997)

80 Die Bildung einer derartigen Rückstellung für drohende Verluste dürfte jedoch auch bisher die Ausnahme gewesen sein, da die Kursschwankungen zwischen den voraussichtlichen Teilnehmerländern durch die bisherige Einbindung der jeweiligen Währungen ins EWS recht gering waren.

nahmeländern gehören, wäre die Geldwertstabilität stärker in Frage gestellt als bei einem kleineren Kreis.[81] Es ist jedoch anzumerken, daß jedes Land nur im Rahmen seiner wirtschaftlichen Bedeutung auf die Gesamtentwicklung der Preise Einfluß nehmen kann.

b) Zinsniveau und Kursentwicklung:

Die Beurteilung der Entwicklung des Zinsniveaus spielt für VU eine große Rolle, da festverzinsliche Anlagen bei VU eine herausragende Bedeutung einnehmen. Vielfach wurde die Befürchtung geäußert, daß im Rahmen der EWU eine Steigerung des Zinsniveaus und eine damit einhergehende Senkung der Kurse dieser Anlagen eintreten könnte. Tatsächlich wird aufgrund vorübergehender Unsicherheit an den Kapitalmärkten zunächst eine kurzfristige Einpendelung auf ein geringfügig höheres Zinsniveau erwartet.[82] Bei Einhaltung des Stabilitätspaktes kann jedoch vermutlich davon ausgegangen werden, daß die Zinsen bald wieder auf das derzeitige Niveau absinken.[83] Solche Marktschwankungen gehören zu den normalen Risiken einer langlaufenden Vertragsbindung, die keinen Anspruch auf Vertragsanpassungen begründen.[84]

Nach Wegfall der Währungskursrisiken werden die Kriterien der Bonität und der Liquidität bei der Auswahl von Anlagen in den einzelnen Teilnehmerländern eine größere Rolle spielen als bisher. Eine Staatsanleihe aus dem Land A wird der Anleger – unter der Annahme einer geringeren Bonität – nur dann einer Staatsanleihe des Landes B vorziehen, wenn der Zins etwas höher liegt.

Insgesamt wird von Fachleuten erwartet, daß sich die Auswirkungen der EWU auf die Zinsen und somit auch auf die Kursentwicklung in Deutschland in moderaten Grenzen halten werden, sofern die Konvergenzkriterien eingehalten werden. Daher werden VU aus Renditegesichtspunkten weiterhin langfristigen festverzinslichen Anlagen Vorrang einräumen.

Verbesserungen für die Kapitalanlagetätigkeit von VU werden sich durch den Wegfall von Wechselkursrisiken, von Transaktionskosten sowie von gewissen Einschränkungen durch die gesetzlichen Vorschriften der kongruenten Bedeckung ergeben. Der rechtliche Rahmen für Anlagemöglichkeiten des gebundenen Vermögens wurde bereits 1994 geschaffen.[85] Gemäß § 54 a Abs. 3 VAG ist das gebundene Vermögen nach Maßgabe der Anlage Teil C zum VAG in Vermögenswerten anzulegen, die auf die gleiche Währung lauten, in der die Versicherungen erfüllt werden müssen. Diese Kongruenzregeln werden hinsichtlich außereuropäischer Währungen sowie hinsichtlich Währungen von Nicht-Teilnehmerländern weiter ihre Berechtigung behalten. Die Möglichkeiten für die Vermögensanlage innerhalb der verschiedenen Teilnehmerländer der EWU werden sich jedoch entscheidend verbessern.

---

81 Dies ist der entscheidende Grund für die Forderung der Versicherungswirtschaft, die Stabilitätskriterien unbedingt einzuhalten, vgl. Abschnitt 5 dieses Kapitels.

82 Vgl. Bühler / Hies (1995), S. 701.

83 Vgl. Gaddum (1996), S. 3.

84 Vgl. Präve (1997), S. 300.

85 Vgl. Gesetzesbegründung zum Dritten Gesetz zur Durchführung versicherungsrechtlicher Richtlinien des Rates der Europäischen Gemeinschaften (Drittes Durchführungsgesetz / EWG zum VAG). BR-Drucksache 23/1994, S. 211f.

Insgesamt ergibt sich für die VU die Notwendigkeit, auf verschiedene Szenarien der Marktentwicklung – abhängig beispielsweise vom Kreis der Teilnehmerländer und von der Einhaltung der Stabilitätskriterien – vorbereitet zu sein, und hierfür Anlagestrategien zur Verfügung zu haben.

4.3.2 Organisatorische Auswirkungen auf die Kapitalanlageverwaltung

Die im Kapitalanlageressort von VU erforderlichen organisatorischen Maßnahmen werden größtenteils keinen versicherungsspezifischen Charakter haben. Es sind im wesentlichen DV-technische Anpassungen hinsichtlich der Installierung von Währungsschlüsseln und der Modifikation von Zeitreihenvergleichen zu statistischen Zwecken erforderlich. Zudem müssen Änderungen im Bereich der kapitalanlagebezogenen Meldungen an das BAV sowie beim Deckungsstock beachtet werden.

Es ist aufgrund des Volumens der Neuanlagetätigkeit von VU wichtig, daß der Kapitalanlagebereich bereits zum Beginn der Übergangszeit technisch in der Lage sein muß, Euro-Papiere zu verwalten, da Neuemissionen der öffentlichen Hand ab dem 1. Januar 1999 ausschließlich auf Euro lauten werden und Altemissionen, die nach dem 19. Januar 1999 zur Rückzahlung anstehen, zum 1. Januar 1999 vollständig auf den Euro umgestellt werden.[86] Ebenso ist davon auszugehen, daß die Notierungen an der Börse nach Beginn der EWU auf Euro umgestellt werden.[87]

Frühzeitige Schulungen für die Mitarbeiter des Kapitalanlageressorts sollten neben dem Umgang mit den technischen Neuheiten vor allem auch die veränderten Kapitalmarktimplikationen in der EWU zum Thema haben.[88]

5 Erwartungen der Versicherungswirtschaft im Hinblick auf gesamtwirtschaftliche Auswirkungen der EWU

Die Haltung der Versicherungswirtschaft zur EWU ist grundsätzlich positiv.[89] Diese Einschätzung beruht auf der Bewertung verschiedener Teilaspekte, wobei jedoch Erwartungen der Versicherungswirtschaft an zukünftige Entwicklungen eng mit Forderungen an die Politik verknüpft sind.

---

86 Vgl. Art. 6 EuroEG.

87 Die gesetzliche Grundlage für die Börsennotierung ab 1. Januar 1999 soll durch Art. 5 EuroEG (Änderungen von Vorschriften auf dem Gebiet des Börsenrechts).

88 Vgl. GdV (1997), S. 54.

89 Vgl. beispielsweise Frankfurter Allgemeine Zeitung vom 17.11.1995; Versicherungen und der Tag X. In: Versicherungsbetriebe 2/1996, S. 6-7; Die einheitliche Währung: Ein günstiger Rahmen für die Versicherung in Europa. In: Versicherungswirtschaft 1996, S. 114; Knauth (1995), 302-306.

Höchste Priorität hat für die Versicherungswirtschaft demnach die Einhaltung der Stabilitätskriterien. Nur unter dieser Voraussetzung kann nach ihrer Ansicht sichergestellt werden, daß die Versicherungsleistungen gerade von langfristigen Lebensversicherungsverträgen auf Dauer auch in Euro stabil bleiben. Eine mögliche Aufweichung der Stabilitätskriterien wird für schadhafter gehalten als eine eventuelle Verschiebung des Beginns der Währungsumstellung.[90]

Sofern die Währungsunion unter Einhaltung der Stabilitätskriterien verwirklicht wird, überwiegen aus Sicht der Versicherungswirtschaft die Chancen über die Risiken.

Einer Umorientierung der privaten Vorsorge weg von der Lebensversicherung zu anderen Anlageformen, wie beispielsweise einer Anlage in Schweizer Franken, stehen gute Argumente entgegen. Da das deutsche Zinsniveau wesentlich höher ist als das schweizerische Zinsniveau, könnte nur ein erheblicher Kursanstieg des Schweizer Franken gegenüber dem Euro dieser Anlageform wirklich Vorteile verschaffen.[91] Eine stärkere Zuwendung in den Dollar-Raum birgt zum einen ein erhebliches Währungsrisiko, zum anderen kann ein stabiler Euro unter dem Gesichtspunkt der mit den USA vergleichbaren Größe des Wirtschaftsraumes durchaus die Rolle einer Leitwährung im Weltwährungssystem übernehmen. Dies würde europäische Anlagen gegenüber Dollaranlagen eher attraktiver machen.[92] Auch der Aspekt einer Abkehr von der Lebensversicherung zugunsten von Sachanlagen oder kurzfristigen Anlageformen wird skeptisch betrachtet, da unter der Annahme eines nur begrenzten Inflationsrisikos die Lebensversicherung durchaus in der Lage ist, mit möglichen Kapitalmarktschwankungen umzugehen, und somit eine sinnvolle Form der privaten Altersvorsorge bleibt.[93] Kunden, die sich entschliessen, ihre Vorsorge selbst in die Hand zu nehmen und alternative Anlagearten wählen, nehmen zumindest einen Verlust an Sicherheit, die sich aus der breiten Mischung und Streuung eines großen Portefeuilles der Lebensversicherungsunternehmen ergibt, in Kauf.[94] Für VU verbessern sich demgegenüber durch den Wegfall der unterschiedlichen Währungen die Möglichkeiten der Kapitalanlage.

Sollten jedoch die Stabilitätskriterien aufgeweicht werden, wird eine Abkehr vom langfristigen Sparverhalten und eine Kapitalflucht durchaus für möglich gehalten.[95]

Positiv beurteilt wird die Belebung des Binnenmarktes durch den Wegfall der Kursrisiken.[96] Währungsstabilität in allen Teilnehmerländern wird als Chance gesehen, europäische Versicherungsprodukte auf dem Binnenmarkt zu etablieren.[97] Das Risiko, daß auch VU aus anderen Mitgliedstaaten der EU stärker als bisher auf den deutschen Markt drängen könnten, wird dagegen eher gering eingeschätzt. Dies beruht vor allem auf den Erfahrungen mit der Verwirklichung des gemeinsamen europäischen Versicherungsmarktes, der entgegen vorher geäußerten Befürchtungen kaum zu einer Verschärfung des Wettbewerbs mit ausländischen

---

90 Siehe etwa Stellungnahme der Allianz Lebensversicherung in: Börsen-Zeitung vom 9.12.1995.

91 Vgl. Michaels (1996), S. 20; Rupprecht, Gerhard (1997), S. 307. Hier wird daraufhin gewiesen, daß der Schweizer Franken nicht von einer Euro-Skepsis profitiert, vielmehr mußte im Laufe des Jahres 1996 ein Kursverlust gegenüber der DM von rund 7,7 % hingenommen werden.

92 Vgl. Börsen-Zeitung vom 7.11.1996.

93 Vgl. Handelsblatt vom 15.5.1996.

94 Vgl. Michaels (1995), S. 1624; Förterer, J. (1995).

95 Siehe Schlatterer, Günter: DM bleibt erste Versicherer-Wahl. In: Börsen-Zeitung vom 24.10.1995.

96 Vgl. Knauth, K.-W., S. 304.

97 Vgl. Börsenzeitung (1996), S. 114.

Anbietern geführt hat. Zudem gilt auch in der EWU weiterhin unterschiedliches – d.h. nicht harmonisiertes – Privatrecht[98] sowie unterschiedliches Versicherungsvertragsrecht, was die Vergleichbarkeit von Versicherungsprodukten deutlich stärker erschwert als beispielsweise bei Konsumprodukten.[99]

Wesentlich für die Planungssicherheit der Versicherungswirtschaft ist die Forderung an die Politik, die rechtlichen Rahmenbedingungen baldigst zu klären. Dies betrifft unter anderem die Anpassung nationaler Rechtsgrundlagen, die Pflicht zur doppelten Preisauszeichnung sowie die Klärung bilanzieller Aspekte, wie z.B. die Frage der Behandlung von Umstellungskosten.[100]

98 Dies hat Bedeutung beispielsweise für den Bereich der Haftpflichtversicherung.
99 Vgl. Präve (1997), S. 302.
100 Vgl. beispielsweise Plewka / Schlösser (1997), S. 342f.

Angesetzt wurde ein fiktiver Wechselkurs DM - Euro von: 1,91919

Versicherungszweig / -art Anmerkungen	beispielhafte Ausgangssituation	Handlungsalternative	Umsetzung	Bemerkungen	
1. Vollwertversicherung allgemein (z.B. Feuerversicherung) -> Wert des versicherten Interesses wird festgelegt zum Zeitpunkt - des Vertragsabschlusses als Versicherungssumme (VS) - des Versicherungsfalles als Versicherungswert (VW) -> Zwischen Prämie und VS besteht ein proportionaler Zusammenhang -> "Glatte" Prämien sind zufällig, die VS gilt jedoch als Signalbetrag -> Materielle Veränderung der VS setzt nicht nur die maximale Entschädigung fest, sondern bestimmt auch den Beginn der Unterversicherung -> Auch die Anpassung von Entschädigungsgrenzen (z.B. gem. § 19 VHB 92 für Bargeld, Schmuck und Wertsachen) ist zu beachten	VS: 100.000,00 DM Prämiensatz: 2,70 ‰ Prämie: 270,00 DM	Genaue Umstellung von VS und Prämie	VS: 52.105,32 Euro Prämie: 140,68 Euro	Vorteile: - Vertragskontinuität - geringer EDV-Aufwand, da die Umrechnung VS -> Prämie unverändert erfolgt - kein Verstoß gegen Begünstigungsverbot in Allgemeiner Unfallversicherung	Nachteile: - psychologisches Problem des Verständnis beim VN - Zweigleisigkeit bei Verkauf von Neuverträgen mit runden Euro-Summen
		Aufrundung der VS auf volle 1.000 Euro, genaue Umrechnung der Prämie	VS: 53.000,00 Euro Prämie: 140,68 Euro	Vorteile: - Besseres Preis-Leistungs-verhältnis für VN - "glatte" VS psychologisch sinnvoll	Nachteile: - Prämiensatz sinkt unter 2,7‰, - DV-technische Probleme hinsichtlich Prämienermittlung - evtl. Verstoß gegen Begünstigungsverbot in Allgemeiner Unfallversicherung
		Aufrundung der VS auf volle 1.000 Euro, entsprechende Anpassung der Prämie	VS: 53.000,00 Euro Prämie: 143,10 Euro	Vorteile: - Prämienwachstum beim VU - geringer EDV-Aufwand, da die Umrechnung VS -> Prämie unverändert erfolgt - "glatte" VS psychologisch sinnvoll	Nachteile: - keine Vertragskontinuität wegen erfolgter Prämienerhöhung
		Abrundung der VS auf volle 1.000 Euro, entsprechende Anpassung der Prämie	VS: 52.000,00 Euro Prämie: 140,40 Euro	Vorteile: - geringer EDV-Aufwand, da die Umrechnung VS -> Prämie unverändert erfolgt	Nachteile: - keine Vertragskontinuität wegen erfolgter Leistungseinschränkung - psychologischer Vorteil wegen Senkung der VS nicht vorhanden - Prämienrückgang beim VU

Angesetzt wurde ein fiktiver Wechselkurs DM - Euro von: 1,91919

Versicherungszweig / -art Anmerkungen	beispielhafte Ausgangssituation	Handlungsalternative	Umsetzung	Bemerkungen
2. Erstrisikoversicherung (z.B. Privathaftpflicht) -> Generell gilt, daß Anpassungsbedarf nur hinsichtlich der Entschädigungsgrenzen besteht. "Glatte" Prämien sind ohnehin zufällig -> zwischen Prämie und Entschädigungsgrenze besteht kein proportionaler Zusammenhang -> bei Versicherungszweigen mit unbegrenzter Deckung (z.B. Kfz-Haftpflicht) besteht kein Anpassungsbedarf -> analog zur Behandlung der Entschädigungsgrenzen ist auch mit den Grenzen des § 2 AHB (Vorsorgeversicherung) zu verfahren.	Entschädigungsgrenzen für: Sach- und Personenschäden 5.000.000,00 DM Vermögensschäden 100.000,00 DM Prämie: 121,50 DM	Genaue Umstellung von Entschädigungsgrenze und Prämie	Entschädigungsgrenzen für: Sach- und Personenschäden 2.605.265,76 Euro Vermögensschäden 52.105,32 Euro Prämie: 63,31 Euro	- "Krumme" Entschädigungsgrenzen sind hier psychologisch noch schwieriger zu vermitteln als "krumme" Versicherungssummen in der Vollwertversicherung. Daher ist diese Alternative nicht durchsetzbar. - Auch bei unbegrenzter Deckung besteht zumindest bei Personenschäden i.d.R. eine Begrenzung auf 7,5 Mio DM, so daß auch hier Anpassungen vonnöten sein werden. - Zur Problematik evtl. bestehender Selbstbeteiligungen vgl. die Erläuterungen zur Zweitrisikoversicherung.
		Aufrundung der Entschädigungsgrenzen auf volle 10.000,- Euro, genaue Umrechnung der Prämie.	Entschädigungsgrenzen für: Sach- und Personenschäden 2.610.000,00 Euro Vermögensschäden 60.000,00 Euro Prämie: 63,31 Euro	- Besseres Preis-Leistungsverhältnis für VN - VR erhält die gleiche Prämie bei höherer Gefahrtragung. Schäden an der Grenze der bestehenden Deckungssummen sind jedoch ohnehin recht selten - um wirklich "glatte" Signalbeträge zu erhalten, müßte noch grober gerundet werden
		Abrundung der Entschädigungsgrenzen auf einen sich zum Umrechnungskurs 1 zu 2 ergebenden Wert, genaue Umrechnung der Prämie	Entschädigungsgrenzen für: Sach- und Personenschäden 2.500.000,00 Euro Vermögensschäden 50.000,00 Euro Prämie: 63,31 Euro	- Keine Vertragskontinuität wegen Absenkung der Entschädigungsgrenzen bei gleichzeitiger Beibehaltung der Prämien - Da Schäden oberhalb der Entschädigungsgrenzen recht selten sind, wäre die faktische Auswirkung auf den Versicherungsschutz recht gering - Bei einem zu erwartenden Umrechnungskurs von knapp 1 zu 2 würden die zum Kurs von 1 zu 2 umgerechneten Beträge ihre Signalwirkung weitgehend behalten
		Euro-Umstellung wird zum Anlaß genommen, das Leistungsangebot auszuweiten	Entschädigungsgrenzen für: Sach- und Personenschäden 5.000.000,00 Euro Vermögensschäden 100.000,00 Euro Prämie: 63,31 + x Euro	- Keine Vertragskontinuität wegen erforderlicher Prämienerhöhung - Erhöhung der Deckungssummen ist jedoch durchaus zeitgemäß.

Angesetzt wurde ein fiktiver Wechselkurs DM - Euro von: 1,91919

Versicherungszweig / -art Anmerkungen	beispielhafte Ausgangssituation	Handlungsalternative	Umsetzung	Bemerkungen
3. Zweitrisikoversicherung (z.B. Kraftfahrzeug-Vollkasko mit Selbstbeteiligung) -> Bei prozentualen Selbstbehalten besteht kein Anpassungsbedarf -> Bei absoluten Selbstbehalten besteht Anpassungsbedarf, es besteht jedoch kein proportionaler Zusammenhang zwischen der Höhe des Selbstbehaltes und der Höhe der Prämie	Fahrzeugversicherung für einen PKW Eigenverwendung: Vollkasko-SB: 1.000,00 DM Teilkasko-SB: 300,00 DM Prämie: 776,50 DM	Genaue Umstellung von SB und Prämie	Vollkasko-SB: 521,05 Euro Teilkasko-SB: 156,32 Euro Prämie: 404,60 Euro	Vorteile: - Vertragskontinuität - geringer EDV-Aufwand durch einfache Umrechnung zum vorgegebenen Wechselkurs Nachteile: - psychologisches Problem des Verständnis beim VN - Zweigleisigkeit bei Verkauf von Neuverträgen mit runden Euro-Summen
		Abrundung der SB auf volle 100 Euro bei Beibehaltung der Prämie	Vollkasko-SB: 500,00 Euro Teilkasko-SB: 100,00 Euro Prämie: 404,60 Euro	Vorteile: - Besseres Preis-Leistungs-verhältnis für VN - "glatte" SB psychologisch sinnvoll Nachteile: - Höhere Gefahrtragung für VR bei gleicher Prämie - mögliche Beeinflussung des subjektiven Risikos
		Abrundung der SB auf volle 100 Euro mit Anpassung der Prämie	Vollkasko-SB: 500,00 Euro Teilkasko-SB: 100,00 Euro Prämie (z.B.): 410,00 Euro	Vorteile: - "glatte" SB psychologisch sinnvoll - Prämienzuwachs beim VR Nachteile: - Keine Vertragskontinuität wegen Anhebung der Prämie - mögliche Beeinflussung des subjektiven Risikos
		Aufrundung der SB auf volle 100 Euro bei Beibehaltung der Prämie	Vollkasko-SB: 600,00 Euro Teilkasko-SB: 200,00 Euro Prämie: 404,60 Euro	Vorteile: - "glatte" SB psychologisch sinnvoll Nachteile: - Keine Vertragskontinuität wegen Anhebung der SB - mögliche Beeinflussung des subjektiven Risikos
4. Verbundene Wohngebäude-versicherung	VW 1995 500.000,00 DM Baukostenindex 1995 * 20,3 VS 1914 24630,54 Mk Baukostenindex 1997* 21,0 (z.B.) VW 1997 517241,34 DM Prämiensatz der VS 1914 1,30 ‰ Neuwertfaktor 1997 25,4 Prämie 813,28	Genaue Umstellung von VS und Prämie	VW 1995 260.526,58 Euro VS 1914 12833,82 Euro VW 1997 269510,23 Euro Prämie 423,76 Euro	- Wegen der Verwendung **des Baukostenindex (BKI)** kommt es auch bisher schon zu einer "krummen" VS 1914 sowie zu einem "krummen" VW des jeweils aktuellen Jahres. Daher besteht keinerlei Notwendigkeit, eine Glättung durchzuführen. - Auch bei direkter Ermittlung des Neuwertes, Zeitwertes oder des gemeinen Wertes kommt es durch Wertveränderungen im Zeitablauf in der Regel zu "krummen" Versicherungssummen. - Zur Problematik evtl. bestehender Selbstbeteiligungen vgl. die Erläuterungen zur Zweitrisikoversicherung.

* BKI = Baukostenindex

Angesetzt wurde ein fiktiver Wechselkurs DM - Euro von: 1,91919

Versicherungszweig / -art Anmerkungen	beispielhafte Ausgangssituation	Handlungsalternative	Umsetzung	Bemerkungen
5. Indexgebundene Summenanpassung in der Hausratversicherung (§ 16 Nr. 1 VHB 92) -> Es sind unabhängig von den Auswirkungen der EWU Anpassungen der VS gemäß dem Preisindex der Lebenshaltungskosten mit Rundung auf volle TDM vorgesehen	VS 1996: 100.000,00 DM Prämiensatz: 2,70 ‰ Prämie: 270,00 DM Preisindex 1996: 1,00 % VS 1997: 101.000,00 DM Prämie 1997: 272,70 Preisindex 1997: 2,00 % VS 1998: 104.000,00 Prämie 1998: 280,80	Ersetzung des Währungsbegriffes TDM durch T-Euro. Somit Aufrundung auf volle Tausend Euro.	VS (volle TE): 52.000,00 Euro Prämie: 140,40 Euro Preisindex 1996: 1,00 % VS 1997: 53.000,00 Euro Prämie 1997: 143,10 Euro Preisindex 1997: 2,00 % VS 1998: 55.000,00 Euro Prämie 1998: 148,50 Euro	Vorteile: - geringer EDV-Aufwand durch einfache Umrechnung zum vorgegebenen Wechselkurs - Innerer Wert des Vers.schutzes bleibt für VN sogar besser erhalten als bisher - Prämienwachstum für VR Nachteile: - Keine Vertragskontinuität wegen überproportionalem Anstieg der Prämien, da auf volle Tausend Euro im Durchschnitt stärker aufgerundet werden muß als auf volle TDM.
		Genaue Umrechnung der auf volle TDM gerundeten VS	VS: 52.105,32 Euro Prämie: 140,68 Euro Preisindex 1996: 1,00 % VS 1997: 52.626,37 Euro Prämie 1997: 142,09 Euro Preisindex 1997: 2,00 % VS 1998: 54.189,53 Euro Prämie 1998: 146,31 Euro	Vorteile: - keine EDV-technischen Probleme Nachteile: - psychologisches Problem des Verständnis beim VN - Zweigleisigkeit bei Verkauf von Neuverträgen mit evtl. geänderten AVB mit Rundung auf volle T-Euro - Eine Rundung auf volle TDM ist sinnlos, wenn sich in der neuen Währungseinheit "krumme" Beträge ergeben.
		Indexanpassung in DM genau, dann Umrechnung und Aufrundung auf den nächsten Euro-Betrag, der vollen TDM entspricht (1.000,- entspräche 521,05 Euro)	VS: 52.105,32 Euro Prämie: 140,68 Euro Preisindex 1996: 1,00 % VS 1997: 52.626,37 Euro Prämie 1997: 142,09 Euro Preisindex 1997: 2,00 % VS 1998: 53.678,90 Euro Prämie 1998: 144,93 Euro	- Die Ergebnisse sind nur zufällig identisch mit denen der Handlungsalternative b). In Folgejahren kann es abhängig von der Höhe des Preisindex zu Abweichungen kommen. Bei sehr geringen Preissteigerungsraten bzw. bei Betrachtung mehrerer Jahre wird bei dieser Methode irgendwann eine Rundung auf einen kleineren Betrag erfolgen als bei Handlungsalternative b). - Der Text der derzeitig bestehenden VHB 92 würde zunächst wörtlich umgesetzt ("Aufrundung auf volle TDM") - Es ergeben sich keine glatten Summen während der Vertragslaufzeit, somit wird der Sinn des § 16 Nr. 1a VHB 92 nicht erreicht - Die Nachteile der Handlungsalternative b) treffen hier auch zu.
		Indexanpassung in DM genau, Umrechnung in Euro ohne jede Rundung	VS: 52.394,11 Euro Prämie: 141,46 Euro Preisindex 1996: 1,00 % VS 1997: 52.902,79 Euro Prämie 1997: 142,84 Euro Preisindex 1997: 2,00 % VS 1998: 53.920,15 Euro Prämie 1998: 145,58 Euro	Vorteile: - keine dv-technischen Probleme Nachteile: - Prämienverlust des VR - auf Dauer Reduzierung des inneren Wertes des Versicherungsschutzes - keine "glatten" VS während der Vertragsdauer - keine Vertragskontinuität, da Leistungseinschränkung aufgrund des Wegfalls der Aufrundung

Glattstellungsbedarf bei verschiedenen Ausprägungen der Lebensversicherung

Produktbezeichnung	Charakteristik	Besonderheiten	Handlungsbedarf hinsichtlich Glattstellung
Risikolebensversicherung	·Todesfallrisiko für einen bestimmten Zeitraum wird durch Summenversicherung abgedeckt.	In der Regel wählt der VN bei Abschluß die VS, der Paramter "Prämie" ergibt sich aus dem Tarif.	Psychologische Bedeutung der "glatten" VS
Gemischte Lebensversicherung	Versicherer leistet entweder bei Tod der Versicherten Person oder bei Ablauf	Todes- und Erlebensfall-VS können voneinander abweichen. VN wählt bei Abschluß entweder "glatte"Prämie oder "glatte" VS	Psychologische Bedeutung zumindest eines "glatten" Betrages
Rentenversicherung	Die Leistung besteht in einer (meist monatlich) wiederkehrenden Zahlung, entweder lebenslang oder zeitlich begrenzt.	In der Regel wählt der VN den "glatten" monatlichen Auszahlungsbetrag und zahlt "krumme" laufende Prämien ein. Jedoch auch Möglichkeit der Einmalzahlung eines "glatten" Auszahlungsbetrags aus einer Gemischten LV.	Psychologische Bedeutung ist nicht so hoch wie bei der Gemischten LV, da die Signalwirkung monatlich wiederkehrender Leistung nicht so stark ist wie bei einer festen Summe.
Berufsunfähigkeits-versicherung	Zusatzversicherung, bei der bei Eintritt der Berufsunfähigkeit (meist monatlich) wiederkehrende Zahlungen erfolgen.	In der Regel wählt der VN den "glatten" monatlichen Auszahlungsbetrag. Die Prämie wird zusätzlich zum Basisprodukt gezahlt.	Psychologische Bedeutung ist nicht so hoch wie bei der Gemischten LV, da die Signalwirkung monatlich wiederkehrender Leistung nicht so stark ist wie bei einer festen Summe.
Termfixversicherung (insbesondere Ausbildungsversicherung)	VS wird zu einem bestimmten Zeitpunkt fällig. Bei vorzeitigemTod der versicherten Person tritt nur Prämienfreiheit ein.	Ein bestimmter "glatter" Kapitalbetrag soll zu einem bestimmten Zeitpunkt zur Verfügung stehen. Die Prämie ist daher idR. "krumm".	Psychologische Bedeutung der "glatten" VS
Heiratsversicherung	VR muß im Fall der Heirat leisten, bei Tod der versicherten Person erfolgt Prämienrückerstattung	Ein bestimmter "glatter" Kapitalbetrag soll zu einem bestimmten Zeitpunkt zur Verfügung stehen. Die Prämie ist daher idR. krumm.	Psychologische Bedeutung der "glatten" VS
Fondsgebundene Lebensversicherung	Sparanteile der Prämien fliessen einem Fonds zu. Erlebensfalleistung erfolgt je nach Entwicklung des Fonds, Todesfalleistung erfolgt idR. als Prozentsatz der Prämien.	Aufgrund der Abhängigkeit der Leistung von der Fondsentwicklung wählt der VN idR. "glatte" Prämien.	Psychologische Bedeutung der "glatten" Prämie nicht so hoch wie bei der "glatten" VS.
Dynamische Lebensversicherung	Bei Abschluß wird eine regelmäßige Erhöhung von Prämien und Leistungen ohne erneute Gesundheitsprüfung vereinbart	Bereits nach der ersten Erhöhung sind sowohl Prämien als auch Leistungen idR. "krumm".	Kein Handlungsbedarf.
Vermögenswirksame Lebensversicherung	Anlageform für vermögensbildende Leistungen	Vermögensbildungsgesetz enthält Vorschriften über die Höhe der Prämie und die Mindestvertragsdauer.	Gesetzliches Problem hinsichtlich der Anpassung des Vermögensbildungsgesetzes
Restschuldversicherung	Sonderform der Risikolebensversicherung zur Absicherung von Kreditverbindlichkeiten.	VS sinkt analog zur Tilgung des Kredites, so daß im Todesfall die Restschuld abgesichert ist.	Handlungsbedarf besteht nicht, da auch die Kreditverbindlichkeit umgerechnet wird, so daß das Verhältnis zur Absicherung konstant bleibt.

Literaturverzeichnis

Arbeitskreis "Externe Unternehmensrechnung der Schmalenbach-Gesellschaft" (Schmalenbach-Gesellschaft 1997): Die dritte Stufe der Europäischen Währungsunion - Auswirkungen auf die externe Rechnungslegung. In: DB, 52. Jg. 1997, S. 237-241.

Arbeitsstab Wirtschafts- und Währungsunion (ASWWU 1997): Zwischenbericht des Arbeitsstabes Wirtschafts- und Währungsunion beim Bundesministerium der Finanzen zur Einführung des Euro in Gesetzgebung und öffentlicher Verwaltung vom 28.04.1997. BT-Drucks. 13/7727 vom 6.5.1997.

BMF (1995): Schreiben des Bundesministeriums der Finanzen IV A 8 - S 0316 - 52/95: Grundsätze ordnungsmäßiger DV-gestützter Buchführungssysteme (GoBS) vom 7. November 1995.

Boetius, J. (1996): Handbuch der versicherungstechnischen Rückstellungen: Handels- und Steuerbilanz der Versicherungsunternehmen. Köln 1996.

Borries, R. v./Repplinger-Hach, R. (1996): Rechtsfragen zur Einführung der Europawährung. In: EuZW, 7. Jg. 1996, S. 492-498.

Börsen-Zeitung (1995): Allianz Leben: Stabilität hat Vorrang vor Termin In: Börsen-Zeitung, Nr. 237 vom 9.12.1995, S. 5.

Börsen-Zeitung (1996): EU belebt Versicherungskonkurrenz. In: Börsen-Zeitung, Nr. 48 vom 8.3.1996, S. 17.

Bühler, A./Hies, M. (1995): Währungsunion im Spiegel der Zinserwartungen. In: Die Bank, Heft 11/95, S. 699-701.

Europäische Kommission (1995): Eine Währung für Europa. Grünbuch über praktische Fragen des Übergangs zur einheitlichen Währung, KOM (95) 333 endg. v. 31.5.1995.

Europäischer Rat (1995): Szenario für die Einführung der einheitlichen Währung. In: Europäischer Rat Madrid 15.-16. Dezember 1995, Schlußfolgerungen des Vorsitzes, Anlage 1, SN 400/95 vom 16. Dezember 1995.

Förterer, J. (1995): In der Streuung liegt der Schutz. In: Frankfurter Allgemeine Zeitung, Nr. 277 vom 28.11.1995, S. 18.

Frankfurter Allgemeine Zeitung (1995): Deutsche Versicherungswirtschaft uneingeschränkt für Euro-Währung. In: Frankfurter Allgemeine Zeitung, Nr. 268 vom 17.11.1995, S. 18.

Frankfurter Allgemeine Zeitung (1997): Die Verbraucher haben nichts zu befürchten. In: Frankfurter Allgemei-ne Zeitung, Nr. 117 vom 23.5.1997, S. 31.

Gaddum, J. W. (1996): Ohne Titel. In: Deutsche Bundesbank, Auszüge aus Presseartikeln, Nr. 41 vom 26.6.1996, S. 1-4.

Gesamtverband der Deutschen Versicherungswirtschaft e. V. (GDV 1997): Bedeutung der EWU für die Versicherungswirtschaft. Bonn, April 1997.

IDW (1997): Hauptfachausschuß des IDW: Positionspapier zu wesentlichen Rechnungslegungsfragen im Zusammenhang mit der Einführung des Euro. In: WPg, 50. Jg. 1997, S. 400-402.

Imbusch, St. (1993): Das IPR der Versicherungsverträge über innerhalb der EG belegene Risiken. In: VersR, 44. Jg. 1993, S. 1059-1066.

Knauth, K.-W. (1995): Kapitalanlagepolitik und Märkte im Wandel. In: VW, 50. Jg., S. 302-306.

Michaels, Bernd (1995): Die deutsche Versicherungswirtschaft 1995. In: VW 50. Jg. 1995, S. 1612-1627.

Michaels, Bernd (1996): Die Unumkehrbarkeit der Währungsunion muß deutlich werden. In: ZgKW, 49. Jg. 1996, S. 19f.

O.V. (1996a): Versicherungen und der Tag X. In: Vb, 26. Jg., Heft 2/1996, S. 6-7.

O.V. (1996b): Die einheitliche Währung: ein günstiger Rahmen für die Versicherung in Europa. In: VW, 51. Jg. 1996, S. 114.

Plewka, H./Schlösser, J. (1997): Ausgewählte handelsbilanzielle Probleme bei der Einführung des Euro, In: DB, 52. Jg. 1997, S. 337-345.

Präve, P. (1992): Änderung von allgemeinen Versicherungsbedingungen in bestehenden Verträgen. In: ZfV, 43. Jg. 1992, S. 221-227.

Präve, P. (1996): Auswirkungen der Europäischen Währungsunion auf die Versicherungswirtschaft. Karlsruhe 1996.
Präve, P. (1997): Die Versicherungswirtschaft im Vorfeld der Europäischen Währungsunion. In: VW, 52. Jg. 1997, S. 298-305.
Prölls/Martin (1992): Versicherungsvertragsgesetz, 25. Auflage, München 1992.
Rupprecht, G. (1997): Die Auswirkungen der Währungsunion auf die deutsche Lebensversicherung. In: VW, 52. Jg. 1997, S. 306-310.
Schirmer, H. (1986): Allgemeine Versicherungsbedingungen im Spannungsfeld zwischen Aufsicht und AGB-Gesetz. In: ZVersWiss, Band 75 1986, S. 509-571.
Schlatter, G. (1995): DM bleibt erste Versicherer-Wahl. In: Börsen-Zeitung, Nr. 204 vom 24.10.1995, S. 18.
Schmidthuber, P. M./Steiniki, B. (1996): Rechtsfragen zur Einführung des Euro. In: Bank Information 12/96, S. 25-29.
Schneider, U. H. (1997): Doppelte Preisauszeichnung bei der Einführung des Euro? In: DB, 52. Jg. 1997, S. 1265-1267.
Schneider, U. H./Sünner, E. (1996): Die Anpassung des Aktienrechts bei der Einführung der Europäischen Währungsunion. In: DB, 51. Jg. 1996, S. 817-822.
Schulte-Noelle, H. (1996): Im Binnenmarkt hilft der Blick über den eigenen Tellerrand. In: Handelsblatt, Nr. 94 vom 15.05.1996.
Seeger, C. (1995): Kühlen Kopf behalten. In: Wirtschaftswoche 49. Jg., Nr. 36 vom 31.8.1995, S. 96-103.
Seybold, E. (1989): Der Austausch einzelner Versicherungsbedingungen im Rahmen des laufenden Vertrages. In: VersR, 40. Jg. 1989, S. 1231-1238.
Wagner, Fred (1997): Auswirkungen der europäischen Währungsunion auf die Produktgestaltung, in: VW 52. Jg. 1997, S. 884-893.
Zepf, G. (1996): Grundsätze ordnungsgemäßer DV-gestützter Buchführungssysteme – Erläuterungen zu den GoBS für die Praxis. In: DStR, 34. Jg. 1996, S. 1259-1263.

*Thomas Schlüter**

K. Erfolgreiches Euro-Projektmanagement

Ein Leitfaden

---

* Thomas Schlüter, Unternehmensberater, KPMG Unternehmensberatung GmbH, Frankfurt am Main

1 Einleitung

Die bevorstehende Europäische Währungsunion (EWU) wirbelt gehörig Staub auf. Neben Presseberichten über die politsche Großwetterlage und Kommentaren pro oder contra Währungsunion ist eine Flut von Veröffentlichungen und Seminaren zu Euro-Einführungsstrategien und zur Durchführung von Euro-Projekten zu verzeichnen. Es drängt sich vielfach der Eindruck auf, als solle das Rad neu erfunden werden.

Das ist natürlich nicht erforderlich. Gewiß, für die erfolgreiche Umstellung eines Unternehmens auf den Euro muß eine Vielzahl von Maßnahmen und Regelungen getroffen werden, mit denen Neuland betreten wird. Es trifft auch zu, daß von der Einführung des Euro grundsätzlich alle Geschäftsprozesse und Funktionsbereiche von Unternehmen betroffen sind und jede diesbezügliche Entscheidung mit Unsicherheit behaftet ist. Auf der anderen Seite jedoch stehen für die Reorganisation von Geschäftsprozessen, die effiziente Abwicklung von Projekten und die Analyse und Neugestaltung von DV-Systemen standardisierte Methoden und Verfahren bereit, die derart komplexe Aufgabenstellungen bewältigbar machen.

Erfolgreiches Euro-Projektmanagement weist einige Besonderheiten auf:

- Die Einführung des Euro erfordert die Verknüpfung strategischer und operativer Fragestellungen. Es ist eine strategische **Entscheidung** eines Unternehmens, den Übergang auf den Euro lediglich als technische Änderung bzw. Erweiterung bestehender Abrechnungssysteme zu begreifen und nicht als Anlaß zur Überprüfung der eigenen Positionierung im erweiterten Wettbewerbsumfeld des gemeinsamen Währungsgebiets. Der gänzliche Verzicht auf strategische Überlegungen kann Folgen für die gesamte weitere Entwicklung des Unternehmens haben.
- In der **Doppelwährungsphase** der Währungsunion wird hinsichtlich der Verwendung des Euro der Grundsatz »Kein Zwang – Kein Verbot« gelten. Ein weiterer Grundsatz für den Umstellungsprozeß ist dabei mitzubedenken: »Kein Ausweg«. Jedes Unternehmen hat bei der Umstellung eine Reihe von Optionen, die Anpassung an den Euro muß jedoch innerhalb des vorgegebenen sachlichen und zeitlichen Rahmens vollzogen werden.
- Die **Rahmenbedingungen** der Euro-Einführung sind teilweise **dynamisch**. Es ist davon auszugehen, daß politische Entscheidungen, gesetzliche Regelungen, branchenbezogene Übereinkünfte, sich auf den Märkten herausbildende Usancen etc. in den Unternehmen kurzfristige Reaktionen erfordern werden. Die entsprechenden Informationen müssen zeitnah und systematisch in bereits laufende Umstellungsprojekte eingebracht werden. Die Termin- und Ressourcenplanung muß dafür hinreichende Puffer vorsehen.
- Bei Umstellungsprojekten sind **Sponsoring**, organisatorische Aufhängung und Prioritätensetzung aufgrund des umfassenden Charakters der Fragestellung in höherem Maße erfolgskritisch als bei anderen Projekten. Sowohl in der Phase der Initiierung dieser Projekte als auch über ihre Laufzeit hinweg muß die Unterstützung der **Geschäftsleitung** sichergestellt werden, z.B. durch Einbindung in den Lenkungsausschuß des Umstellungsprojekts.
- Nach allgemeiner Auffassung wird der größte Teil des zeitlichen, personellen und sachlichen Aufwands beim Übergang auf den Euro im Bereich der **Datenverarbeitung** anfallen. Erheblichen Anteil daran werden jedoch die Systemanalyse sowie die Ausführung von Programmänderungen aufgrund eines vorgegebenen konzeptionellen Rahmens haben. Von der Tragweite innerhalb der Euro-Projekte her gesehen, sind daher **geschäftsprozeßorientierte Fragen** und DV-Probleme gleichermaßen wichtig.

Die Besonderheiten von Euro-Umstellungsprojekten werden in den einzelnen Abschnitten dieses Leitfadens konkretisiert und mit der empfohlenen Vorgehensweise in Euro-Projekten verknüpft. Der Aufbau des Leitfadens ist dabei so gewählt, daß in den Abschnitten 2-4 übergreifende Fragen angesprochen werden. Abschnitt 5 bringt dann Blaupausen für Euro-Projekte, die unmittelbar umsetzbar sind. Wir fordern den Anwender dieses Leitfadens ausdrücklich dazu auf, unsere Überlegungen als Steinbruch für die eigene Baustelle zu nutzen.

2 Zeitliche und sachliche Rahmenbedingungen

Zwei Annahmen müssen aus Gründen der Planungssicherheit jedem Euro-Umstellungsprojekt zugrundegelegt werden. Erstens wird die Bundesrepublik Deutschland ab 1. Januar 1999 an der Europäischen Währungsunion teilnehmen. Zweitens ist der unmittelbare Start der Euro-Umstellungsprojekte erforderlich. Diese Annahmen sind gut begründbar.

Ein Scheitern der Währungsunion wäre frühestens Anfang 1998 erkennbar. Wenn erst zu diesem Zeitpunkt Umstellungsprojekte gestartet werden, ist der bis Anfang 1999 verbleibende Zeitraum für die meisten Euro-Projekte kaum ausreichend. Eine Nichtteilnahme der Bundesrepublik widerspricht aufgrund einer Vielzahl wirtschaftlicher Faktoren dem Grundgedanken der Währungsunion und ist keine realistische Planungsperspektive. Daß der Euro überhaupt nicht kommt, ist wenig wahrscheinlich. Eine Verschiebung der Einführung des Euro oder eine verspätete Teilnahme der Bundesrepublik an der Währungsunion ist für laufende Projekte unschädlich. Die für die Umstellung entwickelten Lösungen werden lediglich später implementiert.

Bei Einhaltung des offiziellen Zeitplans, der zutreffend als »wahrscheinlichstes Übergangsszenario« bezeichnet wird, werden per 1. Januar 1999 die Wechselkurse der Währungen der Teilnehmerländer unwiderruflich gegenüber dem Euro fixiert. Der Euro tritt für den Zeitraum vom 1. Januar 1999 bis zum 31. Dezember 2001 als Buchgeld neben die nationale Währung (Doppelwährungsphase). Ab dem 1. Januar 2002 wird Buchgeld ausschließlich in Euro geführt. Nationale Währungen bleiben als Bargeld bis spätestens 30. Juni 2002 im Umlauf (vgl. die Übersicht im Einleitungsartikel dieses Bandes).

Aus diesem Zeitplan ergeben sich folgende Anforderungen für Umstellungsprojekte:

- Die Vorbereitungsarbeiten in den Unternehmen müssen 1997 aufgenommen werden.
- Mit der Einführung des Euro und dem Beginn der Doppelwährungsphase am 1. Januar 1999 müssen die Unternehmen grundsätzlich in der Lage sein, Geschäfte in Euro abzuwickeln.
- Per 1. Januar 2002 muß das Handling des Euro als Bargeld beherrscht werden. Die Bücher sind ab diesem Zeitpunkt aussschließlich in Euro zu führen.
- Finanzverwaltung und Sozialversicherungsträger werden eventuell zum spätestmöglichen Zeitpunkt auf den Euro umstellen. Die entsprechenden Schnittstellen müssen daher gegebenenfalls bis Ende 2001 in nationaler Währung bedient werden.
- Mit dem vollständigen Übergang aller Funktionen der nationalen Währungen auf den Euro per 1. Juli 2002 können die Euro-Projekte abgeschlossen werden. Ein gewisser Projektnachlauf kann sich für Nacharbeiten und Glattstellungen ergeben.

Aus der inneren Dynamik des Umstellungsprozesses können sich »Domino-Effekte« ergeben, die nach unserer Einschätzung eher eine Verkürzung der jeweiligen Fristen bewirken werden. Dies gilt insbesondere für den Zeitraum, der für den Austausch des Bargeldes vorgesehen ist sowie für das abgestimmte Vorgehen bei technisch hochorganisierten Geschäftsbeziehungen (große Industrieunternehmen, Banken, Börsen und Versicherungen).

3 Grundsätzliche Umstellungsoptionen

In diesem Abschnitt werden einige grundsätzliche Umstellungsoptionen von Unternehmen vorgestellt. Dies soll helfen, aus den unten dargestellten Projektmanagement-Verfahren diejenigen Elemente herauszufiltern, die von unmittelbarer praktischer Bedeutung sind.

Ein Beispiel: Ein rentables Fertigungsunternehmen mittlerer Größe mit festem Kundenstamm im DM-Raum, strategisch abgesicherter Produktpalette in einem wachsenden Inlandsmarkt, mit gut strukturierten Geschäftsprozessen und überwiegend selbst entwickelter Software optiert grundsätzlich für eine Euro-Umstellung durch Einführung von Standardsoftware mit Euro-Funktionalität.

In diesem Fall können Euro-Inventuren der bestehenden Geschäftsprozesse und DV-Anwendungen auf das Notwendigste beschränkt werden. Das Unternehmen kann sich unmittelbar auf die Softwareauswahl und /-implementation konzentrieren. Projektorganisation und Sicherstellung der Projektdurchführung gemäß Installationsleitfaden der Standardsoftware sind in diesem Fall die vorrangigen Aufgaben des Projektmanagements.

3.1 Euro und strategische Neuausrichtung

Die Einführung des Euro kann mit einer strategischen Neuausrichtung von Unternehmen verknüpft werden. Ausgangspunkt ist dabei die Identifikation der Chancen und Risiken eines Unternehmens im neuen, einheitlichen Währungsgebiet. Wenn ein Unternehmen die Chancen des Europäischen Marktes für eine profitable Ausweitung der eigenen Marktanteile stärker nutzen will, bietet sich eine Verbindung der Euro-Umstellung mit einer Neugestaltung der Geschäftsprozesse und der DV-Systeme an.

Unter diesen Voraussetzungen müssen die gewünschte Positionierung und die entsprechende Umsatzstruktur des Unternehmens neu definiert werden. Die Preispolitik ist anzupassen und die Vertriebskanäle sind zu restrukturieren. Die DV-Systeme müssen ein integriertes Management von Kundenbeziehungen, Vertrieb und Produktion unterstützen. Produktion, Logistik und Lagerhaltung sind im erweiterten Absatzgebiet zu synchronisieren. Ein effizientes Controlling der Aktivitäten in den identifizierten Zielmärkten einschließlich der entsprechenden Vertriebswege muß gewährleistet sein.

DV-Systeme und Unternehmensorganisationen, die dies nicht leisten können, müssen ersetzt oder angepaßt werden: Nicht nur, weil sie den Euro als Währung nicht verarbeiten können, sondern auch, weil sie den strategischen Anforderungen des Unternehmens im Euro-Währungsgebiet nicht mehr genügen.

Auf der anderen Seite können Unternehmen, die für einen überschaubaren und stabilen lokalen Markt produzieren, der auf absehbare Zeit noch in nationaler Währung abrechnen wird, bereits hier einen anderen Weg gehen und unmittelbar ein operativ ausgerichtetes Umstellungsprojekt starten.

3.2 Frühe oder späte Umstellung

Innerhalb des offiziellen Euro-Zeitrahmens und unter Berücksichtigung anderer Einschränkungen (z.B. Konzernvorgaben oder Vereinbarungen mit Geschäftspartnern) bestehen für die Unternehmen Spielräume bezüglich des konkreten Umstellungszeitpunkts. Euro-Geschäftsvorfälle müssen ab 1. Januar 1999 verarbeitet werden können. Dazu bedarf es zunächst keiner vollständigen Überarbeitung aller Abrechnungssysteme. Euro-Geschäftsvorfälle können für einen gewissen Zeitraum in Form einer Nebenrechnung festgehalten werden. Das übrige Zahlenwerk und die DV-Anwendungen eines Unternehmens bleiben davon unberührt.

Für eine relativ **frühzeitige Umstellung** auf den Euro spricht, daß auftretende Probleme in den Umstellungsprojekten frühzeitig erkannt und gelöst werden können. Frühzeitig umstellende Unternehmen signalisieren am Markt ihre Innovationsfähigkeit und ihre aktive Unterstützung der Einführung des Euro.

Die Firma Siemens hat beispielsweise angekündigt, daß sie ab dem 1. Januar 1999 in der Lage sein wird, Transaktionen mit ihren Geschäftspartnern in Euro abzuwickeln. Am 1. Oktober 1999 wird die Hauswährung des Unternehmens auf Euro umgestellt. Die Konzernbilanz soll ab 1. Oktober 2000 in Euro dargestellt werden.

Gegen eine frühzeitige Einführung spricht die möglicherweise mangelnde Ausgereiftheit verfügbarer Umstellungsverfahren und der Abstimmaufwand mit einem überwiegend noch nicht in Euro operierenden Umfeld. Ressourcenkonflikte mit der im gleichen Zeitraum zu bewältigenden Jahr-2000-Problematik sind nicht auszuschließen.

Auch für eine **späte Umstellung** gibt es gute Gründe. Es besteht Sicherheit über das Zustandekommen der Währungsunion. Die Umstellungsverfahren sind ausgereift. Unternehmen, die sich für diesen Weg entscheiden, signalisieren ihren langfristigen Planungshorizont und unterstreichen ihre solide und konservative Geschäftspolitik.

Gegen eine späte Umstellung spricht, daß die vertraglich festgelegten zeitlichen Spielräume bestimmter Euro-Termine durch Übereinkunft der Marktteilnehmer nicht vollständig ausgenutzt werden könnten, z.B. beim Austausch des nationalen Bargeldes gegen den Euro. Darüberhinaus kann der Abstimmaufwand gegenüber dem Euro-Umfeld im Zeitverlauf rasch ansteigen. Wirtschaftliche Nachteile durch Abrechnungsprobleme in einem bereits durch den Euro geprägten Markt sind ebenfalls möglich.

Angestrebt werden sollte ein für das einzelne Unternehmen **optimaler Umstellungszeitpunkt**. In seine Bestimmung müssen organisatorische Faktoren, z.B. die Umstellungstermine im wirtschaftlichen Umfeld und der Aufwand für die Anpassung unternehmensinterner Prozesse ebenso einfließen wie technische Einschränkungen, die sich aus der Umstellung der DV ergeben. Eine Entscheidung wird ohne ein gewisses Maß an Willkür nicht möglich sein.

3.3 DV-orientierte Strategien

Erneut andere Sichtweisen auf den Euro-Umstellungsprozeß ergeben sich, wenn in Unternehmen die Prioritäten durch Entscheidungen im DV-Bereich gesetzt werden.

Zunächst sind **Änderungen bestehender DV-Anwendungen** möglich. Bestimmte Individualanwendungen zur Unterstützung und Abwicklung des operativen Geschäfts sind für viele Unternehmen unverzichtbar. Bei einem hohen Anteil von Individualsoftware in einem Unternehmen bzw. einer spezifischen Funktion dieser Software im Zusammenhang mit der Verfolgung der Unternehmensziele werden Änderungen zur Schaffung der erforderlichen Euro-Funktionalitäten unvermeidlich sein. Dies kann auch vollständige Neuentwicklungen beinhalten.

In bestimmtem Umfang wird die Änderung bestehender Anwendungen auch dann erforderlich sein, wenn Unternehmen bereits Standardsoftware einsetzen. Standardsoftware wird in der Regel unternehmensspezifisch modifiziert bzw. erweitert, entsprechende Änderungen sind zwangsläufig.

Als ein möglicher Weg zur Vermeidung aufwendiger Änderungen an bestehenden DV-Anwendungen wird oft die **Einführung von Standardsoftware mit Euro-Funktionalität** gesehen.

Bei DV-Anwendungen für Querschnittsfunktionen von Unternehmen, z.B. für das Rechnungswesen, ist eine solche Strategie durchaus erfolgversprechend. Das Umstellungsprojekt kann sich auf die Auswahl geeigneter Software, die Anpassung an die organisatorischen Anforderungen des Unternehmens und die Migration der Daten konzentrieren. Das Vorgehen bei der Einführung von Branchenlösungen ist ähnlich.

Kritisch ist bei diesem Lösungsweg die Angebotssituation zu sehen. Standardsoftware mit ausreichender Euro-Funktionalität wird überwiegend erst 1998 am Markt verfügbar sein. Der Leistungsumfang der Standardsoftware-Pakete und die ausreichende Umstellungsunterstützung der Hersteller sind noch nicht nachgewiesen.

Daneben ist das **Outsourcing von DV-Diensten** möglich. Outsourcing erlaubt viele Ausgestaltungen: Übernahme und Betrieb des Rechenzentrums durch einen Dritten, Betrieb der eigenen Anwendungen im Service-Rechenzentrum, Mandantenlösungen bei Einsatz von Standardsoftware, Nutzung von Netzwerkdiensten etc. Hauptaufgaben des Euro-Umstellungsprojekts sind in diesem Fall die Auswahl der entsprechenden Dienstleister und die Entwicklung eines geeigneten Migrationskonzepts.

Besonders zu beachten sind die Service Level-Vereinbarungen sowie Kompetenz und Zuverlässigkeit des Dienstleisters, die zwingend durch Referenzen nachzuweisen sind. Das Auswahlverfahren sollte zur Sicherstellung der Qualität der Entscheidungen mit entsprechendem Aufwand betrieben werden.

3.4 Währungsbuchhaltungen

Schließlich können Unternehmen über die angestrebte Gestaltung ihrer Währungsbuchhaltung an Euro-Projekte herangehen. Dafür bestehen drei grundlegende Möglichkeiten: Die Abrechnung von Euro-Geschäftsvorfällen im Rahmen einer »Ein-Währungs-Welt«, über duale Abrechnungssysteme oder über mehrwährungsfähige Systeme.

Im Falle einer **Ein-Währungs-Welt** werden die Bücher der Unternehmen in nationaler Währung oder Euro geführt, Geschäftsvorfälle in der jeweils anderen Währung werden vor der Erfassung umgerechnet.

Derartige Lösungen dürften vor allem bei kleinen und mittleren Unternehmen einsetzbar sein, die überwiegend in einer Währung abrechnen und bei denen das Mengengerüst der Geschäftsvorfälle, die nicht in der Hauswährung anfallen, begrenzt ist. Für den Nachweis umgerechneter Geschäftsvorfälle müssen (statistische) Nebenaufschreibungen geführt werden.

Duale Abrechnungssysteme beinhalten eine Führung der Bücher in nationaler Währung und Euro. Eingaben in beiden Währungen sind uneingeschränkt möglich. Die Umrechnung erfolgt automatisch über Konvertoren. Das gesamte Zahlenwerk des Unternehmens wird in zwei Währungen dargestellt. Bei der Einführung eines dualen Abrechnungssystems müssen die in nationaler Währung geführten Bestände einmalig in Euro konvertiert werden.

Diese Lösung gibt dem Anwender Wahlfreiheit, die durch erhöhten Rechen- und Speicheraufwand erkauft werden muß. Nach unserer Einschätzung wird nur eine geringe Anzahl von dualen Systemen mit währungsmäßig redundanter Bestandsführung am Markt angeboten werden.

Bei **mehrwährungfähigen Systemen** sind in zwei Ausprägungen zu unterscheiden:

Echte mehrwährungsfähige Systeme bieten die Möglichkeit mehrerer »Währungs-Sichten« auf das Zahlenwerk eines Unternehmens. Die Datenbestände können dabei entweder selbst in mehreren Währungen geführt werden oder sie werden in einer Währung geführt und jeweils über entsprechende Umrechnungsfunktionen für die Ausgabe auf Bildschirmanzeigen und Listen konvertiert.

International tätige Unternehmen, Handelshäuser und Banken verfügen teilweise über derartige Systeme, die unabhängig von der Euro-Einführung entwickelt worden sind. Die Umstellung auf den Euro beinhaltet hier im wesentlichen das Einpflegen einer neuen Währung und die Bereitstellung von Umrechnungskursen.

Wegen des technischen und organisatorischen Einführungsaufwands kann der Übergang auf solche Systeme nur empfohlen werden, wenn dies für die Abwicklung eines erheblichen Teils der getätigten Geschäfte zwingend erforderlich ist. Konkrete strategische Überlegungen zur Globalisierung im Unternehmen sind ebenfalls ein plausibler Hintergrund. Durch den Zusammenhang zwischen der Globalisierung der Unternehmensaktivitäten und den sich herausbildenden Währungszonen US-Dollar, Yen und Euro können echte mehrwährungsfähige Systeme zu einer wirtschaftlich sinnvollen Alternative werden.

Stärker am Markt verbreitet sind **Systeme mit Verarbeitung von Geschäftsvorfällen in Fremdwährung**. Dabei wird i.d.R. zwischen Hauswährung und Abwicklungswährungen unterschieden. Die Bücher werden in Hauswährung geführt. Geschäfte in Fremdwährung werden direkt erfaßt und – umgerechnet zu den jeweiligen Wechselkursen – in Hauswährung in die Bücher genommen. Bestandsauswertungen im umfassenden Sinne sind nur in Hauswährung möglich, für Fremdwährungsgeschäfte werden Teilauswertungen angeboten.

Im Falle des Übergangs auf den Euro ist die Führung der Bücher in DM oder Euro als Hauswährung möglich, die Geschäftsvorfälle werden in der jeweiligen Währung erfaßt und maschinell konvertiert. Zur Verbesserung des Komforts bei der Abrechnung mit den Geschäftspartnern werden im Zuge der Euro-Umstellung einige Funktionalitäten im Bereich der Kontokorrentbuchhaltung erweitert werden müssen. Für die Konversion der Bestände beim Wechsel auf die Hauswährung Euro sind Umstellungsprogramme erforderlich.

Die Nutzung von Systemen mit erweiterter Abwicklung von Geschäftsvorfällen in Fremdwährung bietet Vorteile im Hinblick auf Teilumstellungen und die Flexibilität der Unternehmen in der Doppelwährungsphase. Die Belastungen der Umstellung lassen sich terminlich und ressourcenmäßig besser verteilen.

4 Absicherung der Rahmenbedingungen

Die Rahmenbedingungen von Euro-Umstellungsprojekten müssen umfassend abgesichert werden. Die Tatsache, daß grundsätzlich alle Unternehmensbereiche betroffen sind und die Terminvorgaben nur begrenzt gestaltet werden können, zwingen zu einem sehr konsequenten und zielgerichteten Vorgehen. Eine Verschiebung des Abschlußzeitpunkts von Umstellungsprojekten ist nur innerhalb enger Grenzen möglich.

4.1 Unterstützung durch die Geschäftsleitung

Die Geschäftsleitung muß sich mit der erfolgreichen Durchführung des Euro-Umstellungsprojekts im Sinne eines Unternehmensziels identifizieren und dies durch ein unternehmensweit klar kommuniziertes **Sponsoring** beim Projektstart unterstreichen. Euro-Projekte werden eine Neubewertung von Projekten eines Unternehmens hinsichtlich ihrer Prioritäten erfordern und bedürfen daher eines besonderen Anschubs.

Während der Durchführung sollten Umstellungsprojekte ebenfalls erkennbar von der Geschäftsleitung beobachtet und gefördert werden. Die Steuerung von Umstellungsprojekten wird i.d.R. durch einen Lenkungsausschuß erfolgen. Die Geschäftsleitung sollte die Arbeit des **Lenkungsausschusses** durch **aktive Mitarbeit** unterstützen.

Voraussetzung für eine derart aktiven Rolle im Projekt ist die nachvollziehbare Darstellung des jeweiligen Projektfortschritts im laufenden Berichtswesen des **Projektcontrolling**. Bei Abweichungen vom Plan müssen die ergriffenen Gegenmaßnahmen und der Einfluß auf den gesamten Projektverlauf erkennbar werden. Auf kritische Konstellationen muß direkt hingewiesen werden.

4.2 Einbindung der Fachbereiche

Die Euro-Umstellung ist kein Projekt **eines** Fachbereichs, es ist ein unternehmensweites Projekt, in das **alle** Fachbereiche und Unternehmensteile eingebunden werden müssen. Dies gilt auch für Bereiche, die zunächst nicht unmittelbar vom Euro betroffen zu sein scheinen.

Ein Beispiel: Fertigung und Versand eines Unternehmens werden von einem integrierten mengenorientierten System gesteuert. Wertkomponenten treten erst an den Schnittstellen zur Kostenrechnung und zur Fakturierung auf. Die Euro-Betroffenheit der für die Fertigung zuständigen Fachabteilung ergibt sich aus der geplanten Bepreisung der Erzeugnisse in Euro. Zur optimalen Gestaltung der Schwellenpreise wird eine Änderung der gegenwärtig verwendeten Gebindegrößen erforderlich.

Die Einbindung der Fachbereiche in das Euro-Umstellungsprojekt erfolgt durch:

- Gemeinsame Planung und Konzeption des Gesamtprojekts,
- Euro-Diagnose, Euro-Inventur und Entwicklung von Konzepten und Lösungen für Teilbereiche unter der Verantwortung der Fachabteilungen,
- Untergliederung des Gesamtprojekts in Teilprojekte unter der verantwortlichen Führung der Fachabteilungen,
- Einbindung der Teilprojektleitungen in die Entscheidungen der Gesamtprojektleitung.

Erfolgskritisch für Umstellungsprojekte sind die aktive Mitwirkung der Fachabteilungen, die Verpflichtung auf gemeinsame Methoden und Ergebnisdarstellungen, die Einhaltung der offiziellen Entscheidungswege des Projekts und, last but not least, die Akzeptanz übergeordneter Entscheidungen der Gesamtprojektleitung.

4.3 Ressourcen- und Kapazitätsplanung

Es ist empfehlenswert, frühzeitig **Kontakte** mit **Softwarehäusern** aufzunehmen bzw. bestehende Kontakte zu intensivieren und Vereinbarungen mit verbindlichen Terminzusagen zu treffen. Softwarehäuser bieten neben ihren betriebswirtschaftlichen Anwendungen oftmals auch Unterstützung für die Vorbereitung und Durchführung von Umstellungsarbeiten an, die sinnvoll in die Projektplanung integriert werden können.

Die **Personalkapazität** in der **Datenverarbeitung** und den **Fachabteilungen** ist mit Blick auf das Umstellungsprojekt zu untersuchen und gegebenenfalls aufzustocken. Sofern es sich um temporäre Aufgaben handelt, sollten entsprechende Vertragsformen gewählt werden. Darüber hinaus können Freistellungen von Mitarbeitern für den Projekterfolg ausschlaggebend sein.

Im Bereich DV können im Projektverlauf für die Konvertierung von Beständen, für (zumindest temporär) redundante Datenhaltung etc. erhöhte Anforderungen an die verfügbare **Hardware** entstehen (CPU, Massenspeicher). Die Verfügbarkeit von Komponenten kann bei den meisten Anbietern insgesamt als gut bezeichnet werden. Trotzdem sind Engpässe in einzelnen Marktsegementen nicht auszuschließen. Deshalb sollten frühzeitig Vereinbarungen mit den Systemlieferanten getroffen werden.

Bei den Planungen und Maßnahmen ist der Zeitaufwand für **Testläufe** und **Schulungsmaßnahmen** zu berücksichtigen. Als Orientierungsgröße kann dienen, daß bei DV-Projekten zur Jahr-2000-Umstellung der Aufwand für Tests auf bis zu 50% des gesamten zeitlichen Projektaufwands geschätzt wird. Schulungsmaßnahmen müssen nicht nur das Handling der neuen Euro-Abläufe betreffen. Sofern Geschäftsprozesse ganz oder teilweise neu gestaltet worden sind, besteht auch hier erweiterter Schulungsbedarf.

4.4 Externe Partner

Die Einführung des Euro berührt alle Außenbeziehungen eines Unternehmens. Daraus ergeben sich folgende Anforderungen für Euro-Projekte:

- Mit wichtigen Geschäftspartnern und verbundenen Unternehmen sind Vereinbarungen über ein abgestimmtes Vorgehen zu treffen. Dies gilt insbesondere bei einem hohen technischen und wertmäßigen Integrationsgrad der Geschäftsbeziehungen bzw. engen Konzernverbindungen.
- Für Unternehmen aus den Bereichen Einzelhandel und Finanzdienstleistungen ergeben sich besondere Herausforderungen bei der Steuerung kleinteiliger Massengeschäftsvorfälle im Kundengeschäft. Während der Doppelwährungsphase und bei Einführung des Euro-Bargeldes werden hier im Einzelfall pragmatische Lösungen gefunden werden müssen.

- Im Vordergrund von Vereinbarungen mit Geschäftspartnern sollten die terminliche Harmonisierung und die Festlegung von verfahrensmäßigen Eckwerten stehen. Die Beteiligten sollten ihren Projekten kompatible Umstellungsszenarios und /-strategien zugrundelegen.
- Soweit die Möglichkeiten des elektronischen Abrechnungsverkehrs in nennenswertem Umfang genutzt werden (EDI, Electronic Banking etc.), sind frühzeitig technische Schnittstellenkonventionen zu vereinbaren bzw. die eigenen DV-Anwendungen an bereits etablierte Konventionen anzupassen.

Im Projektverlauf muß der jeweils erzielte Projektfortschritt gegenüber den Geschäftspartnern mitgeteilt werden. Bei Planabweichungen müssen gemeinsame Gegenmaßnahmen eingeleitet werden, gegebenenfalls sind neue Zielvereinbarungen erforderlich.

5 Projektmanagement

Projekte unterscheiden sich von den Geschäftsprozessen eines Unternehmens durch folgende Merkmale:

- Zeitliche und budgetmäßige Begrenzung
- Einmalig zu erzielendes Ergebnis
- Überwiegen von Entwicklungsarbeit
- rascher / dynamischer Wandel der Aufgabenstellung
- erhöhtes Durchführungsrisiko
- geringere Führungsspanne

Projekte müssen i.d.R. in einer Umgebung durchgeführt werden, die selbst nicht projektmäßig strukturiert ist, die teilweise über keine Erfahrungen mit Projektarbeit verfügt und diese als zusätzliche Belastung ansieht. Voraussetzung für den Projekterfolg sind unter diesen Bedingungen eine umfassende Projektplanung, ein strukturiertes Vorgehenskonzept und ein zielorientiertes Projektmanagement.

Wir stellen in diesem Abschnitt die zur erfolgreichen Abwicklung von Euro-Umstellungsprojekten erforderlichen Bausteine vor. Sie wurden unabhängig von Branchen und Unternehmensgrößen entwickelt. Bei kleineren Projekten können einzelne Punkte zusammengefaßt werden.

5.1 Projektplanung

Die Projektplanung ist die verbindliche Grundlage für die Durchführung des Umstellungsprojekts. Sie legt Ziele, Gesamtumfang und Ablauf des Umstellungsprojekts fest. Die Planung wird von der Projektleitung in Abstimmung mit der Geschäftsleitung entwickelt. Gegebenenfalls wird die Projektleitung hierbei durch ein Kernteam aus dem Kreis derjenigen Mitarbeiter unterstützt, die auch für die spätere Besetzung des Projekts vorgesehen sind.

In der Projektplanung werden die **Projektziele** verbindlich festgelegt. Dabei wird auch eine Abgrenzung des Projektumfangs vorgenommen, um den Umfang der im Projektverlauf zu erwartenden Zusatzanforderungen zu begrenzen.

Die **Erfolgskriterien** für das Projekt werden analysiert und dokumentiert. Bei der Entwicklung der Erfolgskriterien sind die Besonderheiten des Unternehmens, insbesondere die spezifischen Geschäftsprozesse und die Organisation zu berücksichtigen. Wichtige Kriterien sind z.B. die Verfügbarkeit von Know-how und Personal, übergeordnete Entscheidungen des Managements, realistische Projektanforderungen und ein ausreichendes Budget.

Der **Zeitrahmen** des Umstellungsprojekt ist zu umreißen. Unter enger Verknüpfung mit einem unternehmensspezifischen Umstellungsszenario, in welches der offizielle Zeitplan der Euro-Einführung und die entsprechenden Optionen des Managements einfließen, sind Zieltermine für die Projektabschnitte vorzugeben.

Eine erste **Aufwandsschätzung** ist zur **Budgetierung** des Umstellungsprojekts vorzunehmen. Schätzgrundlage können z.B. bereits durchgeführte Projekte zur Einführung von DV-Anwendungen und zur Geschäftsprozeßoptimierung sein. Falls derartige Schätzungen nicht möglich sind, muß aus dem Umstellungsprojekt ein Teilprojekt ausgegliedert und als Pilotprojekt durchgeführt werden. Die dabei gewonnenen Erfahrungswerte werden dann zur Aufwandsschätzung hochgerechnet.

Die vom Projekt zu erzielenden **Ergebnisse** bzw. **Ergebnistypen** (Klasse gleichartiger Ergebnisse, z.B. Euro-Betroffenheitsanalysen oder umgestellte DV-Programme) je Projektschritt sind zu bezeichnen und zu beschreiben.

Die **Rahmenbedingungen** sind darzustellen. Wesentlich sind hierbei der **Personalbedarf** mit Beschreibung der Qualifikationsanforderungen, möglichst bereits mit einem Abgleich zur IST-Situation und Vorschlägen zur Schließung festgestellter Lücken. Der **Raumbedarf**, die erforderliche Ausstattung des Projekts mit **PC's** und die erforderliche **Rechnerkapazität** im Bereich der DV sind ebenfalls zu umreißen. Erfahrungsgemäß sind in frühen Phasen von Projekten gewisse Unschärfen bei der Schätzung nicht vermeidbar. Bei sich abzeichnender Knappheit ist bereits hier **externe Unterstützung** einzuplanen.

Die **Projektorganisation** einschließlich des **Projektmanagements** ist darzustellen. Diese Strukturen können bereits zu Beginn des Projekts dargestellt werden, weil sie nur geringfügig von Standardverfahren abweichen (zu Hinweisen im einzelnen vgl. Abschnitt 5.3).

Die **Qualiätssicherung** ist als integraler Projektbestandteil einzuplanen. Es gilt der Satz, daß man Qualität nicht nachträglich in ein Projektergebnis hineinprüfen kann, sondern im Verlauf der Arbeiten verfahrensmäßig sicherstellen muß.

Die von der Projektleitung und dem Kernteam entwickelte Projektplanung ist mit den beteiligten Bereichen des Unternehmens abzustimmen und abschließend der **Geschäftsleitung** zur **Genehmigung** vorzulegen. Bei Änderungsanforderungen der Bereiche und der Geschäftsleitung ist der Planungszyklus mehrfach zu durchlaufen.

5.2 Projektziele

Primäres Ziel vom Euro-Projekten ist die Verwirklichung aller Maßnahmen, die in einem Unternehmen erforderlich sind, um die Umstellung der Geschäftsabwicklung auf den Euro termingerecht sicherzustellen. Wenn im Rahmen von Euro-Umstellungsprojekten darüber hinaus weitere Unternehmensziele verfolgt werden, darf dies nicht zu einer Gefährdung des primären Ziels führen.

Ziele werden in diesem Zusammenhang stets als Zielbündel aufzufassen sein. Die Zielerreichung kann auch in Einzelergebnissen bzw. Ergebnistypen dargestellt werden, um die Nachvollziehbarkeit der einzelnen Zielelemente zu erhöhen. Die festgelegten Projektziele sind die Benchmarks des Projekterfolgs.

5.3 Projektorganisation

Die Projektorganisation definiert die Position des Projekts im Unternehmen, die innere Struktur des Projekts sowie die Verantwortlichkeiten und Arbeitsbereiche. Sie beinhaltet auch die Auswahl der Projektmitglieder bis zur untersten Führungsebene. Die weitere Rekrutierung ist Aufgabe der jeweiligen Leitungsebene.

Wir schlagen vor, Euro-Umstellungsprojekte folgendermaßen zu strukturieren:

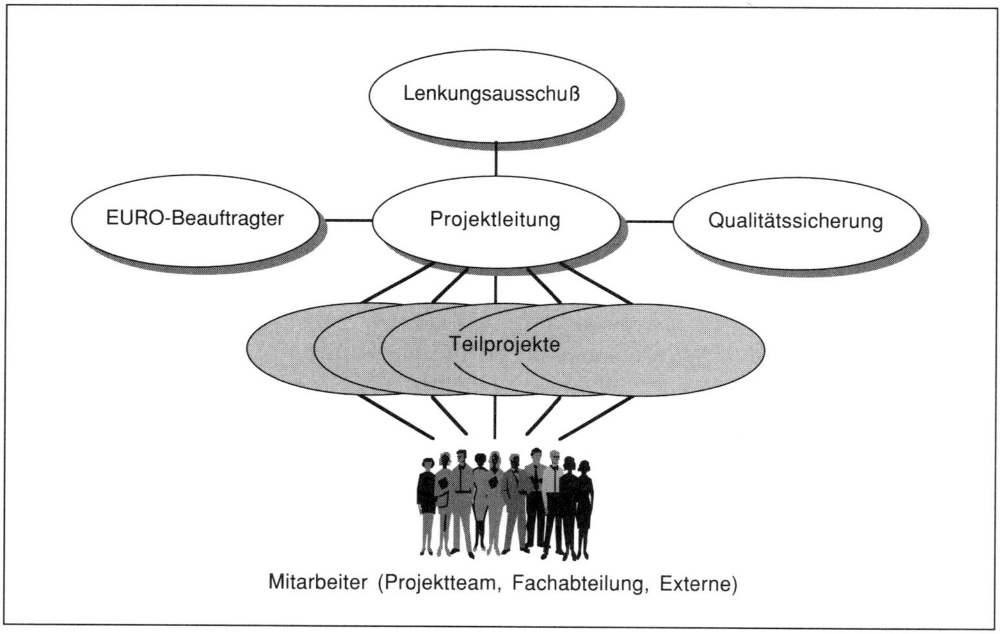

Abb. K-1: Projektorganisation

Die Steuerung des Projekts erfolgt über den **Lenkungsausschuß** (steering committee) des Euro-Projekts. Der Lenkungsausschuß sollte ca. 5 Personen umfassen. Ihm sollten ein Mitglied der Geschäftsleitung, die Projektleitung sowie leitende Mitarbeiter des Unternehmens angehören, deren Bereiche übergreifend von der Umstellung betroffen sind. Der Lenkungsausschuß stellt die Verbindung zwischen Projekt und Unternehmen dar, er fällt alle grundlegenden Entscheidungen bei der Projektdurchführung.

Der Lenkungsausschuß tagt regelmäßig (monatlich) unter Zugrundelegung einer Standard-Agenda. Beschlüsse und Beratungsergebnisse werden protokollmäßig festgehalten. Zu einzelnen Sitzungen bzw. einzelnen Tagesordnungspunkten können zur Vertiefung einzelner Fragestellungen Teilprojektleiter, externe Dienstleister etc. beratend hinzugezogen werden.

Die operative Leitung des Projekts ist Aufgabe der **Projektleitung**, in ihren Händen liegt das laufende Geschäft des Projektmanagements. Die Projektleitung berichtet dem Lenkungsauschuß über alle Aspekte der Projektarbeit. Die Berichte sollten den Projektfortschritt mit Bezug auf die definierten Meilensteine dokumentieren. Problempunkte und Lösungsmöglichkeiten sind in entscheidungsgerechter Form darzustellen. Die Budgetsituation ist zu beleuchten, wobei Abweichungen von PLAN- und IST-Werten besonders zu analysieren sind. Abweichungen und mögliche Gegenmaßnahmen sind herauszuarbeiten.

Die Projektleitung koordiniert die Teilprojekte, die Zusammenarbeit mit den Bereichen des Unternehmens, die Arbeit von externen Dienstleistern und die Qualitätssicherung. Weiterhin ist sie die Eskalationsinstanz für Konflikte in allen Bereichen der Projektarbeit. In Zusammenarbeit mit den Teilprojektleitern wird aus der Gesamtplanung des Projekts (Zeitraum bis zum Abschluß der Umstellung) die kurzfristige Planung mit einem Zeithorizont von ca. 3 Monaten abgeleitet und der entsprechende Aktivitätenplan festgelegt.

Zur Kontrolle der Aktivitäten im Projekt sind bestimmte Werkzeuge zu entwickeln (Termin- und Vorgehenspläne, Diagramme, Stundenaufschreibungen, Freigabeverfahren für Ergebnisse etc.). Die Anwendung dieser Werkzeuge ist sicherzustellen, die entsprechenden Ergebnisse sind auszuwerten, zu verdichten und in das Berichtswesen des Projekts aufzunehmen. (Zu einem Aktivitätenplan vgl. Abbildung K-2.)

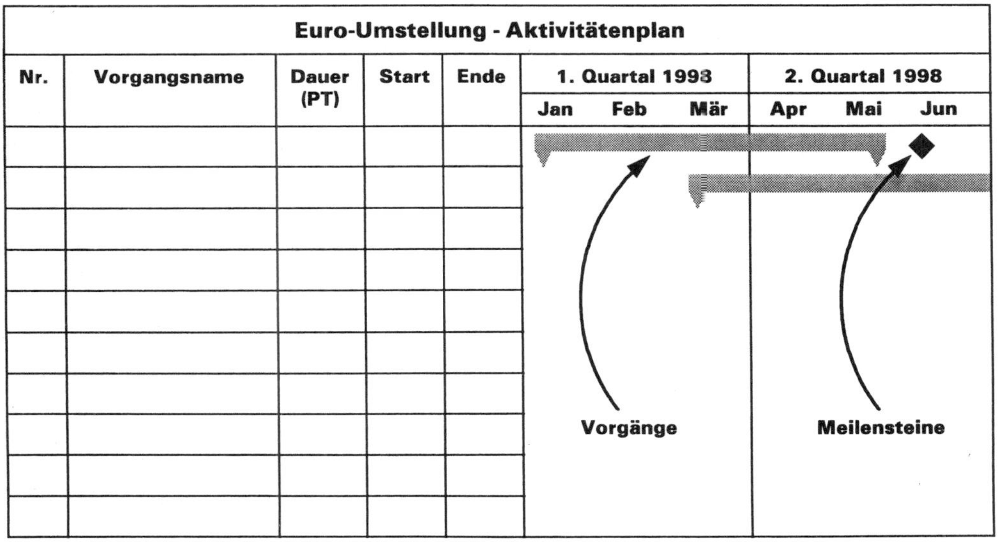

Abb. K-2: Aktivitätenplan

Die **Teilprojektleitungen** (Teamleitungen) übernehmen die unmittelbare Führung der einzelnen Teams des Umstellungsprojekts. Ihre Aufgabe ist es, die Aktivitätenpläne in Einzelaufgaben herunterzubrechen, Arbeitsaufgaben zuzuweisen und deren Ausführung zu kontrollieren. Weitere Aufgaben sind die Integration und fachliche Anleitung der Mitarbeiter, die

Sicherstellung der Kommunikation mit der Projektleitung sowie die Analyse auftretender Probleme einschließlich der Entwicklung von Lösungsvorschlägen. Schließlich gehören die Terminüberwachung und die Einleitung von Gegenmaßnahmen auf Gruppenebene bei Terminabweichungen zum Aufgabenbereich der Teilprojektleitungen.

Die **Projektmitarbeiter** sind nach ihrer fachlichen Qualifikation und ihrer Teamfähigkeit auszuwählen. Die Belastbarkeit in Situationen mit enger Terminstellung sollte gegeben sein. Wichtig darüber hinaus sind Kommunikationsfähigkeit, Übersicht über die eigene Arbeit, deren Verknüpfung mit der Arbeit des übrigen Teams und – soweit erforderlich – des Gesamtprojekts.

Die **Führungsspanne** zwischen den Ebenen der Projektorganisation sollte das Verhältnis 1:6 nicht überschreiten.

Die **Ansprechpartner** der Projektmitarbeiter in den einzelnen **Unternehmensbereichen** sind festzulegen. Dabei sind Delegationsmöglichkeiten zu nutzen. Die Verfügbarkeit und Bereitschaft der Ansprechpartner zur Unterstützung des Projekts sind erfolgskritisch. Von den Prioritäten her gesehen, ist die Unterstützung des Euro-Projekts für diese Mitarbeiter unmittelbar hinter den wichtigsten Tagesaufgaben einzuordnen.

Dem Umstellungsprojekt sollte ein Mitarbeiter für **Qualitätssicherung** (QS-Manager) beigeordnet werden. Er berichtet als Stabsfunktion direkt an den Projektleiter. Seine Zielstellung ist die regelmäßige Durchsicht der Projektergebnisse auf Übereinstimmung mit den Projektzielen, den vereinbarten Methoden, Qualitätsanforderungen und sonstigen Standards des Unternehmens. Ein entsprechender Erfahrungshintergrund ist unverzichtbar.

Der **Euro-Beauftragte** ist eine Funktion, die sich nur in Euro-Umstellungsprojekten findet. In vielen Unternehmen stellte die Schaffung dieser Funktion eine erste Reaktion auf das heraufkommende Problem »Euro« dar. Der Euro-Beauftragte wurde meist als Stabsfunktion bei der Geschäftsleitung angesiedelt. Inzwischen hat er sich i.d.R. zu einer Drehscheibe für aktuelle Euro-Informationen entwickelt. Er trägt die aus vielen unterschiedlichen Quellen stammenden Informationen zum Euro in das Unternehmen hinein und unterstützt die themenbezogene interne und externe Kommunikation des Unternehmens. Wir empfehlen, diese Funktion beizubehalten.[1] Er sollte jedoch bei der Projektleitung angesiedelt werden.

5.4 Projektdurchführung

Für die Durchführung von Euro-Projekten gibt es eine konsequente Schrittfolge, die mit der Sensibilisierung für das Problem beginnt und mit der erfolgreichen Umstellung auf den Euro ihren Abschluß findet. (Zu einer Übersicht vgl. Abbildung K-3.)

---

1 In der Praxis findet sich der Euro-Beauftragte auch als Position ohne genaue Aufgabenfestlegung. Wir halten dies für problematisch. Eine organisatorisch saubere Aufstellung dieser Position ist erforderlich, unbeachtlich ob die Hauptaufgabe des Euro-Beauftragten als Informationsdrehscheibe, Projektleitung oder interne und externe Kommunikation definiert ist. Andernfalls könnte der Eindruck entstehen, die Umstellung auf den Euro sei ein Problem minderen Ranges.

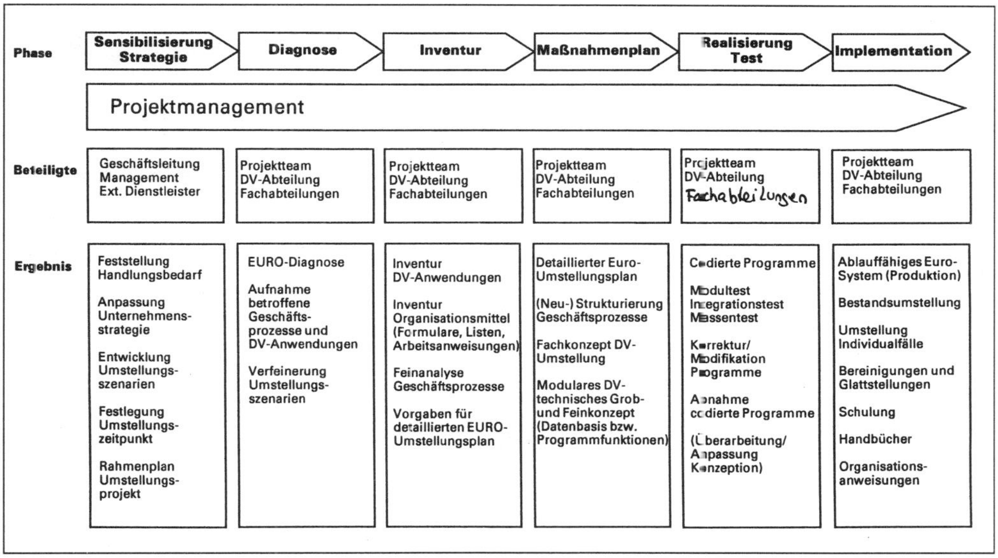

Abb. K-3: Vorgehensmodell Euro-Umstellung

5.4.1 Informationsbeschaffung und Orientierung

Die erste Phase von Euro-Pojekten gehört im strengen Sinne eher zum Projektvorlauf. Es handelt sich um Sondierungen des Problembereichs, die Sammlung von Infomationen und erste interne Diskussionen des Themas. Manche Unternehmen haben, nachdem sie die Dimension des auf sie zukommenden Problems erkannt hatten, unmittelbar einen Euro-Beauftragten eingesetzt, um die Aktivitäten in dieser Phase zu koordinieren.

Diese erste Projektphase sollte schnell durchlaufen werden. Sowohl allgemeine als auch branchen- oder bereichsspezifische Informationen zum Euro werden von Presse, Verbänden, Kammern, Banken, Beratungsfirmen etc. angeboten. Diese Informationen sollten zusammengestellt, aufbereitet und an die Führungskräfte des Unternehmens verteilt werden. Sinnvoll ist auch der Besuch von entsprechenden Seminaren und Vorträgen. In größeren Unternehmen ist die Durchführung von inhouse-Veranstaltungen wirtschaftlich.

Als Ziel ist in dieser Phase die Identifikation von Informations- und Handlungsbedarf für den jeweiligen Verantwortungsbereich vorzugeben.

5.4.2 Strategische Überlegungen

Aufsetzend auf den verfügbaren Informationen sollten strategisch-konzeptionelle Überlegungen angestellt werden (vgl. Abschnitt 3).

Festlegungen zur Neuausrichtung des Unternehmens auf dem gemeinsamen Markt oder zur Einführung von Standardsoftware sind bereits in dieser Phase möglich. Bei Unsicherheiten in diesem Bereich sollten allerdings erst die Ergebnisse der Euro-Diagnose (vgl. unten) abgewartet werden und Zusatzinformationen (Markteintrittsstudien, Beobachtung der Mitbewerber, Softwareauswahl etc.) eingeholt werden.

Ein vorläufiger Terminplan und ein unternehmensspezifisches Euro-Umstellungs-Szenario sind zu entwickeln. Orientierungspunkte sind der offizielle Umstellungszeitplan sowie Planungen und Zielvorstellungen des jeweiligen Unternehmens. Auf dieser Grundlage sind auch vorbereitende Abstimmungen mit Geschäftspartnern, verbundenen Unternehmen und anderen – externen – Beteiligten möglich.

Als Beteiligte sehen wir in dieser Projektphase die Geschäftsleitung, das Management und externe Dienstleister.

5.4.3 Euro-Diagnose und Euro-Inventur

Die unmittelbare Ableitung konkreter Konzepte und eines Maßnahmenplans aus den strategischen Überlegungen ist i.d.R. nicht möglich. Der konkrete Umstellungsbedarf eines Unternehmens ergibt sich aus dem Zusammenspiel von Euro-Betroffenheit (»Exposure«), dem Wissen um die Betroffenheit (»Awareness«) und dem bereits erreichten Stand der Vorbereitung (»Preparedness«).

Ein Beispiel: Ein Unternehmen mit hohem Exportanteil in den zukünftigen Euro-Raum, guter Informationslage über die Auswirkungen des Euro auf die Unternehmensbereiche und einer eingespielten echten Mehrwährungsbuchhaltung wird einen relativ begrenzten Umstellungsbedarf aufweisen, der rasch ermittelt werden kann. Umgekehrt, umgekehrt.

Zur Ermittlung von Euro-Betroffenheit und Handlungsbedarf eines Unternehmens empfiehlt sich die Durchführung einer »Euro-Diagnose« und einer darauf aufbauenden umfassenden »Euro-Inventur«. Dabei handelt es sich um Checklisten und Aufnahmeunterlagen, die alle betroffenen Unternehmensbereiche adressieren und den Handlungsbedarf aufzeigen. Auf dieser Grundlage kann die weitere Planung aufsetzen.

Die **Euro-Diagnose** kann mit ihren Checklisten **übergreifenden Fragen**, **einzelne Fachgebiete** und **DV-Probleme** ansprechen:

- Organisation, Planung, Strategie
- Einkauf, Fertigung, Vertrieb, Materialwirtschaft, Personal, Controlling, externes Rechnungswesen, Finanzmanagement, Zahlungsverkehr, Recht, Steuern, Organisation
- Individualsoftware, Standardsoftware, zentrale Systeme, Netze und dezentrale Systeme, DFÜ/Datenaustausch

Nach Auswertung und Konsolidierung der Checklisten ergibt sich ein Bild des unternehmensweiten Handlungsbedarfs. Die entsprechend identifizierten Bereiche sind unmittelbar einer vertiefenden Analyse im Sinne einer umfassenden **Euro-Inventur** zu unterziehen.

Gegenstand der Inventur sind die Geschäftsprozesse des Unternehmens, ihre Abwicklung, die entsprechenden Verantwortlichkeiten, die jeweilige Unterstützung durch DV-Anwendungen (Großrechner, Client/Server-Systeme, PC-Anwendungen) sowie Formulare und Richtlinien für die Geschäftsabwicklung.

Ziel ist die Ermittlung des Umstellungsbedarfs im einzelnen, als Grundlage für die Entwicklung des Maßnahmenplans der Umstellung.

Zu diesem Zweck müssen die einzelnen **Umstellungsobjekte** (Abläufe, DV-Anwendungen etc.) identifiziert werden, ihre Funktionen müssen aufgenommen und katalogisiert werden. Die Abhängigkeiten der Prozesse untereinander müssen dokumentiert werden, um Teilprojekte/Teilumstellungen abgrenzen zu können.

Soweit für die Euro-Umstellung unmittelbar sinnvoll und erforderlich, sollten in diesem Schritt auch mögliche **Anpassungen von Geschäftsprozessen** skizziert werden. Es ist jedoch ausdrücklich davon abzuraten, Umstellungsprojekte mit Zielstellungen zur Geschäftsprozeßoptimierung zu überladen. Sofern allerdings derartige Maßnahmen für die Positionierung des Unternehmens im neuen Währungsgebiet notwendig sind, sollten sie mit gleich hoher Priorität wie die Umstellungsarbeiten selbst durchgeführt werden.

Methode für die Inventur der Geschäftsprozesse ist die **Prozeßanalyse**, die durch Prozeßmodelle, Modellierungswerkzeuge, tabellarische Übersichten und Flowcharts unterstützt werden kann. Die (Kern-) Geschäftsprozesse vieler Unternehmen sind in den letzten Jahren unter dem Blickwinkel der Verbesserung, Optimierung oder Neugestaltung untersucht worden. Sofern derartige Ergebnisse vorliegen, kann sich die die Analyse im Rahmen der Euro-Umstellungsgprojekte darauf abstützen. (Für ein entsprechendes Modell vgl. Abbildung K-4.)

Die Inventur der **DV-Anwendungen** muß mehreren Anforderungen gerecht werden. Ablauffähige Programme, Anwendungen und Datenhaushalte müssen vollständig aufgenommenen und den entsprechenden Geschäftsprozessen zugeordnet werden. Die Datenströme und Schnittstellen müssen auch hinsichtlich ihrer wechselseitigen Abhängigkeiten untersucht werden. Diese Untersuchungen können teilweise durch am Markt verfügbare Analysewerkzeuge wirkungsvoll maschinell unterstützt werden. (Einen Vorschlag für eine Aufnahmesystematik im DV-Bereich enthält Abbildung K-5.)

Ergebnis der Euro-Inventur ist die vollständige Identifikation der Umstellungsobjekte, der »Anpassungskandidaten«, ihrer wechselseitigen Abhängigkeiten und die Abgrenzung von Zusammenhängen für Teilumstellungen.

Die **Dokumentation** der Euro-Inventur erfolgt in Berichten und Statistiken, in knapper Form und unter Referenzierung auf bereits verfügbares Material. Sie bildet die Grundlage für die Detailanalyse und die Konzeption der Umstellungsmaßnahmen.

Als Beteiligte sehen wir in dieser Projektphase das Team des Umstellungsprojekts, weitere Mitarbeiter der Unternehmensbereiche und gegebenenfalls externe Dienstleister.

5.4.4 Detailanalyse, Umstellungskonzeption und Maßnahmenplan

Die Euro-Inventur beantwortet die Frage, welche Geschäftsprozesse und DV-Anwendungen bei den weiteren Arbeiten des Umstellungsprojekts näher zu betrachten sind. Die Einzelprüfung der identifizierten Umstellungsobjekte in einer **Detailanlyse** ist zur Ableitung der Einzelmaßnahmen und des Maßnahmenplans insgesamt erforderlich.

DV-Bereich

Im DV-Bereich bilden die bei der »Euro-Inventur« ermittelten, ablauffähigen Programme die Ausgangsbasis. Wir stellen die einzelnen Untersuchungsschritte im Kapitel »Informationstechnologie« näher dar.

Anhand des identifizierten Umstellungsbedarfs sind Prioritätenentscheidungen erforderlich, ob die Euro-Umstellung primär über Funktionsanpassungen (Programmänderungen) dargestellt werden soll, um Änderungen in der Datenbasis auf ein Minimum zu begrenzen, oder ob Änderungen der Datenbasis (unter Einschluß der entprechenden Programmänderungen) der Vorzug gegeben werden soll. Diese Frage ist nicht allgemein entscheidbar. Wir emp-

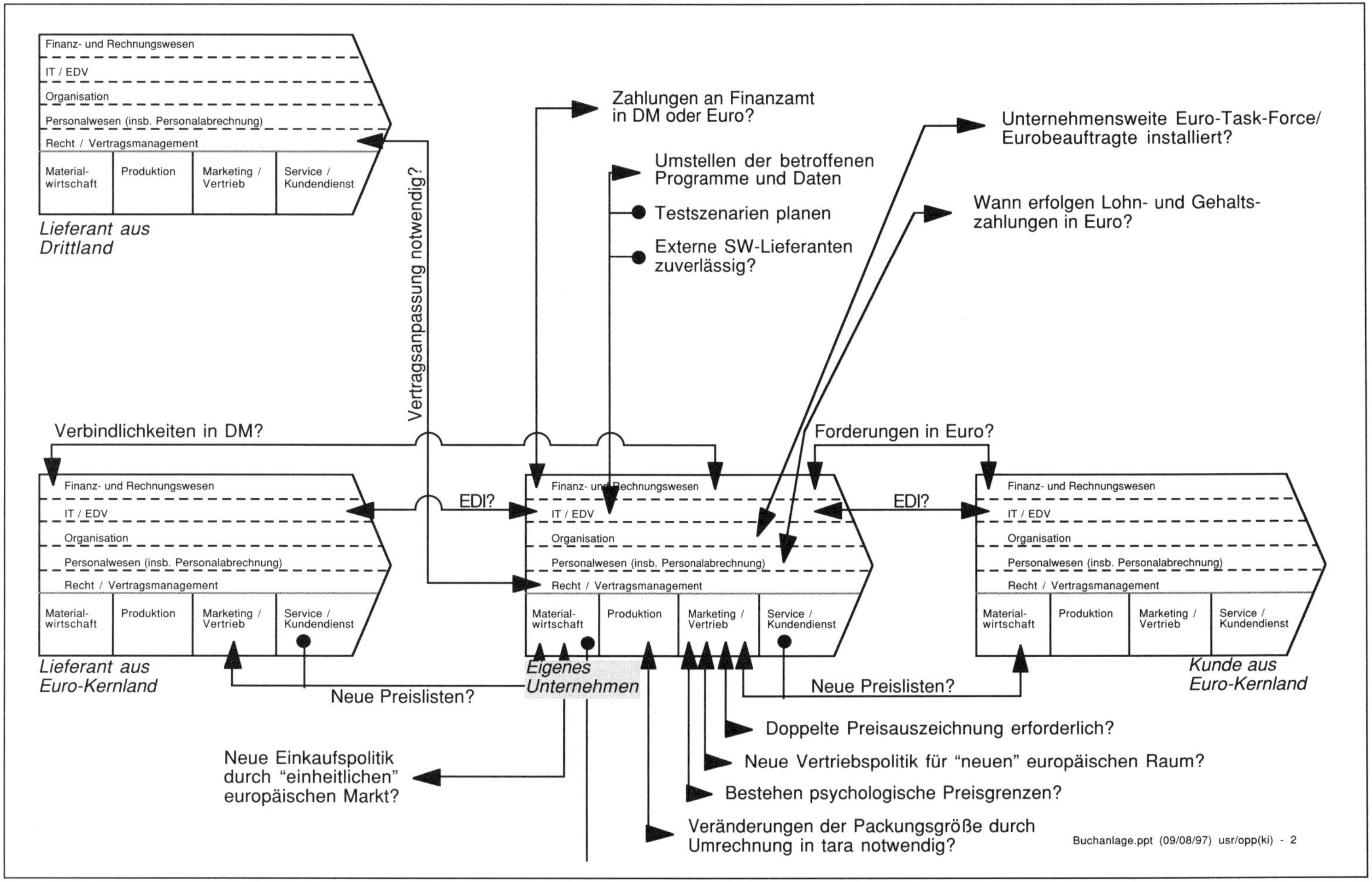

Abb. K-4: Modell einer Prozeßanalyse

Lfd.-Nr.	System	Kurzbez.	Owner (FA)	IV-Verantw.	SW-Art[1)]	Plattform[2)]	Programme			Multi-Currency[3)]	Abhängigkeiten zu lfd. Nr.	€ - Umstellung[3)]	€ - Umstellungstermin	2000 - relevant[3)]
							Sprache	Anzahl	Summe					

1) S = Standardsoftware
I = Individualsoftware

2) z. B. MVS-Host, LAN

3) J(a) oder N(ein)

Abb. K-5: Aufnahmesystematik DV-Systeme

fehlen, sich im Rahmen eines Pilotprojekts bzw. einer Testumstellung in einem abgegrenzten Bereich hierüber Klarheit zu verschaffen.

Die **Untersuchungsergebnisse** sind zu **dokumentieren** und bilden in dieser Form die Grundlage für den Maßnahmenplan. In der Darstellung der Analyseergebnisse müssen daher Alternativen deutlich gemacht und qualitativ wie quantitativ begründet werden.

Geschäftsprozesse

Bei der Analyse der Geschäftsprozesse kann analog verfahren werden. Vorliegende Untersuchungsergebnisse, die z.B. im Zusammenhang mit Programmen zur Effizienzsteigerung entstanden sind, können dafür wiederverwendet werden. Sie sind zu aktualisieren, gegebenenfalls zu erweitern und um Euro-spezifische Fragen zu ergänzen.

Sollten derartige Untersuchungen nicht vorliegen, müssen die von der Umstellung berührten Geschäftsprozesse zunächst analysiert werden. Neben den branchenübergreifend zu behandelnden Themen wie Zahlungsverkehr, Rechnungswesen/Controlling und Personal sind u.a. folgende Untersuchungsbereiche abzudecken:

- Fertigungsunternehmen: Einkauf, Produktion,Vertrieb, Marketing
- Versicherungsunternehmen: Vertrieb, Policierung, Bestand, Leistung, Kapitalanlagen, Provision
- Banken: Zahlungsverkehr, (inkl. Kontoführung), Kreditgeschäft (auch Spezialkredite), Wertpapiergeschäft (inkl. Depotführung)

Die Wertschöpfungsketten müssen übergreifend und unternehmensbezogen dargestellt werden. Die Position des jeweiligen Unternehmens sowie der vor- und nachgelagerten Geschäftspartner (Unternehmen bzw. Endverbraucher) in dieser Wertschöpfungskette ist bezüglich der Euro-spezifischen Anforderungen zu untersuchen. Vergleichbares gilt für die Stellung eines Unternehmens im Konzernverbund, die nicht zwingend über Märkte und Verträge gesteuert wird.

Dabei sind (u.a.) folgende Fragen zu beantworten: Sind Vertragsanpassungen vorzunehmen? Ist eine neue Einkaufspolitik erforderlich? Werden neue Preislisten und Konditionen benötigt? Wie wird der Zahlungsverkehr gestaltet?

Diese Fragen werden in den anderen Beiträgen im Detail behandelt. Beim Management von Umstellungsprojekten fließen die entsprechenden Ergebnisse in der Phase »Detailanalyse« in den Projektablauf ein.

Weiterhin sollten Redundanzen in der Prozeßorganisation (Prozeßabgrenzungen etc.), die als Nebenergebnis der Untersuchung festgestellt wurden, bei der Umstellung bereinigt werden.

Auch die **Ergebnisse** dieser Untersuchung sind zu **dokumentieren**. Die Stoßrichtung sollten – wie im DV-Bereich – hinreichend klar begründete Umstellungsoptionen sein.

Ergebnis

Auf Grundlage der dokumentierten Ergebnisse der Analysen der Geschäftsprozesse und des DV-Bereichs kann der detaillierte **Maßnahmenplan** für die Euro-Umstellung unmittelbar abgeleitet werden.

Die betroffenen **Geschäftsprozesse** werden **konzeptionell neu strukturiert** und das **DV-Konzept** wird erstellt. Diese Konzepte sind modular aufzubauen und – in Abhängigkeit vom jeweiligen Komplexitätsgrad der Umstellungsprobleme und dem Erläuterungsbedarf für die Realisierungsarbeiten – gegebenenfalls in Grob- und Feinkonzepte zu untergliedern.

5.4.5 Umsetzung

Die Umsetzung von Konzepten ist stets – auch bei Euro-Projekten – eine sehr stark unternehmensspezifische Projektphase, die sich der allgemeinen Darstellung in einem Leitfaden entzieht. Wir weisen daher im folgenden auf einige Aspekte hin, die für die Umsetzungsphase besonders erfolgskritisch sind.

Die **Umsetzungsplanung**, d.h. die systematische Abfolge realisierender Projektschritte, muß mehrere Dimensionen abdecken:

- Die **Zielidentifikation** in den Umsetzungsschritten muß klar formuliert sein und von den ausführenden Mitarbeitern der Teilprojekte sicher nachvollzogen werden.
- Gleiches gilt für die **Aufgabendefinitionen**, welche die zur Zielerreichnung notwendigen Teilschritte beschreiben. Der erforderliche Detaillierungsgrad und mithin der nötige Aufwand hängt hierbei entscheidend von den »gelebten« Projektstandards eines Unternehmens und der Routine der Projektteams ab.
- Der **wechselseitigen Abhängigkeit einzelner Aufgaben** muß insbesondere bei Terminverzögerungen vom Projektmanagement erhöhte Aufmerksamkeit gewidmet werden.
- Der **Projektfortschritt** muß über **Benchmarks** gemessen werden, über die zwischen den Projektbeteiligten Konsens besteht. **Meilensteine** für den Abschluß von größeren zusammenhängenden Projektphasen sind zu setzen.
- Während der Durchführung sind – insbesondere bei komplexen Projekten – Maßnahmen zur Lösung von im Projektverlauf entdeckten Problemen erforderlich. Hierzu gehört das **Redesign** von Zielen und Teilschritten. Das Projektmanagement muß derartige Punkte aktiv adressieren, die entsprechenden Arbeitsschritte kontrolliert ausphasen und nach Bearbeitung wieder in den Projektablauf eingliedern.

Die **Planungsfristen** sollten im Bereich der Detailplanung einen Zeithorizont von 3 Monaten (100 Tagen) nicht überschreiten. Die Langfristplanung erstreckt sich selbstverständlich über den gesamten Projektverlauf.

Ein **Verfahren** für die Bearbeitung von **Änderungsanforderungen** (change requests) im Projektverlauf ist zu etablieren. Änderungsanforderungen sind Anforderungen, die im Verlauf eines Projekts von den betroffenen Bereichen bezüglich einzelner Projektergebnisse gemeldet werden (Fehler, Änderungen, Erweiterungen). Wenn die Anzahl derartiger Anforderungen einen bestimmten Schwellenwert überschreitet, können Projekte in einen kritischen Zustand geraten.

Änderungsanforderungen müssen über einen transparenten **Meldeweg** laufen (formulargestützt, elektronisch). Sie müssen von den anfordernden Bereichen **einzeln autorisiert** werden. Die zentrale **Bewertung**, **Konsolidierung** und **Priorisierung** sollte durch die Projektleitung erfolgen. Die wichtigsten Kriterien bei der Priorisierung sind das Gesamtziel des Projekts und das relative Risiko nicht bereinigter Fehler. Ein Statusbild über den Stand der Änderungsanforderungen muß jederzeit möglich sein. Die Abarbeitung der Änderungsanforderungen ist zu überwachen.

Die **versionssichere Verwaltung** von **Projektergebnissen** ist notwendig. Bei DV-Projekten ist dies über ein maschinell unterstütztes Konfigurationsmanagement sicherzustellen. Bei der Umstellung von Geschäftsprozessen sind vergleichbare organisatorische Regelungen erforderlich.

Der **Kommunikationsprozeß** der Umstellungsprojekte muß die Zusammenarbeit innerhalb des Projekts, zwischen Projekt und Unternehmen sowie zu den Geschäftspartnern des

Unternehmens (auch anderen Konzernunternehmen) sicherstellen. Dies ist eine eigenständige Aufgabe des Projektmanagements. Ziel muß dabei stets sein, die (Selbst-) Verpflichtung zum Wandel bei allen Projektbeteiligten aufzubauen und zu erhalten.

Euro-Projekte werden in ihrem Verlauf – insbesondere im DV-Bereich – immer wieder mit Alternativen über das weitere Vorgehen konfrontiert werden, die rein konzeptionell/theoretisch nicht entscheidbar sind. Zur Vermeidung von teueren Fehlentwicklungen empfehlen wir, in diesen Fällen die Lösung möglichst über **Prototyping** zu suchen.

Unternehmen mit mehreren Euro-Umstellungsprojekten oder Unternehmen eines Konzernverbunds sollten zunächst ein **Euro-Pilotprojekt** bzw. mehrere Pilotprojekte in wichtigen Teilbereichen durchführen. Daraus können realitätsgerechte Daten für den gesamten Umstellungsaufwand gewonnen werden. Die Erfahrungen und Ergebnisse können in einen Projektleitfaden einfließen, der die Grundlage für die Umstellungen in den übrigen Bereichen/Unternehmen bildet. Die Durchführung von Pilotprojekten kann auch zum Sammeln von ersten Projekterfahrungen überhaupt genutzt werden. Projektergebnisse müssen ein festgelegtes **Abnahme- und Freigabeverfahren** durchlaufen. Freigegebene Resultate sind einsatzfähig, das Projektteam wird entlastet. Sinnvoll ist ein mehrstufiges Verfahren, bei dem das Projektteam, der zuständige Unternehmensbereich, die Qualitätssicherung, die Projektleitung und – bei wesentlichen Projektabschnitten – der Lenkungsausschuß als Instanzen vorzusehen sind.

Schließlich sind im Rahmen einer **Notfallplanung** Vorkehrungen für den Fall zu treffen, daß die Währungsunion kurzfristig scheitert oder erst mit erheblicher Verspätung in Kraft tritt. Die Notfallplanung muß zwei wesentliche Fragen beantworten:

- Wie wird sichergestellt, daß Änderungen im DV-Bereich, die für die Umstellung auf den Euro geplant waren, nicht in Produktion gehen und zugleich die bislang eingesetzten Verfahren verfügbar bleiben? (»Fall-back-Szenario«)
- Wie wird sichergestellt, daß geschäftliche Risiken, die mit der Währungsunion entfallen oder entscheidend verringert würden, z.B. das Wechselkursrisiko, durch geeignete Instrumente unverzüglich wieder begrenzt werden?

6 Ausblick

Wir gehen davon aus, daß der Euro – wie geplant – zum 1. Januar 1999 kommt und die Umstellung auf die neue Währung spätestens per 30. Juni 2002 abgeschlossen sein wird.

Zur Sicherstellung eines geordneten Übergangs auf den Euro müssen sich alle Unternehmen auf diesen Zeitplan einstellen und die Umstellungsarbeiten unmittelbar aufnehmen. Die Umstellung wird alle Bereiche der Unternehmen betreffen. Der offizielle Euro-Zeitplan bietet eine Leitlinie für die Projektplanung. Er enthält zugleich eine Reihe von Terminen und Anforderungen, die nur in geringem Umfang zur Disposition stehen. Es besteht ein Zwang zur engen Verknüpfung von Projektfortschritt und offiziellem Euro-Terminplan.

Die Umstellung auf den Euro kann mit der strategischen Neuausrichtung von Unternehmen verbunden werden. Entsprechende Entscheidungen müssen in der Frühphase der Umstellungsprojekte getroffen werden. Gleiches gilt für Entscheidungen bezüglich der frühen oder späten Umstellung auf den Euro sowie grundlegender Änderungen in der Datenverarbeitung oder der Währungsbuchhaltung.

Das Projektmanagement ist bei der Umstellung vor allem durch die Komplexität der zu bewältigenden Aufgabe gefordert. In der Anschubphase der Projekte müssen daher insbesondere die Planungsparameter, die Zieldefinitionen sowie die Abgrenzung und Organisation des Projekts dargestellt werden.

In einem Interview mit der Frankfurter Allgemeinen Zeitung am 2. August 1997 hat ein leitender Mitarbeiter einer großen deutschen Geschäftsbank die entscheidende Dimension der Einführung des Euro benannt: »Buchhalterisch die Vor- und Nachteile des Euro gegeneinanderzustellen, wird der Tragweite der Veränderungen nicht gerecht. Der Euro ist eine gewaltige Chance, wenn nicht sogar eine Notwendigkeit, auf daß das alte Europa in der globalen Welt mithalten kann.«

Der Euro ist eine Art Systemtest für die Europäische Wirtschaft und Politik. Wird dieser Test – von der Sicherstellung der geld- und finanzpolitischen Rahmenbedingungen bis hin zur erfolgreichen Umstellung in den Unternehmen – bestanden, so ist eine der Grundlagen dafür geschaffen, daß sich Europa im weiteren Verlauf der Globalisierung der Wirtschaft behaupten kann. Es ist also kein ganz kleines Ziel, zu dem das Euro-Projektmanagement einen Beitrag leisten darf.

Literatur

(nicht veröffentlicht)

KPMG, Euro-Diagnose.
KPMG, ITPM-Manual, Projektmanagement für IT-Projekte.
KPMG, SIIPS-Manual, Verfahren zur Auswahl und Einführung von Standardsoftware.
KPMG, Vorgehensmodell für Euro-Projekte.

Anlagen

Anlage 1: Checkliste zur Umstellung auf den Euro

Anlage 2: Text von zwei EU-Verordnungen

Anlage 3: Entwurf eines Gesetzes zur Einführung des Euro

Anlage 4: Auszug aus dem EG-Vertrag

Anlage 1: Checkliste zur Umstellung auf den Euro

Checkliste der FEE*

Féderation des Experts Comptables Européens, Brüssel

– Zusammengefaßte Version der im September 1997 gültigen Entwurfsfassung –

Anmerkung:

Bei den folgenden Teilen der Checkliste handelt es sich um die **Beschreibung der durchzuführenden Aufgabe/Aktivität**.

Als weitere Spalten sind hier noch empfehlenswert:

- Anwendbarkeit der Aufgabe (Ja/Nein)
- Durchführung von (Name der verantwortlichen Person)
- geplanter Stichtag
- Aktivität beendet (Abzeichnung und Datum)

Checkliste:

A. BEZIEHUNG ZU EXTERNEN ADRESSATEN

1. Marketing

(a) Informieren Sie sich frühzeitig darüber, welche Einstellung Ihre Kunden im Hinblick auf die Einführung des Euro haben.

(b) Bestellen Sie ab 1998 nicht zu viel an Werbeunterlagen/-broschüren (z.B. Preislisten oder Prospekte), die Angaben zu Preisen in nationaler Währung enthalten.

(c) Stellen Sie sicher, daß sämtliches Werbematerial in bezug auf die gewählte Preisstrategie auf den neuesten Stand gebracht ist.
- Entscheiden Sie, welche Prospekte Angaben in beiden Währungen (nationale und Euro) enthalten sollen.
- Entscheiden Sie, welche Prospekte rein in Euro erscheinen sollen
- Falls Sie bis 2002 keine Zahlungsströme in Euro wünschen, vermeiden Sie jedwede Angabe in dieser Währung.

* Zu beachten ist, daß die Checkliste nicht länderspezifisch ausgelegt ist. Insofern berücksichtigt sie nicht alle nationalen Details bzw. können einzelne Aspekte durch zwischenzeitliche nationale Regelungen überholt sein.

(d) Ziehen Sie in Betracht, Ihre Kunden darüber zu informieren, ab wann Sie Bestellungen und Verkäufe in Euro abwickeln können.

(e) Entscheiden Sie rechtzeitig über den Übergang auf den Euro! Bestellen Sie Euro-Preise enthaltende Werbematerialien zeitgerecht im Hinblick auf das gewählte Datum.

(f) Untersuchen Sie mögliche Konsequenzen aus der Einführung des Euro, die sich für Ihre Wettbewerbsposition ergeben und erkennen Sie, daß aufgrund der gestiegenen Transparenz unterschiedliche Preisstrategien in verschiedenen Exportländern nach der Einführung des Euro nur sehr schwer durchsetzbar sein werden. Es stellt sich diesbezüglich die Frage, ob Sie Ihre Euro-Exportpreise mechanisch umrechnen oder ob Sie dem durch die gemeinsame Währung hervorgerufenen geänderten Umrechnungsmodus, sowie dem Währungs- und Umrechnungsrisiko Rechnung tragen sollen.

(g) Stellen Sie sicher, daß sämtliches Werbematerial in bezug auf die gewählte Preisstrategie auf den neuesten Stand gebracht ist.
- Entscheiden Sie, welche Prospekte Angaben in beiden Währungen (nationale und Euro) enthalten sollen.
- Entscheiden Sie, welche Prospekte rein in Euro erscheinen sollen.
- In Abhängigkeit davon, wie Sie Ihre Preisstrategie für die Unternehmen in Nichtteilnehmerstaaten wählen, müssen Sie an Unernehmen in diesen Ländern eventuell ein eigenes Mailing aussenden. (Seien Sie sich dessen bewußt, daß Preise in den Teilnehmerstaaten nun transparent und leicht vergleichbar sind und Sie daher vielleicht sogar gezwungen sein werden, Ihren Kunden Gründe zu nennen, warum Preise in einzelnen Ländern des Gemeinschaftsgebietes differieren).
- Falls Sie bis 2002 keine Zahlungsströme in Euro wünschen, vermeiden Sie jedwede Angabe in dieser Währung.

2. Preisstrategien/Preisfestsetzung

(a) Untersuchen Sie Kundenpräferenzen in bezug auf doppelte Preisauszeichnung oder Preisauszeichnung nur in Euro. Entwickeln Sie eine Euro-Preisstrategie, die diese Kundenpräferenzen berücksichtigt.

(b) Stellen Sie die Preislisten auf Euro um, indem Sie den fixierten Wechselkurs zugrunde legen und entscheiden Sie, wie sie die Rundungen vornehmen, um auf glatte Preise zu kommen (auf Euro genau) oder auf 0,99-Beträge (bitte beachten Sie, daß Preise in allen Ländern, in denen der Euro zur Verwendung gelangt, völlig transparent werden!).

(c) Werden Sie sich auf die doppelte Preisauszeichnung stützen, und wenn ja, wie lange? (Bedenken Sie, daß einige Unternehmen bereits zu einem sehr frühen Zeitpunkt (etwa ab dem 1. Januar 1999) den Euro einsetzen wollen und daß Sie einen Wettbewerbsnachteil verspüren werden, sollten Ihre Hauptkonkurrenten bereit sein, in Euro zu operieren, Sie jedoch noch mit der(n) nationalen Währung(en) weiterarbeiten).

(d) Erwarten Sie, daß Sie von Ihren Kunden dazu gezwungen werden, den Euro zu einem frühen Zeitpunkt einzusetzen? Wenn ja, überdenken Sie bitte nochmals Ihre Terminplanung und gewählte Stichtage für die Umsetzung.

(e) Falls Sie eine doppelte Preisauszeichnung planen, bestellen Sie rechtzeitig Preisaufkleber und entsprechende Druckvorrichtungen. Für welchen Zeitraum soll die doppelte Preisauszeichnung gelten?

(f) Entscheiden Sie über den Zeitpunkt, zu dem Sie entweder von der Preisauszeichnung in nationaler Währung oder von der doppelten Preisauszeichnung rein auf den Euro umstellen möchten und leiten Sie entsprechende Bestellungen für Verpackungsmaterial (sofern dieses Preisangaben enthält), Preisaufkleber etc. in die Wege.
(g) Informieren Sie sich, inwieweit gesetzliche Regelungen hinsichtlich der Preisumstellung im Rahmen der Einführung des Euro existieren.
(h) Entwerfen Sie einen Handlungsplan mit entsprechenden Sicherheitsmechanismen, um die Preisdatenbanken an die gewählte Preisstrategie anzupassen. Stellen Sie sicher, daß diese Modifikation weder zu Fehlern noch zu Verwechslungen führt.
(i) Entscheiden Sie, ob Sie in allen Ländern des Gemeinschaftsgebietes die gleiche Preise berechnen möchten (Bitte beachten Sie hierbei Aspekte wie lokaler Wettbewerb, Transport- und Marketingkosten etc., die für jedes Land verschieden sein werden).
(j) Haben Sie die Absicht, im Lauf der Zeit die Preise in den Gemeinschaftsländern abzusenken, um dem Wegfall eines eventuellen Wechselkursrisikos, das in Ihren früheren Preisstrategien eine Rolle spielte, Rechnung zu tragen?
(k) Müssen Sie bei den Preisen für Nichtteilnehmerstaaten Adjustierungen vornehmen aufgrund der Tatsache, daß Sie für Gemeinschaftländer Preise gerundet haben?
(l) Werden Sie sich auf die doppelte Preisauszeichnung stützen, und wenn ja, wie lange? (Bedenken Sie, daß einige Unternehmen bereits zu einem sehr frühen Zeitpunkt (etwa ab dem 1. Januar 1999) den Euro einsetzen wollen und daß Sie einen Wettbewerbsnachteil verspüren werden, sollten Ihre Hauptkonkurrenten bereit sein, in Euro zu operieren, Sie jedoch noch mit der(n) nationalen Währung(en) arbeiten.

3. Zahlungsverkehr – Registrierkassen

(a) Verwenden Sie Registrierkassen? Wenn nein, bitte überspringen Sie diesen Aspekt; wenn ja, setzen Sie bitte fort.
(b) Möchten Sie, Euro und nationale Währung gleichzeitig verwenden? Wenn ja, entscheiden Sie, ob Sie Registrierkassen wünschen, mit denen der Zahlungsverkehr in beiden Währungen gleichzeitig abgewickelt werden kann, oder ob Sie es vorziehen, einige Kassen für Zahlungen in Euro und andere für Zahlungsströme in nationaler Währung zu reservieren? – Kunden haben im Zeitraum vom 1. Januar 2002 bis spätestens zum 1. Juli 2002 die Möglichkeit, sowohl in nationaler Währung als auch in Euro zu bezahlen. (Eine komplette Umstellung auf einen Schlag schließlich dürfte angesichts der eventuell notwendigen doppelten Preisauszeichnung und der Rundungsmechanismen bei Euro-Preisen zwecks psychologischer Feinabstimmung nicht funktionieren.)Wenn nein, stellen Sie die Registrierkassen zu einem geeigneten Zeitpunkt um oder setzen Sie reine „Euro-Registrierkassen" zu einem geeigneten Zeitpunkt ein.
(c) Erörtern Sie die Umstellung/den Umbau der Registrierkassen auf Euro-Betrieb mit den Lieferanten dieser Registrierkassen. Wer bezahlt die Kosten der Umstellung/ des Umbaus?
(d) Stellen Sie sicher, daß Sie über genügend Wechselgeld verfügen und ziehen Sie in Betracht, auf möglichst glatte Euro-Preise zu runden, um den zeitlichen Aufwand bei der Kleingeldrückgabe zu reduzieren (soweit gesetzlich erlaubt). Bei einigen Produkten sind Kunden nahezu darauf fixiert, einen exakten Betrag (mit Münzen) zu begleichen (z.B. bei Zeitungen).

4. Zahlungsverkehr – Kreditkarten

(a) Treffen Sie Vorkehrungen mit Ihrer Bank hinsichtlich
- des Wechsels zu einem parallelen Betrieb zweier Währungen (falls anwendbar)
- der endgültigen Umstellung auf den Euro
- wer die Kosten dieser Umstellung trägt.

(b) Kann die gegenwärtige Kreditkartenausrüstung parallel zwei Währungen verarbeiten? Sie sollten diesbezüglich Ihre Ausrüster bzw. Lieferanten kontaktieren, um zu vereinbaren, inwieweit sie Sie bei der Umstellung unterstützen und etwaige Adaptationen vornehmen bzw. wer die Kosten einer derartigen Umstellung bzw. des Umbaus trägt.

5. Zahlungsverkehr – Elektronischer Zahlungsverkehr

(a) Treffen Sie Vorkehrungen mit Ihrer Bank hinsichtlich
- des Wechsels zu einem parallelen Betrieb zweier Währungen (falls anwendbar)
- der endgültigen Umstellung auf den Euro.

(b) Kann die gegenwärtige Ausrüstung bzw. können die verwendeten Systeme parallel zwei Währungen verarbeiten? Sie sollten diesbezüglich Ihre Ausrüster bzw. Lieferanten kontaktieren, um zu vereinbaren, inwieweit sie Sie bei der Umstellung unterstützen und etwaige Adaptationen vornehmen bzw. wer die Kosten einer derartigen Umstellung bzw. des Umbaus trägt.

6. Zahlungsverkehr – Verkaufsautomaten und Geldwechselmaschinen/Bankomaten

(a) Verwenden Sie überhaupt Verkaufsautomaten und/oder Geldwechselmaschinen/Bankomaten
- für Ihre Kunden?
- für Ihre Mitarbeiter (Getränke oder Snackautomaten, Parkplatzautomaten etc..)?

(b) Analysieren Sie die Vor- und Nachteile von Verkaufautomaten/Geldwechselautomaten und Bankomaten, die sowohl mit der nationalen als auch mit Euro gleichzeitig funktionieren und der Möglichkeit, anfänglich nur Automaten in nationaler Währung zu betreiben und diese zu einem im vorhinein fixierten Zeitpunkt auf Euro umzustellen (sehen Sie dazu auch die im nachhinein angeführte Fragestellung).

(c) Treten Sie mit Ihren (Automaten-) Lieferanten in Kontakt, damit Sie zusammen die notwendigen Adaptationen rechtzeitig abschließen können. Erörtern Sie mit ihnen, inwieweit ein Parallelbetrieb mit zwei Währung gleichzeitig möglich ist (falls erwünscht). Klären Sie ab, wer die entstehenden Kosten der notwendigen Modifizierungen tragen soll.

7. Kauf-/Lieferverträge und andere Verkaufsdokumentation

(a) Führen Sie alle Kauf- und Lieferverträge zentral an einer Stelle zusammen, bevor Sie auf den Euro umstellen.

(b) Entsprechend der gewählten Preisstrategie stellen Sie Ihre Fakturierungssoftware auf den Euro um.

(c) Berücksichtigen Sie auch eine eventuelle doppelte Preisangabe (in Euro und nationaler Währung) in Übereinstimmung mit den vorhergegangenen Entscheidungen und modifizieren Sie Ihre Fakturierungssoftware entsprechend.

(d) Gewähren Sie während einer angemessenen Übergangsperiode Kreditrahmen/Lieferziele sowohl in Euro als auch in nationaler Währung (soweit anwendbar).

(e) Stellen Sie Ihre Kreditlimits/Lieferziele zu einem angemessenen Zeitpunkt auf Euro um.

(f) Gibt es seitens Ihrer nationalen Regierung irgendwelche Richtlinien für Produkte, die etwaigen Preiskontrollen unterworfen sind?

(g) Beurteilen Sie die sich aus der Verwendung des Euro ergebenden Auswirkungen auf Ihr Debitorenbuch (Unterscheidung von Kunden nach Euro und lokalen Währungen?). Bedingt dieses Vorgehen irgendwelche Adaptationen von Software oder Datenbanken? Wenn ja, sind Sie diesbezüglich bereits mit Ihren Lieferanten in Verbindung getreten, um die gewünschten Veränderungen zu arrangieren?

(h) Sehen Sie Ihre momentan gültigen Preisvereinbarungen durch und stellen Sie sie auf Euro um. Verlangen Sie eine Bestätigung des Euro-Betrages seitens der Vertragspartner in Drittländern, wenn Sie mit Akzeptanzproblemen rechnen.

(i) Stellen Sie sich bereits zu einem sehr frühen Zeitpunkt darauf ein, in Euro abgefaßte, einlangende Bestellungen bearbeiten zu können (einige Unternehmen könnten nämlich den Euro bereits ab dem 1. Januar 1999 verwenden).

(j) Sehen Sie langfristig abgeschlossene Kauf- und Lieferverträge durch, rechnen Sie sie in Euro um, legen Sie die Verträge Ihren Vertragspartnern vor und holen Sie eine Bestätigung ein. Ziehen Sie auch die Möglichkeit einer zweifachen Preisangabe in den Verträgen in Betracht (dies wäre vor allem für die Übergangsphase empfehlenswert bzw. notwendig).

(k) Überprüfen Sie Klauseln, die Konventionalstrafen, Strafzuschläge u.ä. enthalten, sowie Zinsvereinbarungen und stellen Sie fest, ob und inwieweit diese Vereinbarungen adaptiert werden müssen.

(l) Überlegen Sie, ob Ihnen noch weitere Verträge vorliegen, die preisliche Vereinbarungen zum Gegenstand haben, die erst zu einem späteren Zeitpunkt schlagend werden (z.B. Devisentermingeschäfte, Futures und Warentermingeschäfte). Berücksichtigen Sie folgende Aspekte:
- Umstellung auf den Euro zu einem geeignetem Zeitpunkt
- Doppelte Preisauszeichnung/-angabe
- Holen Sie eine Betragsbestätigung seitens der Vertragspartner ein.

(m) Rechnen Sie offenen Positionen und Salden im Debitorenbuch um und stimmen sie diese mit Ihren Kunden ab. Dies könnte ebenfalls in Verbindung mit dem Wirtschaftsprüfer vorgenommen werden.

(n) Entsprechend der gewählten Preisstrategie gestalten Sie Ihren Fakturierungsprozeß um (stellen Sie eine Verbindung zwischen Fakturierungssoftware und Preisentscheidungen her).
- Stellen Sie auf den Euro um.
- Schaffen Sie angemessene Preise sowohl für Teilnehmerstaaten als auch für Nichtteilnehmerstaaten.

(o) Schließen Sie Verträge in EU-Währungen gemäß dem in einem EU-Staat geltendem Recht ab oder inkludieren Sie Übergangsregelungen in Ihre Verträge.

8. Einkaufsaktivitäten

(a) Ihre Lieferanten werden wahrscheinlich zu unterschiedlichen Zeitpunkten die Umstellung auf den Euro vornehmen. Daher sollte Ihr Bestellformular zumindest während eines bestimmten Zeitraumes (längstens bis zum 1. Juli 2002) Angaben in beiden Währungen (nationaler Währung und Euro) enthalten.
(b) Bedingt die Umstellung auf den Euro eine Neuorientierung bei Bezugsquellen (oder des Standortes von Produktionsstätten)?
(c) Fassen Sie alle einkaufsrelevanten Verträge zentral zusammen, bevor Sie die Umstellung auf den Euro vornehmen.
(d) Teilen Sie Ihren Lieferanten mit, ab wann Sie die Umstellung auf den Euro vollzogen haben und Ihre Bestellungen und Zahlungen in Euro abwickeln können (einige Lieferanten könnten Sie auch unter Druck setzen, den Euro so früh wie möglich einzusetzen.
(e) Sehen Sie Ihre (langfristigen) Einkaufsvereinbarungen durch, veranlassen Sie die Umrechnung in Euro und holen Sie hinsichtlich der sich ergebenden Euro-Preise Bestätigungen von Ihren Lieferanten ein.
(f) Sehen Sie Ihre langfristigen Einkaufsvereinbarungen durch, veranlassen Sie die Umrechnung in Euro, legen Sie die Verträge Ihren Vertragspartnern vor und holen Sie diesbezügliche Bestätigungen von Ihren Lieferanten ein.
(g) Achten Sie auf Vereinbarungen, die Konventionalstrafen, Strafzuschläge u.ä. enthalten, sowie auf Zinsvereinbarungen und überprüfen Sie, ob diese angemessen angepaßt wurden.
(h) Überlegen Sie, ob Ihnen noch weitere Verträge vorliegen, die preisliche Vereinbarungen zum Gegenstand haben, die erst zu einem späteren Zeitpunkt schlagend werden (z.B. Warenterminkontrakte und Futures). Berücksichtigen Sie dabei folgende Aspekte:
   - Umstellung auf den Euro zu einem geeigneten Zeitpunkt
   - Holen Sie Bestätigungen von seiten Ihrer Vertragspartner ein.
(i) Rechnen Sie offene Positionen und Salden im Kreditorenbuch in Euro um und stimmen Sie diese mit Ihren Lieferanten ab. Dies könnte ebenfalls in Verbindung mit dem Wirtschaftsprüfer vorgenommen werden.
(j) Bestellungen an Unternehmen in Nichtteilnehmerstaaten werden weiterhin in nationaler(n) Währung(en) ausgesandt; es sei denn, die Lieferanten akzeptieren auch Zahlungen in Euro.
(k) Wenn Sie zu verzollende Waren aus Nichtteilnehmerstaaten oder nicht EU-Mitgliedsländern importieren, erkundigen Sie sich ab wann und an welche Behörde die Abgaben in Euro entrichtet werden können/müssen.

9. Leasingverträge und sonstige Mietvereinbarungen

(a) Überprüfen Sie Ihre Leasingverträge und sonstige Mietvereinbarungen auf Auswirkungen in bezug auf den Euro.
(b) Wenden Sie sich an Ihren Leasinggeber/Vermieter bzw. Leasingnehmer/Mieter zwecks Abstimmung und Bestätigung der Beträge und Zahlungen in Euro.

B. INFORMATIONSTECHNOLOGIE – INTERNE ORGANISATION

1. Software

(a) Für sehr viele Computersysteme, die Beträge in Währungen verarbeiten, werden Adaptationen vorgenommen werden müssen. Dies gilt ebenso für in nationalen Währungen gehaltene Datensätze, die unter anderem historische Daten beinhalten; sie müssen ebenso auf Euro umgestellt werden. Eines der Hauptthemen im Rahmen der IT-Systeme wird sein, einerseits die zur Umstellung notwendigen Mittel zu beschaffen und andererseits die nachfolgende Abstimmung der abgeänderten Werte vorzunehmen. Dieser Vorgang wird umso komplizierter sein, je größer die Notwendigkeit ist, historische/vergangenheitsbezogene Datensätze in statistischen Programmen und Trendanalysen sowie in großen Datenspeichern umzuwandeln.

(b) Versichern Sie sich, daß eine ausreichend detaillierte Systemdokumentation vorhanden ist, (damit Sie diejenigen Systembereiche ausfindig machen können, in denen die Konvertierung vorgenommen werden muß). Listen Sie all jene Systembestandteile/ Programme auf, die modifiziert werden müssen, sowie die zur Durchführung der Änderungen notwendige Information.

(c) Fragen Sie Ihren Software-Lieferanten frühzeitig nach der Möglichkeit, Module zur Verarbeitung von Euro-Daten einzurichten (die meisten Standardbuchhaltungsprogramme sehen eine entsprechende Datenkonvertierung in andere Währungen automatisch vor) und überprüfen Sie, inwieweit die notwendigen Modifikationen durch Vereinbarungen in Service- und Wartungsverträgen abgedeckt sind. Kann es diesbezüglich zu Engpässen kommen und wie kann dem abgeholfen werden?
Müssen/Sollten Sie eventuell eine neue Anwendungssoftware kaufen?

(d) Sollten Sie selbstprogrammierte Software verwenden, planen Sie die Umstellung auf den Euro zeitgerecht und erstellen Sie entsprechende Aktionspläne. Beachten Sie folgende Aspekte:
- Zu welchem Zeitpunkt soll die Umstellung erfolgen?
- Welche Systeme/Programme sind davon betroffen?- soll ein Parallelbetrieb mit zwei Währungen gleichzeitig ermöglicht werden?
- Werden im Rahmen der Umprogrammierung Kapazitätsengpässe auftreten? Wenn ja, welche Maßnahmen sind zu ergreifen?

(e) Achten Sie darauf, daß die Installation der Euro-Module rechtzeitig erfolgt. Diese Module sollten eine Fakturierung in zwei Währungen zulassen, die Generierung von Euro-Preislisten und Preislisten in nationaler Währung ermöglichen sowie eine automatische Konvertierung von Einkäufen, Verkäufen, Gehaltsabrechnungen und ähnlichen Vorgängen von einer nationalen Währung oder dem Euro in eine Standardwährung einerseits und andererseits eine Umrechnung von historischen Werten in nationaler Währung auf Euro auszuführen.

(f) Beginnen Sie die Schulung der Mitarbeiter ausreichend früh, damit diese die notwendige Praxis für den Echtlauf erwerben können.

(g) Die Umstellung auf den Euro überlagert sich mit der Adaptation von Computersystemen für das Jahr 2000. Es wird eine sehr hohe Nachfrage nach IT-Experten bestehen.

(h) Achten Sie auf die Koppelung zwischen elektronischer Zahlung in Euro/nationaler Währung und anderen Systembereichen (z.B. Einkäufe und Verkäufe).
(i) Führen Sie ein angemessenes Ablaufschema bzw. ausreichende Schutzmechanismen hinsichtlich der Umstellung der Datenbanken ein, speziell im Fall eines Systems, das parallel zwei Währungen verarbeitet.
(j) Erwägen Sie, ob Sie die Änderungen, die Sie aufgrund der Umstellung auf den Euro vornehmen müßten, zum Anlaß nehmen sollten, ein totales Upgrade Ihrer Informationssysteme vorzunehmen und ob dies, angesichts der zeitlichen Begrenzung, zweckmäßig ist.

2. Organisation des Unternehmens

(a) Sehen Sie Zahlungsreglementierungen, damit zusammenhängende Betragsbegrenzungen, Zahlungsvollmachten und Befugnisse bei Auftragsannahme durch und verändern Sie sie gegebenenfalls.
(b) Ziehen Sie eine mögliche Überarbeitung aller unternehmensinternen Abläufe in Betracht
(c) Überlegen Sie, ob Sie aufgrund der EWU-weiten Transparenz den Zentralisierungsgrad erhöhen sollten.
(d) Überlegen Sie, ob Sie einige Funktionen (z.B. die Treasury Funktion) extern vergeben möchten (Outsourcing).

C. PLANUNG UND BUDGETIERUNG

1. Planung und Budgetierung

(a) Entscheiden Sie, ab welchem Zeitpunkt Sie den Euro Ihren Planungen und Budgets zugrunde legen wollen (auch einschließlich einer Anpassung der Budgets).
(b) Verwenden Sie fixe Wechselkurse, um Kennzahlen und historische Daten umzurechnen.
(c) Überlegen Sie sich, wie sie die historischen Daten an die neuen Gegebenheiten anpassen.
(d) Bringen Sie so viele Berichte wie möglich (auch Berichte über Kosten und Umsätze) in eine derartige Form, die die Konvertierung von nationaler Währung (oder von Währungen der anderen EWU-Teilnehmerstaaten) in Euro so einfach wie möglich macht (verwenden Sie z.B. Arbeitsblätter von Tabellen-/Kalkulationsprogrammen oder Datensätze in reiner Textform).
(e) Berücksichtigen Sie, ob Ihr (Standard-) Kostenrechnungssystem adaptiert werden muß (da ja die herkömmlichen Kostenrechnungsdaten und -informationen nicht mehr zu Vergleichen herangezogen werden können). In einigen Fällen wird es so sein, daß überall irgendwelche Kostenkalkulationen abgelegt sein werden, die sich auf unterschiedliche Basen beziehen, doppelt vorliegen oder in Widerspruch zueinander stehen. Einigen Sie sich daher zuerst auf ein Kostenrechnungsschemata, analysieren Sie und identifizieren Sie es, bereinigen Sie es auch gegebenenfalls, bevor Sie die Kostensätze auf Euro umstellen.

(f) Entscheiden Sie, wie Sie Kennzahlen aus vergangenen Geschäftsjahren behandeln:
- Umrechnung zu Wechselkursen (falls diese vorliegen)
- Davor könnten Sie entweder Ecu-Umrechnungskurse anwenden, obwohl sie nicht offiziell gleichgestellt sind, oder die fixen Euro-Umrechnungskurse.

D. PERSONALWESEN

1. Personal, Löhne und Gehälter

(a) Überlegen Sie, ob irgendwelche Vereinbarungen vorliegen (z.B. Gehaltsbasen, Bonusberechnungen), die schriftlich niedergehalten und ordnungsgemäß dokumentiert werden müssen, bevor auf die Umstellung auf den Euro erfolgt.

(b) Legen Sie einen Stichtag fest, zu welchem Sie die Löhne und Gehälter auf Euro umstellen möchten (1. Januar 1999 und 31. Dezember 2001). Werden Sie diese Entscheidung Ihre Mitarbeiter treffen lassen?

(c) Koordinieren Sie sich mit Ihrem Betriebsrat und holen Sie sich gegebenenfalls seine Zustimmung in allen relevanten Angelegenheiten, die sich aus der Umstellung auf den Euro ergeben.

(d) Finden Sie heraus, ob gesetzliche Bestimmungen oder kollektivvertragliche (z.B. branchenabhängige) Vereinbarungen existieren, die einen bestimmten Zeitpunkt vorschreiben, zu dem die Umstellung abgeschlossen und die Lohn- und Gehaltszahlungen in Euro erfolgen müssen/sollen.

(e) Setzen Sie Ihre Mitarbeiter rechtzeitig davon in Kenntnis, daß Banktransaktionen hinsichtlich Lohn- und Gehaltszahlungen etc. vor dem 1. Januar 2002 sowohl in Euro als auch in der nationalen Währung erfolgen können.

(f) Visieren Sie die Zahlungen der Nettogehälter in Euro zu einem bestimmten, geeigneten Stichtag an und informieren Sie Ihre Mitarbeiter darüber.

(g) Stellen Sie sämtliche Beträge in Verträgen (Gehaltsvereinbarungen, Dienstzettel oder sonstige Vereinbarungen, die Betragselemente beinhalten) auf Euro um.

(h) Verteilen Sie an Ihre Mitarbeiter Bestätigungen hinsichtlich der neuen „Euro-Löhne und Gehälter", indem Sie Ihnen z.B. Vertragskopien aushändigen (neue Verträge müssen diesbezüglich nicht ausgefertigt und unterschrieben werden, da automatisch die alten Verträge, in denen die Betragsangaben auf Euro-Werte ausgebessert wurden, weiter gelten).

(i) Überarbeiten Sie Ihre Gehaltsschemata, Reisekostenrichtlinien und andere personalabhängige Richtlinien und passen Sie sie an den Euro an.

(j) Treffen Sie die notwendigen Vorkehrungen für die Lohn- und Gehaltsabrechnungen respektive für das Lohn- und Gehaltsverrechnungssystem (soweit Sie die Lohn- und Gehaltsverrechnung nicht extern vergeben haben).

(k) Beachten Sie, daß eine gewisse Gefahr für jene Unternehmen besteht, die z.B. über Tochtergesellschaften in Ländern agieren, die der EWU nicht beigetreten sind. Achten Sie darauf, daß Sie (diese) Mitarbeiter nicht in Euro entlohnen, soweit sie für ihre täglichen Einkäufe auf eine andere Währung angewiesen sind.

2. Pensionen

(a) Überprüfen Sie Ihren Firmenpensionsplan.
(b) Versichern Sie sich, daß die Dokumentation über Pensionen/Pensionsverpflichtungen ausreichend detailliert und auf dem aktuellsten Stand ist.
(c) Treffen Sie die nötigen Vorkehrungen zur Adaptierung der Pensionsvereinbarungen/-zusagen im Hinblick auf den Euro.
(d) Bestätigen Sie Mitarbeitern, Pensionären und Pensionsfonds die in Pensionsvereinbarungen genannten Beträge in Euro.
(e) Sollten die Pensionen mit Lebensversicherungen gesichert sein, versichern Sie sich, daß das Versicherungsunternehmen die richtigen Umrechnungskurse anwendet.
(f) Berücksichtigen Sie den Einfluß des Zinssatzes bei Abzinsungen.

E. FINANZBEREICH

1. Beziehungen zu Banken

(a) Sehen Sie sich alle mit Ihren Banken getroffenen Vereinbarungen durch und holen Sie diesbezüglich von den Banken Bestätigungen ein; vielleicht müssen Sie die Anzahl Ihrer Bankkonten/Banken verringern.
(b) Fragen Sie nach „Euro" – Gestaltungsmöglichkeiten im Bankbetrieb:
   - Zu welchem Zeitpunkt ist die Umstellung von Bankkonten in nationaler Währung auf Euro möglich?
   - Ist die Umrechnung von Bankkonten in nationaler Währung auf Euro während der Übergangsphase unwiderruflich?
   - Wird die Bank irgendwelche Gebühren für die Umrechnung bzw. Umstellung der Konten berechnen?
   - Werden Konten in nationaler Währung mit Konten in Euro aufgerechnet oder wird jedes einzelne Bankkonto für sich für Zwecke eines Minimumguthabens und Zinsberechnungen separat betrachtet?
   - Wird es möglich sein, Zahlungen in Euro zu leisten, ohne über ein Euro-Bankkonto zu verfügen?
   - Wird es möglich sein, Zahlungen in Euro zu erhalten, ohne über ein Euro-Bankkonto zu verfügen?
   - Werden Scheck- und Überweisungsformulare ersetzt werden? Wer trägt die Kosten der Umstellung?
   - Kann Ihre Bank automatisch Überweisungen in nationaler Währung auf Euro umrechnen und umgekehrt?
   - Wird für derartige Transaktionen eine Gebühr berechnet werden?
(c) Entscheiden Sie rechtzeitig, ob für Sie die Abwicklung des elektronischen Zahlungsverkehrs in Euro akzeptabel oder wünschenswert ist. Wägen Sie eventuelle Zusatzkosten, die durch die Abwicklung in zwei Währungen (sowohl in Euro als auch in nationaler Währung) entstehen, mit den Wünschen Ihrer Kunden ab.

(d) Stellen Sie Vergleiche bei unterschiedlichen Banken an und überdenken Sie ggf. Ihre Bankverbindungen.
(e) Fragen Sie nach, ob Überweisungen in Euro in ein anderes EWU-Teilnehmerland nationale oder internationale Überweisungen darstellen und ob insoferne zusätzliche Kosten anfallen.

2. Beziehungen zu Versicherungsunternehmen

(a) Sehen Sie sich alle mit Ihren Versicherungen getroffenen Vereinbarungen durch und holen Sie diesbezüglich Bestätigungen ein.
(b) Welche Verträge/Policen werden automatisch auf Euro umgestellt und bei welchen Verträgen müssen Sie dies speziell anfordern?

3. Finanzierungsinstrumente

(a) Holen Sie von Banken, Unternehmen und sonstigen Kreditinstitutionen Bestätigungen hinsichtlich involvierter Beträge, Zinssätze und Fälligkeitstermine etc. ein. Die Tatsache, daß auf den Euro umgestellt wird, respektive der Stichtag, zu dem die Umstellung erfolgen wird, werden eventuell von Ihrem Partner abhängen (z.B. Swaps, Optionen, Futures und andere Derivativgeschäfte).
(b) Achten Sie besonders auf Vereinbarungen mit Banken, Unternehmen und anderen Kreditinsitutionen, die
  - während der Übergangsphase enden;
  - nach der Übergangsphase enden
  - während der Übergangsphase abgeschlossen werden.
(c) Beachten Sie, wie Kursdifferenzen behandelt werden müssen.

4. Investitionen – Liquide Mittel

(a) Rechnen Sie für Zwecke der Investitionsentscheidungen Beträge und Zinssätze ordnungsgemäß in Euro um. Beachten Sie dabei eventuelle Unterschiede hinsichtlich Gemeinschaftsstaaten und Nichtteilnehmerstaaten.
(b) Achten Sie auf Wertsicherungsklauseln.
(c) Berücksichtigen Sie eine sich aufgrund der Einführung des Euro ergebende Änderung bei den Risikokomponenten.

5. Mangement von langfristigen Investitionsentscheidungen

(a) Überdenken Sie Ihre Strategischen Allianzen.
(b) Überdenken Sie Ihr Verhältnis zu assoziierten Unternehmen/Tochtergesellschaften.
(c) Beachten Sie Auswirkungen auf Ihre langfristigen Entscheidungen, wenn ursprüngliche Nichtteilnehmerstaaten in weiterer Folge zu einem späteren Zeitpunkt der EWU beitreten.

6. Management der Treasury Funktion

(a) Welche Modifizierungen werden, wenn überhaupt, am Treasury Management vorgenommen, die sich rein aus der verringerten Anzahl der zu verwaltenden Währungen bzw. der grenzüberschreitenden Kontenzusammenlegung ergeben?
(b) Lohnt es sich, momentan auf verschiedene Länder aufgeteilte Treasury Funktionen zu rationalisieren und zusammenzulegen?
(c) Eventuell wünschen Sie eine Überprüfung der bestehenden Treasury Contracts.
(d) Besteht die Notwendigkeit, Zinssätze neu zu verhandeln, da sie sich im Rahmen der Änderungen als ungünstig erweisen? (Es wurde festgelegt, daß die sich auf die ursprüngliche Summe (ausgedrückt in nationaler Währung oder EWU-Währungen) beziehenden Zinssätze weiterhin gültig sind.)

F. RECHNUNGSWESEN

1. Systeme mit Parallelbetrieb in zwei Währungen

(a)
- Entscheiden Sie, ob Sie die Bücher mittels Parallelbetrieb in zwei Währungen führen möchten (als Alternative zu Buchhaltungssystemen, die entweder mit Euro oder mit nationaler Währung operieren) und wann eine diesbezügliche Inbetriebnahme erfolgen soll. Folgende Faktoren sind diesbezüglich zu berücksichtigen: Bearbeitet Ihr Unternehmen zur Zeit oder in Zukunft mehrere Märkte in der Europäischen Union?
- Bezieht Ihr Unternehmen von Lieferanten bzw. tätigt Ihr Unternehmen Verkäufe an Organisationen, die bereits an gedeutet haben, in Euro operieren zu wollen?
- Haben Sie Konkurrenten, die eine Umstellung auf den Euro anstreben bzw. in Ländern lokalisiert sind und Märkte bearbeiten, die sich auf die Europäische Union zubewegen?
- Verkaufen Sie hauptsächlich an andere Konzerneinheiten?
- Zählen Sie hauptsächlich Einzelhändler und Konsumenten zu Ihren Kunden?
- Ist an Ihrem Unternehmen mehrheitlich ein Unternehmen mit Sitz in einem EU-Staat beteiligt?
- Notiert Ihr Unternehmen an mehr als nur einer europäischen Börse?

Sollten Sie diese Fragen mehrheitlich mit **„JA“** beantwortet haben, so sollten Sie entweder in Betracht ziehen, ein Buchführungssystem mit Parallelbetrieb in zwei Währungen zu installieren oder direkt auf den Euro umzustellen. Sollten Sie sich für die erste Variante entscheiden, sind folgende Aspekte zu beachten:
- Zeitliche Fixierung: Wann soll die Umstellung erfolgen?
- Terminplanung: Zu welchem zukünftigen Zeitpunkt sollte die Umstellung erfolgen? Dies wird unter anderem von der Schnelligkeit abhängen, mit der die bestehende Software adaptiert oder neue Systeme angeschafft und installiert werden können.
- Schulung: Sowohl der Mitarbeiter als auch der Kunden, denn beide Gruppen werden sich erst noch mit den neuen Preiskalkulationen, Betriebs- und Anwendungssystemen vertraut machen müssen.

- Personal: Die Mitarbeiter müssen in die Entscheidungsfindung hinsichtlich Gehalt, Pensionen und anderer Leistungen eingebunden werden.
- Produktion: Die neuen Preisstrategien bedingen vor allem Änderungen bei den gegenwärtigen Verpackungsgrößen und damit zusammenhängend auch bei Herstellungs- und Verpackungsanlagen und -maschinen.
- Informationstechnologie: Um die gegenwärtigen Systeme analysieren und die notwendigen Adaptationen anregen zu können, oder alternativ neue Software beschaffen zu können und um – speziell für Unternehmen, die gegenwärtig ihre Software einer Revision unterziehen – das Problem des Jahres 2000 bewältigen zu können, sollte die gesamte Systemüberprüfung auch berücksichtigen, wie die Software an die Einführung des Euro angepaßt werden kann.
- Fehleranfälligkeit und Unterschlagungsgefahr: Die Verwendung eines Systems mit Parallelbetrieb in zwei Währungen erhöht die Fehleranfälligkeit bzw. birgt ein gewisses Unterschlagungsrisiko in sich.

2. Buchhaltungssysteme

(a) Überlegen Sie, in welchem Ausmaß und zu welchem Zeitpunkt Sie einen Parallelbetrieb in zwei Währungen mit Ihrem Buchhaltungssystem abwickeln wollen. Arrangieren Sie sich mit Ihrem Softwarelieferanten (möglicherweise muß Ihr Buchhaltungssystem bereits ab dem 1. Januar 1999 die Verarbeitung/Eingabe von Euro-Transaktionen ermöglichen)

(b) Legen Sie den Stichtag fest, zu dem Sie Ihre Konten von nationaler Währung auf Euro umstellen.

(c) Finden Sie heraus, ob und inwieweit es Regelungen öffentlicher Institutionen hinsichtlich z.B. statistischer Auswertungen gibt, die noch zusätzliche Anforderungen an das Buchhaltungssystem und an die damit verknüpfte Software stellen und weitere Änderungen notwendig machen.

(d) Stellen Sie fest, inwieweit es einen gesetzlichen Spielraum dafür gibt, Rückstellungen für Umstellungskosten im Rahmen der Einführung des Euro in der Bilanz anzusetzen (separat für handelsrechtliche und steuerliche Zwecke, sofern diese voneinander abweichen), oder inwieweit es gestattet ist, die Umstellungskosten zu aktivieren (die vorzuziehende Bilanzierungsmethode ist jene, die Kosten im Aufwand zu erfassen).

(e) Überprüfen Sie, inwieweit Sie Ihre Umstellungskosten als Bilanzierungshilfe aktivieren können.

(f) Überlegen Sie, wie Sie die Rundungsdifferenzen buchhalterisch behandeln.

(g) Passen Sie Ihr Hauptbuch, Ihre Saldenlisten, Anlagenverzeichnis und Lagerbuchführungsaufzeichnungen an die geänderten Gegebenheiten an.

(h) Entscheiden Sie, zu welchem Zeitpunkt Sie Einzelabschlüsse und Konzernabschlüsse neben Abschlüssen in nationaler Währung zusätzlich in Euro erstellen und veröffentlichen wollen/können, oder Abschlüsse in nationaler Währung durch Einzel- und Konzernabschlüsse in Euro ersetzen möchten. Ziehen Sie Erkundigungen ein, ob ein derartiges Vorgehen von Ihren lokalen Behörden genehmigt wird, sollten Sie einen Zeitpunkt avisieren, der noch vor dem Jahr 2002 liegt. Eventuell akzeptieren die Finanzbehörden während der Übergangsperiode nur Erklärungen und Konten in nationaler Währung und nicht in Euro.

(i) Erkundigen Sie sich, welche Umrechnungskurse für Kennzahlen und historische Daten zu verwenden sind (höchstwahrscheinlich werden dies die fixierten Euro-Wechselkurse sein.
(j) Informieren Sie sich darüber, wie und zu welchem Zeitpunkt permanente Wechselkursdifferenzen in bezug auf EWU-Währungen, monetäre Vermögensgegenstände und Verbindlichkeiten buchhalterisch zu behandeln sind. Dies gilt sowohl für Einzel- als auch für Konzernabschlüsse (am wahrscheinlichsten ist zur Zeit ein Szenario, demzufolge die permanenten Wechselkursdifferenzen bereits in der Gewinn- und Verlustrechnung für das Geschäftsjahr 1999 zu berücksichtigen sind, mit Ausnahme von nichtmonetären Vermögensgegenständen und Schulden).
(k) Erkundigen Sie sich, welche Umrechnungskurse für offene Posten und Salden, Kennzahlen und historische Daten zu verwenden sind (höchstwahrscheinlich werden dies die fixierten Euro-Wechselkurse sein).
(l) Informieren Sie sich, wie Sie die Umrechnungen vornehmen sollen, wenn Ihr Stichtag nicht mit der Fixierung der Umrechnungskurse zusammenfällt, z.B. bei einem vom 31. Dezember abweichenden Stichtag.
(m) Achten Sie auf den anzuwendenden Wechselkurs bei Umrechnung von in Fremdwährungen bewertetem/angesetztem Anlagevermögen (höchstwahrscheinlich gelangen die fixierten Euro-Umrechnungskurse zur Verwendung).
(n) Beachten Sie, wie Sie Hedging-Vereinbarungen und Fremdwährungskontrakte samt den damit zusammenhängenden Wechselkursdifferenzen zu behandeln haben.
(o) Kontaktieren Sie Ihre Berater hinsichtlich der buchhalterischen Behandlung von mittels Kredit erworbenen Vermögensgegenständen, wenn die Kredite in Währungen aufgenommen wurden, die nun durch den Euro ersetzt werden.
(p) Koordinieren Sie die Veränderungen in den Buchhaltungsabläufen, sollten Sie Tochtergesellschaften in verschiedenen Ländern haben, auf eine Art und Weise, die es Ihnen ermöglicht, dieselben Systeme für z.B. Lohn- und Gehaltsverrechnung, Bearbeitung von Forderungen und Verbindlichkeiten etc. in all jenen Ländern einsetzen zu können, in denen der Euro zur Anwendung gelangt.
(q) Überlegen Sie, wie Sie im Rahmen der Konsolidierung Fremdwährungstransaktionen (mit z.B. Tochtergesellschaften und Filialen) in EWU-Ländern behandeln (einschließlich der im Rahmen der Konsolidierung entstehenden Kursdifferenzen).

3. Internes Berichtswesen

(a) Entscheiden Sie, zu welchem Zeitpunkt Sie Ihr internes Berichtswesen auf Euro umstellen wollen (beachten Sie hierbei auch die Handhabung von externen Berichten und Ihre Wettbewerbsposition).
(b) Überlegen Sie, ob Sie es vorziehen, daß all Ihre Tochtergesellschaften an Sie in Euro berichten. Wenn ja, zu welchem Zeitpunkt sollten dies Ihre Tochterunternehmen mit Sitz in
  - Teilnehmerstaaten oder in
  - Nichtteilnehmerstaaten tun?

4. Eigenkapital

(a) Leiten Sie die Umrechnung des Eigenkapitals in die Wege.
- Soll das Eigenkapital in glatten Beträgen ausgedrückt sein?
- Möchten Sie die Stückzahl der Aktien erhöhen?
- Möchten Sie einen Nennwert bei den Aktien beibehalten oder ziehen Sie Stückaktien vor?

(b) Erkundigen Sie sich, ob Sie einen Notar beiziehen müssen, sollten Sie
- das Nennkapital ändern,
- den Nennwert des Kapitals senken oder
- Stückaktien einführen wollen.

(c) Sehen Sie ggf. Ihr Aktionärsverzeichnis durch und passen Sie es gegebenenfalls an.

(d) Senden Sie Ihren Aktionären Bestätigungen und Informationsmaterial hinsichtlich
- ihrer Aktien
- des Nennwertes
- des eingezahlten Nennkapitals
- der Dividendenzahlungen
- der Gewinnverwendung zu.

(e) Überlegen Sie, welche Entscheidungen hinsichtlich der Dividendenzahlungen noch getroffen werden müssen.

(f) Beachten Sie die infolge der Einführung des Euro eintretenden Änderungen im Gesellschaftsrecht und andere gesetzliche Modifikationen bei Bestimmungen über Grundkapital, Aktien und Dividenden.

(g) Informieren Sie sich über Änderungen des Gesellschaftsrechts infolge der Einführung des Euro.

(h) Stellen Sie Ihr Eigenkapital bis spätestens 31. Dezember 2001 entsprechend den gesetzlichen Vorgaben um.

(i) Senden Sie Ihren Aktionären Bestätigungen und Informationsmaterial hinsichtlich
- ihrer Aktien
- des Nennwertes
- des eingezahlten Nennkapitals zu.

5. Satzung

(a) Sehen Sie Ihre Satzung und Statuten durch und ändern Sie angeführte Beträge bis spätestens zum 31. Dezember 2001 auf Euro um.

(b) Überprüfen Sie ob Satzungsänderungen anstehen, die mit der Umstellung des Eigenkapitals zusammen durchgeführt werden können.

6. Steuerliche Aspekte

(a) Erkundigen Sie sich und holen Sie Informationen ein, wie die im Rahmen der Einführung des Euro entstehenden Kosten steuerlich zu behandeln sind: Aktivierung oder Rückstellungsbildung?

(b) Bringen Sie in Erfahrung, ab welchem Zeitpunkt Sie Steuererklärungen in Euro ausfüllen können bzw. müssen
   - Körperschaftsteuer
   - Umsatzsteuer.
(c) Beachten Sie, welcher Wechselkurs zur Berechnung vergangener Steuerverbindlichkeiten verwendet werden muß.
   - Ist ein Euro-Umrechnungskurs oder
   - ein ECU-Umrechnungskurs zu verwenden?
(d) Beachten Sie die steuerlichen Vorschriften hinsichtlich der Rundungsdifferenzen bei Eigenkapital und der Kapitalberichtigung.
(e) Berücksichtigen Sie eventuelle Steuerfreibeträge oder Erleichterungen, die bei einer frühzeitigen Umstellung auf den Euro gewährt werden (kontaktieren Sie diesbezüglich Ihren Steuerberater).
(f) Bringen Sie in Erfahrung, ob das Steuerrecht eine Rückstellungsbildung für die aus der Umstellung auf den Euro resultierenden Kosten zuläßt.
(g) Erkundigen Sie sich, ab welchem Zeitpunkt Steuererklärungen in Euro abgegeben werden können bzw. müssen. Welche Auswirkungen hätte dies auf Ihre interne Verwaltung? Können Sie intern Transaktionen z.B. in nationaler Währung bearbeiten und erfassen, die Steuererklärungen jedoch in Euro erstellen – und umgekehrt?
(h) Fragen Sie nach, ob abgegebene Steuererklärungen und anhängige Verfahren nach dem 31. Dezember 2001 weiterhin in nationaler Währung bearbeitet werden.
(i) Informieren Sie sich respektive wenden Sie sich an Ihre Berater, wie Kursdifferenzen steuerlich zu behandeln sind.

Anlage 2a (EU-VO 235):

VERORDNUNG (EG) Nr. 1103/97 DES RATES

vom 17. Juni 1997
über bestimmte Vorschriften im Zusammenhang mit der Einführung des Euro – Auszug aus: Amtsblatt der Europäischen Gemeinschaften Nr. L 162/1-162/3 vom 19. Juni 1997 –

DER RAT DER EUROPÄISCHEN UNION –

gestützt auf den Vertrag zur Gründung der Europäischen Gemeinschaft, insbesondere auf Artikel 235,

auf Vorschlag der Kommission,[1]

nach Stellungnahme des Europäischen Parlaments,[2]

nach Stellungnahme des Europäischen Währungsinstituts,[3]

in Erwägung nachstehender Gründe:

(1) Der Europäische Rat hat auf seiner Tagung in Madrid am 15. und 16. Dezember 1995 bestätigt, daß die dritte Stufe der Wirtschafts- und Währungsunion am 1. Januar 1999 beginnt, wie dies in Artikel 109j Absatz 4 des Vertrags festgelegt ist. Für die Zwecke dieser Verordnung werden die Mitgliedstaaten, die in Übereinstimmung mit dem Vertrag den Euro als die einheitliche Währung einführen, als »teilnehmende Mitgliedstaaten« definiert.

(2) Auf der Tagung des Europäischen Rates in Madrid wurde entschieden, daß der im Vertrag zur Bezugnahme auf die europäische Währungseinheit benutzte Ausdruck »Ecu« eine Gattungsbezeichnung ist. Die Regierungen der fünfzehn Mitgliedstaaten haben sich darauf geeinigt, daß dieser Beschluß die einvernehmliche endgültige Auslegung der einschlägigen Vertragsbestimmungen darstellt. Der Europäischen Währung wird der Name Euro gegeben. Der Euro als Währung der teilnehmenden Mitgliedstaaten wird in hundert Untereinheiten mit dem Namen Cent unterteilt. Der Europäische Rat vertrat ferner die Auffassung, daß die einheitliche Währung in allen Amtssprachen der Europäischen Union unter Berücksichtigung der verschiedenen Alphabete denselben Namen tragen sollte.

(3) Sobald die teilnehmenden Mitgliedstaaten bekannt sind, wird der Rat eine Verordnung über die Einführung des Euro auf der Grundlage von Artikel 109l Absatz 4 Satz 3 des Vertrags annehmen, um den rechtlichen Rahmen für die Verwendung des Euro festzulegen. Am ersten Tag der dritten Stufe legt der Rat gemäß Artikel 109l Absatz 4 Satz 1 des Vertrags die Umrechnungskurse unwiderruflich fest.

---

1 ABl. Nr. C 369 vom 7.12.1996, S. 8.
2 ABl. Nr. C 380 vom 16.12.1996, S. 49.
3 Stellungnahme vom 29.11.1996.

(4) Für das Funktionieren des gemeinsamen Marktes und den Übergang zur einheitlichen Währung ist es erforderlich, daß für die Bürger und die Unternehmen in allen Mitgliedstaaten bereits geraume Zeit vor Beginn der dritten Stufe Rechtssicherheit im Hinblick auf bestimmte Vorschriften im Zusammenhang mit der Einführung des Euro besteht. Diese frühzeitige Rechtssicherheit ermöglicht den Bürgern wie den Unternehmen eine optimale Vorbereitung.

(5) Artikel 109l Absatz 4 Satz 3 des Vertrags, wonach der Rat aufgrund eines einstimmigen Beschlusses der teilnehmenden Mitgliedstaaten alle sonstigen Maßnahmen, die für die rasche Einführung der einheitlichen Währung erforderlich sind, treffen kann, steht als Rechtsgrundlage erst zur Verfügung, wenn nach Artikel 109j Absatz 4 des Vertrags bestätigt worden ist, welche Mitgliedstaaten die notwendigen Voraussetzungen für die Einführung der einheitlichen Währung erfüllen. Daher muß Artikel 235 des Vertrags als Rechtsgrundlage für den Erlaß der Vorschriften in Anspruch genommen werden, die aus Gründen der Rechtssicherheit dringend erforderlich sind. Diese Verordnung sowie die obengenannte Verordnung des Rates über die Einführung des Euro werden zusammen den rechtlichen Rahmen für den Euro bilden, wobei die Grundsätze für diesen Rahmen vom Europäischen Rat in Madrid vereinbart wurden. Die Einführung des Euro wirkt sich auf die tagtäglich getätigten Geschäfte aller Menschen in den teilnehmenden Mitgliedstaaten aus. Es sollten außer Maßnahmen dieser Verordnung und der nach Artikel 109l Absatz 4 Satz 3 des Vertrags zu verabschiedenden Verordnung noch weitere Maßnahmen geprüft werden, um insbesondere für die Verbraucher einen gut austarierten Übergang zu gewährleisten.

(6) Die Ecu im Sinne von Artikel 109g des Vertrags und in der Definition der Verordnung (EG) Nr. 3320/94 des Rates vom 22. Dezember 1994 zur Kodifizierung der geltenden Rechtsvorschriften der Gemeinschaft zur Definition der Ecu nach Inkrafttreten des Vertrags über die Europäische Union[4] wird ab dem 1. Januar 1999 nicht mehr als Währungskorb definiert sein, und der Euro wird zu einer eigenständigen Währung. Die Festlegung von Umrechnungskursen durch den Rat ändert als solche den Außenwert der Ecu nicht. Das bedeutet, daß eine Ecu in ihrer Zusammensetzung als Korb von Währungen zu einem Euro wird. Die Verordnung (EG) Nr. 3320/94 wird daher gegenstandslos und ist aufzuheben. Wird in Rechtsinstrumenten auf die Ecu Bezug genommen, so gilt die Vermutung, daß die Parteien vereinbart haben, auf die Ecu im Sinne von Artikel 109g des Vertrags und in der Definition der genannten Verordnung Bezug zu nehmen. Diese Vermutung sollte jedoch widerlegt werden können; dabei sollen die Absichten der Vertragsparteien berücksichtigt werden.

(7) Es ist ein allgemein anerkannter Rechtsgrundsatz, daß die Einführung einer neuen Währung die Kontinuität von Verträgen und anderen Rechtsinstrumenten nicht berührt. Der Grundsatz der Vertragsfreiheit ist zu gewährleisten. Der Grundsatz der Kontinuität sollte mit etwaigen Vereinbarungen der Vertragsparteien in bezug auf die Einführung des Euro vereinbar sein. Zur Verbesserung der Rechtssicherheit und -klarheit ist es angezeigt, ausdrücklich zu bestätigen, daß das Prinzip der Fortgeltung von Verträgen und anderen Rechtsinstrumenten auf die Ersetzung ehemaliger nationaler Währungen durch den Euro ebenso Anwendung findet wie auf die Ablösung der Ecu im Sinne von Artikel 109g des Vertrags und in der Definition der Verordnung (EG) Nr. 3320/94 durch den Euro. Dies bedeutet namentlich, daß bei Festzinsinstrumenten der vom Schuldner zu zahlende nominale Zinssatz durch die Ein-

4 ABl. Nr. L 350 vom 31.12.1994, S. 27.

führung des Euro nicht verändert wird. Die Vorschriften über Kontinuität können nur dann ihren Zweck, den Wirtschaftssubjekten und insbesondere den Verbrauchern Rechtssicherheit und Transparenz zu bieten, erreichen, wenn sie möglichst bald in Kraft treten.

(8) Die Einführung des Euro ändert das Währungsrecht jedes teilnehmenden Mitgliedstaats. Die Anerkennung des Währungsrechts eines Staates ist ein allgemein anerkannter Grundsatz. Die ausdrückliche Bestätigung des Grundsatzes der Kontinuität sollte auch dazu führen, daß die Fortgeltung von Verträgen und anderen Rechtsinstrumenten in der Rechtsprechung dritter Länder anerkannt wird.

(9) Der für die Definition von Rechtsinstrumenten verwendete Begriff »Vertrag« bezeichnet alle Arten von Verträgen, und zwar unabhängig von der Art ihres Zustandekommens.

(10) Wird der Rat gemäß Artikel 109l Absatz 4 Satz 1 des Vertrags tätig, so legt er lediglich die Umrechnungskurse für den Euro fest, ausgedrückt in den einzelnen nationalen Währungen der beteiligten Mitgliedstaaten. Diese Umrechnungskurse sind bei Umrechnungen zwischen dem Euro und den nationalen Währungseinheiten sowie zwischen verschiedenen nationalen Währungseinheiten zu verwenden. Bei Umrechnungen zwischen nationalen Währungseinheiten muß ein fester Algorithmus das Ergebnis bestimmen. Die Verwendung inverser Kurse für die Umrechnung würde das Runden von Kursen erfordern und könnte zu erheblichen Ungenauigkeiten führen, insbesondere wenn es sich um hohe Beträge handelt.

(11) Die Einführung des Euro erfordert das Runden von Geldbeträgen. Eine frühzeitige Festlegung der Rundungsregeln ist für das Funktionieren des gemeinsamen Marktes und für rechtzeitig anlaufende Vorbereitungen und einen reibungslosen Übergang zur Wirtschafts- und Währungsunion erforderlich. Rundungspraktiken oder -konventionen oder einzelstaatliche Rundungsvorschriften, die ein höheres Maß an Genauigkeit für Zwischenberechnungen ermöglichen, werden von diesen Regeln nicht berührt.

(12) Die Umrechnungskurse sollen mit sechs signifikanten Stellen festgelegt werden, um einen hohen Grad an Genauigkeit bei Umrechnungen zu erreichen. Ein Umrechnungskurs mit sechs signifikanten Stellen ist ein Kurs, der ab der von links gezählten ersten Stelle, die nicht eine Null ist, sechs Ziffern hat –

HAT FOLGENDE VERORDNUNG ERLASSEN:

Artikel 1

Im Sinne dieser Verordnung bezeichnet der Ausdruck

- »Rechtsinstrumente« Rechtsvorschriften, Verwaltungsakte, gerichtliche Entscheidungen, Verträge, einseitige Rechtsgeschäfte, Zahlungsmittel – außer Banknoten und Münzen – sowie sonstige Instrumente mit Rechtswirkung;
- »teilnehmende Mitgliedstaaten« die Mitgliedstaaten, die die einheitliche Währung entsprechend dem Vertrag übernehmen;
- »Umrechnungskurse« die vom Rat gemäß Artikel 109l Absatz 4 Satz 1 des Vertrags unwiderruflich festgelegten Umrechnungskurse;

– »nationale Währungseinheiten« die Währungseinheiten der teilnehmenden Mitgliedstaaten, wie sie am Tag vor Beginn der dritten Stufe der Wirtschafts- und Währungsunion festgelegt sind;

– »Euro-Einheit« die Einheit der einheitlichen Währung, wie sie in der Verordnung über die Einführung des Euro definiert ist, die am Tag des Beginns der dritten Stufe der Wirtschafts- und Währungsunion in Kraft tritt.

Artikel 2

(1) Jede Bezugnahme in einem Rechtsinstrument auf die Ecu im Sinne des Artikels 109g des Vertrags und in der Definition der Verordnung (EG) Nr. 3320/94 wird durch eine Bezugnahme auf den Euro zum Kurs von 1 Euro für 1 Ecu ersetzt. Bei Bezugnahmen in einem Rechtsinstrument auf die Ecu, die keine solche Definition enthalten, wird eine Bezugnahme auf die Ecu im Sinne des Artikels 109g des Vertrags und in der Definition der Verordnung (EG) Nr. 3320/94 vermutet; diese Vermutung kann widerlegt werden, wobei die Absichten der Vertragsparteien zu berücksichtigen sind.

(2) Die Verordnung (EG) Nr. 3320/94 wird aufgehoben.

(3) Dieser Artikel gilt ab 1. Januar 1999 gemäß dem Beschluß nach Artikel 109j Absatz 4 des Vertrags.

Artikel 3

Die Einführung des Euro bewirkt weder eine Veränderung von Bestimmungen in Rechtsinstrumenten oder eine Schuldbefreiung noch rechtfertigt sie die Nichterfüllung rechtlicher Verpflichtungen, noch gibt sie einer Partei das Recht, ein Rechtsinstrument einseitig zu ändern oder zu beenden. Diese Bestimmung gilt vorbehaltlich etwaiger Vereinbarungen der Parteien.

Artikel 4

(1) Die Umrechnungskurse werden als ein Euro, ausgedrückt in den einzelnen nationalen Währungen der teilnehmenden Mitgliedstaaten festgelegt. Sie werden mit sechs signifikanten Stellen festgelegt.

(2) Die Umrechnungskurse werden bei Umrechnungen nicht gerundet oder um eine oder mehrere Stellen gekürzt.

(3) Die Umrechnungskurse werden für Umrechnungen sowohl der Euro-Einheit in nationale Währungseinheiten als auch umgekehrt verwendet. Von den Umrechnungskursen abgeleitete inverse Kurse werden nicht verwendet.

(4) Geldbeträge, die von einer nationalen Währungseinheit in eine andere umgerechnet werden, werden zunächst in einen auf die Euro-Einheit lautenden Geldbetrag umgerechnet, der auf nicht weniger als drei Dezimalstellen gerundet werden darf, und dann in die andere nationale Währungseinheit umgerechnet. Es dürfen keine anderen Berechnungsmethoden verwendet werden, es sei denn, sie führen zu denselben Ergebnissen.

Artikel 5

Zu zahlende oder zu verbuchende Geldbeträge werden bei einer Rundung, die nach einer Umrechnung in die Euro-Einheit gemäß Artikel 4 erfolgt, auf den nächstliegenden Cent auf- oder abgerundet. Zu zahlende oder zu verbuchende Geldbeträge, die in eine nationale Währungseinheit umgerechnet werden, werden auf die nächstliegende Untereinheit oder, gibt es keine Untereinheit, auf die nächstliegende Einheit oder entsprechend den nationalen Rechtsvorschriften oder Gepflogenheiten auf ein Vielfaches oder einen Bruchteil der Untereinheit oder Einheit der nationalen Währungseinheit auf- oder abgerundet. Führt die Anwendung des Umrechnungskurses zu einem Resultat genau in der Mitte, so wird der Betrag aufgerundet.

Artikel 6

Diese Verordnung tritt am Tage nach ihrer Veröffentlichung im *Amtsblatt der Europäischen Gemeinschaften* in Kraft.*

Diese Verordnung ist in allen ihren Teilen verbindlich und gilt unmittelbar in jedem Mitgliedstaat.

Geschehen zu Luxemburg am 17. Juni 1997.

Im Namen des Rates

Der Präsident

A. JORRITSMA-LEBBINK

---

* Anmerkung der Herausgeber: Diese Verordnung wurde am 19. Juni 1997 im Amtsblatt der Europäischen Gemeinschaften bekanntgegeben und ist damit am 20. Juni 1997 in Kraft getreten.

Anlage 2b (Eu-VO 109-E):

Entwurf für eine VERORDNUNG (EG) NR. 0000/97 DES RATES

vom ...

über die Einführung des Euro

– Auszug aus: Amtsblatt der Europäischen Gemeinschaften Nr. C 236/8-236/12 vom 2. August 1997 –

DER RAT DER EUROPÄISCHEN UNION–

gestützt auf den Vertrag zur Gründung der Europäischen Gemeinschaft, insbesondere auf Artikel 109l Absatz 4 Satz 3,

auf Vorschlag der Kommission[1],

nach Stellungnahme der Europäischen Zentralbank[2],

nach Stellungnahme des Europäischen Parlaments[3],

in Erwägung nachstehender Gründe:

(1) Mit dieser Verordnung werden währungsrechtliche Bestimmungen für die Mitgliedstaaten festgelegt, die den Euro einführen. Bestimmungen über die Kontinuität von Verträgen, die Ersetzung von Bezugnahmen auf die ECU in Rechtsinstrumenten durch Bezugnahmen auf den Euro und Rundungsregeln sind bereits in der Verordnung (EG) Nr. 1103/97 des Rates vom 17. Juni 1997 über bestimmte Vorschriften im Zusammenhang mit der Einführung des Euro[4] niedergelegt. Die Einführung des Euro betrifft die tagtäglich getätigten Geschäfte aller Menschen in den teilnehmenden Mitgliedstaaten. Es sollten außer den Maßnahmen dieser Verordnung sowie der Verordnung (EG) Nr. 1103/97 noch weitere Maßnahmen geprüft werden, um insbesondere für die Verbraucher einen reibungslosen Übergang zu gewährleisten.

(2) Auf der Tagung des Europäischen Rates am 15. und 16. Dezember 1995 in Madrid wurde entschieden, daß der im Vertrag zur Bezugnahme auf die europäische Währungseinheit benutzte Ausdruck »ECU« eine Gattungsbezeichnung ist. Die Regierungen der fünfzehn Mitgliedstaaten haben sich darauf geeinigt, daß dieser Beschluß die einvernehmliche endgültige Auslegung der einschlägigen Vertragsbestimmungen darstellt. Der europäischen Währung wird der Name Euro gegeben. Der Euro als Währung der teilnehmenden Mitgliedstaaten wird in hundert Untereinheiten mit dem Namen »Cent« unterteilt. Der Name »Cent« schließt nicht die Verwendung von umgangssprachlichen Abwandlungen in den Mitgliedstaaten aus. Der Europäische Rat hat ferner die Auffassung vertreten, daß die einheitliche Währung in

1 ABl. C 369 vom 7.12.1996, S. 10.
2 Stellungnahme vom ... (noch nicht im Amtsblatt veröffentlicht).
3 Stellungnahme vom ... (noch nicht im Amtsblatt veröffentlicht).
4 ABl. Nr. L 162 vom 19.6.1997, S. 1.

allen Amtssprachen der Europäischen Union unter Berücksichtigung der verschiedenen Alphabete denselben Namen tragen muß.

(3) Gemäß Artikel 109l Absatz 4 Satz 3 des Vertrags trifft der Rat alle Maßnahmen, die für die rasche Einführung des Euro erforderlich sind, mit Ausnahme der Festlegung der Umrechnungskurse.

(4) Wird ein Mitgliedstaat gemäß Artikel 109k Absatz 2 des Vertrags zu einem teilnehmenden Mitgliedstaat, so ergreift der Rat gemäß Artikel 109l Absatz 5 des Vertrags die sonstigen Maßnahmen, die für die rasche Einführung des Euro als einheitliche Währung in dem betreffenden Mitgliedstaat erforderlich sind.

(5) Gemäß Artikel 109l Absatz 4 Satz 1 des Vertrags nimmt der Rat am ersten Tag der dritten Stufe die Umrechnungskurse an, die für die Währungen der teilnehmenden Mitgliedstaaten unwiderruflich festgelegt und zu denen diese Währungen jeweils durch den Euro ersetzt werden.

(6) Da weder zwischen der Euro-Einheit und den nationalen Währungseinheiten noch zwischen den nationalen Währungseinheiten ein Wechselkursrisiko besteht, sollten einschlägige Rechtsvorschriften entsprechend ausgelegt werden.

(7) Der für die Definition von Rechtsinstrumenten verwendete Begriff »Vertrag« bezeichnet alle Arten von Verträgen, und zwar unabhängig von der Art ihres Zustandekommens.

(8) Zur Vorbereitung eines reibungslosen Übergangs zum Euro bedarf es einer Übergangszeit zwischen dem Zeitpunkt, zu dem der Euro an die Stelle der Währungen der teilnehmenden Mitgliedstaaten tritt, und der Einführung von Euro-Banknoten und Euro-Münzen. In dieser Übergangszeit gelten die nationalen Währungseinheiten als Untereinheiten des Euro. Dadurch werden die Euro-Einheit und die nationalen Währungseinheiten rechtlich gleichwertig.

(9) Gemäß Artikel 109g des Vertrags sowie gemäß der Verordnung (EG) Nr. 1103/97 ersetzt der Euro ab 1. Januar 1999 die ECU als Rechnungseinheit der Organe der Europäischen Gemeinschaften. Der Euro sollte auch der Europäischen Zentralbank (EZB) und den Zentralbanken der teilnehmenden Mitgliedstaaten als Rechnungseinheit dienen. Im Einklang mit den Schlußfolgerungen von Madrid sollten geld- und währungspolitische Maßnahmen des Europäischen Systems von Zentralbanken (ESZB) in der Euro-Einheit erfolgen. Dies schließt nicht aus, daß die nationalen Zentralbanken insbesondere für ihr Personal und die öffentlichen Verwaltungen während der Übergangszeit Konten in ihrer jeweiligen nationalen Währungseinheit führen.

(10) Jeder teilnehmnde Mitgliedstaat kann zulassen, daß die Euro-Einheit in seinem Hoheitsgebiet in der Übergangszeit in vollem Umfang verwendet wird.

(11) In der Übergangszeit können Verträge, nationale Gesetze und sonstige Rechtsinstrumente sowohl unter Verwendung der Euro-Einheit als auch einer nationalen Währungseinheit rechtsgültig erstellt werden. Während dieser Übergangszeit sollte keine Bestimmung dieser Verordnung in irgendeiner Weise die Gültigkeit einer Bezugnahme auf eine nationale Währungseinheit in einem Rechtsinstrument beeinträchtigen.

(12) Sofern nicht anders vereinbart, haben sich die Wirtschaftssubjekte an die in einem Rechtsinstrument verwendete Währungsbezeichnung zu halten, wenn sie Handlungen aufgrund dieses Instrumentes ausführen.

(13) Die Euro-Einheit und die nationalen Währungseinheiten sind Einheiten derselben Währung. Es ist dafür Sorge zu tragen, daß Zahlungen im Wege von Kontogutschriften innerhalb eines teilnehmenden Mitgliedstaats sowohl in der Euro-Einheit als auch in der jeweiligen nationalen Währung getätigt werden können. Die Bestimmungen für Zahlungen im Wege von Kontogutschriften haben auch für grenzüberschreitende Zahlungen zu gelten, die auf die Euro-Einheit oder die nationale Währungseinheit des Mitgliedstaats lauten, in dem das Konto des Gläubigers geführt wird. Im Interesse des reibungslosen Funktionierens der Zahlungssysteme ist es notwendig, Vorschriften für Kontogutschriften zu erlassen, die Zahlungsinstrumente aus diesen Systemen auslösen. Die Bestimmungen für Zahlungen im Wege von Kontogutschriften dürfen nicht zur Folge haben, daß die Finanzintermediäre verpflichtet sind, entweder andere Zahlungsmöglichkeiten oder auf eine bestimmte Einheit des Euro lautende Produkte anzubieten. Die Bestimmungen für Zahlungen im Wege von Kontogutschriften hindern die Finanzintermediäre nicht daran, in koordinierter Weise auf die Euro-Einheit lautende Zahlungsmöglichkeiten einzuführen, die während der Übergangszeit eine gemeinsame technische Infrastruktur zur Grundlage haben.

(14) Im Einklang mit den Schlußfolgerungen des Europäischen Rates von Madrid werden ab 1. Januar 1999 neue handelbare Schuldtitel der öffentlichen Hand von den teilnehmenden Mitgliedstaaten in der Euro-Einheit aufgelegt. Die Emittenten von Schuldtitel sollten die Möglichkeit haben, bereits emittierte Schuldtitel auf die Euro-Einheit umzustellen. Die Bestimmungen über die Umstellung sollten so gestaltet sein, daß sie auch in der Rechtsordnung dritter Länder Anwendung finden können. Die Emittenten sollten in die Lage versetzt werden, bereits emittierte Schuldtitel umzustellen, wenn diese auf die nationale Währungseinheit eines Mitgliedstaats lauten, in dem die bereits emittierten Schuldtitel eines Schuldners, der zum Sektor Staat zählt, teilweise oder vollständig umgestellt wurden. Diese Bestimmungen beziehen sich nicht auf die Einführung zusätzlicher Maßnahmen zur Änderung der Bedingungen für bereits emittierte Schuldtitel, um unter anderem deren Nennbetrag zu ändern, da dafür die einschlägigen nationalen Rechtsvorschriften maßgebend sind. Die Mitgliedstaaten sollten die Möglichkeit haben, geeignete Maßnahmen zu ergreifen, um die Rechnungseinheit für die operationellen Verfahren organisierter Märkte zu ändern.

(15) Es könnten auch weitere Maßnahmen auf Gemeinschaftsebene erforderlich sein, um zu klären, wie sich die Einführung des Euro auf die Anwendung der geltenden Bestimmungen des Gemeinschaftsrechts auswirkt, insbesondere was Aufrechnungen, Verrechnungen und Techniken vergleichbarer Wirkung anbelangt.

(16) Eine Verpflichtung zur Verwendung der Euro-Einheit kann nur auf der Grundlage des Gemeinschaftsrechts vorgeschrieben werden. Die teilnehmenden Mitgliedstaaten können die Verwendung der Euro-Einheit bei Transaktionen mit dem öffentlichen Sektor gestatten. Entsprechend dem vom Europäischen Rat in Madrid beschlossenen Referenzszenario könnten die gemeinschaftlichen Rechtsvorschriften zur Festlegung des zeitlichen Rahmens für die allgemeine Verwendung der Euro-Einheit den einzelnen Mitgliedstaaten einen gewissen Spielraum belassen.

(17) Nach Artikel 105a des Vertrags kann der Rat Maßnahmen erlassen, um die Stückelung und die technischen Merkmale aller Münzen zu harmonisieren.

(18) Banknoten und Münzen bedürfen eines angemessenen Schutzes vor Fälschungen.

(19) Banknoten und Münzen in nationaler Währungseinheit verlieren sechs Monate nach Ende der Übergangszeit die Eigenschaft eines gesetzlichen Zahlungsmittels. Von den Mitgliedstaaten aus Gründen der öffentlichen Ordnung eingeführte Begrenzungen für Zahlungen in Banknoten und Münzen sind mit der den Euro-Banknoten und Euro-Münzen zukommenden Eigenschaft eines gesetzlichen Zahlungsmittels nicht unvereinbar, sofern andere rechtliche Mittel für die Begleichung von Geldschulden bestehen.

(20) Nach dem Ende der Übergangszeit sind Bezugnahmen auf nationale Währungseinheiten in Rechtsinstrumenten, die am Ende der Übergangszeit bestehen, als Bezugnahmen auf die Euro-Einheit entsprechend dem jeweiligen Umrechnungskurs zu verstehen. Daher ist eine materielle Anpassung bestehender Rechtsinstrumente hierzu nicht notwendig. Die in der Verordnung (EG) Nr. 1103/97 festgelegten Rundungsregeln gelten auch für die zum Ende der Übergangszeit oder nach der Übergangszeit vorzunehmenden Umrechnungen. Aus Gründen der Klarheit kann es wünschenswert sein, die materielle Anpassung durchzuführen, sobald dies angezeigt ist.

(21) Nach Nummer 2 des Protokolls Nr. 11 über einige Bestimmungen betreffend das Vereinigte Königreich Großbritannien und Nordirland gilt unter anderem Nummer 5 dieses Protokolls für den Fall, daß das Vereinigte Königreich dem Rat notifiziert, daß es nicht beabsichtigt, zur dritten Stufe überzugehen. Das Vereinigte Königreich hat dem Rat am 16. Oktober 1996 mitgeteilt, daß es nicht beabsichtigt, zur dritten Stufe überzugehen. Nummer 5 sieht unter anderem vor, daß Artikel 109l Absatz 4 des Vertrags nicht für das Vereinigte Königreich gilt.

(22) Unter Bezugnahme auf Nummer 1 des Protokolls Nr. 12 über einige Bestimmungen betreffend Dänemark hat Dänemark in Zusammenhang mit dem am 12. Dezember 1992 in Edinburgh gefaßten Beschluß notifiziert, daß es nicht an der dritten Stufe teilnehmen wird. Somit finden nach Nummer 2 des genannten Protokolls alle eine Ausnahmeregelung betreffenden Artikel und Bestimmungen des Vertrags und der Satzung des ESZB auf Dänemark Anwendung.

(23) Nach Artikel 109l Absatz 4 des Vertrags wird die einheitliche Währung nur in den Mitgliedstaaten eingeführt, für die keine Ausnahmeregelung gilt.

(24) Diese Verordnung ist somit gemäß Artikel 189 des Vertrags vorbehaltlich der Protokolle Nr. 11 und Nr. 12 sowie des Artikels 109k Absatz 1 des Vertrags anwendbar –

HAT FOLGENDE VERORDNUNG ERLASSEN:

TEIL I

DEFINITIONEN

Artikel 1

Im Sinne dieser Verordnung bezeichnet der Ausdruck:

– »teilnehmende Mitgliedstaaten« die Mitgliedstaaten [Länder A, B ...];

– »Rechtsinstrumente« Rechtsvorschriften, Verwaltungsakte, gerichtliche Entscheidungen, Verträge, einseitige Rechtsgeschäfte, Zahlungsmittel – außer Banknoten und Münzen – sowie sonstige Instrumente mit Rechtswirkung;

– »Umrechnungskurs« den vom Rat gemäß Artikel 109l Absatz 4 Satz 1 des Vertrags für die Währung jedes teilnehmenden Mitgliedstaats unwiderruflich festgelegten Umrechnungskurs;

– »Euro-Einheit« die Währungseinheit im Sinne des Artikels 2 Satz 2;

– »nationale Währungseinheit« die Währungseinheiten der teilnehmenden Mitgliedstaaten, wie sie am Tag vor Beginn der dritten Stufe der Wirtschafts- und Währungsunion festgelegt sind;

– »Übergangszeit« den Zeitraum der am 1. Januar 1999 beginnt und am 31. Dezember 2001 endet;

– »umstellen« das Ändern der Einheit, auf die der Schuldtitel lautet, von einer nationalen Währungseinheit in die Euro-Einheit im Sinne von Artikel 2, wobei jedoch diese Umstellung keine Änderung der sonstigen Bedingungen des Schuldtitels bewirkt, für die die einschlägigen nationalen Rechtsvorschriften maßgebend sind.

TEIL II

ERSETZUNG DER WÄHRUNGEN DER TEILNEHMENDEN MITGLIEDSTAATEN DURCH DEN EURO

Artikel 2

Ab 1. Januar 1999 ist die Währung der teilnehmenden Mitgliedstaaten der Euro. Die Währungseinheit ist ein Euro. Ein Euro ist in 100 Cent unterteilt.

Artikel 3

Der Euro tritt zum Umrechnungskurs an die Stelle der Währungen der teilnehmenden Mitgliedstaaten.

Artikel 4

Der Euro ist die Rechnungseinheit der Europäischen Zentralbank (EZB) und der Zentralbanken der teilnehmenden Mitgliedstaaten.

TEIL III

ÜBERGANGSBESTIMMUNGEN

Artikel 5

Die Artikel 6, 7, 8 und 9 gelten während der Übergangszeit.

Artikel 6

(1) Der Euro wird auch in die nationalen Währungseinheiten gemäß den Umrechnungskursen unterteilt. Alle Untereinheiten werden beibehalten. Vorbehaltlich der Bestimnungen dieser Verordnung ist das Währungsrecht der teilnehmenden Mitgliedstaaten weiterhin anzuwenden.

(2) Bezugnahmen in Rechtsinstrumenten auf eine nationale Währungseinheit sind genauso gültig wie Bezugnahmen auf die Euro-Einheit unter Beachtung der Umrechnungskurse.

Artikel 7

Die Ersetzung der Währung eines jeden teilnehmenden Mitgliedstaats durch den Euro ändert als solche nicht die Währungsbezeichnung der am Tag der Ersetzung bestehenden Rechtsinstrumente.

Artikel 8

(1) Handlungen, die aufgrund von Rechtsinstrumenten erfolgen, die die Verwendung einer nationalen Währungseinheit vorschreiben oder auf diese lauten, werden in dieser nationalen Währungseinheit ausgeführt. Handlungen, die aufgrund von Rechtsinstrumenten erfolgen, die die Verwendung der Euro-Einheit vorschreiben oder auf sie lauten, werden in der Euro-Einheit ausgeführt.

(2) Absatz 1 gilt vorbehaltlich etwaiger Vereinbarungen der Parteien.

(3) Abweichend von Absatz 1 kann jeder Betrag, der auf die Euro-Einheit oder die nationale Währungseinheit eines bestimmten teilnehmenden Mitgliedstaats lautet und innerhalb dieses Mitgliedstaats durch Gutschrift auf das Konto des Gläubigers zahlbar ist, vom Schuldner entweder in der Euro-Einheit oder in dieser nationalen Währungseinheit gezahlt werden. Der Betrag wird dem Konto des Gläubigers in der Währungseinheit seines Kontos gutgeschrieben, wobei Umrechnungen zum jeweiligen Umrechnungskurs erfolgen.

(4) Abweichend von Absatz 1 kann jeder teilnehmende Mitgliedstaat die gegebenenfalls erforderlichen Maßnahmen treffen, um

- die von einem Schuldner, der in diesem Mitgliedstaat zum Sektor Staat im Sinne des Europäischen Systems volkswirtschaftlicher Gesamtrechnungen zählt, emittierten Schuldtitel, die auf seine nationale Währungseinheit lauten und nach seinem Recht ausgegeben wurden, auf die Euro-Einheit umzustellen. Hat ein Mitgliedstaat eine solche Maßnahme getroffen, so können die Emittenten die auf die nationale Währungseinheit dieses Mitgliedstaats lautenden Schuldtitel auf die Euro-Einheit umstellen, es sei denn, die Umstellung ist in den Vertragsbedingungen ausdrücklich ausgeschlossen; diese Bestimmung gilt für die von einem Schuldner, der in einem Mitgliedstaat zum Sektor Staat zählt, emittierten Schuldtitel sowie für die von anderen Schuldnern emittierten Schuldverschreibungen und anderen an den Kapitalmärkten handelbaren Formen verbriefter Verbindlichkeiten und Geldmarkttitel;
- folgenden Einrichtungen die Möglichkeit einzuräumen, die Rechnungseinheit ihrer operationellen Verfahren von einer nationalen Währungseinheit auf die Euro-Einheit umzustellen:
  a) Märkte, auf denen Geschäfte in den im Abschnitt B des Anhangs zur Richtlinie 93/22/EWG des Rates vom 10. Mai 1993 über Wertpapierdienstleistungen[5] aufgeführten Instrumenten oder in Waren regelmäßig getätigt, verrechnet und abgewickelt werden, und
  b) Systeme, in denen Zahlungsinstrumente regelmäßig gehandelt, verrechnet und abgerechnet werden.

---

5 ABl. Nr. L 141 vom 11.6.1993, S. 27. Richtlinie geändert durch die Richtlinie 95/26/EG des Europäischen Parlaments und des Rates (ABl. Nr. L 168 vom 18.7.1995, S. 7).

(5) Andere Vorschriften als die des Absatzes 4, die die Verwendung der Euro-Einheit vorschreiben, können den teilnehmenden Mitgliedstaaten nur gemäß einem Zeitrahmen eingeführt werden, der in gemeinschaftlichen Rechtsvorschriften festgelegt ist.

6. Nationale Rechtsvorschriften der teilnehmenden Mitgliedstaaten, die eine Aufrechnung, eine Verrechnung oder Techniken vergleichbarer Wirkung gestatten oder vorschreiben, finden auf Geldschulden unabhängig von deren Währungsbezeichnung Anwendung, wenn diese auf die Euro-Einheit oder eine nationale Währungseinheit lautet, wobei Umrechungen zu den Umrechnungskursen erfolgen.

Artikel 9

Banknoten und Münzen, die auf eine nationale Währungseinheit lauten, behalten die Eigenschaft eines gesetzlichen Zahlungsmittels innerhalb ihres jeweiligen Gültigkeitsgebiets wie am Tag vor Inkrafttreten dieser Verordnung.

TEIL IV

EURO-BANKNOTEN UND EURO-MÜNZEN

Artikel 10

Am ... (*) setzen die EZB und die Zentralbanken der teilnehmenden Mitgliedstaaten auf Euro lautende Banknoten in Umlauf. Unbeschadet des Artikels 15 haben diese auf Euro lautenden Banknoten als einzige in allen diesen Mitgliedstaaten die Eigenschaft eines gesetzlichen Zahlungsmittels.

Artikel 11

Am ... (*) geben die teilnehmenden Mitgliedstaaten Münzen aus, die auf Euro oder Cent lauten und den Bezeichnungen und technischen Merkmalen entsprechen, die der Rat nach Artikel 105a Absatz 2 Satz 2 des Vertrags festlegen kann. Unbeschadet des Artikels 15 haben diese Münzen als einzige in allen diesen Mitgliedstaaten die Eigenschaft eines gesetzlichen Zahlungsmittels. Mit Ausnahme der ausgebenden Behörde und der Personen, die in den nationalen Rechtsvorschriften des ausgebenden Mitgliedstaats speziell benannt werden, ist niemand verpflichtet, mehr als fünfzig Münzen bei einer einzelnen Zahlung anzunehmen.

Artikel 12

Die teilnehmenden Mitgliedstaaten stellen sicher, daß es angemessene Sanktionen für Nachahmungen und Fälschungen von Euro-Banknoten und Euro-Münzen gibt.

TEIL V

SCHLUSSBESTIMMUNGEN

Artikel 13

Artikel 14, 15 und 16 gelten ab Ende der Übergangszeit.

(*) Genaues Datum, das gemäß dem Madrider Szenario bei der Annahme dieser Verordnung festzulegen ist.

Artikel 14

Wird in Rechtsinstrumenten, die am Ende der Übergangszeit bestehen, auf nationale Währungseinheiten Bezug genommen, so ist dies als Bezugnahme auf die Euro-Einheit entsprechend dem jeweiligen Umrechnungskurs zu verstehen. Es gelten die in der Verordnung (EG) Nr. 1103/97 niedergelegten Rundungsregeln.

Artikel 15

(1) Banknoten und Münzen, die auf eine nationale Währungseinheit im Sinne des Artikels 6 Absatz 1 lauten, behalten die Eigenschaft eines gesetzlichen Zahlungsmittels in dem jeweiligen Gültigkeitsgebiet noch für längstens sechs Monate nach Ende der Übergangszeit; diese Übergangszeit kann durch nationale Rechtsvorschriften verkürzt werden.

(2) Jeder teilnehmende Mitgliedstaat kann für die Dauer von bis zu sechs Monaten nach Ende der Übergangszeit Regeln für die Verwendung von auf seine nationale Währungseinheit im Sinne des Artikels 6 Absatz 1 lautende Banknoten und Münzen festlegen sowie alle Maßnahmen ergreifen, die erforderlich sind, damit diese Banknoten und Münzen leichter aus dem Verkehr gezogen werden können.

Artikel 16

Gemäß den Gesetzen oder Gepflogenheiten der teilnehmenden Mitgliedstaaten tauschen die jeweiligen Ausgeber von Banknoten und Münzen die von ihnen früher ausgegebenen Banknoten und Münzen weiterhin zum Umrechnungskurs in Euro um.

TEIL VI

INKRAFTTRETEN

Artikel 27

Diese Verordnung tritt am 1. Januar 1999 in Kraft.

Diese Verordnung ist in allen ihren Teilen verbindlich und gilt gemäß dem Vertrag vorbehaltlich der Protokolle Nr. 11 und Nr. 12 sowie des Artikels 109k Absatz 1 des Vertrags unmittelbar in jedem Mitgliedstaat.

Geschehen zu Brüssel am ...

Im Namen des Rates

Der Präsident

Anlage 3: Entwurf eines Gesetzes zur Einführung des Euro (Euro-Einführungsgesetz – EuroEG)

– Stand 24. September 1997 –

Der Bundestag hat mit Zustimmung des Bundesrates das folgende Gesetz beschlossen:

Artikel 1
Diskontsatz-Überleitungs-Gesetz (DÜG)

§ 1 Ersetzung des Diskontsatzes aus Anlaß der Einführung des Euro

(1) Soweit der Diskontsatz der Deutschen Bundesbank als Bezugsgröße für Zinsen und andere Leistungen verwendet wird, tritt bis zum Ablauf des 31. Dezember 2001 an seine Stelle der jeweilige Basiszinssatz. Basiszinssatz ist der am 31. Dezember 1998 geltende Diskontsatz der Deutschen Bundesbank. Er verändert sich mit Beginn des 1. Januar, 1. Mai und 1. September jedes Jahres, erstmals mit Beginn des 1. Mai 1999 um die Prozentpunkte, um welche die gemäß Absatz 2 zu bestimmende Bezugsgröße seit der letzten Veränderung des Basiszinssatzes gestiegen oder gefallen ist. Für die erste Veränderung ist die Veränderung der Bezugsgröße seit der Ersetzung des Diskontsatzes maßgeblich. Sätze 3 und 4 gelten nicht, wenn sich die Bezugsgröße um weniger als 0,5 Prozentpunkte verändert hat. Die Deutsche Bundesbank gibt den Basiszinssatz im Bundesanzeiger bekannt.

(2) Die Bundesregierung wird ermächtigt, durch Rechtsverordnung mit Zustimmung des Bundesrates dasjenige Steuerungsmittel der Europäischen Zentralbank als Bezugsgröße nach Absatz 1 Satz 3 zu bestimmen, das nach seiner Aufgabe, Änderungshäufigkeit und Wirkungsweise als Bezugsgröße dem Diskontsatz am ehesten entspricht.

§ 2 Geltendmachung von Altforderungen

Bei der Geltendmachung von vor dem Inkrafttreten dieses Gesetzes entstandenen Forderungen auf Zinsen ist der Diskontsatz in der jeweiligen Höhe, die seit dem Zeitpunkt des Entstehens der Forderung durch die Deutsche Bundesbank bestimmt war, nach dem Inkrafttreten dieses Gesetzes als Basiszinssatz zu bezeichnen.

§ 3 Andere Bezugsgrößen

(1) Wird in einem Gesetz auf den Zinssatz für Kassenkredite des Bundes Bezug genommen, tritt an dessen Stelle der um 1,5 Prozentpunkte erhöhte Basiszinssatz.

(2) Die Bundesregierung wird ermächtigt, durch Rechtsverordnung mit Zustimmung des Bundesrates
1. den Lombardsatz als Bezugsgröße durch dasjenige Steuerungsmittel der Europäischen Zentralbank zu ersetzen, das dem Lombardsatz in seiner Funktion am ehesten entspricht und
2. die Frankfurt Interbank Offered Rate für die Geldbeschaffung von ersten Adressen auf dem deutschen Markt (FIBOR) durch den Zinssatz zu ersetzen, der dieser in ihrer Funktion am ehesten entspricht.

§ 4 Vertragskontinuität

Die in diesem Gesetz geregelte Ersetzung von Zinssätzen begründet keinen Anspruch auf vorzeitige Kündigung, einseitige Aufhebung oder Abänderung von Verträgen und Abänderung von Vollstreckungstiteln. Das Recht der Parteien, den Vertrag einvernehmlich zu ändern oder aufzuheben, bleibt unberührt.

§ 5 Vorbehalt für landesrechtliche Regelungen

Für Rechtsverhältnisse, für die Landesrecht maßgeblich ist, können abweichende Regelungen getroffen werden.

Artikel 2
Änderung von Vorschriften auf dem Gebiet des gerichtlichen Verfahrens

§ 1 Änderung der Zivilprozeßordnung
310-4

In § 688 Abs. 1 der Zivilprozeßordnung in der im Bundesgesetzblatt Teil III, Gliederungsnummer 310-4, veröffentlichten bereinigten Fassung, die zuletzt durch ... geändert worden ist, werden die Wörter »inländischer Währung« durch die Wörter »Euro oder Deutscher Mark« ersetzt.

§ 2 Änderung der Verordnung zur Einführung von Vordrucken für das Mahnverfahren
310-4-3

Nach § 2 der Verordnung zur Einführung von Vordrucken für das Mahnverfahren vom 6. Mai 1977 (BGBl. I S. 693), die zuletzt durch ... geändert worden ist, wird folgender § 2 a eingefügt:

»§ 2 a Übergang zum Euro

(1) Für Mahnverfahren, die die Zahlung einer bestimmten Geldsumme in Euro zum Gegenstand haben, wird der in Anlage 1 bestimmte Vordruck in einer Fassung eingeführt, in der die Bezeichnung »DM« in allen Teilen durch die Bezeichnung »Euro« oder »EUR« ersetzt ist und die in dem Vorblatt des Vordrucks angeführten Geldbeträge in Euro bezeichnet sind.
(2) Die Vordrucke können mit zusätzlichen Hinweisen versehen werden, die ihre Handhabung und ihr Verständnis in bezug auf die Währungseinheit und den vom Rat der Europäischen Union gemäß Artikel 1091 Abs. 4 Satz 1 des EG-Vertrages unwiderruflich festgelegten Umrechnungskurs für die Parteien erleichtern.«

§ 3 Änderung der Verordnung zur Einführung von Vordrucken für das Mahnverfahren bei Gerichten, die das Verfahren maschinell bearbeiten 310-4-5

Die Verordnung vom 6. Juni 1978 (BGBl. I S. 705) zur Einführung von Vordrucken für das Mahnverfahren bei Gerichten, die das Verfahren maschinell bearbeiten, zuletzt geändert durch ..., wird wie folgt geändert:

1. § 4 wird wie folgt gefaßt:

»§ 4 Übergang zum Euro

(1) Für Mahnverfahren, in denen der Antrag auf Erlaß des Mahnbescheids nach dem 31. Dezember 1998 und vor dem 1. Januar 2002 bei Gericht eingeht, werden die in Anlage 1 und 3 sowie die für Anträge in Anlage 4 und 6 bestimmten Vordrucke in einer Fassung eingeführt, in der alle Felder für die Angabe eines Geldbetrages mit der Bezeichnung »Betrag« überschrieben sind und ein diesen Feldern allgemein zugeordnetes Feld für die Bezeichnung der Beträge mit der Währungsbezeichnung Euro oder Deutsche Mark vorgesehen ist. In dem Hinweisblatt zu Anlage 1 kann die Wertgrenze für die Zuständigkeit des Amtsgerichts in Deutscher Mark und in Euro bezeichnet werden. Der Vordruck für den Antrag auf Erlaß eines Mahnbescheids kann in der in Anlage 1 bisher eingeführten Fassung bis zum 31. Dezember 2001 weiterverwendet werden; Angaben in der dritten Spalte der Zeilen 40 bis 42 bezeichnen in diesen Fällen einen Zinssatz über dem jeweiligen Basiszinssatz.
(2) Für Mahnverfahren, in denen der Antrag auf Erlaß des Mahnbescheids nach dem 31. Dezember 2001 bei Gericht eingeht, werden die in Absatz 1 bezeichneten Vordrucke in einer Fassung eingeführt, in der alle Felder für die Angabe eines Geldbetrages mit der Bezeichnung »Euro« oder »EUR« überschrieben sind und in dem Hinweisblatt zu Anlage 1 die Wertgrenze für die Zuständigkeit des Amtsgerichts allein in Euro bezeichnet ist.
(3) Für den Widerspruch (Anlage 3), den Antrag auf Erlaß eines Vollstreckungsbescheids (Anlage 4) und den Antrag auf Neuzustellung eines Mahnbescheids (Anlage 6) kann unabhängig vom Zeitpunkt des Eingangs des Mahnbescheidsantrags der vom Gericht übermittelte Vordruck verwendet werden.

(4) Es können entfallen oder berichtigt werden
1. in den Hinweisen zu dem in Anlage 1 bestimmten Vordruck in dem mit »Hauptforderungs-Katalog« überschriebenen Abschnitt in dem Text zu Katalog-Nr. 31 der Zusatz »(1/3 %) in DM« und in dem Text zu Katalog-Nr. 32 der Zusatz »in DM«,
2. in den in Anlage 2 und 5 bestimmten Vordrucken für den Mahn- und den Vollstrekkungsbescheid in dem Abschnitt »Kosten« der Vordruck der Währungseinheit.

(5) Die Vordrucke können mit zusätzlichen Hinweisen versehen werden, die ihre Handhabung und ihr Verständnis in bezug auf die Währungseinheit und den vom Rat der Europäischen Union gemäß Artikel 109l Abs. 4 Satz 1 des EG-Vertrages unwiderruflich festgelegten Umrechnungskurs für die Parteien erleichtern.

(6) Die nähere Ausgestaltung der Vordrucke nach Maßgabe der Absätze 1 bis 5 bestimmt die in § 3 Abs. 2 bezeichnete Stelle.«
2. In Anlage 1 wird in dem Vordruck für den Antrag auf Erlaß eines Mahnbescheids in der Überschrift der dritten Spalte zu den Zeilen 40 bis 42 und in den Hinweisen zu diesem Vordruck in dem mit »Laufende Zinsen
(Zeilen 40 bis 42)« überschriebenen Abschnitt im zweiten Satz des dritten Absatzes das Wort »Diskontsatz« jeweils durch das Wort »Basiszinssatz« ersetzt.
3. In Anlage 3 wird in den Hinweisen zum Vordruck für den Widerspruch in dem mit »Teilwiderspruch (Zeilen 3 und 4)« überschriebenen Abschnitt der zweite Satz wie folgt gefaßt:

»In dem dritten Feld der Zeile 4 können Sie zur Bezeichnung eines nicht bestrittenen Teils des Zinsfußes auch einen vom jeweiligen Basiszinssatz abhängigen Zinssatz in der Kurzschreibweise B + x (Beispiel: B + 2 = 2 % über dem jeweiligen Basiszinssatz) angeben.«

§ 4 Änderung der Verordnung zur Einführung von Vordrucken für das arbeitsgerichtliche Mahnverfahren 320-1-1

§ 2 der Verordnung zur Einführung von Vordrucken für das arbeitsgerichtliche Mahnverfahren vom 15. Dezember 1977 (BGBl. I S. 2625) wird wie folgt gefaßt:

»§ 2 Übergang zum Euro

(1) Für Mahnverfahren, die die Zahlung einer bestimmten Geldsumme in Euro zum Gegenstand haben, wird der in Anlage 1 bestimmte Vordruck in einer Fassung eingeführt, in der die Bezeichnung »DM« in allen Teilen durch die Bezeichnung »Euro« oder »EUR« ersetzt ist und die in dem Vorblatt des Vordrucks angeführten Geldbeträge in Euro bezeichnet sind.

(2) Die Vordrucke können mit zusätzlichen Hinweisen versehen werden, die ihre Handhabung und ihr Verständnis in bezug auf die Währungseinheit und den vom Rat der Europäischen Union gemäß Artikel 109l Abs. 4 Satz 1 des EG-Vertrages unwiderruflich festgelegten Umrechnungskurs für die Parteien erleichtern.«

Artikel 3
Änderungen von Vorschriften auf dem Gebiet des Gesellschaftsrechts

§ 1 Änderung des Aktiengesetzes
4121-1

Das Aktiengesetz vom 6. September 1965 (BGBl. I S. 1098), zuletzt geändert durch ..., wird wie folgt geändert:

1. In § 6 werden die Wörter »Deutscher Mark« durch das Wort »Euro« ersetzt.
2. In § 7 werden die Wörter »einhunderttausend Deutsche Mark« durch die Wörter »fünfzigtausend Euro« ersetzt.
3. § 8 wird wie folgt geändert:
   a) In Absatz 1 Satz 1 werden die Wörter »fünf Deutsche Mark« durch die Wörter »ein Euro« ersetzt.
   b) In Absatz 2 werden die Wörter »fünf Deutsche Mark« durch das Wort »Euro« ersetzt.
4. In § 76 Abs. 2 Satz 2 werden die Wörter »Deutsche Mark« durch das Wort »Euro« ersetzt.
5. In § 95 Satz 4 werden die Angabe »bis zu 3 000 000 Deutsche Mark« durch die Angabe »bis zu 1 500 000 Euro«, die Angabe »von mehr als 3 000 000 Deutsche Mark« durch die Angabe »von mehr als 1 500 000 Euro« und die Angabe »von mehr als 20 000 000 Deutsche Mark« durch die Angabe »von mehr als 10 000 000 Euro« ersetzt.
6. In §§ 103 Abs. 3 Satz 3, § 120 Abs. 1 Satz 2, § 142 Abs. 2 Satz 1, Abs. 4 Satz 1 und § 147 Abs. 3 Satz 2 werden jeweils die Wörter »zwei Millionen Deutsche Mark« durch die Wörter »einer Million Euro« ersetzt.
7. In § 122 Abs. 2 werden die Wörter »einer Million Deutsche Mark« durch die Angabe »500 000 Euro« ersetzt.
8. In §§ 254 Abs. 2 Satz 3, § 258 Abs. 2 Satz 3, § 260 Abs. 1 Satz 1, Abs. 3 Satz 4 und § 265 Abs. 3 Satz 1 werden jeweils die Wörter »einer Million Deutscher Mark« durch die Angabe »500 000 Euro« ersetzt.

§ 2 Änderung des Einführungsgesetzes zum Aktiengesetz
4121-2

Das Einführungsgesetz zum Aktiengesetz vom 6. September 1965 (BGBl. I S. 1185), zuletzt geändert durch ..., wird wie folgt geändert:

1. § 1 wird wie folgt geändert:
   a) Der bisherige Text wird Absatz 1.
   b) Folgender Absatz 2 wird angefügt:
   »(2) Aktiengesellschaften, die vor dem 1. Januar 1999 in das Handelsregister eingetragen worden sind, dürfen die Nennbeträge ihres Grundkapitals und ihrer Aktien weiter in Deutscher Mark bezeichnen. Bis zum 31. Dezember 2001 dürfen Aktiengesellschaften neu eingetragen werden, deren Grundkapital und Aktien auf Deutsche Mark lauten. Danach dürfen Aktiengesellschaften nur eingetragen werden, wenn die Nennbeträge von Grundkapital und Aktien in Euro bezeichnet sind; das gleiche gilt für Beschlüsse über die Änderung des Grundkapitals.«

2. § 2 wird wie folgt gefaßt

»§ 2

Mindestnennbetrag des Grundkapitals

Für Aktiengesellschaften, die vor dem 1. Januar 1999 in das Handelsregister eingetragen oder zur Eintragung in das Handelsregister angemeldet worden sind, bleibt der bis dahin gültige Mindestbetrag des Grundkapitals maßgeblich, bis die Aktiennennbeträge an die seit diesem Zeitpunkt geltenden Beträge des § 8 des Aktiengesetzes angepaßt werden. Für spätere Gründungen gilt der Mindestbetrag des Grundkapitals nach § 7 des Aktiengesetzes in der ab dem 1. Januar 1999 geltenden Fassung, der bei Gründungen in Deutscher Mark zu dem vom Rat der Europäischen Union gemäß Artikel 109l Abs. 4 Satz 1 des EG-Vertrages unwiderruflich festgelegten Umrechnungskurs in Deutsche Mark umzurechnen ist.«

3. § 3 wird wie folgt geändert:

a) Absatz 2 wird wie folgt gefaßt:

»(2) Aktien einer Gesellschaft, die vor dem 1. Januar 1999 in das Handelsregister eingetragen oder zur Eintragung in das Handelsregister angemeldet und bis zum 31. Dezember 2001 eingetragen worden ist, dürfen weiterhin auf einen nach den bis dahin geltenden Vorschriften zulässigen Nennbetrag lauten, Aktien, die auf Grund eines Kapitalerhöhungsbeschlusses ausgegeben werden, jedoch nur, wenn dieser bis zum 31. Dezember 2001 in das Handelsregister eingetragen worden ist. Dies gilt nur einheitlich für sämtliche Aktien einer Gesellschaft. Die Nennbeträge können auch zu dem vom Rat der Europäichen Union gemäß Artikel 109l Abs. 4 Satz 1 des EG-Vertrages unwiderruflich festgelegten Umrechnungskurs in Euro ausgedrückt werden.«

b) Folgende Absätze 3 bis 5 werden angefügt:

»(3) Für Aktiengesellschaften, die auf Grund einer nach dem 31. Dezember 1998 erfolgten Anmeldung zum Handelsregister bis zum 31. Dezember 2001 eingetragen werden und deren Grundkapital und Aktien nach § 1 Abs. 2 Satz 2 auf Deutsche Mark lauten, gelten die zu dem vom Rat der Europäischen Union gemäß Artikel 109l Abs. 4 Satz 1 des EG-Vertrages unwiderruflich festgelegten Umrechnungskurs in Deutsche Mark umzurechnenden Beträge nach § 8 des Aktiengesetzes in der ab dem 1. Januar 1999 geltenden Fassung.

(4) Das Verhältnis der mit den Aktien verbundenen Rechte zueinander und das Verhältnis ihrer Nennbeträge zum Nennkapital wird durch Umrechnung zwischen Deutscher Mark und Euro nicht berührt. Nach Umrechnung gebrochene Aktiennennbeträge können auf mindestens zwei Stellen hinter dem Komma gerundet dargestellt werden. Diese Rundung hat keine Rechtswirkung. Auf sie ist in Beschlüssen und Satzung hinzuweisen, der jeweilige Anteil der Aktie am Grundkapital muß erkennbar sein.

(5) Börsennotierte Aktiengesellschaften haben die Nennbeträge ihrer Aktien spätestens zum 1. Januar 2002 an § 8 des Aktiengesetzes in der ab dem 1. Januar 1999 geltenden Fassung anzupassen. Sind zu diesem Zeitpunkt die Nennbeträge noch nicht angepaßt, dürfen Änderungen der Satzung in das Handelsregister nur eingetragen werden, wenn zugleich eine Satzungsänderung über die Anpassung der Aktiennennbeträge eingetragen wird. Nicht börsennotierte Aktiengesellschaften sind zur Anpassung der Nennbeträge nicht verpflichtet. Beschließt eine solche Gesellschaft die Änderung ihres Grundkapitals, darf dieser Beschluß nach dem 31. Dezember 2001 in das Handelsregister nur eingetragen werden, wenn zugleich eine Satzungsänderung über die Anpassung der Aktiennennbeträge an § 8 des Aktiengesetzes eingetragen wird.«

4. Nach § 3 wird folgender § 4 eingefügt:
»§ 4
Verfahren der Umstellung auf den Euro
(1) Über die Umstellung des Grundkapitals und der Aktiennennbeträge auf Euro beschließt bis zum 31. Dezember 2001 die Hauptversammlung abweichend von § 179 Abs. 2 des Aktiengesetzes mit der einfachen Mehrheit des bei der Beschlußfassung vertretenen Grundkapitals. Danach findet § 179 Abs. 1 Satz 2 des Aktiengesetzes Anwendung. Auf die Anmeldung und Eintragung der Umstellung in das Handelsregister ist § 181 Abs. 1 Satz 2 und 3 und Abs. 2 des Aktiengesetzes nicht anzuwenden.
(2) Für eine Erhöhung des Grundkapitals aus Gesellschaftsmitteln oder eine Herabsetzung des Kapitals auf den nächsthöheren oder nächstniedrigeren Betrag, mit dem die Nennbeträge der Aktien auf volle Euro gestellt werden können, genügt abweichend von den §§ 207 Abs. 2, § 182 Abs. 1 und § 222 Abs. 1 des Aktiengesetzes die einfache Mehrheit des bei der Beschlußfassung vertretenen Grundkapitals, bei der Herabsetzung jedoch nur, wenn zumindest die Hälfte des Grundkapitals vertreten ist. Diese Mehrheit gilt auch für mit der Kapitaländerung verbundene Beschlüsse über die entsprechende Anpassung eines genehmigten Kapitals oder über die Teilung der auf volle Euro gestellten Aktien. § 130 Abs. 1 Satz 3 des Aktiengesetzes findet keine Anwendung.
(3) Eine Kapitalerhöhung aus Gesellschaftsmitteln oder eine Kapitalherabsetzung kann durch Erhöhung oder Herabsetzung des Nennbetrags der Aktien oder durch Neueinteilung der Aktiennennbeträge ausgeführt werden. Die Neueinteilung der Nennbeträge bedarf der Zustimmung der betroffenen Aktionäre, auf die nicht ihrem Anteil entsprechend volle Aktien oder eine geringere Zahl an Aktien als zuvor entfallen; bei teileingezahlten Aktien ist sie ausgeschlossen.
(4) Aktien, die aus einem bedingten Kapital nach dem Stichtag der letzten Jahresbilanz ausgegeben worden sind, gelten für die Bemessung des Betrages einer Kapitalerhöhung aus Gesellschaftsmitteln und für die Fassung von Satzungsänderungen zur Umstellung auf Euro erst nach deren Eintragung in das Handelsregister als ausgegeben. Die aus einem bedingten Kapital ausgegebenen und noch auszugebenden Aktien nehmen an der Änderung der Nennbeträge teil.
(5) Für eine Kapitalerhöhung aus Gesellschaftsmitteln nach Absatz 2 können abweichend von § 208 Abs. 1 Satz 2 und § 150 Abs. 3 des Aktiengesetzes die Kapitalrücklage und die gesetzliche Rücklage sowie deren Zuführungen, auch soweit sie zusammen den zehnten Teil oder den in der Satzung bestimmten höheren Teil des bisherigen Grundkapitals nicht übersteigen, in Grundkapital umgewandelt werden.
(6) § 73 Abs. 1 Satz 2 des Aktiengesetzes findet keine Anwendung. Im übrigen bleiben die aktienrechtlichen Vorschriften unberührt.«
5. § 28 wird gestrichen.

§ 3 Änderung des Gesetzes betreffend die Gesellschaften mit beschränkter Haftung 4123-1

Das Gesetz betreffend die Gesellschaften mit beschränkter Haftung in der im Bundesgesetzblatt Teil III, Gliederungsnummer 4123-1, veröffentlichten bereinigten Fassung, zuletzt geändert durch ..., wird wie folgt geändert:

1. § 5 wird wie folgt geändert:
   a) In Absatz 1 werden die Wörter »fünfzigtausend Deutsche Mark« durch die Wörter »fünfundzwanzigtausend Euro« ersetzt und die Wörter »fünfhundert Deutsche Mark« durch die Wörter »hundert Euro« ersetzt.
   b) In Absatz 3 Satz 2 werden die Wörter »Deutscher Mark« durch das Wort »Euro« und das Wort »hundert« durch das Wort »fünfzig« ersetzt.
2. In § 7 Abs. 2 Satz 2 werden die Wörter »fünfundzwanzigtausend Deutsche Mark« durch dieWörter »die Hälfte des Mindeststammkapitals gemäß § 5 Abs. 1« ersetzt.
3. In § 47 Abs. 2 werden die Wörter »hundert Deutsche Mark« durch die Wörter »fünfzig Euro«
4. In § 57h Abs. 1 Satz 2 und § 58a Abs. 3 Satz 2 und 3 werden die Wörter »Deutsche Mark« jeweils durch das Wort »Euro« ersetzt.
5. Dem Sechsten Abschnitt wird folgender § 86 angefügt:

   »§ 86

   (1) Gesellschaften, die vor dem 1. Januar 1999 in das Handelsregister eingetragen worden sind, dürfen ihr auf Deutsche Mark lautendes Stammkapital beibehalten; entsprechendes gilt für Gesellschaften, die vor dem 1. Januar 1999 zur Eintragung in das Handelsregister angemeldet, aber erst danach bis zum 31. Dezember 2001 eingetragen werden. Für Mindestbetrag und Teilbarkeit von Kapital, Einlagen und Geschäftsanteilen sowie für den Umfang des Stimmrechts bleiben bis zu einer Kapitaländerung nach Satz 4 die bis dahin gültigen Beträge weiter maßgeblich. Dies gilt auch, wenn die Gesellschaft ihr Kapital auf Euro umgestellt hat. Eine Änderung des Stammkapitals darf nach dem 31. Dezember 2001 nur eingetragen werden, wenn das Kapital auf Euro umgestellt und die in Euro berechneten Nennbeträge der Geschäftsanteile auf einen durch zehn teilbaren Betrag, mindestens jedoch auf fünfzig Euro gestellt werden.

   (2) Bei Gesellschaften, die zwischen dem 1. Januar 1999 und dem 31. Dezember 2001 zum Handelsregister angemeldet und in das Register eingetragen werden, dürfen Stammkapital und Stammeinlagen auch auf Deutsche Mark lauten. Für Mindestbetrag und Teilbarkeit von Kapital, Einlagen und Geschäftsanteilen sowie für den Umfang des Stimmrechts gelten die zu dem vom Rat der Europäischen Union gemäß Artikel 109l Abs. 4 Satz 1 des EG-Vertrages unwiderruflich festgelegten Umrechnungskurs in Deutsche Mark umzurechnenden Beträge des Gesetzes in der ab dem 1. Januar 1999 geltenden Fassung.

   (3) Die Umstellung des Stammkapitals und der Geschäftsanteile auf Euro erfolgt durch Beschluß der Gesellschafter mit einfacher Stimmenmehrheit nach § 47; § 53 Abs. 2 Satz 1 findet keine Anwendung. Auf die Anmeldung und Eintragung der Umstellung in das Handelsregister ist § 54 Abs. 1 Satz 2 und Abs. 2 nicht anzuwenden. Werden mit der Umstellung weitere Maßnahmen verbunden, insbesondere das Kapital verändert, bleiben die hierfür geltenden Vorschriften unberührt; auf eine Herabsetzung des Stammkapitals, mit der die Nennbeträge der Geschäftsanteile auf einen Betrag nach Absatz 1 Satz 4 gestellt werden, findet jedoch § 58 Abs. 1 Satz 4 keine Anwendung, wenn zugleich eine Erhöhung des Stammkapitals gegen Bareinlagen beschlossen und diese in voller Höhe vor der Anmeldung zum Handelsregister geleistet werden.«

§ 4 Änderung des Umwandlungsgesetzes 4120-9-2

Das Umwandlungsgesetz vom 28. Oktober 1994 (BGBl. I S. 3210, 1995 S. 428), zuletzt geändert durch ... , wird wie folgt geändert:

1. In §§ 46 Abs. 1 Satz 3, § 54 Abs. 3 Satz 1 und § 55 Abs. 1 Satz 2 werden jeweils die Wörter »Deutsche Mark« durch das Wort »Euro« ersetzt.
2. In § 241 Abs. 1 Satz 1 werden die Wörter »auf einen höheren Betrag als fünfzig Deutsche Mark und« gestrichen.
3. § 243 Abs. 3 Satz 2 wird wie folgt gefaßt:
   »Bei einer Gesellschaft mit beschränkter Haftung muß er in jedem Fall mindestens fünfzig Euro betragen und durch zehn teilbar sein.«
4. § 258 Abs. 2 wird wie folgt geändert:
   a) Die Wörter »fünfzig Deutschen Mark« werden durch die Wörter »fünfzig Euro« ersetzt.
   b) Die Wörter »ein Teilrecht im Nennbetrag von zehn Deutschen Mark« werden durch die Wörter »eine volle Aktie« ersetzt.
5. § 263 wird wie folgt geändert:
   a) Absatz 2 Satz 2 wird wie folgt gefaßt:
      »Der Nennbetrag des Grundkapitals ist so zu bemessen, daß auf jeden Genossen möglichst volle Aktien entfallen.«
   b) Absatz 3 wird wie folgt geändert:
      aa) In Satz 1 werden die Wörter »fünfhundert Deutsche Mark« durch die Wörter »hundert Euro« ersetzt.
      bb) In Satz 2 werden die Wörter »fünfzig Deutsche Mark« durch die Wörter »ein Euro« ersetzt.
6. In § 273 werden die Wörter »fünfzig Deutschen Mark« durch die Wörter »fünfzig Euro« und die Wörter »ein Teilrecht im Nennbetrag von zehn Deutschen Mark« durch die Wörter »eine volle Aktie« ersetzt.
7. § 276 Abs. 2 Satz 2 wird aufgehoben.
8. In § 291 Abs. 2 werden die Wörter »ein Teilrecht im Nennbetrag von zehn Deutschen Mark« durch die Wörter »eine volle Aktie« ersetzt.
9. § 294 wird wie folgt geändert:
   a) In Absatz 2 Satz 3 werden die Wörter »eine volle Aktie oder ein möglichst hohes Teilrecht entfällt« durch die Wörter »volle Aktien entfallen« ersetzt.
   b) Absatz 3 Satz 2 wird aufgehoben.
10. § 318 wird wie folgt geändert:
   a) Die Überschrift wird wie folgt gefaßt:
      »Eingeleitete Umwandlungen; Umstellung auf den Euro«
   b) Der bisherige Text wird Absatz 1.
   c) Folgender Absatz 2 wird angefügt:
      »(2) Wird eine Umwandlung nach dem 31. Dezember 1998 in das Handelsregister eingetragen, so erfolgt eine Neufestsetzung der Nennbeträge von Anteilen einer Kapitalgesellschaft als übernehmendem Rechtsträger, deren Anteile noch der bis dahin gültigen Nennbetragseinteilung entsprechen, nach den bis zu diesem Zeitpunkt geltenden Vorschriften. Wo dieses Gesetz für einen neuen Rechtsträger oder einen Rechtsträger

neuer Rechtsform auf die jeweils geltenden Gründungsvorschriften verweist oder bei dem Formwechsel in eine Kapitalgesellschaft anderer Rechtsform die Vorschriften anderer Gesetze über die Änderung des Stammkapitals oder des Grundkapitals unberührt läßt, gilt dies jeweils auch für die entsprechenden Überleitungsvorschriften zur Einführung des Euro im Einführungsgesetz zum Aktiengesetz und im Gesetz betreffend die Gesellschaften mit beschränkter Haftung; ist ein neuer Rechtsträger oder ein Rechtsträger neuer Rechtsform bis zum 31. Dezember 1998 zur Eintragung in das Handelsregister angemeldet worden, bleibt es bei der Anwendung der bis zu diesem Tage geltenden Gründungsvorschriften.«

§ 5 Änderung der Handelsregisterverfügung 315-20

In Anlage 3 und Anlage 5 der Handelsregisterverfügung vom 12. August 1937 (Reichsministerialblatt S. 515), die zuletzt durch ... geändert worden ist, wird jeweils in der Überschrift der Spalte 3 die Angabe »DM« gestrichen.

§ 6 Änderung des Gesetzes betreffend die Erwerbs- und Wirtschaftsgenossenschaften 4125-1

Das Gesetz betreffend die Erwerbs- und Wirtschaftsgenossenschaften in der Fassung der Bekanntmachung vom 19. August 1994 (BGBl. I S. 2202), zuletzt geändert durch ..., wird wie folgt geändert:

1. In § 53 Abs. 1 Satz 2 werden die Wörter »Deutsche Mark« durch das Wort »Euro« ersetzt.
2. Nach § 163 wird folgender § 164 angefügt:

   »§ 164

   (1) Über die Umstellung der Geschäftsanteile auf Euro beschließt die Generalversammlung abweichend von § 16 Abs. 4 mit einfacher Stimmenmehrheit. Dies gilt auch, wenn mit der Umstellung eine Herabsetzung der Geschäftsanteile verbunden wird, durch die der Betrag der Geschäftsanteile auf volle Euro gestellt wird. Für die Eintragung der Umstellung in das Genossenschaftsregister gilt § 16 Abs. 5 und 6.

   (2) Anmeldungen von Beschlüssen nach Absatz 1 Satz 1 zur Eintragung in das Genossenschaftsregister, die nur die Ersetzung des auf Deutsche Mark lautenden Betrags des Geschäftsanteils durch den zu dem vom Rat der Europäischen Union gemäß Artikel 109l Abs. 4 Satz 1 des EG-Vertrages unwiderruflich festgelegten Umrechnungskurs ermittelten Betrag in Euro zum Gegenstand haben, bedürfen nicht der in § 157 vorgeschriebenen Form. Artikel 45 Abs. 2 des Einführungsgesetzes zum Handelsgesetzbuch ist entsprechend anzuwenden.«

§ 7 Änderung des D-Markbilanzgesetzes 4140-1

Abschnitt IV des D-Markbilanzgesetzes in der im Bundesgesetzblatt Teil III, Gliederungsnummer 4140-1, veröffentlichten bereinigten Fassung, das zuletzt durch ... geändert worden ist, wird aufgehoben.

§ 8 Änderung des Gesetzes über die Mitbestimmung der Arbeitnehmer in den Aufsichtsräten und Vorständen der Unternehmen des Bergbaus und der Eisen und Stahl erzeugenden Industrie 801-2

§ 9 des Gesetzes über die Mitbestimmung der Arbeitnehmer in den Aufsichtsräten und Vorständen der Unternehmen des Bergbaus und der Eisen und Stahl erzeugenden Industrie in der im Bundesgesetzblatt Teil III, Gliederungsnummer 801-2, veröffentlichten bereinigten Fassung, das zuletzt durch ... geändert worden ist, wird wie folgt geändert:

1. In Absatz 1 Satz 1 werden die Wörter »zwanzig Millionen Deutsche Mark« durch die Wörter »zehn Millionen Euro« ersetzt.
2. In Absatz 2 Satz 1 werden die Wörter »fünfzig Millionen Deutsche Mark« durch die Wörter »fünfundzwanzig Millionen Euro« ersetzt.

§ 9 Änderung des Gesetzes zur Ergänzung des Gesetzes über die Mitbestimmung der Arbeitnehmer in den Aufsichtsräten und Vorständen der Unternehmen des Bergbaus und der Eisen und Stahl erzeugenden Industrie 801-3

In § 5 Abs. 1 Satz 3 des Gesetzes zur Ergänzung des Gesetzes über die Mitbestimmung der Arbeitnehmer in den Aufsichtsräten und Vorständen der Unternehmen des Bergbaus und der Eisen und Stahl erzeugenden Industrie in der im Bundesgesetzblatt Teil III, Gliederungsnummer 801-3, veröffentlichten bereinigten Fassung, das zuletzt durch ... geändert worden ist, werden die Wörter »fünfzig Millionen Deutsche Mark« durch die Wörter »fünfundzwanzig Millionen Euro« ersetzt.

Artikel 4
Änderung von Vorschriften auf dem Gebiet des Bilanzrechts

§ 1 Änderung des Handelsgesetzbuchs 4100-1

Das Handelsgesetzbuch in der im Bundesgesetzblatt Teil III, Gliederungsnummer 4100-1, veröffentlichten bereinigten Fassung, zuletzt geändert durch..., wird wie folgt geändert:

1. In § 244 werden die Wörter »Deutscher Mark« durch das Wort »Euro« ersetzt.
2. In §§ 284 Abs. 2 Nr. 2, § 313 Abs. 1 Nr. 2 sowie § 340h Abs. 1 Satz 1 und 2 werden jeweils die Wörter »Deutsche Mark« durch das Wort »Euro« ersetzt.
3. § 328 Abs. 4 wird aufgehoben.

§ 2 Änderung des Einführungsgesetzes zum Handelsgesetzbuch 4101-1

Nach Artikel 41* des Einführungsgesetzes zum Handelsgesetzbuch in der im Bundesgesetzblatt Teil III, Gliederungsnummer 4101-1, veröffentlichten bereinigten Fassung, das zuletzt durch ... geändert worden ist, wird folgender Abschnitt angefügt:

»Neunter Abschnitt
Übergangsvorschriften zur Einführung des Euro

Artikel 42

(1) §§ 244, 284 Abs. 2 Nr. 2, § 313 Abs. 1 Nr. 2 und § 340h Abs. 1 Satz 1 und 2 des Handelsgesetzbuchs in der ab 1. Januar 1999 geltenden Fassung sind erstmals auf das nach dem 31. Dezember 1998 endende Geschäftsjahr anzuwenden. Der Jahres- und Konzernabschluß darf auch in Deutscher Mark aufgestellt werden, letztmals für das im Jahre 2001 endende Geschäftsjahr. Sofern der Jahresabschluß und der Konzernabschluß nach Satz 2 in Deutscher Mark aufgestellt werden, sind auch die nach §§ 284 Abs. 2 Nr. 2, § 313 Abs. 1 Nr. 2 sowie § 340h Abs. 1 Satz 1 und 2 vorgeschriebenen Angaben weiterhin in Deutscher Mark zu machen. § 328 Abs. 4 des Handelsgesetzbuchs ist letzmals auf das spätestens am 31. Dezember 1998 endende Geschäftjahr anzuwenden.

(2) Werden der Jahresabschluß und der Konzernabschluß in Euro aufgestellt, ist § 265 Abs. 2 des Handelsgesetzbuchs mit der Maßgabe anzuwenden, daß zu jedem Posten der entsprechende Betrag des vorhergehenden Geschäftsjahres in Euro anzugeben ist. Die Umrechnung hat insoweit auch für ein Geschäftsjahr, das vor dem 1. Januar 1999 endet, zu dem vom Rat der Europäischen Union gemäß Artikel 1091 Abs. 4 Satz 1 des EG-Vertrages unwiderruflich festgelegten Umrechnungskurs zu erfolgen. Satz 2 gilt entsprechend für die Darstellung der Entwicklung der einzelnen Posten des Anlagevermögens und des Postens »Aufwendungen für die Ingangsetzung und Erweiterung des Geschäftsbetriebs« in der Bilanz oder im Anhang nach § 268 Abs. 2 des Handelsgesetzbuchs.

(3) Stellen Unternehmen vor Umstellung ihres gezeichneten Kapitals auf Euro den Jahres- und Konzernabschluß in Euro auf, darf das gezeichnete Kapital in der Vorspalte der Bilanz weiterhin in Deutscher Mark ausgewiesen werden, sofern der sich in Euro ergebende Betrag in der Hauptspalte ausgewiesen wird. Stellen Unternehmen den Jahres- und Konzernabschluß nach Umstellung ihres gezeichneten Kapitals auf Euro in Deutscher Mark auf, darf das gezeichnete Kapital in der Vorspalte in Euro ausgewiesen werden, sofern der sich in Deutscher Mark ergebende Betrag in der Hauptspalte ausgewiesen wird. Statt des Ausweises in der Vorspalte darf das gezeichnete Kapital auch im Anhang angegeben werden.

---

* Die Einordnung der EGHGB-Artikel ist vorläufig und steht unter dem Vorbehalt der Verabschiedung des Gesetzentwurfs zur Reform des Handelsrechts sowie der Einordnung weiterer Gesetzesbestandteile in das EGHGB.

Artikel 43

Ausleihungen, Forderungen und Verbindlichkeiten, die auf Währungseinheiten der an der Wirtschafts- und Währungsunion teilnehmenden anderen Mitgliedstaaten oder auf die ECU im Sinne des Artikels 2 der Verordnung (EG) Nr. 1103/97 des Rates vom 17. Juni 1997 (ABl. EG Nr. L 162 S. 1) lauten, sind zum nächsten, auf den 31. Dezember 1998 folgenden Stichtag im Jahresabschluß und im Konzernabschluß mit dem vom Rat der Europäischen Union gemäß Artikel 109l Abs. 4 Satz 1 des EG-Vertrages unwiderruflich festgelegten Umrechnungskurs umzurechnen und anzusetzen. Erträge, die sich aus der Umrechnung und dem entsprechenden Bilanzansatz ergeben, dürfen auf der Passivseite in einem gesonderten Posten unter der Bezeichnung »Sonderposten aus der Währungsumstellung auf den Euro« nach dem Eigenkapital eingestellt werden. Der Posten ist insoweit aufzulösen, als die Ausleihungen, Forderungen und Verbindlichkeiten, für die er gebildet worden ist, aus dem Vermögen des Unternehmens ausscheiden.

Artikel 44

(1) Die Aufwendungen für die Währungsumstellung auf den Euro dürfen als Bilanzierungshilfe aktiviert werden, soweit es sich um selbstgeschaffene immaterielle Vermögensgegenstände des Anlagevermögens handelt. Der Posten ist in der Bilanz unter der Bezeichnung »Aufwendungen für die Währungsumstellung auf den Euro« vor dem Anlagevermögen auszuweisen. Die als Bilanzierungshilfe ausgewiesenen Beträge sind in jedem folgenden Geschäftsjahr zu mindestens einem Viertel durch Abschreibung zu tilgen. Im Jahresabschluß von Kapitalgesellschaften ist der Posten im Anhang zu erläutern. Werden solche Aufwendungen in der Bilanz von Kapitalgesellschaften ausgewiesen, so dürfen Gewinne nur ausgeschüttet werden, wenn die nach der Ausschüttung verbleibenden jederzeit auflösbaren Gewinnrücklagen zuzüglich eines Gewinnvortrags und abzüglich eines Verlustvortrags dem angesetzten Betrag mindestens entsprechen.

(2) Absatz 1 ist erstmals auf das nach dem 31. Dezember 1997 endende Geschäftsjahr anzuwenden.

Artikel 45

(1) Anmeldungen zur Eintragung in das Handelsregister, die nur die Ersetzung von auf Deutsche Mark lautenden Beträgen durch den zu dem vom Rat der Europäischen Union gemäß Artikel 109l Abs. 4 Satz 1 des EG-Vertrages unwiderruflich festgelegten Umrechnungskurs ermittelten Betrag in Euro zum Gegenstand haben, bedürfen nicht der in § 12 des Handelsgesetzbuchs vorgeschriebenen Form. Entsprechende Eintragungen werden abweichend von § 10 des Handelsgesetzbuchs nicht bekannt gemacht.

(2) Auf Eintragungen in das Handelsregister, die nur die Ersetzung von auf Deutsche Mark lautenden Beträgen durch den zu dem vom Rat der Europäischen Union gemäß Artikel 109l Abs. 4 Satz 1 des EG-Vertrages unwiderruflich festgelegten Umrechnungskurs ermittelten Betrag in Euro zum Gegenstand haben, ist § 26 Abs. 7 der Kostenordnung anzuwenden.

(3) Für die Anmeldung der Erhöhung des Grund- oder Stammkapitals aus Gesellschaftsmitteln oder der Herabsetzung des Kapitals auf den nächsthöheren oder nächstniedrigeren Betrag, mit dem die Nennbeträge der Aktien auf volle Euro oder die Nennbeträge der Geschäftsanteile auf einen durch zehn teilbaren Betrag in Euro gestellt werden können, zum Handelsregister und für die Eintragung in das Handelsregister ist die Hälfte des sich aus § 26 Abs. 1 Nr. 3 oder 4 der Kostenordnung ergebenden Wertes als Geschäftswert zugrunde zu legen.«

§ 3 Änderungen von Rechnungslegungsverordnungen nach § 330 des Handelsgesetzbuchs 4142-1, 4143-1, 860-11-2, 2126-9-6

(1) Die Verordnung über die Rechnungslegung der Kreditinstitute vom 10. Februar 1992 (BGBl. I S. 203), zuletzt geändert durch ..., wird wie folgt geändert:

1. In § 35 Abs. 1 Nr. 6 werden die Wörter »Deutscher Mark« durch das Wort »Euro« ersetzt.
2. Dem § 39 werden nach Absatz 6 folgende Absätze 7 und 8 angefügt:
   »(7) Sofern für ein Geschäftsjahr, das nach dem 31. Dezember 1998 und spätestens im Jahre 2001 endet, der Jahresabschluß und der Konzernabschluß nach Artikel 42 Abs. 1 Satz 2 des Einführungsgesetzes zum Handelsgesetzbuch in Deutscher Mark aufgestellt werden, sind auch die in § 35 Abs. 1 Nr. 6 vorgeschriebenen und die in den Formblättern 1 bis 3 für die Bilanz und die Gewinn- und Verlustrechnung vorgesehenen Angaben in Deutscher Mark und unter der Bezeichnung »DM« zu machen. Für ein Geschäftsjahr, das spätestens am 31. Dezember 1998 endet, ist diese Verordnung in der an diesem Tage geltenden Fassung anzuwenden.
   (8) Sofern Kreditinstitute einen gesonderten Passivposten in Anwendung von Artikel 43 Satz 2 des Einführungsgesetzes zum Handelsgesetzbuch bilden, haben sie diesen im Formblatt 1 als Passivposten 8a. nach dem Sonderposten mit Rücklageanteil auszuweisen. Sofern sie eine Bilanzierungshilfe in Anwendung von Artikel 44 Abs. 1 Satz 1 des Einführungsgesetzes zum Handelsgesetzbuch in ihre Bilanz aufnehmen, haben sie diese im Formblatt 1 als Aktivposten 11a. nach dem Posten Immaterielle Anlagewerte auszuweisen.«
3. In den Formblättern 1 bis 3 einschließlich der Fußnoten zu einzelnen Posten der Bilanz und der Gewinn- und Verlustrechnung werden die Bezeichnungen »DM« jeweils durch die Bezeichnungen »Euro« ersetzt.

(2) Die Verordnung über die Rechnungslegung von Versicherungsunternehmen vom 8. November 1994 (BGBl. I S. 3378) wird wie folgt geändert:

1. In § 51 Abs. 4 Nr. 1 Satz 4 und in § 61 Abs. 1 Nr. 1 Buchstabe a und b sowie Nummer 2 werden jeweils die Bezeichnung »Ecu« durch die Bezeichnung »Euro« ersetzt.
2. § 61 Abs. 2 wird aufgehoben.
3. Dem § 64 werden nach Absatz 4 folgende Absätze 5 und 6 angefügt:
   »(5) Sofern für ein Geschäftsjahr, das nach dem 31. Dezember 1998 und spätestens im Jahre 2001 endet, der Jahresabschluß und der Konzernabschluß nach Artikel 42 Abs. 1 Satz 2 des Einführungsgesetzes zum Handelsgesetzbuch in Deutscher Mark aufgestellt werden, sind auch die in den Formblättern 1 bis 4 für die Bilanz und die Gewinn- und Verlustrechnung und die in den Mustern 1 bis 5 vorgeschriebenen Anga-

ben in Deutscher Mark und unter der Bezeichnung »DM« oder »TDM« zu machen. Für ein Geschäftsjahr, das spätestens am 31. Dezember 1998 endet, ist diese Verordnung in der an diesem Tage geltenden Fassung anzuwenden.

(6) Sofern Versicherungsunternehmen einen gesonderten Passivposten in Anwendung von Artikel 43 Satz 2 des Einführungsgesetzes zum Handelsgesetzbuch bilden, haben sie diesen im Formblatt 1 als Passivposten Da. nach dem Sonderposten mit Rücklageanteil auszuweisen. Sofern sie eine Bilanzierungshilfe in Anwendung von Artikel 44 Abs. 1 Satz 1 des Einführungsgesetzes zum Handelsgesetzbuch in ihre Bilanz aufnehmen, haben sie diese im Formblatt 1 als Aktivposten Ba. nach dem Posten Immaterielle Vermögensgegenstände auszuweisen.«

4. In den Formblättern 1 bis 4 wird die Bezeichnung »DM« jeweils durch die Bezeichnung »Euro« ersetzt.
5. In den Mustern 1 bis 5 werden jeweils die Bezeichnung »TDM« durch »TsdEuro« und die Bezeichnung »DM« durch die Bezeichnung »Euro« ersetzt.

(3) Die Pflegebuchführungsverordnung vom 22. November 1995 (BGBl. I S. 1528) wird wie folgt geändert:

1. In § 4 Abs. 1 Satz 3 wird die Angabe »Artikel 28« durch die Angabe »Artikel 28, 42 bis 44« ersetzt.
2. Dem § 11 wird folgender Absatz 6 angefügt:
   »(6) Sofern für ein Geschäftsjahr, das nach dem 31. Dezember 1998 und spätestens im Jahre 2001 endet, der Jahresabschluß und der Konzernabschluß nach Artikel 42 Abs. 1 Satz 2 des Einführungsgesetzes zum Handelsgesetzbuch in Deutscher Mark aufgestellt werden, sind auch die in den Formblättern gemäß Anlage 1 und 2 für die Bilanz und die Gewinn- und Verlustrechnung sowie die im Anlagennachweis gemäß Anlage 3a und im Fördernachweis gemäß Anlage 3b vorgeschriebenen Angaben in Deutscher Mark und unter der Bezeichnung »DM« zu machen. Für ein Geschäftsjahr, das spätestens am 31. Dezember 1998 endet, ist diese Verordnung in der an diesem Tage geltenden Fassung anzuwenden.«
3. Im Anlagennachweis der Anlage 3a und im Fördernachweis nach Anlage 3b wird jeweils die Bezeichnung »DM« durch die Bezeichnung »Euro« ersetzt.

(4) Die Krankenhaus-Buchführungsverordnung in der Fassung der Bekanntmachung vom 24. März 1987 (BGBl. I S. 1045), zuletzt geändert durch ..., wird wie folgt geändert:

1. In § 4 Abs. 3 wird die Angabe »Artikel 28« durch die Angabe »Artikel 28, 42 bis 44« ersetzt.
2. Dem § 11 wird folgender Absatz 3 angefügt:
   »(3) Sofern für ein Geschäftsjahr, das nach dem 31. Dezember 1998 und spätestens im Jahre 2001 endet, der Jahresabschluß und der Konzernabschluß nach Artikel 42 Abs. 1 Satz 2 des Einführungsgesetzes zum Handelsgesetzbuch in Deutscher Mark aufgestellt werden, sind auch die in den Formblättern gemäß Anlage 1 und 2 für die Bilanz und die Gewinn- und Verlustrechnung sowie die im Anlagennachweis gemäß Anlage 3 vorgeschriebenen Angaben in Deutscher Mark und unter der Bezeichnung »DM« zu machen. Für ein Geschäftsjahr, das spätestens am 31. Dezember 1998 endet, ist diese Verordnung in der an diesem Tage geltenden Fassung anzuwenden.«
3. Im Anlagennachweis der Anlage 3 wird die Bezeichnung »DM« durch die Bezeichnung »Euro« ersetzt.

§ 4 Änderung des Einkommensteuergesetzes 611-1

Das Einkommensteuergesetz 1997 in der Fassung der Bekanntmachung vom 16. April 1997 (BGBl. I S. 821), zuletzt geändert durch ..., wird wie folgt geändert:

1. § 6d wird wie folgt gefaßt:
   »§ 6d
   Euroumrechnungsrücklage
   (1) Ausleihungen, Forderungen und Verbindlichkeiten im Sinne von Artikel 43 des Einführungsgesetzes zum Handelsgesetzbuch, die auf Währungseinheiten der an der europäischen Währungsunion teilnehmenden anderen Mitgliedstaaten oder auf die ECU im Sinne des Artikels 2 der Verordnung (EG) Nr. 1103/97 des Rates vom 17. Juni 1997 (ABl. EG Nr. L 162 S. 1) lauten, sind am Schluß des ersten nach dem 31. Dezember 1998 endenden Wirtschaftsjahrs mit dem vom Rat der Europäischen Union gemäß Artikel 109l Abs. 4 Satz 1 des EG-Vertrages unwiderruflich festgelegten Umrechnungskurs umzurechnen und mit dem sich danach ergebenden Wert anzusetzen. Der Gewinn, der sich aus diesem jeweiligen Ansatz für das einzelne Wirtschaftsgut ergibt, kann in eine den steuerlichen Gewinn mindernde Rücklage eingestellt werden. Die Rücklage ist gewinnerhöhend aufzulösen, soweit das Wirtschaftsgut, aus dessen Bewertung sich der in die Rücklage eingestellte Gewinn ergeben hat, aus dem Betriebsvermögen ausscheidet.
   (2) Die Bildung und Auflösung der jeweiligen Rücklage müssen in der Buchführung verfolgt werden können.«
2. In § 52 wird nach Absatz 8 folgender Absatz 8a eingefügt:
   »(8a) § 6d ist erstmals für das Wirtschaftsjahr anzuwenden, das nach dem 31. Dezember 1998 endet.«

Artikel 5
Änderung von Vorschriften auf dem Gebiet des Börsenrechts

§ 1 Änderung des Börsengesetzes

Das Börsengesetz in der Fassung der Bekanntmachung vom 17. Juli 1996 (BGBl. I S.1030) wird wie folgt geändert:
1. § 29 Abs. 4 wird aufgehoben.
2. In § 75 Abs. 1 Satz 2 wird die Angabe »§ 29 Abs. 3 und 4« durch die Angabe »§ 29 Abs. 3« ersetzt.
3. Nach § 97 wird folgender § 98 angefügt:
   »§ 98
   Die Preise für Wertpapiere können ab dem 1. Januar 1999 an der Börse in Euro festgestellt werden. Das Nähere regelt die Börsenordnung.«

§ 2 Aufhebung der Verordnung über die Feststellung des Börsenpreises von Wertpapieren

Die Verordnung über die Feststellung des Börsenpreises von Wertpapieren in der Fassung der Bekanntmachung vom 17. Juli 1996 (BGBl. I S. 1073) wird aufgehoben.

Artikel 6
Gesetz zur Umstellung von Schuldverschreibungen auf Euro

§ 1 Umstellung von Bundesschulden

Die auf Deutsche Mark lautenden und als Bundesanleihen, Bundesobligationen und Bundesschatzanweisungen gehandelten Buchschulden des Bundes, die nach dem 19. Januar 1999 zur Rückzahlung fällig werden, werden mit Wirkung vom 1. Januar 1999 auf Euro umgestellt.

§ 2 Umstellung der Länderschulden, der Sondervermögensschulden des Bundes und sonstiger Staatsschulden

(1) Auf Deutsche Mark lautende Buchschulden und Schuldverschreibungen der Länder und der Sondervermögen des Bundes kann der Schuldner nach Maßgabe dieses Gesetzes ab 1. Januar 1999 auf Euro umstellen.

(2) Sonstige deutschem Recht unterliegende Schuldtitel, die auf die nationale Währungseinheit eines an der europäischen Währungsunion teilnehmenden Mitgliedstaates lauten, kann der Schuldner, wenn er in einem Mitgliedstaat dem Sektor Staat im Sinne des Europäischen Systems volkswirtschaftlicher Gesamtrechnungen zuzurechnen ist, nach Maßgabe dieses Gesetzes auf Euro umstellen, wenn der Mitgliedstaat, auf dessen nationale Währungseinheit der Schuldtitel lautet, Staatsschulden auf Euro umgestellt hat.

§ 3 Umstellung sonstiger DM-Schuldverschreibungen

Auf Deutsche Mark lautende Schuldverschreibungen, die an einem Wertpapiermarkt gehandelt werden können, kann der Schuldner nach Maßgabe dieses Gesetzes ab 1. Januar 1999 auf Euro umstellen. Auf Schuldverschreibungen, die den Staatsschulden im Sinne des Europäischen Systems der volkswirtschaftlichen Gesamtrechnung zuzurechnen sind, findet § 2 Anwendung.

§ 4 Umstellung von Fremdwährungsschuldverschreibungen

Unterliegt eine Schuldverschreibung, die auf die nationale Währungseinheit eines anderen an der europäischen Währungsunion teilnehmenden Mitgliedstaates lautet und die an einem Wertpapiermarkt gehandelt werden kann, deutschem Recht, so kann der Schuldner sie nach Maßgabe dieses Gesetzes auf Euro umstellen, wenn der Mitgliedstaat, auf dessen nationale Währungseinheit die Schuldverschreibung lautet, Staatsschulden auf Euro umgestellt hat. Ist die Schuldverschreibung den Staatsschulden im Sinne des Europäischen Systems volkswirtschaftlicher Gesamtrechnungen zuzurechnen, so findet § 2 Anwendung.

§ 5 Ergänzung und Änderung von Emissionsbedingungen

Der Schuldner kann aus Anlaß der Umstellung von Schuldverschreibungen auf Euro in den der Schuldverschreibung zugrunde liegenden Emissionsbedingungen
1. den Anspruch auf Ausgabe von auf Euro lautenden Urkunden ausschließen oder einschränken,
2. die handelbaren Nennbeträge neu festsetzen,
3. Bestimmungen über die Berechnung unterjähriger Zinsen und über die Festlegung von Geschäftstagen europäischen Handelsgebräuchen anpassen.

Für Buchschulden des Bundes und der Länder gelten die Nummern 2 und 3 des Satzes 1.

§ 6 Umstellungsverfahren

(1) Die Umstellung von Buchschulden und Schuldverschreibungen nach den §§ 2 bis 4 und die Ergänzung oder Änderung der der Buchschuld oder Schuldverschreibung zugrunde liegenden Emissionsbedingungen nach § 5 erfolgt durch einseitige Erklärung des Schuldners gegenüber den Gläubigern. Eine Gesamtemission ist einheitlich umzustellen.

(2) Die Erklärung hat zu enthalten:
   1. die Bezeichnung der umzustellenden Verbindlichkeit einschließlich ihrer Wertpapier-Kenn-Nummer;
   2. die Angabe des vom Rat der Europäischen Union gemäß Artikel 1091 Abs. 4 Satz 1 des EG-Vertrages unwiderruflich festgelegten Umrechnungskurses und des Zeitpunktes, zu dem die Umstellung und die Ergänzung oder Änderung der Emissionsbedingungen wirksam werden sollen;
   3. den Wortlaut der zu ergänzenden oder zu ändernden Bestimmung;
   4. den Wortlaut der neuen Bestimmung, die an die Stelle der zu ändernden Bestimmung treten oder diese ergänzen soll.

(3) Die Erklärung über die Umstellung ist auf die in den Emissionsbedingungen für Mitteilungen des Schuldners bestimmte Weise, mangels einer solchen Bestimmung im Bundesanzeiger bekanntzumachen. Die Erklärung ist mindestens einen Monat vor dem Zeitpunkt abzugeben, zu dem sie wirksam werden soll.

(4) Befindet sich der Schuldtitel in der Verwahrung eines Kreditinstituts oder eines anderen im Inland zur Verwahrung von Wertpapieren befugten Unternehmens oder ist er als Einzelschuldbuchforderung in das Bundesschuldbuch oder das Schuldbuch eines Landes eingetragen, so hat die Benachrichtigung des Inhabers des Titels über die erfolgte Umstellung spätestens mit der nächstfälligen Zinsgutschrift zu erfolgen.

(5) Bei der Ein- und Auslieferung von Stücken und bei der Übertragung von Depotbeständen ist der jeweilige Gesamtbetrag der verbrieften oder verbuchten Teilverbindlichkeit einer Gesamtemission abzurechnen.

§ 7 Fortgeltung alter Urkunden

(1) Die auf Deutsche Mark oder eine andere nationale Währungseinheit lautenden Urkunden der nach diesem Gesetz auf Euro umgestellten Verbindlichkeiten bleiben mit der Maßgabe gültig, daß der ausgewiesene Nennbetrag entsprechend dem vom Rat der Europäischen Union gemäß Artikel 1091 Abs. 4 Satz 1 des EG-Vertrages unwiderruflich festgelegten Umrechnungskurs in Euro zu lesen ist.

(2) Sofern die Urkunde Emissionsbedingungen enthält, die nach § 5 geändert oder ergänzt worden sind, gelten die auf der Urkunde ausgedruckten Bestimmungen als nicht geschrieben.

§ 8 Gerichtliche Entscheidung

(1) Die Umstellung oder die Änderung der Emissionsbedingungen nach diesem Gesetz kann der Inhaber einer Schuldverschreibung oder Schuldbuchforderung durch Erhebung der Anfechtungsklage anfechten.

(2) Mit der Klage kann nur geltend gemacht werden, daß
1. das Gesetz auf die umgestellte Verbindlichkeit keine Anwendung finde,
2. die Umstellung in den Emissionsbedingungen ausdrücklich ausgeschlossen worden sei,
3. das für die Umstellung und die Änderung der Emissionsbedingungen in § 6 vorgeschriebene Verfahren nicht beachtet worden sei oder
4. die Änderung der Emissionsbedingungen nicht mit § 5 vereinbar sei.

Soweit die Klage auf die Behauptung der Nichtbeachtung des in § 6 vorgeschriebenen Verfahrens gestützt wird, kann sie nur bis zu einem Jahr nach dem für die Umstellung bestimmten Zeitpunkt erhoben werden.

(3) Mehrere gegen die Umstellung der gleichen Emission gerichtete Klagen sind zu einem Verfahren zu verbinden.

(4) Hat der Schuldner seinen Sitz im Inland, so ist für die Klage das Landgericht ausschließlich zuständig, in dessen Bezirk er seinen Sitz hat. Ist bei dem Landgericht eine Kammer für Handelssachen gebildet, so entscheidet diese an Stelle der Zivilkammer.

(5) Unabhängig vom Nennbetrag des vom Kläger gehaltenen Schuldtitels und von der Höhe der Gesamtemission beträgt der Streitwert 8000 Deutsche Mark.

§ 9 Ersatz der Umstellungskosten

Das Bundesministerium der Justiz wird ermächtigt, im Einvernehmen mit dem Bundesministerium der Finanzen und dem Bundesministerium für Wirtschaft durch Rechtsverordnung ohne Zustimmung des Bundesrates vorzuschreiben, daß der Schuldner einer nach diesem Gesetz umgestellten Schuldverschreibung oder Schuldbuchforderung den Kreditinstituten und anderen im Inland zur Verwahrung von Wertpapieren befugten Unternehmen die Aufwendungen zu ersetzen hat, die diesen bei der Abwicklung der Umstellung entstehen. Zur Abgeltung der Aufwendungen kann ein Pauschbetrag festgesetzt werden, der an die durch die Umstellung veranlaßten Depotbuchungen anknüpft.

§ 10 Ende der Umstellungsfrist

Die Befugnis zur Umstellung von Schuldbuchforderungen und Schuldverschreibungen nach diesem Gesetz endet am 31. Dezember 2001.

Artikel 7
Änderung von Vorschriften des Entschädigungsgesetzes und der Schuldverschreibungsverordnung

§ 1 Änderung des Entschädigungsgesetzes
III 19-6-2

Das Entschädigungsgesetz vom 27. September 1994 (BGBl. I S. 2624, 1995 I, S. 110) wird wie folgt geändert:

1. In § 1 Abs. 1 Satz 2 wird die Angabe »über einen Nennwert von 1000 Deutsche Mark oder einem ganzen Vielfachen davon lauten und« gestrichen.
2. § 2 wird wie folgt geändert:
   a) Dem Absatz 2 wird folgender Satz 2 angefügt:
   »Die Umrechnung auf Euro geschieht ohne nochmalige Abrundung.«
   b) Nach Absatz 2 wird folgender Absatz 3 angefügt:
   »(3) Durch Schuldverschreibungen zu erfüllende Entschädigungsansprüche werden ab dem 1. Januar 1999 durch Zuteilung von über einen Nennwert von 100 Euro oder einem ganzen Vielfachen hiervon lautende Schuldverschreibungen erfüllt. Hierbei offen bleibende Restbeträge werden durch Barzahlung aus dem Entschädigungsfonds erfüllt.«
3. In § 9 Abs. 8 wird nach dem Wort »Stellen« die Angabe », Barzahlung von Restbeträgen bei der Umstellung auf Euro« eingefügt.

§ 2 Änderung der Schuldverschreibungsverordnung
III 19-6-2-1

Die Schuldverschreibungsverordnung vom 21. Juni 1995 (BGBl. I S. 846) wird wie folgt geändert:

1. § 1 wird wie folgt geändert:
   a) Dem Absatz 2 wird folgender Satz 2 angefügt:
   »Der Nennwert der Schuldverschreibungen, die ab 1. Januar 1999 zugeteilt werden, beträgt 100 Euro oder ein ganzes Vielfaches davon.«
   b) Nach Absatz 2 wird folgender Absatz 2a eingefügt:
   »(2a) Der bei der Erfüllung eines Entschädigungsanspruchs durch Zuteilung einer auf Euro lautenden Schuldverschreibung verbleibende Restbetrag wird durch Barzahlung aus dem Entschädigungsfonds erfüllt. Bis zum 31. Dezember 2001 geschieht dies in Deutscher Mark nach entsprechender Rückumrechnung des auf Euro lautenden Restbetrages.«
2. In der Anlage zu § 3 Abs. 3 wird in dem Formblatt für die Anordnung zur Zuteilung der Schuldverschreibung nach dem EALG in dem mit »Schuldverschreibung und Verwal-

tung« überschriebenen Abschnitt die Währungsbezeichnung »DM« durch das Wort »Euro« ersetzt.

Artikel 8
Änderung von Vorschriften auf dem Gebiet des Münzwesens

§ 1 Änderung des Gesetzes über die Ausprägung von Scheidemünzen 690-1

In § 12a des Gesetzes über die Ausprägung von Scheidemünzen in der im Bundesgesetzblatt Teil III, Gliederungsnummer 690-1, veröffentlichten bereinigten Fassung, das zuletzt durch ... geändert worden ist, werden nach dem Wort »Münzen« die Wörter »oder den gemäß Artikel 105a Absatz 2 des EG-Vertrages herauszugebenden Euro-Münzen« eingefügt.

§ 2 Änderung der Verordnung über die Herstellung und den Vertrieb von Medaillen und Marken 690-1-2

Die Verordnung über die Herstellung und den Vertrieb von Medaillen und Marken vom 13. Dezember 1974 (BGBl. I S. 3520) wird wie folgt geändert:

1. § 2 wird wie folgt geändert:
   a) Absatz 1 wird wie folgt gefaßt:
      »(1) Medaillen und Marken dürfen nicht das Bundeswappen, den Bundesadler oder ein Münzbild tragen, das mit einem auf gültigen Bundes- oder Euro-Münzen befindlichen Münzbild übereinstimmt oder das für deren künftige Ausprägung bereits offiziell festgelegt ist. Dem Bundeswappen, dem Bundesadler und den auf Bundes- oder Euro-Münzen befindlichen Münzbildern und den für deren künftige Ausprägung bereits offiziell festgelegten Münzbildern stehen solche Wappen, Adler und Münzbilder gleich, die ihnen zum Verwechseln ähnlich sind.«
   b) Absatz 2 wird wie folgt faßt:
      »(2) Auf Medaillen und Marken darf weder die Bezeichnung einer Gattung gültiger Bundesmünzen noch die Bezeichnung Euro oder Cent(s) noch die Angabe eines Geldwertes enthalten sein; die Angabe einer Zahl ohne weiteren Zusatz ist jedoch zulässig.«
2. § 6 wird gestrichen.

Artikel 9
Änderung von Vorschriften auf dem Gebiet des Währungsrechts

§ 1 Änderung des Währungsgesetzes 7600-1a

§ 3 des Währungsgesetzes vom 20. Juni 1948 (WiGBl. Beilage Nr. 5 S. 1), das zuletzt durch ... geändert worden ist, wird aufgehoben.

§ 2 Änderung der Verordnung zur Einführung der Deutschen Mark im Saarland 7600-2

§ 4 Nr. 2 der Verordnung zur Einführung der Deutschen Mark im Saarland in der im Bundesgesetzblatt III, Gliederungsnummer 7600-2, veröffentlichten bereinigten Fassung wird aufgehoben.

§ 3 Beendigung der Anwendung von Artikel 3 der Anlage I des Vertrages über die Schaffung einer Währungs-,Wirtschafts- und Sozialunion

Artikel 3 der Anlage I des Vertrages über die Schaffung einer Währungs-, Wirtschafts- und Sozialunion zwischen der Bundesrepublik Deutschland und der Deutschen Demokratischen Republik vom 18. Mai 1990 (BGBl. 1990 II S. 518, 548) ist nicht mehr anzuwenden.

Artikel 10
Änderung des Gesetzes zur Regelung der Miethöhe
402-12-5

§ 10a des Gesetzes zur Regelung der Miethöhe vom 18. Dezember 1974 (BGBl. I S. 3603, 3604), das zuletzt durch ... geändert worden ist, wird wie folgt geändert:

1. Absatz 1 wird wie folgt gefaßt:
   »(1) Abweichend von § 10 Abs. 1 kann schriftlich vereinbart werden, daß die Entwicklung des Mietzinses durch die Änderung eines von dem Statistischen Bundesamt ermittelten Preisindexes für die Gesamtlebenshaltung bestimmt werden soll (Mietanpassungsvereinbarung). Das Ausmaß der Mietanpassung muß in der Vereinbarung bestimmt sein und darf höchstens der prozentualen Indexänderung entsprechen. Die Vereinbarung ist nur wirksam, wenn
   1. der Vermieter für die Dauer von mindestens zehn Jahren auf das Recht zur ordentlichen Kündigung verzichtet oder
   2. der Mietvertrag für die Lebenszeit eines Vertragspartners abgeschlossen wird.«
2. Absatz 3 wird wie folgt gefaßt:
   »(3) Eine Änderung des Mietzinses auf Grund einer Mietanpassungsvereinbarung muß durch schriftliche Erklärung geltend gemacht werden. Dabei ist die jeweils eingetretene Änderung des vereinbarten Indexes anzugeben. Der geänderte Mietzins ist mit Beginn des übernächsten Monats nach dem Zugang der Erklärung zu zahlen.«

Artikel 11
Änderung des Sachenrechtsbereinigungsgesetzes
403-23-2

§ 46 Abs. 1 Satz 5 des Sachenrechtsbereinigungsgesetzes vom 21. September 1994 (BGBl. I S. 2457), das zuletzt durch ... geändert worden ist, wird aufgehoben.

Artikel 12
Änderung des Landbeschaffungsgesetzes
54-3

Das Landbeschaffungsgesetz in der im Bundesgesetzblatt Teil III, Gliederungsnummer 54-3, veröffentlichten bereinigten Fassung, zuletzt geändert durch ..., wird wie folgt geändert:

1. § 25 Abs. 2 wird aufgehoben.
2. § 51 wird wie folgt geändert:
   a) In Absatz 1 Satz 1 werden die Wörter »und die nach § 3 Satz 2 des Währungsgesetzes für die Naturalwertrente erforderliche Genehmigung erteilt ist« gestrichen.
   b) Absatz 2 Satz 2 wird aufgehoben.

Artikel 13
Änderung des Außenwirtschaftsgesetzes
7400-1

§ 49 des Außenwirtschaftsgesetzes in der im Bundesgesetzblatt Teil III, Gliederungsnummer 7400-1, veröffentlichten bereinigten Fassung, das zuletzt durch ... geändert worden ist, wird aufgehoben.

Artikel 14
Änderung des Versicherungsaufsichtsgesetzes
7631-1

Das Versicherungsaufsichtsgesetz in der Fassung der Bekanntmachung vom 17. Dezember 1992 (BGBl. I S. 2), zuletzt geändert durch ..., wird wie folgt geändert

1. § 53c Abs. 2 Satz 2 wird aufgehoben.
2. Nach § 160 wird folgender § 161 eingefügt:
   »§ 161
   Soweit in der Rechtsverordnung nach § 53c Abs. 2 Beträge in ECU festgesetzt werden, gilt für Jahresabschlüsse bis zum Stichtag 31. Dezember 1998 als Gegenwert in Deutscher Mark ab 31. Dezember eines Jahres der Gegenwert des letzten Tages des vorangegangenen Monats Oktober, für den der Gegenwert der ECU in den Währungen aller Mitgliedstaaten der Europäischen Union vorliegt.«
3. Die Anlage Teil C wird wie folgt geändert:
   a) Nummer 6 Buchstabe c Satz 1 einschließlich der Doppelbuchstaben aa) und bb) wird gestrichen.
   b) Nummer 7 wird wie folgt gefaßt:
   »7. Soweit nach den vorstehenden Regeln das übrige gebundene Vermögen in Vermögenswerten anzulegen ist, die auf die Währung eines Mitgliedstaates der Europäischen Gemeinschaft, dessen Währung nicht der Euro ist, oder eines anderen Vertragsstaates des Abkommens über den Europäischen Wirtschaftsraum lauten, kann die Anlage bis zu 50 vom Hundert in auf Euro lautenden Vermögenswerten erfolgen, soweit dies nach vernünftiger kaufmännischer Beurteilung gerechtfertigt ist.«

Artikel 15
Rückkehr zum einheitlichen Verordnungsrang

Die auf Artikel 2 §§ 2, 3 und 4, Artikel 4 § 3, Artikel 7 § 2 und Artikel 8 § 2 beruhenden Teile der dort geänderten Rechtsverordnungen können auf Grund der jeweils einschlägigen Ermächtigung durch Rechtsverordnung geändert werden.

Artikel 16
Inkrafttreten

Am Tage nach der Verkündung treten in Kraft

1. Artikel 4 § 2, soweit er sich auf Artikel 44 des Einführungsgesetzes zum Handelsgesetzbuch bezieht,
2. Artikel 4 § 3 Abs. 1 Nr. 2, soweit durch ihn § 39 Abs. 8 Satz 2 der Verordnung über die Rechnungslegung der Kreditinstitute einfügt wird,
3. Artikel 4 § 3 Abs. 2 Nr. 3, soweit durch ihn § 64 Abs. 6 Satz 2 der Verordnung über die Rechnungslegung der Versicherungsunternehmen eingefügt wird,
4. Artikel 5 § 1 Nr. 3,
5. Artikel 6 und
6. Artikel 8.

Im übrigen tritt dieses Gesetz am 1. Januar 1999 in Kraft.

Anlage 4a: Vertrag über die Europäische Union

– Auszug aus: Bundesgesetzblatt, Jahrgang 1992, Teil II, S. 1259ff. –

Titel VI: Die Wirtschafts- und Währungspolitik

Kapitel 1: Die Wirtschaftspolitik

Artikel 102a

Die Mitgliedstaaten richten ihre Wirtschaftspolitik so aus, daß sie im Rahmen der in Artikel 103 Absatz 2 genannten Grundzüge zur Verwirklichung der Ziele der Gemeinschaft im Sinne des Artikels 2 beitragen. Die Mitgliedstaaten und die Gemeinschaft handeln im Einklang mit dem Grundsatz einer offenen Marktwirtschaft mit freiem Wettbewerb, wodurch ein effizienter Einsatz der Ressourcen gefördert wird, und halten sich dabei an die in Artikel 3 a genannten Grundsätze.

Artikel 103

(1) Die Mitgliedstaaten betrachten ihre Wirtschaftspolitik als eine Angelegenheit von gemeinsamem Interesse und koordinieren sie im Rat nach Maßgabe des Artikels 102a.

(2) Der Rat erstellt mit qualifizierter Mehrheit auf Empfehlung der Kommission einen Entwurf für die Grundzüge der Wirtschaftspolitik der Mitgliedstaaten und der Gemeinschaft und erstattet dem Europäischen Rat hierüber Bericht.

Der Europäische Rat erörtert auf der Grundlage dieses Berichts des Rates eine Schlußfolgerung zu den Grundzügen der Wirtschaftspolitik der Mitgliedstaaten und der Gemeinschaft.

Auf der Grundlage dieser Schlußfolgerung verabschiedet der Rat mit qualifizierter Mehrheit eine Empfehlung, in der diese Grundzüge dargelegt werden. Der Rat unterrichtet das Europäische Parlament über seine Empfehlung.

(3) Um eine engere Koordinierung der Wirtschaftspolitik und eine dauerhafte Konvergenz der Wirtschaftsleistungen der Mitgliedstaaten zu gewährleisten, überwacht der Rat anhand von Berichten der Kommission die wirtschaftliche Entwicklung in jedem Mitgliedstaat und in der Gemeinschaft sowie die Vereinbarkeit der Wirtschaftspolitik mit den in Absatz 2 genannten Grundzügen und nimmt in regelmäßigen Abständen eine Gesamtbewertung vor.

Zum Zwecke dieser multilateralen Überwachung übermitteln die Mitgliedstaaten der Kommission Angaben zu wichtigen einzelstaatlichen Maßnahmen auf dem Gebiet ihrer Wirtschaftspolitik sowie weitere von ihnen für erforderlich erachtete Angaben.

(4) Wird im Rahmen des Verfahrens nach Absatz 3 festgestellt, daß die Wirtschaftspolitik eines Mitgliedstaats nicht mit den in Absatz 2 genannten Grundzügen vereinbar ist oder das ordnungsgemäße Funktionieren der Wirtschafts- und Währungsunion zu gefährden droht, so kann der Rat mit qualifizierter Mehrheit auf Empfehlung der Kommission die erforderlichen

Empfehlungen an den betreffenden Mitgliedstaat richten. Der Rat kann mit qualifizierter Mehrheit auf Vorschlag der Kommission beschließen, seine Empfehlungen zu veröffentlichen.

Der Präsident des Rates und die Kommission erstatten dem Europäischen Parlament über die Ergebnisse der multilateralen Überwachung Bericht. Der Präsident des Rates kann ersucht werden, vor dem zuständigen Ausschuß des Europäischen Parlaments zu erscheinen, wenn der Rat seine Empfehlungen veröffentlicht hat.

(5) Der Rat kann nach dem Verfahren des Artikels 189c die Einzelheiten des Verfahrens der multilateralen Überwachung im Sinne der Absätze 3 und 4 festlegen.

Artikel 103a

(1) Der Rat kann auf Vorschlag der Kommission unbeschadet der sonstigen in diesem Vertrag vorgesehenen Verfahren einstimmig über die der Wirtschaftslage angemessenen Maßnahmen entscheiden, insbesondere falls gravierende Schwierigkeiten in der Versorgung mit bestimmten Waren auftreten.

(2) Ist ein Mitgliedstaat aufgrund außergewöhnlicher Ereignisse, die sich seiner Kontrolle entziehen, von Schwierigkeiten betroffen oder von gravierenden Schwierigkeiten ernstlich bedroht, so kann der Rat einstimmig auf Vorschlag der Kommission beschließen, dem betreffenden Mitgliedstaat unter bestimmten Bedingungen einen finanziellen Beistand der Gemeinschaft zu gewähren. Sind die gravierenden Schwierigkeiten auf Naturkatastrophen zurückzuführen, so beschließt der Rat mit qualifizierter Mehrheit. Der Präsident des Rates unterrichtet das Europäische Parlament über den Beschluß.

Artikel 104

(1) Überziehungs- oder andere Kreditfazilitäten bei der EZB oder den Zentralbanken der Mitgliedstaaten (im folgenden als »nationale Zentralbanken« bezeichnet) für Organe oder Einrichtungen der Gemeinschaft, Zentralregierungen, regionale oder lokale Gebietskörperschaften oder andere öffentlich-rechtliche Körperschaften, sonstige Einrichtungen des öffentlichen Rechts oder öffentliche Unternehmen der Mitgliedstaaten sind ebenso verboten wie der unmittelbare Erwerb von Schuldtiteln von diesen durch die EZB oder die nationalen Zentralbanken.

(2) Die Bestimmungen des Absatzes 1 gelten nicht für Kreditinstitute im öffentlichen Eigentum; diese werden von der jeweiligen nationalen Zentralbank und der EZB, was die Bereitstellung von Zentralbankgeld betrifft, wie private Kreditinstitute behandelt.

Artikel 104a

(1) Maßnahmen, die nicht aus aufsichtsrechtlichen Gründen getroffen werden und einen bevorrechtigten Zugang der Organe und Einrichtungen der Gemeinschaft, der Zentralregierungen, der regionalen oder lokalen Gebietskörperschaften oder anderen öffentlich-rechtlichen Körperschaften, sonstiger Einrichtungen des öffentlichen Rechts oder öffentlicher Unternehmen der Mitgliedstaaten zu den Finanzinstituten schaffen, sind verboten.

(2) Der Rat legt vor dem 1. Januar 1994 nach dem Verfahren des Artikels 189c die Begriffsbestimmungen für die Anwendung des in Absatz 1 vorgesehenen Verbots fest.

Artikel 104b

(1) Die Gemeinschaft haftet nicht für die Verbindlichkeiten der Zentralregierungen, der regionalen oder lokalen Gebietskörperschaften oder anderen öffentlich-rechtlichen Körperschaften, sonstiger Einrichtungen des öffentlichen Rechts oder öffentlicher Unternehmen von Mitgliedstaaten und tritt nicht für derartige Verbindlichkeiten ein; dies gilt unbeschadet der gegenseitigen finanziellen Garantien für die gemeinsame Durchführung eines bestimmten Vorhabens. Ein Mitgliedstaat haftet nicht für die Verbindlichkeiten der Zentralregierungen, der regionalen oder lokalen Gebietskörperschaften oder anderen öffentlich-rechtlichen Körperschaften, sonstiger Einrichtungen des öffentlichen Rechts oder öffentlicher Unternehmen eines anderen Mitgliedstaats und tritt nicht für derartige Verbindlichkeiten ein; dies gilt unbeschadet der gegenseitigen finanziellen Garantien für die gemeinsame Durchführung eines bestimmten Vorhabens.

(2) Der Rat kann erforderlichenfalls nach dem Verfahren des Artikels 189c Definitionen für die Anwendung der in Artikel 104 und in diesem Artikel vorgesehenen Verbote näher bestimmen.

Artikel 104c

(1) Die Mitgliedstaaten vermeiden übermäßige öffentliche Defizite.

(2) Die Kommission überwacht die Entwicklung der Haushaltslage und der Höhe des öffentlichen Schuldenstands in den Mitgliedstaaten im Hinblick auf die Feststellung schwerwiegender Fehler. Insbesondere prüft sie die Einhaltung der Haushaltsdisziplin anhand von zwei Kriterien, nämlich daran,

a) ob das Verhältnis des geplanten oder tatsächlichen öffentlichen Defizits zum Bruttoinlandsprodukt einen bestimmten Referenzwert überschreitet, es sei denn, daß

– entweder das Verhältnis erheblich und laufend zurückgegangen ist und einen Wert in der Nähe des Referenzwerts erreicht hat

– oder der Referenzwert nur ausnahmsweise und vorübergehend überschritten wird und das Verhältnis in der Nähe des Referenzwerts bleibt,

b) ob das Verhältnis des öffentlichen Schuldenstands zum Bruttoinlandsprodukt einen bestimmten Referenzwert überschreitet, es sei denn, daß das Verhältnis hinreichend rückläufig ist und sich rasch genug dem Referenzwert nähert.

Die Referenzwerte werden in einem diesem Vertrag beigefügten Protokoll über das Verfahren bei einem übermäßigen Defizit im einzelnen festgelegt.

(3) Erfüllt ein Mitgliedstaat keines oder nur eines dieser Kriterien, so erstellt die Kommission einen Bericht. In diesem Bericht wird berücksichtigt, ob das öffentliche Defizit die öffentlichen Ausgaben für Investitionen übertrifft; berücksichtigt werden ferner alle sonstigen einschlägigen Faktoren, einschließlich der mittelfristigen Wirtschafts- und Haushaltslage des Mitgliedstaats.

Die Kommission kann ferner einen Bericht erstellen, wenn sie ungeachtet der Erfüllung der Kriterien der Auffassung ist, daß in einem Mitgliedstaat die Gefahr eines übermäßigen Defizits besteht.

(4) Der Ausschuß nach Artikel 109c gibt eine Stellungnahme zu dem Bericht der Kommission ab.

(5) Ist die Kommission der Auffassung, daß in einem Mitgliedstaat ein übermäßiges Defizit besteht oder sich ergeben könnte, so legt sie dem Rat eine Stellungnahme vor.

(6) Der Rat entscheidet mit qualifizierter Mehrheit auf Empfehlung der Kommission und unter Berücksichtigung der Bemerkungen, die der betreffende Mitgliedstaat gegebenenfalls abzugeben wünscht, nach Prüfung der Gesamtlage, ob ein übermäßiges Defizit besteht.

(7) Wird nach Absatz 6 ein übermäßiges Defizit festgestellt, so richtet der Rat an den betreffenden Mitgliedstaat Empfehlungen mit dem Ziel, dieser Lage innerhalb einer bestimmten Frist abzuhelfen. Vorbehaltlich des Absatzes 8 werden diese Empfehlungen nicht veröffentlicht.

(8) Stellt der Rat fest, daß seine Empfehlungen innerhalb der gesetzten Frist keine wirksamen Maßnahmen ausgelöst haben, so kann er seine Empfehlungen veröffentlichen .

(9) Falls ein Mitgliedstaat den Empfehlungen des Rates weiterhin nicht Folge leistet, kann der Rat beschließen, den Mitgliedstaat mit der Maßgabe in Verzug zu setzen, innerhalb einer bestimmten Frist Maßnahmen für den nach Auffassung des Rates zur Sanierung erforderlichen Defizitabbau zu treffen.

Der Rat kann in diesem Fall den betreffenden Mitgliedstaat ersuchen, nach einem konkreten Zeitplan Berichte vorzulegen, um die Anpassungsbemühungen des Mitgliedstaates überprüfen zu können.

(10) Das Recht auf Klageerhebung nach den Artikeln 169 und 170 kann im Rahmen der Absätze 1 bis 9 dieses Artikels nicht ausgeübt werden.

(11) Solange ein Mitgliedstaat einen Beschluß nach Absatz 9 nicht befolgt, kann der Rat beschließen, eine oder mehrere der nachstehenden Maßnahmen anzuwenden oder gegebenenfalls zu verschärfen, nämlich

– von dem betreffenden Mitgliedstaat verlangen, vor der Emission von Schuldverschreibungen und sonstigen Wertpapieren vom Rat näher zu bezeichnende zusätzliche Angaben zu veröffentlichen,

– die Europäische Investitionsbank ersuchen, ihre Darlehenspolitik gegenüber dem Mitgliedstaat zu überprüfen,

– von dem Mitgliedstaat verlangen, eine unverzinsliche Einlage in angemessener Höhe bei der Gemeinschaft zu hinterlegen, bis das übermäßige Defizit nach Ansicht des Rates korrigiert worden ist,

– Geldbußen in angemessener Höhe verhängen.

Der Präsident des Rates unterrichtet das Europäische Parlament von den Beschlüssen.

(12) Der Rat hebt einige oder sämtliche Entscheidungen nach den Absätzen 6 bis 9 und 11 so weit auf, wie das übermäßige Defizit in dem betreffenden Mitgliedstaat nach Ansicht des Rates korrigiert worden ist. Hat der Rat zuvor Empfehlungen veröffentlicht, so stellt er, sobald die Entscheidung nach Absatz 8 aufgehoben worden ist, in einer öffentlichen Erklärung fest, daß in dem betreffenden Mitgliedstaat kein übermäßiges Defizit mehr besteht.

(13) Die Beschlußfassung des Rates nach den Absätzen 7 bis 9 sowie 11 und 12 erfolgt auf Empfehlung der Kommission mit einer Mehrheit von zwei Dritteln der gemäß Artikel 148 Absatz 2 gewogenen Stimmen der Mitgliedstaaten mit Ausnahme der Stimmen des Vertreters des betroffenen Mitgliedstaats.

(14) Weitere Bestimmungen über die Durchführung des in diesem Artikel beschriebenen Verfahrens sind in dem diesem Vertrag beigefügten Protokoll über das Verfahren bei einem übermäßigen Defizit enthalten.

Der Rat verabschiedet einstimmig auf Vorschlag der Kommission und nach Anhörung des Europäischen Parlaments sowie der EZB die geeigneten Bestimmungen, die sodann das genannte Protokoll ablösen.

Der Rat beschließt vorbehaltlich der sonstigen Bestimmungen dieses Absatzes vor dem 1. Januar 1994 mit qualifizierter Mehrheit auf Vorschlag der Kommission und nach Anhörung des Europäischen Parlaments nähere Einzelheiten und Begriffsbestimmungen für die Durchführung des genannten Protokolls.

Kapitel 2: Die Währungspolitik

Artikel 105

(1) Das vorrangige Ziel des ESZB ist es, die Preisstabilität zu gewährleisten. Soweit dies ohne Beeinträchtigung des Zieles der Preisstabilität möglich ist, unterstützt das ESZB die allgemeine Wirtschaftspolitik in der Gemeinschaft, um zur Verwirklichung der in Artikel 2 festgelegten Ziele der Gemeinschaft beizutragen. Das ESZB handelt im Einklang mit dem Grundsatz einer offenen Marktwirtschaft mit freiem Wettbewerb, wodurch ein effizienter Einsatz der Ressourcen gefördert wird, und hält sich dabei an die in Artikel 3a genannten Grundsätze.

(2) Die grundlegenden Aufgaben des ESZB bestehen darin,

- die Geldpolitik der Gemeinschaft festzulegen und auszuführen,
- Devisengeschäfte im Einklang mit Artikel 109 durchzuführen,
- die offiziellen Währungsreserven der Mitgliedstaaten zu halten und zu verwalten,
- das reibungslose Funktionieren der Zahlungssysteme zu fördern.

(3) Absatz 2 dritter Gedankenstrich berührt nicht die Haltung und Verwaltung von Arbeitsguthaben in Fremdwährungen durch die Regierungen der Mitgliedstaaten.

(4) Die EZB wird gehört

- zu allen Vorschlägen für Rechtsakte der Gemeinschaft im Zuständigkeitsbereich der EZB,
- von den nationalen Behörden zu allen Entwürfen für Rechtsvorschriften im Zuständigkeitsbereich der EZB, und zwar innerhalb der Grenzen und unter den Bedingungen, die der Rat nach dem Verfahren des Artikels 106 Absatz 6 festlegt.

Die EZB kann gegenüber den zuständigen Organen und Einrichtungen der Gemeinschaft und gegenüber den nationalen Behörden Stellungnahmen zu in ihren Zuständigkeitsbereich fallenden Fragen abgeben.

(5) Das ESZB trägt zur reibungslosen Durchführung der von den zuständigen Behörden auf dem Gebiet der Aufsicht über die Kreditinstitute und der Stabilität des Finanzsystems ergriffenen Maßnahmen bei.

(6) Der Rat kann durch einstimmigen Beschluß auf Vorschlag der Kommission nach Anhörung der EZB und nach Zustimmung des Europäischen Parlaments der EZB besondere Aufgaben im Zusammenhang mit der Aufsicht über Kreditinstitute und sonstige Finanzinstitute mit Ausnahme von Versicherungsunternehmen übertragen.

Artikel 105a

(1) Die EZB hat das ausschließliche Recht, die Ausgabe von Banknoten innerhalb der Gemeinschaft zu genehmigen. Die EZB und die nationalen Zentralbanken sind zur Ausgabe von Banknoten berechtigt. Die von der EZB und den nationalen Zentralbanken ausgegebenen Banknoten sind die einzigen Banknoten, die in der Gemeinschaft als gesetzliches Zahlungsmittel gelten.

(2) Die Mitgliedstaaten haben das Recht zur Ausgabe von Münzen, wobei der Umfang dieser Ausgabe der Genehmigung durch die EZB bedarf. Der Rat kann nach dem Verfahren des Artikels 189c und nach Anhörung der EZB Maßnahmen erlassen, um die Stückelung und die technischen Merkmale aller für den Umlauf bestimmten Münzen so weit zu harmonisieren, wie dies für deren reibungslosen Umlauf innerhalb der Gemeinschaft erforderlich ist.

Artikel 106

(1) Das ESZB besteht aus der EZB und den nationalen Zentralbanken.

(2) Die EZB besitzt Rechtspersönlichkeit.

(3) Das ESZB wird von den Beschlußorganen der EZB, nämlich dem EZB-Rat und dem Direktorium, geleitet.

(4) Die Satzung des ESZB ist in einem diesem Vertrag beigefügten Protokoll festgelegt.

(5) Der Rat kann die Artikel 5.1, 5.2, 5.3, 17, 18, 19.1, 22, 23, 24, 26, 32.2, 32.3, 32.4, 32.6, 33.1.a und 36 der Satzung des ESZB entweder mit qualifizierter Mehrheit auf Empfehlung der EZB nach Anhörung der Kommission oder einstimmig auf Vorschlag der Kommission nach Anhörung der EZB ändern. Die Zustimmung des Europäischen Parlaments ist dabei jeweils erforderlich.

(6) Der Rat erläßt mit qualifizierter Mehrheit entweder auf Vorschlag der Kommission und nach Anhörung des Europäischen Parlaments und der EZB oder auf Empfehlung der EZB und nach Anhörung des Europäischen Parlaments und der Kommission die in den Artikeln, 4, 5.4, 19.2, 20, 28.1, 29.2, 30.4 und 34.3 der Satzung des ESZB genannten Bestimmungen.

Artikel 107

Bei der Wahrnehmung der ihnen durch diesen Vertrag und die Satzung des ESZB übertragenen Befugnisse, Aufgaben und Pflichten darf weder die EZB noch eine nationale Zentralbank noch ein Mitglied ihrer Beschlußorgane Weisungen von Organen oder Einrichtungen der Gemeinschaft, Regierungen der Mitgliedstaaten oder anderen Stellen einholen oder entgegennehmen. Die Organe und Einrichtungen der Gemeinschaft sowie die Regierungen der Mitgliedstaaten verpflichten sich, diesen Grundsatz zu beachten und nicht zu versuchen, die Mitglieder der Beschlußorgane der EZB oder der nationalen Zentralbanken bei der Wahrnehmung ihrer Aufgaben zu beeinflussen.

Artikel 108

Jeder Mitgliedstaat stellt sicher, daß spätestens zum Zeitpunkt der Errichtung des ESZB seine innerstaatlichen Rechtsvorschriften einschließlich der Satzung seiner Zentralbank mit diesem Vertrag sowie mit der Satzung des ESZB im Einklang stehen.

Artikel 108a

(1) Zur Erfüllung der dem ESZB übertragenen Aufgaben werden von der EZB gemäß diesem Vertrag und unter den in der Satzung des ESZB vorgesehenen Bedingungen

- Verordnungen erlassen, insoweit dies für die Erfüllung der in Artikel 3.1 erster Gedankenstrich, Artikel 19.1, Artikel 22 oder Artikel 25.2 der Satzung des ESZB festgelegten Aufgaben erforderlich ist; sie erläßt Verordnungen ferner in den Fällen, die in den Rechtsakten des Rates nach Artikel 106 Absatz 6 vorgesehen werden,
- Entscheidungen erlassen, die zur Erfüllung der dem ESZB nach diesem Vertrag und der Satzung des ESZB übertragenen Aufgaben erforderlich sind,
- Empfehlungen und Stellungnahmen abgegeben.

(2) Die Verordnung hat allgemeine Geltung. Sie ist in allen ihren Teilen verbindlich und gilt unmittelbar in jedem Mitgliedstaat.

Die Empfehlungen und Stellungnahmen sind nicht verbindlich.

Die Entscheidung ist in allen ihren Teilen für diejenigen verbindlich, an die sie gerichtet ist.

Die Artikel 190, 191 und 192 des Vertrags gelten für die Verordnungen und Entscheidungen der EZB.

Die EZB kann die Veröffentlichung ihrer Entscheidungen, Empfehlungen und Stellungnahmen beschließen.

(3) Innerhalb der Grenzen und unter den Bedingungen, die der Rat nach dem Verfahren des Artikels 106 Absatz 6 festlegt, ist die EZB befugt, Unternehmen bei Nichteinhaltung der Verpflichtungen, die sich aus ihren Verordnungen und Entscheidungen ergeben, mit Geldbußen oder in regelmäßigen Abständen zu zahlenden Zwangsgeldern zu belegen.

Artikel 109

(1) Abweichend von Artikel 228 kann der Rat einstimmig auf Empfehlung der EZB oder der Kommission und nach Anhörung der EZB in dem Bemühen, zu einem mit dem Ziel der Preisstabilität im Einklang stehenden Konsens zu gelangen, nach Anhörung des Europäischen Parlaments gemäß den in Absatz 3 für die Festlegung von Modalitäten vorgesehenen Verfahren förmliche Vereinbarungen über ein Wechselkurssystem für die ECU gegenüber Drittlandswährungen treffen. Der Rat kann mit qualifizierter Mehrheit auf Empfehlung der

EZB oder der Kommission und nach Anhörung der EZB in dem Bemühen, zu einem mit dem Ziel der Preisstabilität im Einklang stehenden Konsens zu gelangen, die ECU-Leitkurse innerhalb des Wechselkurssystems festlegen, ändern oder aufgeben. Der Präsident des Rates unterrichtet das Europäische Parlament von der Festlegung, Änderung oder Aufgabe der ECU-Leitkurse.

(2) Besteht gegenüber einer oder mehreren Drittlandswährungen kein Wechselkurssystem nach Absatz 1, so kann der Rat mit qualifizierter Mehrheit entweder auf Empfehlung der Kommission und nach Anhörung der EZB oder auf Empfehlung der EZB allgemeine Orientierungen für die Wechselkurspolitik gegenüber diesen Währungen aufstellen. Diese allgemeinen Orientierungen dürfen das vorrangige Ziel des ESZB, die Preisstabilität zu gewährleisten, nicht beeinträchtigen.

(3) Wenn von der Gemeinschaft mit einem oder mehreren Staaten oder internationalen Organisationen Vereinbarungen im Zusammenhang mit Währungsfragen oder Devisenregelungen auszuhandeln sind, beschließt der Rat abweichend von Artikel 228 mit qualifizierter Mehrheit auf Empfehlung der Kommission und nach Anhörung der EZB die Modalitäten für die Aushandlung und den Abschluß solcher Vereinbarungen. Mit diesen Modalitäten wird gewährleistet, daß die Gemeinschaft einen einheitlichen Standpunkt vertritt. Die Kommission wird an den Verhandlungen in vollem Umfang beteiligt.

Die nach diesem Absatz getroffenen Vereinbarungen sind für die Organe der Gemeinschaft, die EZB und die Mitgliedstaaten verbindlich.

(4) Vorbehaltlich des Absatzes 1 befindet der Rat auf Vorschlag der Kommission und nach Anhörung der EZB mit qualifizierter Mehrheit über den Standpunkt der Gemeinschaft auf internationaler Ebene zu Fragen, die von besonderer Bedeutung für die Wirtschafts- und Währungsunion sind, sowie einstimmig über ihre Vertretung unter Einhaltung der in den Artikeln 103 und 105 vorgesehenen Zuständigkeitsverteilung.

(5) Die Mitgliedstaaten haben das Recht, unbeschadet der Gemeinschaftszuständigkeit und der Gemeinschaftsvereinbarungen über die Wirtschafts- und Währungsunion in internationalen Gremien Verhandlungen zu führen und internationale Vereinbarungen zu treffen.

Kapitel 3: Institutionelle Bestimmungen

Artikel 109a

(1) Der EZB-Rat besteht aus den Mitgliedern des Direktoriums der EZB und den Präsidenten der nationalen Zentralbanken.

(2) a) Das Direktorium besteht aus dem Präsidenten, dem Vizepräsidenten und vier weiteren Mitgliedern.

b) Der Präsident, der Vizepräsident und die weiteren Mitglieder des Direktoriums werden von den Regierungen der Mitgliedstaaten auf der Ebene der Staats- und Regierungschefs auf Empfehlung des Rates, der hierzu das Europäische Parlament und den EZB-Rat anhört, aus dem Kreis der in Währungs- oder Bankfragen anerkannten und erfahrenen Persönlichkeiten einvernehmlich ausgewählt und ernannt.

Ihre Amtszeit beträgt acht Jahre; Wiederernennung ist nicht zulässig.

Nur Staatsangehörige der Mitgliedstaaten können Mitglieder des Direktoriums werden.

Artikel 109b

(1) Der Präsident des Rates und ein Mitglied der Kommission können ohne Stimmrecht an den Sitzungen des EZB-Rates teilnehmen.

Der Präsident des Rates kann dem EZB-Rat einen Antrag zur Beratung vorlegen.

(2) Der Präsident der EZB wird zur Teilnahme an den Tagungen des Rates eingeladen, wenn dieser Fragen im Zusammenhang mit den Zielen und Aufgaben des ESZB erörtert.

(3) Die EZB unterbreitet dem Europäischen Parlament, dem Rat und der Kommission sowie auch dem Europäischen Rat einen Jahresbericht über die Tätigkeit des ESZB und die Geld- und Währungspolitik im vergangenen und im laufenden Jahr. Der Präsident der EZB legt den Bericht dem Rat und dem Europäischen Parlament vor, das auf dieser Grundlage eine allgemeine Aussprache durchführen kann.

Der Präsident der EZB und die anderen Mitglieder des Direktoriums können auf Ersuchen des Europäischen Parlaments oder auf ihre Initiative hin von den zuständigen Ausschüssen des Europäischen Parlaments gehört werden.

Artikel 109c

(1) Um die Koordinierung der Politiken der Mitgliedstaaten in dem für das Funktionieren des Binnenmarkts erforderlichen Umfang zu fördern, wird ein Beratender Währungsausschuß eingesetzt.

Dieser hat die Aufgabe,

- die Währungs- und Finanzlage der Mitgliedstaaten und der Gemeinschaft sowie den allgemeinen Zahlungsverkehr der Mitgliedstaaten zu beobachten und dem Rat und der Kommission regelmäßig darüber Bericht zu erstatten,
- auf Ersuchen des Rates oder der Kommission oder von sich aus Stellungnahmen an diese Organe abzugeben,
- unbeschadet des Artikels 151 an der Vorbereitung der in Artikel 73f, Artikel 73g, Artikel 103 Absätze 2, 3, 4 und 5, Artikel 103a, Artikel 104a, Artikel 104b, Artikel 104c, Artikel 109e Absatz 2, Artikel 109f Absatz 6, Artikel 109h, Artikel 109i, Artikel 109j Absatz 2 sowie Artikel 109k Absatz 1 genannten Arbeiten des Rates mitzuwirken,
- mindestens einmal jährlich die Lage hinsichtlich des Kapitalverkehrs und der Freiheit des Zahlungsverkehrs, wie sie sich aus der Anwendung dieses Vertrags und der Maßnahmen des Rates ergeben, zu prüfen; die Prüfung erstreckt sich auf alle Maßnahmen im Zusammenhang mit dem Kapital- und Zahlungsverkehr; der Ausschuß erstattet der Kommission und dem Rat Bericht über das Ergebnis dieser Prüfung.

Jeder Mitgliedstaat sowie die Kommission ernennen zwei Mitglieder des Währungsausschusses.

(2) Mit Beginn der dritten Stufe wird ein Wirtschafts- und Finanzausschuß eingesetzt. Der in Absatz 1 vorgesehene Währungsausschuß wird aufgelöst.

Der Wirtschafts- und Finanzausschuß hat die Aufgabe,

- auf Ersuchen des Rates oder der Kommission oder von sich aus Stellungnahmen an diese Organe abzugeben,
- die Wirtschafts- und Finanzlage der Mitgliedstaaten und der Gemeinschaft zu beobachten und dem Rat und der Kommission regelmäßig darüber Bericht zu erstatten, insbesondere über die finanziellen Beziehungen zu dritten Ländern und internationalen Einrichtungen,
- unbeschadet des Artikels 151 an der Vorbereitung der in Artikel 73f, Artikel 73g, Artikel 103 Absätze 2, 3, 4 und 5, Artikel 103a, Artikel 104a, Artikel 104b, Artikel 104c, Artikel 105 Absatz 6, Artikel 105a Absatz 2, Artikel 106 Absätze 5 und 6, Artikel 109, Artikel 109h, Artikel 109i Absätze 2 und 3, Artikel 109k Absatz 2, Artikel 109l Absätze 4 und 5 genannten Arbeiten des Rates mitzuwirken und die sonstigen ihm vom Rat übertragenen Beratungsaufgaben und vorbereitenden Arbeiten auszuführen,
- mindestens einmal jährlich die Lage hinsichtlich des Kapitalverkehrs und der Freiheit des Zahlungsverkehrs, wie sie sich aus der Anwendung dieses Vertrags und der Maßnahmen des Rates ergeben, zu prüfen; die Prüfung erstreckt sich auf alle Maßnahmen im Zusammenhang mit dem Kapital- und Zahlungsverkehr; der Ausschuß erstattet der Kommission und dem Rat Bericht über das Ergebnis dieser Prüfung.

Jeder Mitgliedstaat sowie die Kommission und die EZB ernennen jeweils höchstens zwei Mitglieder des Ausschusses.

(3) Der Rat legt mit qualifizierter Mehrheit auf Vorschlag der Kommission und nach Anhörung der EZB und des in diesem Artikel genannten Ausschusses im einzelnen fest, wie sich der Wirtschafts- und Finanzausschuß zusammensetzt. Der Präsident des Rates unterrichtet das Europäische Parlament über diesen Beschluß.

(4) Sofern und solange es Mitgliedstaaten gibt, für die eine Ausnahmeregelung nach den Artikeln 109k und 109l gilt, hat der Ausschuß zusätzlich zu den in Absatz 2 beschriebenen Aufgaben die Währungs- und Finanzlage sowie den allgemeinen Zahlungsverkehr der betreffenden Mitgliedstaaten zu beobachten und dem Rat und der Kommission regelmäßig darüber Bericht zu erstatten.

Artikel 109d

Bei Fragen, die in den Geltungsbereich von Artikel 103 Absatz 4, Artikel 104c mit Ausnahme von Absatz 14, Artikel 109, Artikel 109j, Artikel 109k und Artikel 109l Absätze 4 und 5 fallen, kann der Rat oder ein Mitgliedstaat die Kommission ersuchen, je nach Zweckmäßigkeit eine Empfehlung oder einen Vorschlag zu unterbreiten. Die Kommission prüft dieses Ersuchen und unterbreitet dem Rat umgehend ihre Schlußfolgerungen.

Kapitel 4: Übergangsbestimmungen

Artikel 109e

(1) Die zweite Stufe für die Verwirklichung der Wirtschafts- und Währungsunion beginnt am 1. Januar 1994.

(2) Vor diesem Zeitpunkt wird

a) jeder Mitgliedstaat

- soweit erforderlich, geeignete Maßnahmen erlassen, um die Beachtung der Verbote sicherzustellen, die in Artikel 73b – unbeschadet des Artikels 73e – sowie Artikel 104 und Artikel 104a Absatz 1 niedergelegt sind,
- erforderlichenfalls im Hinblick auf die unter Buchstabe b vorgesehene Bewertung mehrjährige Programme festlegen, die die für die Verwirklichung der Wirtschafts- und Währungsunion notwendige dauerhafte Konvergenz, insbesondere hinsichtlich der Preisstabilität und gesunder öffentlicher Finanzen, gewährleisten sollen,

b) der Rat auf der Grundlage eines Berichts der Kommission die Fortschritte bei der Konvergenz im Wirtschafts- und Währungsbereich, insbesondere hinsichtlich der Preisstabilität und gesunder öffentlicher Finanzen, sowie bei der Umsetzung der gemeinschaftlichen Rechtsvorschriften über den Binnenmarkt bewerten.

(3) Artikel 104, Artikel 104a Absatz 1, Artikel 104b Absatz 1 und Artikel 104c mit Ausnahme der Absätze 1, 9, 11 und 14 gelten ab Beginn der zweiten Stufe

Artikel 103a Absatz 2, Artikel 104c Absätze 1, 9 und 11, Artikel 105, Artikel 105a, Artikel 107, Artikel 109, Artikel 109a, Artikel 109b und Artikel 109c Absätze 2 und 4 gelten ab Beginn der dritten Stufe.

(4) In der zweiten Stufe sind die Mitgliedstaaten bemüht, übermäßige öffentliche Defizite zu vermeiden.

(5) In der zweiten Stufe leitet jeder Mitgliedstaat, soweit angezeigt, nach Artikel 108 das Verfahren ein, mit dem die Unabhängigkeit seiner Zentralbank herbeigeführt wird.

Artikel 109f

(1) Zu Beginn der zweiten Stufe wird ein Europäisches Währungsinstitut (im folgenden als »EWI« bezeichnet) errichtet und nimmt seine Tätigkeit auf; es besitzt Rechtspersönlichkeit und wird von einem Rat geleitet und verwaltet; dieser besteht aus einem Präsidenten und den Präsidenten der nationalen Zentralbanken, von denen einer zum Vizepräsidenten bestellt wird.

Der Präsident wird von den Regierungen der Mitgliedstaaten auf der Ebene der Staats- und Regierungschefs auf Empfehlung des Ausschusses der Präsidenten der Zentralbanken der Mitgliedstaaten (im folgenden als »Ausschuß der Präsidenten der Zentralbanken« bezeichnet) bzw. des Rates des EWI und nach Anhörung des Europäischen Parlaments und des Rates einvernehmlich ernannt. Der Präsident wird aus dem Kreis der in Währungs- oder Bankfragen anerkannten und erfahrenen Persönlichkeiten ausgewählt. Nur Staatsangehörige der Mitgliedstaaten können Präsident des EWI sein. Der Rat des EWI ernennt den Vizepräsidenten.

Die Satzung des EWI ist in einem diesem Vertrag beigefügten Protokoll festgelegt.

Der Ausschuß der Präsidenten der Zentralbanken wird mit Beginn der zweiten Stufe aufgelöst.

(2) Das EWI hat die Aufgabe,

- die Zusammenarbeit zwischen den nationalen Zentralbanken zu verstärken;
- die Koordinierung der Geldpolitiken der Mitgliedstaaten mit dem Ziel zu verstärken, die Preisstabilität aufrechtzuerhalten;
- das Funktionieren des Europäischen Währungssystems zu überwachen;
- Konsultationen zu Fragen durchzuführen, die in die Zuständigkeit der nationalen Zentralbanken fallen und die Stabilität der Finanzinstitute und -märkte berühren;
- die Aufgaben des Europäischen Fonds für währungspolitische Zusammenarbeit, der aufgelöst wird, zu übernehmen; die Einzelheiten der Auflösung werden in der Satzung des EWI festgelegt;
- die Verwendung der ECU zu erleichtern und deren Entwicklung einschließlich des reibungslosen Funktionierens des ECU-Verrechnungssystems zu überwachen.

(3) Bei der Vorbereitung der dritten Stufe hat das EWI die Aufgabe,

- die Instrumente und Verfahren zu entwickeln, die zur Durchführung einer einheitlichen Geld- und Währungspolitik in der dritten Stufe erforderlich sind,
- bei Bedarf die Harmonisierung der Bestimmungen und Gepflogenheiten auf dem Gebiet der Erhebung, Zusammenstellung und Weitergabe statistischer Daten in seinem Zuständigkeitsbereich zu fördern,
- die Regeln für die Geschäfte der nationalen Zentralbanken im Rahmen des ESZB auszuarbeiten,
- die Effizienz des grenzüberschreitenden Zahlungsverkehrs zu fördern,
- die technischen Vorarbeiten für die ECU-Banknoten zu überwachen.

Das EWI legt bis zum 31. Dezember 1996 in regulatorischer, organisatorischer und logistischer Hinsicht den Rahmen fest, den das ESZB zur Erfüllung seiner Aufgaben in der dritten Stufe benötigt. Dieser wird der EZB zum Zeitpunkt ihrer Errichtung zur Beschlußfassung unterbreitet.

(4) Das EWI kann mit der Mehrheit von zwei Dritteln der Mitglieder seines Rates

- Stellungnahmen oder Empfehlungen zu der allgemeinen Orientierung der Geld- und der Wechselkurspolitik der einzelnen Mitgliedstaaten sowie zu deren diesbezüglichen Maßnahmen abgeben;
- den Regierungen und dem Rat Stellungnahmen oder Empfehlungen zu Maßnahmen unterbreiten, die die interne oder externe Währungssituation in der Gemeinschaft und insbesondere das Funktionieren des Europäischen Währungssystems beeinflussen könnten,
- den Währungsbehörden der Mitgliedstaaten Empfehlungen zur Durchführung ihrer Währungspolitik geben.

(5) Das EWI kann einstimmig beschließen, seine Stellungnahmen und Empfehlungen zu veröffentlichen.

(6) Das EWI wird vom Rat zu allen Vorschlägen für Rechtsakte der Gemeinschaft in seinem Zuständigkeitsbereich angehört.

Innerhalb der Grenzen und unter den Bedingungen, die der Rat mit qualifizierter Mehrheit auf Vorschlag der Kommission und nach Anhörung des Europäischen Parlaments und des EWI festlegt, wird das EWI von den Behörden der Mitgliedstaaten zu allen Entwürfen für Rechtsvorschriften in seinem Zuständigkeitsbereich angehört.

(7) Der Rat kann auf Vorschlag der Kommission und nach Anhörung des Europäischen Parlaments und des EWI diesem durch einstimmigen Beschluß weitere Aufgaben im Rahmen der Vorbereitung der dritten Stufe übertragen.

(8) In den Fällen, in denen dieser Vertrag eine beratende Funktion für die EZB vorsieht, ist vor der Errichtung der EZB unter dieser das EWI zu verstehen.

In den Fällen, in denen dieser Vertrag eine beratende Funktion für das EWI vorsieht, ist vor dem 1. Januar 1994 unter diesem der Ausschuß der Präsidenten der Zentralbanken zu verstehen.

(9) Für die Dauer der zweiten Stufe bezeichnet der Ausdruck »EZB« in den Artikeln 173, 175, 176, 177, 180 und 215 das EWI .

Artikel 109g

Die Zusammensetzung des ECU-Währungskorbs wird nicht geändert.

Mit Beginn der dritten Stufe wird der Wert der ECU nach Artikel 109l Absatz 4 unwiderruflich festgesetzt.

Artikel 109h

(1) Ist ein Mitgliedstaat hinsichtlich seiner Zahlungsbilanz von Schwierigkeiten betroffen oder ernstlich bedroht, die sich entweder aus einem Ungleichgewicht seiner Gesamtzahlungsbilanz oder aus der Art der ihm zur Verfügung stehenden Devisen ergeben, und sind diese Schwierigkeiten geeignet, insbesondere das Funktionieren des Gemeinsamen Marktes oder die schrittweise Verwirklichung der gemeinsamen Handelspolitik zu gefährden, so prüft die Kommission unverzüglich die Lage dieses Staates sowie die Maßnahmen, die er getroffen hat oder unter Einsatz aller ihm zur Verfügung stehenden Mittel nach diesem Vertrag treffen kann. Die Kommission gibt die Maßnahmen an, die sie dem betreffenden Staat empfiehlt .

Erweisen sich die von einem Mitgliedstaat ergriffenen und die von der Kommission angeregten Maßnahmen als unzureichend, die aufgetretenen oder drohenden Schwierigkeiten zu beheben, so empfiehlt die Kommission dem Rat nach Anhörung des in Artikel 109c bezeichneten Ausschusses einen gegenseitigen Beistand und die dafür geeigneten Methoden.

Die Kommission unterrichtet den Rat regelmäßig über die Lage und ihre Entwicklung .

(2) Der Rat gewährt den gegenseitigen Beistand mit qualifizierter Mehrheit; er erläßt Richtlinien oder Entscheidungen, welche die Bedingungen und Einzelheiten hierfür festlegen. Der gegenseitige Beistand kann insbesondere erfolgen

a) durch ein abgestimmtes Vorgehen bei anderen internationalen Organisationen, an die sich die Mitgliedstaaten wenden können;

b) durch Maßnahmen, die notwendig sind, um Verlagerungen von Handelsströmen zu vermeiden, falls der in Schwierigkeiten befindliche Staat mengenmäßige Beschränkungen gegenüber dritten Ländern beibehält oder wieder einführt;

c) durch Bereitstellung von Krediten in begrenzter Höhe seitens anderer Mitgliedstaaten; hierzu ist ihr Einverständnis erforderlich.

(3) Stimmt der Rat dem von der Kommission empfohlenen gegenseitigen Beistand nicht zu oder sind der gewährte Beistand und die getroffenen Maßnahmen unzureichend, so ermächtigt die Kommission den in Schwierigkeiten befindlichen Staat, Schutzmaßnahmen zu treffen, deren Bedingungen und Einzelheiten sie festlegt.

Der Rat kann mit qualifizierter Mehrheit diese Ermächtigung aufheben und die Bedingungen und Einzelheiten ändern.

(4) Unbeschadet des Artikels 109k Absatz 6 endet die Geltungsdauer dieses Artikels zum Zeitpunkt des Beginns der dritten Stufe.

Artikel 109i

(1) Gerät ein Mitgliedstaat in eine plötzliche Zahlungsbilanzkrise und wird eine Entscheidung im Sinne des Artikels 109h Absatz 2 nicht unverzüglich getroffen, so kann der betreffende Staat vorsorglich die erforderlichen Schutzmaßnahmen ergreifen. Sie dürfen nur ein Mindestmaß an Störungen im Funktionieren des Gemeinsamen Marktes hervorrufen und nicht über das zur Behebung der plötzlich aufgetretenen Schwierigkeiten unbedingt erforderliche Ausmaß hinausgehen.

(2) Die Kommission und die anderen Mitgliedstaaten werden über die Schutzmaßnahmen spätestens bei deren Inkrafttreten unterrichtet. Die Kommission kann dem Rat den gegenseitigen Beistand nach Artikel 109h empfehlen.

(3) Nach Stellungnahme der Kommission und nach Anhörung des in Artikel 109c bezeichneten Ausschusses kann der Rat mit qualifizierter Mehrheit entscheiden, daß der betreffende Staat diese Schutzmaßnahmen zu ändern, auszusetzen oder aufzuheben hat.

(4) Unbeschadet des Artikels 109k Absatz 6 endet die Geltungsdauer dieses Artikels zum Zeitpunkt des Beginns der dritten Stufe.

Artikel 109j

(1) Die Kommission und das EWI berichten dem Rat, inwieweit die Mitgliedstaaten bei der Verwirklichung der Wirtschafts- und Währungsunion ihren Verpflichtungen bereits nachgekommen sind. In ihren Berichten wird auch die Frage geprüft, inwieweit die innerstaatlichen Rechtsvorschriften der einzelnen Mitgliedstaaten einschließlich der Satzung der jeweiligen

nationalen Zentralbank mit Artikel 107 und Artikel 108 dieses Vertrags sowie der Satzung des ESZB vereinbar sind. Ferner wird darin geprüft, ob ein hoher Grad an dauerhafter Konvergenz erreicht ist; Maßstab hierfür ist, ob die einzelnen Mitgliedstaaten folgende Kriterien erfüllen:

- Erreichung eines hohen Grades an Preisstabilität, ersichtlich aus einer Inflationsrate, die der Inflationsrate jener – höchstens drei – Mitgliedstaaten nahe kommt, die auf dem Gebiet der Preisstabilität das beste Ergebnis erzielt haben;
- eine auf Dauer tragbare Finanzlage der öffentlichen Hand, ersichtlich aus einer öffentlichen Haushaltslage ohne übermäßiges Defizit im Sinne des Artikels 104c Absatz 6;
- Einhaltung der normalen Bandbreiten des Wechselkursmechanismus des Europäischen Währungssystems seit mindestens zwei Jahren ohne Abwertung gegenüber der Währung eines anderen Mitgliedstaats;
- Dauerhaftigkeit der von dem Mitgliedstaat erreichten Konvergenz und seiner Teilnahme am Wechselkursmechanismus des Europäischen Währungssystems, die im Niveau der langfristigen Zinssätze zum Ausdruck kommt.

Die vier Kriterien in diesem Absatz sowie die jeweils erforderliche Dauer ihrer Einhaltung sind in einem diesem Vertrag beigefügten Protokoll näher festgelegt. Die Berichte der Kommission und des EWI berücksichtigen auch die Entwicklung der ECU, die Ergebnisse bei der Integration der Märkte, den Stand und die Entwicklung der Leistungsbilanzen, die Entwicklung bei den Lohnstückkosten und andere Preisindizes.

(2) Der Rat beurteilt auf der Grundlage dieser Berichte auf Empfehlung der Kommission mit qualifizierter Mehrheit,

- ob die einzelnen Mitgliedstaaten die notwendigen Voraussetzungen für die Einführung einer einheitlichen Währung erfüllen,
- ob eine Mehrheit der Mitgliedstaaten die notwendigen Voraussetzungen für die Einführung einer einheitlichen Währung erfüllt,

und empfiehlt seine Feststellungen dem Rat, der in der Zusammensetzung der Staats- und Regierungschefs tagt. Das Europäische Parlament wird angehört und leitet seine Stellungnahme dem Rat in der Zusammensetzung der Staats- und Regierungschefs zu.

(3) Unter gebührender Berücksichtigung der Berichte nach Absatz 1 sowie der Stellungnahme des Europäischen Parlaments nach Absatz 2 verfährt der Rat, der in der Zusammensetzung der Staats- und Regierungschefs tagt, spätestens am 31. Dezember 1996 mit qualifizierter Mehrheit wie folgt:

- er entscheidet auf der Grundlage der in Absatz 2 genannten Empfehlungen des Rates, ob eine Mehrheit der Mitgliedstaaten die notwendigen Voraussetzungen für die Einführung einer einheitlichen Währung erfüllt;
- er entscheidet, ob es für die Gemeinschaft zweckmäßig ist, in die dritte Stufe einzutreten;

sofern dies der Fall ist,

- bestimmt er den Zeitpunkt für den Beginn der dritten Stufe.

(4) Ist bis Ende 1997 der Zeitpunkt für den Beginn der dritten Stufe nicht festgelegt worden, so beginnt die dritte Stufe am 1. Januar 1999. Vor dem 1. Juli 1998 bestätigt der Rat, der in der Zusammensetzung der Staats- und Regierungschefs tagt, nach einer Wiederholung des in den Absätzen 1 und 2 – mit Ausnahme von Absatz 2 zweiter Gedankenstrich – vorgesehenen Verfahrens unter Berücksichtigung der Berichte nach Absatz 1 sowie der Stellungnahme des Europäischen Parlaments mit qualifizierter Mehrheit auf der Grundlage der Empfehlungen des Rates nach Absatz 2, welche Mitgliedstaaten die notwendigen Voraussetzungen für die Einführung einer einheitlichen Währung erfüllen.

Artikel 109k

(1) Falls der Zeitpunkt nach Artikel 109j Absatz 3 bestimmt wurde, entscheidet der Rat auf der Grundlage der in Artikel 109j Absatz 2 genannten Empfehlungen mit qualifizierter Mehrheit auf Empfehlung der Kommission, ob – und gegebenenfalls welchen – Mitgliedstaaten eine Ausnahmeregelung im Sinne des Absatzes 3 gewährt wird. Die betreffenden Mitgliedstaaten werden in diesem Vertrag als »Mitgliedstaaten, für die eine Ausnahmeregelung gilt« bezeichnet.

Falls der Rat nach Artikel 109j Absatz 4 bestätigt hat, welche Mitgliedstaaten die notwendigen Voraussetzungen für die Einführung einer einheitlichen Währung erfüllen, wird den Mitgliedstaaten, die die Voraussetzungen nicht erfüllen, eine Ausnahmeregelung im Sinne des Absatzes 3 gewährt. Die betreffenden Mitgliedstaaten werden in diesem Vertrag ebenfalls als »Mitgliedstaaten, für die eine Ausnahmeregelung gilt« bezeichnet.

(2) Mindestens einmal alle zwei Jahre bzw. auf Antrag eines Mitgliedstaats, für den eine Ausnahmeregelung gilt, berichten die Kommission und die EZB dem Rat nach dem Verfahren des Artikels 109j Absatz 1. Der Rat entscheidet nach Anhörung des Europäischen Parlaments und nach Aussprache im Rat, der in der Zusammensetzung der Staats- und Regierungschefs tagt, auf Vorschlag der Kommission mit qualifizierter Mehrheit, welche der Mitgliedstaaten, für die eine Ausnahmeregelung gilt, die auf den Kriterien des Artikels 109j Absatz 1 beruhenden Voraussetzungen erfüllen, und hebt die Ausnahmeregelungen der betreffenden Mitgliedstaaten auf.

(3) Eine Ausnahmeregelung nach Absatz 1 hat zur Folge, daß die nachstehenden Artikel für den betreffenden Mitgliedstaat nicht gelten: Artikel 104c Absätze 9 und 11, Artikel 105 Absätze 1, 2, 3 und 5, Artikel 105a, Artikel 108a, Artikel 109 sowie Artikel 109a Absatz 2 Buchstabe b. Der Ausschluß des betreffenden Mitgliedstaats und seiner Zentralbank von den Rechten und Verpflichtungen im Rahmen des ESZB wird in Kapitel IX der Satzung des ESZB geregelt.

(4) In Artikel 105 Absätze 1, 2 und 3, Artikel 105a, Artikel 108a, Artikel 109 sowie Artikel 109a Absatz 2 Buchstabe b bezeichnet der Ausdruck »Mitgliedstaaten« die Mitgliedstaaten, für die keine Ausnahmeregelung gilt.

(5) Das Stimmrecht der Mitgliedstaaten, für die eine Ausnahmeregelung gilt, ruht bei Beschlüssen des Rates gemäß den in Absatz 3 genannten Artikeln. In diesem Fall gelten abweichend von Artikel 148 und Artikel 189a Absatz 1 zwei Drittel der gemäß Artikel 148 Absatz 2 gewogenen Stimmen der Vertreter der Mitgliedstaaten, für die keine Ausnahmeregelung gilt, als qualifizierte Mehrheit; ist für die Änderung eines Rechtsakts Einstimmigkeit vorgeschrieben, so ist die Einstimmigkeit dieser Mitgliedstaaten erforderlich.

(6) Artikel 109h und Artikel 109i finden weiterhin auf Mitgliedstaaten Anwendung, für die eine Ausnahmeregelung gilt.

Artikel 109l

(1) Unmittelbar nach dem gemäß Artikel 109j Absatz 3 gefaßten Beschluß über den Zeitpunkt für den Beginn der dritten Stufe bzw. unmittelbar nach dem 1. Juli 1998

- verabschiedet der Rat die in Artikel 106 Absatz 6 genannten Bestimmungen;
- ernennen die Regierungen der Mitgliedstaaten, für die keine Ausnahmeregelung gilt, nach dem Verfahren des Artikels 50 der Satzung des ESZB den Präsidenten, den Vizepräsidenten und die weiteren Mitglieder des Direktoriums der EZB. Bestehen für Mitgliedstaaten Ausnahmeregelungen, so kann sich das Direktorium aus weniger Mitgliedern als in Artikel 11.1 der Satzung des ESZB vorgesehen zusammensetzen; auf keinen Fall darf es jedoch aus weniger als 4 Mitgliedern bestehen.

Unmittelbar nach Ernennung des Direktoriums werden das ESZB und die EZB errichtet und von diesen Vorkehrungen für die Aufnahme ihrer vollen Tätigkeit im Sinne dieses Vertrags und der Satzung des ESZB getroffen. Sie nehmen ihre Befugnisse ab dem ersten Tag der dritten Stufe in vollem Umfang wahr.

(2) Unmittelbar nach Errichtung der EZB übernimmt diese erforderlichenfalls die Aufgaben des EWI. Dieses wird nach Errichtung der EZB liquidiert; die entsprechenden Einzelheiten der Liquidation werden in der Satzung des EWI geregelt.

(3) Sofern und solange es Mitgliedstaaten gibt, für die eine Ausnahmeregelung gilt, wird unbeschadet des Artikels 106 Absatz 3 der in Artikel 45 der Satzung des ESZB bezeichnete Erweiterte Rat der EZB als drittes Beschlußorgan der EZB errichtet.

(4) Am ersten Tag der dritten Stufe nimmt der Rat aufgrund eines einstimmigen Beschlusses der Mitgliedstaaten, für die keine Ausnahmeregelung gilt, auf Vorschlag der Kommission und nach Anhörung der EZB die Umrechnungskurse, auf die ihre Währungen unwiderruflich festgelegt werden, sowie die unwiderruflich festen Kurse, zu denen diese Währungen durch die ECU ersetzt werden, an und wird die ECU zu einer eigenständigen Währung. Diese Maßnahme ändert als solche nicht den Außenwert der ECU. Der Rat trifft ferner nach dem gleichen Verfahren alle sonstigen Maßnahmen, die für die rasche Einführung der ECU als einheitlicher Währung dieser Mitgliedstaaten erforderlich sind.

(5) Wird nach dem Verfahren des Artikels 109k Absatz 2 beschlossen, eine Ausnahmeregelung aufzuheben, so legt der Rat aufgrund eines einstimmigen Beschlusses der Mitgliedstaaten, für die keine Ausnahmeregelung gilt, und des betreffenden Mitgliedstaats auf Vorschlag der Kommission und nach Anhörung der EZB den Kurs, zu dem dessen Währung durch die ECU ersetzt wird, fest und ergreift die sonstigen erforderlichen Maßnahmen zur Einführung der ECU als einheitlicher Währung in dem betreffenden Mitgliedstaat.

Artikel 109m

(1) Bis zum Beginn der dritten Stufe behandelt jeder Mitgliedstaat seine Wechselkurspolitik als eine Angelegenheit von gemeinsamem Interesse.

Er berücksichtigt dabei die Erfahrungen, die bei der Zusammenarbeit im Rahmen des Europäischen Währungssystems (EWS) und bei der Entwicklung der ECU gesammelt worden sind, und respektiert die bestehenden Zuständigkeiten.

(2) Mit Beginn der dritten Stufe sind die Bestimmungen des Absatzes 1 auf die Wechselkurspolitik eines Mitgliedstaats, für den eine Ausnahmeregelung gilt, für die Dauer dieser Ausnahmeregelung sinngemäß anzuwenden.

Anlage 4b:

Protokoll

über das Verfahren bei einem übermäßigen Defizit

– Auszug aus: Bundesgesetzblatt, Jahrgang 1992, Teil II, S. 1309 –

Die Hohen Vertragsparteien –

in dem Wunsch, die Einzelheiten des in Artikel 104c des Vertrags zur Gründung der Europäischen Gemeinschaft genannten Verfahrens bei einem übermäßigen Defizit festzulegen -

sind über folgende Bestimmungen übereingekommen, die dem Vertrag zur Gründung der Europäischen Gemeinschaft beigefügt sind:

Artikel 1

Die in Artikel 104c Absatz 2 dieses Vertrags genannten Referenzwerte sind:

– 3% für das Verhältnis zwischen dem geplanten oder tatsächlichen öffentlichen Defizit und dem Bruttoinlandsprodukt zu Marktpreisen,

– 60% für das Verhältnis zwischen dem öffentlichen Schuldenstand und dem Bruttoinlandsprodukt zu Marktpreisen.

Artikel 2

In Artikel 104c dieses Vertrags und in diesem Protokoll bedeutet

– »öffentlich« zum Staat, d.h. zum Zentralstaat (Zentralregierung), zu regionalen oder lokalen Gebietskörperschaften oder Sozialversicherungseinrichtungen gehörig, mit Ausnahme von kommerziellen Transaktionen, im Sinne des Europäischen Systems volkswirtschaftlicher Gesamtrechnungen;

– »Defizit« das Finanzierungsdefizit im Sinne des Europäischen Systems volkswirtschaftlicher Gesamtrechnungen;

– »Investitionen« die Brutto-Anlageinvestitionen im Sinne des Europäischen Systems volkswirtschaftlicher Gesamtrechnungen;

– »Schuldenstand« den Brutto-Gesamtschuldenstand zum Nominalwert am Jahresende nach Konsolidierung innerhalb und zwischen den einzelnen Bereichen des Staatssektors im Sinne des ersten Gedankenstrichs.

Protokoll

über die Konvergenzkriterien

nach Artikel 109j des Vertrags zur Gründung der Europäischen Gemeinschaften

– Auszug aus: Bundesgesetzblatt, Jahrgang 1992, Teil II, S. 1309 –

Die Hohen Vertragsparteien –

in dem Wunsch, die in Artikel 109j Absatz 1 des Vertrags zur Gründung der Europäischen Gemeinschaft aufgeführten Konvergenzkriterien, welche die Gemeinschaft bei der Beschlußfassung über den Eintritt in die dritte Stufe der Wirtschafts- und Währungsunion leiten sollen, näher festzulegen -

sind über folgende Bestimmungen übereingekommen, die dem Vertrag zur Gründung der Europäischen Gemeinschaft beigefügt sind:

Artikel 1

Das in Artikel 109j Absatz 1 erster Gedankenstrich dieses Vertrags genannte Kriterium der Preisstabilität bedeutet, daß ein Mitgliedstaat eine anhaltende Preisstabilität und eine während des letzten Jahres vor der Prüfung gemessene durchschnittliche Inflationsrate aufweisen muß, die um nicht mehr als 1,5 Prozentpunkte über der Inflationsrate jener – höchstens drei – Mitgliedstaaten liegt, die auf dem Gebiet der Preisstabilität das beste Ergebnis erzielt haben. Die Inflation wird anhand des Verbraucherpreisindexes auf vergleichbarer Grundlage unter Berücksichtigung der unterschiedlichen Definitionen in den einzelnen Mitgliedstaaten gemessen.

Artikel 2

Das in Artikel 109j Absatz 1 zweiter Gedankenstrich dieses Vertrags genannte Kriterium der Finanzlage der öffentlichen Hand bedeutet, daß zum Zeitpunkt der Prüfung keine Ratsentscheidung nach Artikel 104c Absatz 6 dieses Vertrags vorliegt, wonach in dem betreffenden Mitgliedstaat ein übermäßiges Defizit besteht.

Artikel 3

Das in Artikel 109j Absatz 1 dritter Gedankenstrich dieses Vertrags genannte Kriterium der Teilnahme am Wechselkursmechanismus des Europäischen Währungssystems bedeutet, daß ein Mitgliedstaat die im Rahmen des Wechselkursmechanismus des Europäischen Währungssystems vorgesehenen normalen Bandbreiten zumindest in den letzten zwei Jahren vor der Prüfung ohne starke Spannungen eingehalten haben muß. Insbesondere darf er den bilateralen Leitkurs seiner Währung innerhalb des gleichen Zeitraums gegenüber der Währung eines anderen Mitgliedstaats nicht von sich aus abgewertet haben.

Artikel 4

Das in Artikel 109j Absatz 1 vierter Gedankenstrich dieses Vertrags genannte Kriterium der Konvergenz der Zinssätze bedeutet, daß im Verlauf von einem Jahr vor der Prüfung in einem Mitgliedstaat der durchschnittliche langfristige Nominalzinssatz um nicht mehr als 2 Prozentpunkte über dem entsprechenden Satz in jenen – höchstens drei – Mitgliedstaaten liegt, die auf dem Gebiet der Preisstabilität das beste Ergebnis erzielt haben. Die Zinssätze werden anhand langfristiger Staatsschuldverschreibungen oder vergleichbarer Wertpapiere unter Berücksichtigung der unterschiedlichen Definitionen in den einzelnen Mitgliedstaaten gemessen.

Artikel 5

Die zur Anwendung dieses Protokolls erforderlichen statistischen Daten werden von der Kommission zur Verfügung gestellt.

Artikel 6

Der Rat erläßt auf Vorschlag der Kommission und nach Anhörung des Europäischen Parlaments und des EWI bzw. der EZB sowie des in Artikel 109c genannten Ausschusses einstimmig geeignete Vorschriften zur Festlegung der Einzelheiten der in Artikel 109j dieses Vertrags genannten Konvergenzkriterien, die dann an die Stelle dieses Protokolls treten.